BIBLIOTHÈQUE
LATINE-FRANÇAISE

PUBLIÉE

PAR

C. L. F. PANCKOUCKE.

PARIS. — IMPRIMERIE DE C. L. F. PANCKOUCKE,
Rue des Poitevins, n. 14.

OEUVRES
COMPLÈTES
DE SÉNÈQUE
LE PHILOSOPHE

TRADUCTION NOUVELLE

PAR MM. AJASSON DE GRANDSAGNE, BAILLARD,
CHARPENTIER, CABARET-DUPATY, DU ROZOIR, HÉRON DE VILLEFOSSE,
NAUDET, C. L. F. PANCKOUCKE, ERNEST PANCKOUCKE,
DE VATIMESNIL, ALFRED DE WAILLY,
GUSTAVE DE WAILLY, ALPHONSE TROGNON.

PUBLIÉES

PAR M. CHARLES DU ROZOIR

PROFESSEUR D'HISTOIRE AU COLLÈGE ROYAL DE LOUIS-LE-GRAND.

TOME PREMIER.

PARIS
C. L. F. PANCKOUCKE
MEMBRE DE L'ORDRE ROYAL DE LA LÉGION D'HONNEUR
ÉDITEUR, RUE DES POITEVINS, N° 14.

M DCCC XXXIV.

NOTICE
SUR
SÉNÈQUE ET SES ÉCRITS.

La vie de Sénèque est assez connue, mais rien de plus divers que les jugemens qu'on a portés sur son caractère et sur ses écrits. Préconisé jusqu'au fanatisme par les uns, il a été outrageusement rabaissé par les autres. Et comme on ne sépare point volontiers l'homme de son livre, les œuvres de Sénèque ont été d'autant plus dépréciées ou exaltées, qu'on professait plus de mépris ou d'admiration pour leur auteur. Dion Cassius l'a représenté comme un vil hypocrite; Amelot de la Houssaye a admis sans restriction ce jugement; de même a fait La Harpe, qui, d'ailleurs, avec Aulu-Gelle, n'a vu en lui qu'un écrivain presque toujours insipide et ridicule. En récompense, saint Jérôme l'a mis au nombre des auteurs sacrés; après Juste-Lipse, admirateur exclusif de Sénèque, Diderot l'a déifié, comme homme, comme philosophe et comme écrivain. Montaigne, sceptique en toutes choses, est très-positif dans son enthousiasme pour Sénèque, qu'il met au dessus de Cicéron. Voltaire affectionne en lui l'homme de goût, l'auteur dont les pensées se retrouvent partout imitées. J.-J. Rousseau l'a très-souvent copié, mais il l'a rarement cité. Saint-

Évremont aime en lui le ministre de Néron, l'amant d'Agrippine, et point du tout le bel esprit courtisan, le philosophe louant la pauvreté au milieu du luxe. Enfin, comme philosophe, on a voulu faire de Sénèque un stoïcien exclusif, et c'est encore là une opinion peu fondée.

Pour éviter l'écueil de tous ces jugemens hasardés, il faut se mettre en présence des écrits de Sénèque et de ceux de ses contemporains qui ont parlé de lui. Ses œuvres, et quelques chapitres de Tacite et de Quintilien sont là pour nous donner une idée juste de sa vie, de son caractère, de son mérite littéraire et de ses doctrines philosophiques : alors tombent toutes les suppositions, toutes les déclamations pour ou contre Sénèque : on voit en lui l'ami de la vertu, souvent faible, mais non pas hypocrite ; le sectateur de la sagesse gémissant lui-même de ses contradictions ; l'écrivain avec ses brillans défauts, *dulcibus vitiis*, dit Quintilien, le philosophe avec son éclectisme.

Comme j'ai fait précéder de documens assez étendus la plupart des écrits de Sénèque, il est beaucoup de détails que je me dispenserai de reproduire ici. On les trouvera dans mes divers sommaires. Ayant publié, il y a neuf ans, une notice sur Sénèque, dans la *Biographie universelle* (t. XLII, p. 23), j'ai dû plus d'une fois me rencontrer avec moi-même. Tel j'avais alors jugé Sénèque, après la simple lecture de ses œuvres, tel, au fond, je le juge encore aujourd'hui, après l'avoir édité, annoté en entier et traduit en partie. Seulement dix années de plus m'ont appris à exprimer mon opinion avec moins de décision et plus d'indulgence. Ce qu'alors je ne savais encore que par les livres, je l'ai vu trop souvent depuis, pour ne pas excuser en Sénèque les chutes et rechutes d'un philosophe. D'ailleurs, lui-même n'a-t-il pas dit que, parmi les hommes vertueux, le meilleur est le moins mauvais?

Né d'une famille espagnole dont le surnom exprime la longévité, et dans laquelle l'amour des lettres et de la vertu paraît avoir été héréditaire, fils d'un père illustre comme rhéteur, et d'une mère qui tenait par le sang à la famille de Cicéron, Sénèque (*L. Annæus Seneca*) vint au monde à Cordoue, l'an 2ᵉ ou 3ᵉ après J.-C. (755 ou 756 de Rome); il a vécu sous les empereurs Auguste, Tibère, Caligula, Claude et Néron. Venu à Rome dans son enfance, il apprit, à l'école de son père, les secrets de l'art oratoire. Sa constitution maladive lui faisait une loi de la frugalité; il s'y conforma; et, malgré l'ardeur excessive avec laquelle il se livrait à l'étude, il aurait probablement, sans la mort violente que lui infligea Néron, poussé loin sa carrière, tout en se plaignant, comme notre Voltaire, d'être mourant chaque jour.

L'éclat de ses débuts au barreau fit ombrage à Caligula, qui avait des prétentions à l'éloquence. C'était un terrible émule que Caligula : non content de rabaisser la diction de Sénèque qu'il appelait du *ciment sans chaux*, il parla de le faire mourir. Une courtisane, quel avocat pour un jeune philosophe! intercéda en faveur de Sénèque, et sut persuader au tyran que ce serait pitié d'enlever un reste de vie à un être si débile et si languissant. Dès ce moment, Sénèque ne songea qu'à se faire oublier : il étudia la philosophie et parut embrasser la secte du portique. Théâtre de corruption publique, Rome renfermait pourtant quelques hommes d'élite qui conservaient la tradition des antiques vertus. Des philosophes vraiment dignes de ce nom florissaient alors : c'étaient les stoïciens Attale et Photin, Demetrius qui, sous le manteau du cynique, faisait respecter l'élévation de son caractère, Sotion le pythagoricien, le vertueux Fabianus, sectateur de l'Académie. Sénèque se livra aux entretiens de ces sages : à la frugalité de l'homme valétudinaire, il se plut à joindre l'abstinence pythagoricienne, ne buvant plus de vin, ne mangeant que des végétaux, s'imposant le jeûne. On lui fit sentir que ces singularités philosophiques pourraient le faire confondre avec les sectateurs du judaïsme; et, sans renoncer à la sobriété, il se remit à vivre comme tout le monde. Caligula n'était plus; Sénèque se mêla aux candidats de son âge, et parvint à la questure. Il ouvrit en même temps une école qui fut bientôt fréquentée par les premiers personnages de l'empire. Ici se placent sa liaison avec Julie, fille de Germanicus, et son exil en Corse*. La révolution de palais qui fit tomber Messaline, l'an 47 de J.-C., mit fin à cet exil. Agrippine venait d'épouser Claude, son oncle, et de saisir les rênes de l'empire. Pour plaire au public, « qui s'intéressait à un talent célèbre (*ob claritudinem studiorum*, dit Tacite), elle fit rappeler Sénèque, charmée d'ailleurs qu'un tel maître pût élever l'enfance de son fils Néron adopté par Claude, etc. Elle se promettait de le faire servir aux projets de son ambition**. » Elle ne se trompa point; tant que Claude vécut, Sénèque parut sincèrement dévoué à l'impératrice. On l'a accusé d'avoir été l'amant de cette princesse. Je ne m'arrêterai pas à nier ou à affirmer le fait; il est des particularités

---

* *Voyez* les *Consolations à Helvie* et *à Polybe*, et les éclaircissemens qui accompagnent ces deux écrits. (Tome II de notre *Sénèque*.)

** Tacite, *Annales*, liv. XII, chap. 8.

douteuses pour les contemporains les mieux informés : or, comme ni Sénèque ni Agrippine n'ont dit leur secret à aucun biographe, je me contenterai de faire observer que la publicité de cette accusation, jointe à la catastrophe méritée ou non qui avait terminé sa liaison avec Julie, prouve que, malgré son pâle visage et sa frêle encolure, il n'en passait pas moins pour un séducteur redoutable.

Il avait alors quarante-huit ans (an 50 de J.-C.). Il obtint les honneurs de la préture.

Comme précepteur de Néron, on peut dire que jamais philosophe n'eut une tâche plus difficile à remplir, car son disciple ne devait être ni docile ni appliqué. Ce n'est pas que le fils d'Agrippine fût dépourvu d'esprit; mais il préférait la versification, la musique et les exercices du corps à l'étude sévère de l'éloquence et de la philosophie. Tout ce que Sénèque put faire consista à lui donner quelques dehors d'une éducation littéraire, et l'usage de certaines phrases ingénieuses à l'aide desquelles Néron sut cacher ses vices dans les commencemens de son règne. Sénèque même, qui était alors l'auteur à la mode, gâta, dit-on, le goût de son disciple, en rabaissant dans ses leçons les grands écrivains du siècle d'Auguste.

Jusqu'alors tous les Césars avaient composé eux-mêmes leurs harangues : Néron fut le premier, selon Tacite, qui eut besoin de recourir à l'éloquence d'autrui. L'éloge de Claude, qu'il dut prononcer à son avénement, était de la composition de Sénèque, et celui-ci choqua toutes les convenances quand, après avoir loué dans le défunt tout ce qui pouvait mériter quelque louange, il en vint à célébrer son discernement et sa pénétration. Malgré le caractère de cette solennité, l'assemblée ne put s'empêcher de sourire*. De la même plume avec laquelle Sénèque avait écrit cet éloge officiel, il composait une amère satire contre Claude, l'*Apokolokyntose***. Ministre de Néron, il devint l'ennemi d'Agrippine, qui n'avait fait son fils empereur que pour régner sous son nom. Doit-on en cela taxer Sénèque d'ingratitude, ou bien n'agissait-il que d'après les inspirations du devoir? On jugera, par le trait suivant, de l'ascendant qu'il avait su prendre : cette femme impérieuse s'avança un jour vers le trône, prête à s'y placer, au moment où Néron donnait audience aux ambassadeurs d'Arménie. Les assistans étaient muets de surprise et de frayeur; Sénèque seul eut la présence d'esprit d'avertir Néron, qui, en marchant au devant de sa mère avec l'air de la déférence, prévint cet affront public à la majesté impériale.

On a dit, on a répété que les conseils de Sénèque et de Burrhus enchaînèrent pendant cinq ans le naturel féroce du jeune empereur; et cependant c'est de la seconde année de son règne que date l'empoisonnement de Britannicus. Sans doute ces deux ministres alors tout-puissans, tinrent avec sagesse les rênes du gouvernement; mais, de Néron personnellement, on ne peut citer que quelques paroles touchantes. Il n'est pas étonnant que le disciple de Sénèque sût dire des mots heureux. Tacite, au reste, nous indique ce qu'il faut en penser : « Néron s'imposait la clémence dans des discours fréquens que Sénèque, afin de prouver la sagesse de ses institutions, ou pour faire admirer son esprit (*vel jactandi ingenii*),

---

* TACITE, *Annales*, liv. XIII, chap. 3.

** *Voyez* l'argument et les notes de l'*Apokolokyntose* et de la *Consolation à Polybe*, tome II de notre *Sénèque*.

publiait par la bouche de son élève*». C'est dans le même but ** qu'il composa et dédia à Néron le *Traité de la Clémence*. Quoi qu'il en soit, jamais il ne se fit illusion sur le peu d'effet que produisaient ses préceptes et ses leçons. Si l'on en croit un ancien scoliaste de Juvénal, il disait confidentiellement à ses amis, en parlant de son disciple, que le tigre ne tarderait pas à revenir à son penchant naturel***. Au reste le caractère de Sénèque ne passait pas pour austère. Tacite nous apprend que si Burrhus était fameux dans les armes et pour la sévérité de ses mœurs, Sénèque l'était pour son éloquence et le tour agréable de son esprit (*præceptis eloquentiæ, et comitate honesta*****). Les conseils qu'il donnait à Néron n'étaient pas toujours d'une nature bien sévère. Ce prince s'était épris d'un violent amour pour une affranchie nommée Acté. Deux jeunes débauchés, Othon et Sénécion qu'il avait mis dans sa confidence, ne servirent pas avec plus de zèle cette passion adultère que le fit Sénèque. Agrippine, voyant avec indignation une telle rivale d'autorité, éclata en reproches si violens, «qu'enfin Néron, poussé par l'excès de son amour, se dépouilla de sa condescendance pour sa mère, et s'abandonna entièrement aux conseils de son précepteur devenu son ministre. Un des parens de Sénèque, An-

---

* TACITE, *Annales*, liv. XIII, chap. 12.

** Ainsi que l'a fort bien établi M. de Vatimesnil dans le sommaire du *Traité de la Clémence*, tome III, pages 73-77.

*** *Voyez* dans le même argument, page 75, le songe de Sénèque, rapporté par Suétone (*Vie de Néron*, chap. VII).

**** C'est cette particularité qui a engagé Racine, dans *Britannicus*, à choisir «plutôt Burrhus que Sénèque, pour l'opposer à Narcisse, *cette peste de cour*.» (Préface de *Britannicus*.)

neus Serenus, avait feint d'aimer lui-même l'affranchie, pour voiler la passion naissante du jeune prince; et ce que Néron donnait furtivement à sa maîtresse passait dans le public sous le nom de Serenus *. » Sénèque voulait opposer aux séductions incestueuses d'Agrippine les plaisirs moins coupables que pouvait lui offrir la courtisane Acté.

Tacite dit encore qu'on a reproché à Sénèque ainsi qu'à Burrhus, et à d'autres hommes qui affectaient l'austérité, d'avoir accepté des terres et des palais provenant de la succession de l'infortuné Britannicus. Burrhus fut alors dénoncé comme partisan secret d'Agrippine. Sénèque prit la défense de son ami, et sut si bien lui rendre la confiance de Néron, que ce prince le chargea de suivre une enquête sur la conduite d'Agrippine, accusée d'un complot contre son fils. La fière impératrice accueillit Burrhus et Sénèque avec une telle fierté, que n'osant plus soutenir le rôle d'accusateurs, ils s'efforcèrent d'apaiser son indignation, et bientôt une entrevue entre la mère et le fils amena une réconciliation.

Trois ans après, Sénèque figure encore dans une affaire qui ne laissa pas, dit Tacite, de jeter de l'odieux sur lui **. Ce fut la condamnation de Suillius, personnage méprisable sans doute, mais dont les méfaits seraient restés impunis s'il n'avait eu la maladresse de se faire l'ennemi du ministre en crédit. Selon Tacite, « il se déchaîna contre Sénèque, disant qu'il était l'implacable ennemi de tous les amis de Claude, qui lui avait justement infligé l'exil.... Suillius avait été le questeur de Germa-

---

* TACITE, *Annales*, liv. XIII, chap. 12.
** TACITE, liv. XIII, chap. 42.

nicus : Sénèque, le corrupteur de la fille de ce grand homme.... Par quelle philosophie, par quelle morale, en quatre ans de faveur, Sénèque avait-il amassé trois millions de sesterces? On le voyait épier dans Rome les testamens, circonvenir les vieillards sans enfans, dévorer l'Italie et les provinces par des usures énormes, etc. » Il est à remarquer que Tacite se contente de rappeler ces accusations sans les rejeter ni les admettre. Dion Cassius de Nicée*, qui les a admises et reproduites un siècle après la mort de Sénèque, n'a pas réfléchi qu'un délateur de profession comme Suillius dut mettre dans ses assertions toute l'exagération de la malveillance. L'accusateur de Sénèque fut relégué dans les îles Ba-

* Voici comment Dion Cassius, extrait par Xiphilin, s'exprime sur Sénèque : « La plus importante des accusations qui y furent intentées fut celle de Sénèque, chargé entre autres griefs d'avoir entretenu une habitude honteuse et criminelle avec Agrippine. Ce philosophe parut tenir, non-seulement en ce point, mais encore en plusieurs autres, une conduite peu conforme à ses maximes. Il condamnait la tyrannie et éleva un tyran; il blâmait les courtisans et n'abandonnait jamais la cour; il blâmait les flatteurs et flattait les princesses et les affranchis jusqu'à composer des discours à leur louange. Il parlait contre les grandes richesses et possédait dix-sept millions cinq cent mille drachmes. Il déclamait contre le luxe et avait cinq cents tables de bois de cèdre, montées en ivoire, toutes pareilles, où il prenait de délicieux repas. L'excès de cette dépense et de cette vanité peut faire juger de celui de ses autres déréglemens. Il fit une alliance illustre en épousant une personne de qualité, et ne laissa pas d'aimer de grands garçons et d'engager Néron dans cette infâme débauche, bien qu'il eût autrefois affecté une si grande sévérité dans sa manière de vivre, qu'il l'avait prié de ne le point embrasser et de ne le plus inviter à manger avec lui. » (Trad. du président Cousin, pages 223 et 224, 1er vol. in-8°. Paris, 1678.)

léares. Les ennemis de Suillius voulurent envelopper son fils Nerulinus dans sa disgrâce. Ce fut Néron qui s'y opposa.

Quand, poussé par des conseils auxquels personne ne s'opposait, *nemo prohibebat*, dit Tacite, Néron eut tenté de faire mourir sa mère dans une galère à soupape, il apprit avec effroi qu'elle était échappée à ce danger. « Aucune ressource ne s'offrait à lui, dit Tacite ; à moins que Sénèque ou Burrhus n'imaginassent quelque expédient. » Il les manda sur l'heure. On ignore si auparavant ils étaient instruits, mais tous deux au moins ne firent aucune représentation. « Enfin, continue l'historien, Sénèque, toujours plus entreprenant (*hactenus promptior*), regarde Burrhus et lui demande s'il fallait commander le meurtre aux soldats (*an cædes militi imperanda esset?*). » Sur la réponse négative de Burrhus, l'affranchi Anicetus se chargea de consommer le parricide.

Dans la vie, d'ailleurs simple, désintéressée, inoffensive d'un philosophe moderne, qui a eu, comme Sénèque, une grande influence sur ses contemporains, il est une action que n'ont pas cherché à justifier ses partisans les plus enthousiastes : c'est l'abandon de ses enfans, acte de cruelle folie qui demeurera toujours comme une tache indélébile à la mémoire de Jean-Jacques Rousseau. Je suis arrivé à un acte non moins odieux de la vie de Sénèque ; et il s'est pourtant trouvé un écrivain, homme d'un talent élevé, qui l'a non-seulement excusé, mais loué sur ce point[*]. Je veux parler de la lettre composée

---

[*] Diderot, *Essai sur la Vie de Sénèque* : « Il a fallu à Diderot, disais-je en 1825, l'absence de toute raison, sinon de toute pu-

par Sénèque au nom de Néron, pour justifier le meurtre d'Agrippine. Cette lettre était un nouveau crime, et « l'opinion publique, dit Tacite, s'éleva fortement contre celui dont la plume avait ainsi consacré l'aveu d'un parricide. » Pourquoi Sénèque, qui, en définitive, et déjà il le sentait bien, ne pouvait échapper à la cruauté systématique de Néron, n'avait-il pas répondu à son disciple comme le fit depuis le jurisconsulte Papinien au tyran Caracalla, teint du sang de son frère : « Il n'est pas si facile d'excuser un fratricide que de le commettre? » Quintilien a conservé un fragment de cette lettre.

Le moment était donc venu où, après tant de déplorables complaisances, Sénèque allait perdre la faveur et la confiance du fils d'Agrippine. Néron se piquait d'une extrême habileté à conduire un char. Sénèque et Burrhus, pour sauver la dignité impériale, obtinrent d'abord qu'il ne se livrât qu'en particulier à cet exercice; puis, lorsqu'il leur devint impossible de s'opposer à sa manie de faire le cocher, ils eurent le chagrin de le voir applaudir par la multitude. La mort de Burrhus vint encore ébranler l'ascendant de Sénèque. Les conseils sages et honnêtes que ce ministre éclairé avait été jusqu'alors en possession de faire accueillir, n'eurent plus aucun pouvoir sur Néron, qui s'abandonna tout entier à des favoris ineptes et corrompus. Ceux-ci commencèrent à diriger contre Sénèque de perfides inculpations, l'attaquant sur ses richesses, si excessives pour un particu-

deur, pour oser entreprendre la justification de Sénèque sur ce point. On est scandalisé qu'un écrivain, qui voulait apparemment rendre la philosophie respectable, en ait, au contraire, compromis les intérêts, en mettant en question les principes les plus sacrés de la morale. »

lier, et qu'il travaillait encore à accroître. « Il cherchait, disaient-ils, à se faire un parti parmi les Romains, et à effacer le prince par l'élégance de sa maison et la magnificence de ses jardins. Ils lui reprochaient encore de s'attribuer exclusivement le mérite de l'éloquence, et de cultiver avec plus d'assiduité la poésie depuis que le goût en était venu à Néron. Ennemi public des plaisirs du prince, il rabaissait son adresse à conduire les chevaux, et se moquait de sa voix toutes les fois qu'il chantait. Enfin on ne cessait d'attribuer à Sénèque tout ce qui se faisait de grand dans Rome. »

Le ministre, voyant approcher sa disgrâce, demanda à Néron la permission de se retirer de la cour, et le supplia de reprendre les biens dont la possession l'exposait à l'envie. Les tyrans aiment mieux trouver des coupables que des bienfaiteurs. Néron exprima son refus dans un langage perfidement affectueux, et qui répondait assez à la modération forcée dont Sénèque faisait parade en renonçant à des richesses dont la possession lui devenait funeste. Aux protestations les plus rassurantes, l'empereur joignit de tendres embrassemens; et Sénèque, ajoute Tacite, finit comme on finit avec les princes[*], par des remercîmens; mais il renonça à son brillant train de vie, et renvoya cette foule de courtisans qui remplissaient sa maison. Prolongeant son séjour à la campagne avec Pauline, sa belle et vertueuse épouse, il continua d'écrire, au sein du luxe, sur le mépris des richesses et sur les avantages de la pauvreté. Cependant il voyait quelquefois Néron, et se mêlait encore de l'administration. Tacite nous le montre recevant chez

---

[*] TACITE, *Annales*, liv. xiv, chap. 56; liv. xv, chap. 23.

lui cet empereur, et le félicitant de s'être réconcilié avec le vertueux Thraséas : mot honorable pour ces deux grands hommes, mais qui faisait craindre encore plus pour leurs jours*. Cependant Néron, qui avait épuisé tous les crimes, s'attachait à dépouiller les temples de l'Italie, de la Grèce et de l'Asie, de tous les trésors que la piété des peuples y avait entassés. Sénèque, dans la crainte de voir retomber sur lui l'odieux de ces sacriléges, demanda de nouveau à se retirer dans une terre éloignée. Sur le refus du prince il prétexta une maladie pour ne point sortir de chez lui. L'empereur voulut alors faire empoisonner Sénèque par l'affranchi Cleonicus; mais ce serviteur fidèle avertit son maître, qui désormais se borna, pour toute nourriture, à quelques fruits de ses jardins, et pour toute boisson à de l'eau courante.

La conspiration de Pison offrit enfin à Néron un prétexte de prononcer la mort de Sénèque. Subrius, un des conjurés, avait dans un conciliabule représenté à ses amis qu'ils ne devaient pas arrêter leur choix sur Pison pour gouverner l'empire; qu'on ne gagnerait rien à remplacer un joueur de lyre par un comédien (Pison jouait publiquement la tragédie comme Néron jouait de la lyre). Subrius voulait en conséquence qu'après s'être défait de l'empereur par la main de Pison, on se défît de Pison lui-même, pour donner l'empire à Sénèque dont les lumières et les talens pouvaient seuls en assurer la prospérité.

Rien ne prouvait que ce ministre eût accédé à ces desseins, bien que, selon Tacite, il ne les ignorât pas, et que le soir même où le complot devait s'exécuter il

---

* Tacite, *Annales*, liv. xv, chap. 46.

se fût rapproché de Rome. Une seule déposition lui prêtait des paroles adressées à Pison, qui pouvaient le compromettre. Sur cet indice donné par l'affranchi Natalis, « qui voulait par là se concilier Néron, implacable ennemi de Sénèque*, » des soldats environnent la maison de campagne où ce philosophe venait de s'arrêter avec sa femme. Il expliqua d'une manière satisfaisante les paroles rapportées par son dénonciateur; mais l'empereur l'avait déjà condamné.

Le tribun des soldats qui avait cerné sa maison, y envoie un centurion avec l'ordre pour Sénèque de se faire ouvrir les veines. Lui, sans s'émouvoir, demanda ses tablettes pour clore son testament. Sur le refus du centurion, il se tourne vers ses amis. « Eh bien, dit-il, puisqu'on me met dans l'impossibilité de reconnaître vos services, je vous lègue le seul bien qui me reste, mais le plus précieux de tous, c'est l'exemple de ma vie : le souvenir que vous en conserverez, attestera d'une manière honorable la constance de notre amitié. » Comme ils fondaient en larmes, Sénèque ranima leur courage, tantôt avec douceur, tantôt avec une sorte d'empire et de sévérité : « Où sont, leur dit-il, ces maximes de sagesse et ces réflexions qui, depuis tant d'années, ont dû vous prémunir contre l'adversité ? Ignoriez-vous la cruauté de Néron ? Était-il possible que le meurtrier de sa mère et de son frère épargnât son instituteur ? » Embrassant ensuite son épouse désolée, il la conjura de modérer sa douleur, et de chercher dans le souvenir de la vie et des vertus de son mari un honorable soulagement de sa perte. Pauline protesta qu'elle était résolue

---

* TACITE, *Annales*, liv. xv, chap. 63.

de mourir. Sénèque ne voulut point s'opposer à la gloire de sa femme. D'ailleurs sa tendresse jalouse s'alarmait de laisser en proie aux outrages celle qu'il aimait uniquement. « Je t'avais indiqué, dit-il, ce qui pouvait t'engager à vivre : tu préfères l'honneur de mourir ; je ne serai point jaloux de ta vertu. Quand le courage serait égal dans nos deux morts, le mérite sera toujours plus grand dans la tienne. » Après ces mots le même fer leur ouvre à tous deux les veines. Sénèque, dont le corps était exténué par l'âge et par un régime austère, ne perdait son sang qu'avec lenteur, ce qui l'obligea de se faire ouvrir les veines des jambes et des jarrets. Comme il était en proie à des tortures affreuses, craignant que ses douleurs n'abattissent le courage de Pauline, et redoutant aussi pour lui-même le spectacle des souffrances de sa femme, il lui persuada de passer dans une autre chambre. Alors il fit venir ses serviteurs, et son éloquence ne l'abandonnant pas à ses derniers momens, il leur dicta un discours que Tacite a passé sous silence parce que, de son temps, il était entre les mains de tout le monde. Las de voir la mort si lente à venir, Sénèque pria Statius Annéus, son médecin et son ami, de lui administrer de la ciguë : ce fut en vain, les organes déjà froids du philosophe ne pouvaient développer l'activité du poison. Enfin il se fit mettre dans un bain chaud. En y entrant il jeta quelques gouttes d'eau sur ceux de ses esclaves qui étaient le plus près de lui, en disant qu'il offrait cette libation à Jupiter libérateur, puis il se plongea dans l'étuve. Il fut suffoqué par la vapeur, l'an 66 de l'ère chrétienne et la 12ᵉ du règne de Néron. Sénèque avait à peine soixante-trois ans. Le tyran ordonna que les jours de Pauline, la femme du philosophe, fussent respectés ;

et les soldats s'empressèrent d'arrêter le sang de ses blessures; mais la pâleur de son visage et son extrême maigreur témoignèrent tout le reste de sa vie combien le principe en avait été altéré chez elle.

Il semble en lisant la mort de Sénèque, si éloquemment décrite par Tacite, qu'on relise ces belles pages* dans lesquelles notre philosophe a fait le récit de la mort héroïque de Julius Canus, une des victimes de la cruauté de Caligula.

On a dit que Sénèque s'était, à ses derniers momens, montré ce qu'il avait été toute sa vie, c'est-à-dire jaloux d'attirer les regards. Certes, il n'est pas d'un homme vulgaire de se montrer théâtral à cette heure suprême. Dion Cassius l'a accusé d'avoir obligé Pauline, sa femme, à mourir avec lui : j'aime mieux, pour l'honneur de l'humanité et de la philosophie, m'en tenir au récit de Tacite, qu'on n'accusera pas d'avoir flatté Sénèque.

Il avait été marié une première fois avec Fulvie qu'il se plaisait à peindre comme une vigilante amie qui exerçait sur sa vie une censure éclairée. Dans tout ce qu'on sait des sentimens intimes, des relations privées de notre philosophe, on reconnaît une âme sensible, aimante, un excellent homme; c'est déjà beaucoup.

Après cela, je laisse tant qu'on voudra censurer en lui le courtisan, le ministre, dont je n'ai pas cherché à pallier les torts. Quant à l'écrivain vantant la pauvreté au milieu de ses richesses patrimoniales et personnelles, Sénèque avait bien le droit d'en agir ainsi, lui qui, par régime et par philosophie, savait vivre de

---

* *De la tranquillité de l'âme*, ch. XIV. *Voyez* ci-après page 311 de ce volume.

pain et d'eau parmi l'attirail du luxe. Ne voyons-nous pas chaque jour de très-dignes particuliers se montrer, dès qu'ils sont devenus hommes politiques, non moins complaisans que Sénèque pour le pouvoir? Cependant ils n'ont pas à craindre comme lui l'inévitable colère d'un Néron. Ayons donc pour un philosophe dont les écrits élèvent l'âme, dont la mort est un si bel exemple, cette indulgence que chacun serait bien aise que l'on eût pour lui; à cet égard, imitons Sénèque, qui ne cesse de recommander cette vertu, et avec lui répétons cet adage d'une touchante sociabilité :

Homo sum, atque humani nihil a me alienum puto.

Ce serait en effet une grande erreur, de croire qu'il ait été un austère stoïcien, même dans ses écrits : les concessions qu'il fait à chaque instant à la faiblesse humaine trahissent un cœur heureusement incapable de cette rigidité qui interdisait au sage la compassion aux souffrances d'autrui.

Personne, au reste, n'a mieux défini la philosophie de Sénèque que M. Cousin dans son *Manuel**: « Sénèque, dit-il, qui admettait qu'on devait chercher la vérité dans les divers systèmes, mais qui s'attachait principalement à la doctrine du Portique (*ép.* XX, XLV, LXXXII, CVIII), fut des premiers à distinguer une philosophie pour l'école, et une pour la vie pratique; celle-ci lui parut la plus importante, et ayant pour objet surtout la morale spéciale (*philosophia præceptiva*). Il donna d'excellens préceptes de conduite dans l'esprit des stoïciens (*ép.* XCIV). »

* *Manuel de l'Histoire de la philosophie*, tome 1er, chap. 3, § CLXXXII, page 250.

La philosophie de Sénèque est donc toute éclectique. Il est toutefois un point sur lequel il ne s'écarte jamais de la doctrine du Portique, et dont il a fait le grand mobile pour porter l'homme au bien. C'est le noble orgueil du sage qu'il met au dessus de la divinité même, par la raison que Dieu tire sa perfection de sa nature, et que le sage ne doit la sienne qu'à son choix libre et volontaire. Les philosophes chrétiens ont blâmé ce sentiment; mais Sénèque, avec les idées imparfaites que les païens avaient de la divinité, pouvait-il raisonner autrement?

Le suicide était encore pour Sénèque et pour son école la véritable sanction de la morale. Quand les dieux souffraient que le sage fût malheureux, qui pouvait, selon lui, absoudre leur providence? Le droit qu'ils avaient laissé au sage d'échapper, par une mort volontaire, à l'excès du malheur*.

Sénèque avait approfondi le cœur humain jusque dans ses derniers replis. Il l'avait étudié au sein d'une cour brillante et corrompue, comme dans les classes inférieures de la société; car, éprouvé par toutes les vicissitudes de la vie humaine, il avait tour-à-tour passé d'une condition fortunée à l'exil, et de l'exil au faîte des grandeurs pour retomber dans la disgrâce. Aussi ses livres sont devenus le manuel de tous les hommes qui aiment la philosophie pratique; et les gens qui vivent dans le grand monde gagneraient souvent beaucoup à le consulter, s'ils en prenaient le temps. Peut-être n'existe-t-il pas de livre qui contienne une telle richesse d'observations

---

* Les considérations que j'ai présentées à ce sujet, dans le sommaire du traité *de la Providence*, me dispensent d'insister sur ce point. (*Voyez* tome II, page 357.)

morales, et dans lequel on trouve, tracés d'un pinceau si ferme et si ingénieux, tant de tableaux des différentes situations où l'homme peut être placé.

Nul écrivain n'a été plus souvent cité. Son style, coupé et sententieux, se prête merveilleusement aux emprunts. Comme il paraît plus beau quand on le cite que quand on le lit, on a dit de lui, qu'il fait plus d'honneur aux ouvrages d'autrui qu'aux siens. Ajoutons qu'il n'est, dans les moralistes qui ont écrit depuis Sénèque, aucune pensée saillante qui, de près ou de loin, ne soit tirée de ses écrits.

Aucun philosophe, à quelque religion qu'il appartienne, n'a parlé avec plus d'éloquence et plus de raison que Sénèque du bel ordre qui préside à l'univers, de la conscience, de l'amitié, du tourment intérieur attaché aux pensées et aux penchans mauvais ; personne n'a recommandé d'une manière plus touchante le pardon des injures et la bonté envers son prochain.

« Nul n'est assez pur pour s'absoudre à son propre tribunal; et qui se proclame innocent, consulte plus le témoignage des hommes que sa conscience. Oh ! qu'il est plus conforme à l'humanité de montrer à ceux qui pèchent, des sentimens doux, paternels, de les ramener au lieu de les poursuivre ! Je m'égare dans vos champs par ignorance de la route : ne vaut-il pas mieux me remettre dans la voie que de m'expulser[*] ? »

En lisant ce passage, on peut se demander : Est-ce Sénèque, ou bien l'auteur de l'Évangile qui l'a écrit?

« Quel est mon but en prenant un ami? a dit encore

---

[*] *De la Colère*, liv. 1er, chap. 14.

Sénèque. C'est d'avoir pour qui mourir, d'avoir qui suivre en exil, qui sauver aux dépens de mes jours*. »

Sa morale a paru si belle, si empreinte de charité, qu'on a voulu qu'il ait été chrétien en secret; on a même donné sa correspondance avec saint Paul. Si l'on s'accorde aujourd'hui pour dire que les quatorze lettres qui la composent sont supposées, il est difficile de nier qu'il y ait eu des relations entre eux; il est impossible surtout de ne pas être frappé de la singulière ressemblance qui existe entre beaucoup de passages de Sénèque et des saintes Écritures, notamment des *Épîtres* de saint Paul. Sans discuter ici ce double point, sur lequel je reviendrai à la fin du septième volume, je dirai seulement qu'à part toute intimité entre saint Paul et Sénèque, il est impossible que le principal ministre de Néron n'ait pas eu, par la nature de ses fonctions, une connaissance positive de l'existence des chrétiens, qui alors commençaient à répandre à Rome et leurs dogmes et leurs écrits : sans doute l'écrivain philosophe aura profité des documens dont pouvait disposer l'homme d'état.

Si, par l'organe de saint Jérôme, de Tertullien et de saint Augustin**, le christianisme naissant a revendiqué Sénèque comme un de ses premiers prosélytes, et ses *Lettres à saint Paul,* comme un livre ecclésiastique, l'art dramatique revendique également notre philosophe. Il est probablement l'auteur d'une partie des tragédies con-

---

* Lettre IX, page 45 de notre tome V.
** Saint Jérôme, *de Script. eccles.*, cap. XII; Tertullien, *passim*, et particulièrement *de Anima* ; Saint Augustin, *de Civit. Dei*, lib. VI, cap. 10. — Ces pères de l'Église font souvent suivre le nom de Sénèque du mot *noster*, qui indique qu'ils le regardaient comme un des leurs.

nues sous le nom du *Théâtre de Sénèque*. C'est du moins l'opinion le plus généralement adoptée. Une hypothèse ingénieuse a été récemment proposée par un jeune écrivain qui vient de publier sur la littérature latine un ouvrage qui l'a placé au rang des maîtres et des autorités. Il veut que les tragédies de Sénèque, dont les uns attribuent une partie à Sénèque le père, les autres à un frère du philosophe, soient un ouvrage de famille, fait en commun dans la maison si lettrée des Sénèque, *Senecanum opus**.

Des critiques, se fondant sur un fragment cité par Lactance, ont avancé que Sénèque fut aussi l'auteur de l'*Abrégé de l'histoire romaine*. D'abord ce fragment est-il bien tiré de Sénèque le Philosophe? n'appartient-il pas plutôt à son père, Sénèque le Rhéteur? D'ailleurs s'il a quelque analogie avec la préface de Florus, il présente des différences notables et décisives. Dans le morceau analogue de Florus, il est parlé de Trajan. La division des âges du peuple romain est bien plus conforme à la vérité historique dans le fragment attribué à Sénèque que dans la préface de Florus**.

Les défauts qu'on a reprochés à Sénèque comme écrivain ont une grande analogie avec les torts qu'on a imputés à sa conduite personnelle; et cet adage tiré de ses écrits : *Telle vie, tel style*, s'applique à lui mieux qu'à tout autre. En effet, si l'on peut opposer quelques-uns de ses actes à sa morale, on le voit souvent dans

---

* *Voyez* les *Études sur les poètes latins de la décadence*, par M. Désiré Nisard; 1834.

** *Voyez* le fragment en question, page 440 de ce volume, et la note 26, page 455.

ses écrits en contradiction avec lui-même. Pour censurer sa diction, on n'a rien de mieux à faire que de lui adresser ce qu'il dit dans sa CXIV^e lettre à Lucilius, sur la corruption de l'éloquence romaine. Personne n'a donné de plus savantes leçons de goût qu'il ne le fait dans cette belle épître [*]; et personne plus que lui n'a contribué à corrompre le goût de son siècle par les brillans défauts de son élocution. Son style, habituellement tendu, est hérissé d'antithèses, de jeux de mots, de retours sur le même trait; de sorte qu'il eût pu prendre pour lui ce que son père le rhéteur disait de l'orateur Montanus : « En revenant sur la même pensée, il la gâte, par la raison que, peu satisfait d'avoir bien dit une chose une fois, il la répète jusqu'à ce qu'il l'ait mal dite. » Mais Sénèque avait assez de talent pour racheter tous ces défauts. Ses ouvrages étaient nombreux, et tous ceux qui nous sont restés attestent un génie facile et heureux, perfectionné par l'étude des sciences physiques, morales et historiques.

Parmi les anciens, Aulu-Gelle s'est rendu l'écho de ceux qui ont parlé de Sénèque, comme écrivain, avec le dernier mépris. « Son style, disait-il, est trivial et commun : on ne trouve dans ses phrases qu'une enflure ridicule, et les pointes d'un écrivain futile et verbeux. Son érudition est celle d'un écolier, et ses opinions celles du vulgaire. » L'universelle estime dont les œuvres de Sénèque sont restées en possession parmi toutes les nations lettrées, dispenserait de relever ce jugement ri-

---

[*] J'ai lu, je ne sais pas où, cette réflexion : « Tous les grands écrivains ont fait des morceaux de critique remarquable, Labruyère, Montesquieu, etc. »

diculement erroné, si Quintilien n'était là pour faire avec une merveilleuse supériorité de raison la part des défauts et des beautés de notre auteur *.

Ceux des écrits de Sénèque, que le temps a respectés, sont :

T. 1ᵉʳ. 1. *De la Colère*, en trois livres, adressée à son frère Gallion.
   2. *De la Tranquillité de l'âme*, adressée à Annéus Serenus.
   3. *Épigrammes* de Sénèque, au nombre de neuf. On peut douter qu'elles sont de lui.

T. II. 4. *Consolation à Helvie*.
  5. *Consolation à Polybe*.
  6. *Consolation à Marcia*.
  7. *L'Apokolokyntose, facétie satirique sur la mort de Claude*.
  8. *De la Providence*, adressée à Lucilius Junior.

T. III. 9. *De la Constance du sage*, adressée à Serenus.
  10. *De la Clémence*, en deux livres, adressée à Néron.
  11. *De la Brièveté de la vie*, adressée à Paulinus.
  12. *De la Vie heureuse*, adressée à Novatus Gallion.
  13. *Du Repos du sage*.

T. IV. 14. *Des Bienfaits*, en sept livres, adressés à Ebutius Liberalis.

T. V, VI, VII. 15. *Lettres de Sénèque à Lucilius* : elles sont au nombre de cent vingt-quatre. Une citation d'Aulu-Gelle nous apprend qu'elles ne nous sont pas toutes parvenues et qu'elles avaient été divisées par livres.

  Elles furent écrites par Sénèque dans les dernières années de sa vie, alors qu'il commençait à tomber dans la disgrâce de Néron. Montaigne les préférait à tous les autres écrits

---

* QUINTILIEN, *Instit.*, liv. x, chap. 1ᵉʳ.

de ce philosophe, et ce jugement a été généralement confirmé.

T. VIII. 16. *Questions naturelles*, en sept livres, dont Sénèque paraît avoir recueilli les matériaux dans un voyage qu'il fit en Égypte. Cet ouvrage atteste qu'il était à la hauteur des connaissances de son temps; mais il sentait lui-même combien ces connaissances étaient bornées*.

Outre ces écrits qui nous sont parvenus, Sénèque qui, selon Quintilien, s'était distingué en tous genres d'éloquence, avait composé une *Description de l'Egypte*, une *Description de l'Inde*, un traité *sur la Superstition*, sur *l'Amitié*, sur *le Mariage*, peut-être même aussi un traité complet de *Philosophie morale*, des *Exhortations*, etc.

La première édition des œuvres de Sénèque est celle de Naples, 1475, in-fol. Les plus recherchées sont les deux qu'a données Elzevier, l'une en 1640, 3 vol. in-12, l'autre en 1672, Amsterdam, *cum notis varior.*, 5 vol. in-8°.

Il existait déjà trois traductions complètes de Sénèque: 1° celle de Chalvet, président au parlement de

* Voltaire dit à ce sujet : « Il faut louer, honorer Sénèque d'avoir deviné que le temps viendrait où la postérité serait étonnée que son siècle eût ignoré des choses si simples. (*Veniet tempus quo posteri tam aperta nos nescisse mirabuntur.*) Mais cela même prouve que de son temps on n'en savait rien. C'était le sort de Sénèque de prédire l'avenir, par de simples conjectures, d'une manière toute contraire à celle des autres prophètes. Sénèque le Tragique prédit ainsi, dans un chœur de son *Thyeste*, la découverte d'un nouveau monde. Mais si l'on voulait en inférer que Sénèque doit partager, avec le Génois Colomb, la gloire de la découverte, on serait non-seulement injuste, on serait ridicule. »
(*Lettre sur la prétendue comète de* 1773.)

Toulouse, Paris 1604; 2° celle de Malherbe, du Ryer et Baudoin, Paris, 2 vol. in-fol., 1749; 3° celle de La Grange, annotée par Naigeon, et précédée de l'*Essai sur la vie et les ouvrages de Sénèque*, par Diderot, Paris 1778, 6 vol. in-12, plusieurs fois réimprimée*.

Divers traducteurs se sont exercés sur des traités particuliers de Sénèque : on peut citer celui des *Bienfaits*, précédé de la *Vie de Sénèque*, par l'abbé de Ponçol. C'est une longue apologie, et la traduction est fort médiocre. Dureau de Lamalle a débuté dans la carrière par la traduction du même traité.

Trois ou quatre compilateurs ont donné les œuvres choisies, les pensées, l'esprit et la morale de Sénèque, entre autres les *Pensées de Sénèque*, par La Beaumelle. C'est la traduction souvent très-heureuse d'une compilation de ce genre publiée en 1708, à La Haye, par Janus Gruter. Enfin l'on a de Vernier, comte de Montorient, ancien sénateur, un *Abrégé analytique de la vie et des ouvrages de Sénèque*, 1 vol in-8°, 1812. Il a reproduit par extraits la traduction de La Grange, en y joignant des réflexions qui décèlent un grand sens et une âme honnête.

Il ne me reste qu'à dire un mot de notre travail. La réputation des hommes de lettres distingués qui ont bien voulu enrichir cette édition de leurs traductions, me dispense de faire d'avance l'éloge de cette version nouvelle de Sénèque.

---

* C'est ici le lieu de relever une inadvertance que j'ai commise et répétée dans les sommaires de différens traités, en indiquant comme traducteur de Sénèque le philosophe Les Fargues, qui n'a traduit que les œuvres de Sénèque le Rhéteur. (Lyon, 16.)

Je donne pour la première fois une traduction des *Fragmens* de Sénèque, tant de ceux qui nous ont été conservés par Quintilien, Lactance, saint Augustin, saint Jérôme, etc., que de ceux que le savant Angelo Mai a récemment déchiffrés sur les palimpsestes.

J'ai fait précéder chaque traité d'un sommaire historique et critique; viennent ensuite des notes dont un grand nombre éclaircissent des difficultés non encore résolues.

Une partie des notes est consacrée à des rapprochemens entre Sénèque et les auteurs qui ont présenté les mêmes idées. Dans cette partie de mon travail, j'ai été inspiré par ces réflexions de Voltaire :

« N'oubliez jamais, en rapportant les traits ingénieux de tous les livres, de marquer ceux qui sont à peu près semblables chez les autres peuples, ou dans nos anciens auteurs. On nous donne peu de pensées que l'on ne trouve dans Sénèque, dans Lucien, dans Montaigne, dans Bacon, dans le *Spectateur anglais*. Les comparer ensemble (et c'est en quoi le goût consiste), c'est exciter les auteurs à dire, s'il se peut, des choses nouvelles; c'est entretenir l'émulation, qui est la mère des arts. Quelle satisfaction pour un lecteur délicat, de voir d'un coup d'œil ces idées qu'Horace a exprimées dans des vers négligés, mais avec des paroles si expressives; ce que Despréaux a rendu d'une manière si correcte; ce que Dryden et Rochester ont renouvelé avec le feu de leur génie ! Il en est de ces parallèles comme de l'anatomie comparée qui fait connaître la nature. » (*Conseils à un Journaliste.*)

Ch. Du Rozoir.

DE LA COLÈRE

TRADUCTION NOUVELLE

PAR M. J. BAILLARD

PROFESSEUR DE RHÉTORIQUE, MEMBRE DE LA SOCIÉTÉ ACADÉMIQUE DE NANCY

PUBLIÉE ET ANNOTÉE

PAR M. CH. DU ROZOIR.

AVANT-PROPOS.

La colère devait être un vice dominant chez les Romains à qui, par leur fortune et leur éducation, s'adressaient plus spécialement les enseignemens de la philosophie. Les citoyens des hautes classes passaient leur vie au milieu d'une foule d'esclaves, soumis à leurs volontés, à tous leurs caprices, condition tout-à-fait propre à développer, dans le maître, le germe de la colère, cette passion la plus terrible de toutes, dès qu'elle peut se déchaîner sans obstacle. A cet égard, les Espagnols, et en général les Européens du Nouveau-Monde, ont, malgré leur nom de chrétiens, fait assez leurs preuves. Mais dans notre Europe, aujourd'hui, grâce au progrès des vertus sociales, mille obstacles s'opposent au développement de la colère; du moins des formes, des conventions insurmontables en amortissent les effets; et que ce soit à bon ou à mauvais escient qu'on en triomphe, ce vice se montre chaque jour, dans ses excès, moins fréquent, moins intense et moins nuisible.

Mais combien cette passion de la colère apparaissait terrible sous des règnes tels que ceux des Caligula et des Néron! C'était, avec la soif des voluptés monstrueuses et sanguinaires, le vice de l'époque; et il n'est pas étonnant que Sénèque, voulant débuter avec éclat dans la carrière philosophique, ait choisi cette thèse pour ainsi dire de circonstance.

Juste-Lipse a conclu, de deux passages de ce traité, liv. III, ch. 18 et 19, qu'il fut composé du vivant de Caligula ; d'où il s'ensuivrait que ce serait le plus ancien des écrits de Sénèque, puisqu'on sait, avec assez de certitude, que tous les autres ont été composés sous Claude et Néron. Mais de ces deux passages, le premier ne prouve rien : car Sénèque, qui vient de raconter les cruautés de Marius, arrivant à celles de Caligula, commence par *modo*, qui ici veut dire seulement : *naguère, de nos jours, plus récemment*. Dans le second passage, qui est une déclamation éloquente contre le même tyran, Sénèque, « en employant le présent, peut n'avoir voulu que donner un mouvement plus vif à sa phrase[1]. » En général, on s'épargnerait bien des erreurs si, au lieu de prendre, dans les commentateurs, des jugemens tout faits, et d'accueillir les citations, sans recourir à l'ouvrage d'où elles sont tirées, on se donnait la peine de lire dans les auteurs ce qui suit et ce qui précède ces citations.

A quoi bon, au surplus, cette discussion sur deux passages dont le sens est au moins douteux, puisque, dans le même traité, il s'en trouve un autre qui parle, en la manière la plus explicite, de la mort de Caligula?

---

[1] Cette réflexion est de M. Baillard. Au surplus, voici les deux passages : *Modo C. Cæsar Sex. Papinium, cui pater erat consularis, Belienum Bassum quæstorem suum, flagellis cecidit* (c. XVIII). — *Quod tantopere admiraris, isti belluæ quotidianum est : ad hoc vivit, ad hoc vigilat, ad hoc lucubrat* (c. XIX).

C'est celui où Sénèque fait allusion à la conjuration qui fit périr cet empereur, livre 1er, chap. 16[1].

Il demeure donc prouvé que ce traité n'a été composé qu'après la mort de Caligula; mais, aux nombreuses allusions dont il est rempli sur les excès de ce prince, on peut supposer que cette mort était toute récente, et que Sénèque était encore préoccupé de la tyrannie qui venait de finir.

On peut donc être à peu près sûr que le traité de la *Colère* fut composé tout au commencement du règne de Claude. « Il l'a dédié à un homme fort doux, observe Diderot, à Annéus Novatus, celui des frères de Sénèque qui prit, dans la suite, le nom de Junius Gallion [2]. »

« On a pensé, ajoute le même critique, que l'instituteur l'avait écrit à l'usage de son élève (Néron); je n'en crois rien. Les leçons de sagesse qu'il y donne sont si générales, qu'à peine en distinguerait-on quelques-unes applicables aux souverains en particulier, et encore moins au prince dont on lui avait confié l'éducation. Elles ont le caractère et le ton du Portique; elles ne sentent en aucun endroit ni le palais de l'empereur, ni le fond de la caverne du tigre. »

Diderot observe encore que, « si Sénèque, en généralisant ses préceptes, s'était proposé d'instruire Néron

---

[1] *Non puto parum momenti hanc ejus vocem ad incitandas conjuratorum mentes addidisse; ultimæ enim patientiæ visum est, eum ferre qui Jovem non ferret.*

[2] *Voyez*, sur ce personnage, la *Consolation à Helvie*, ch. XVI, page 69, et la note page 91 (tome II de notre *Sénèque*); la *Vie heureuse*, chap. I, et note I, pages 294 et 381 (tome III); enfin, ci-après, la première note du traité de la *Colère*, liv. 1er.

sans l'offenser, il aurait montré de la prudence et de la finesse,» comme il l'a fait dans le traité de la *Clémence*; mais dans le traité de la *Colère*, on ne trouve plus cette circonspection qui se concilie mal avec la franchise d'un philosophe et la raideur d'un stoïcien.

« Bornons-nous, dit notre honorable collaborateur, M. Baillard qui me fournit cette note, à voir dans cet ouvrage l'un des plus beaux, et certainement des plus philosophiques de l'auteur, une éloquente protestation, mêlée de traits parfois trop subtils, contre les passions brutales et haineuses d'une civilisation encore à demi barbare. C'est le manifeste de ces idées généreuses que concevaient quelques âmes stoïques, auxiliaires et contemporaines du christianisme, et dont Sénèque s'était fait l'organe. Il y règne généralement une morale élevée, philanthropique et toute moderne, revêtue d'un style élégant et nerveux qui rappelle Massillon et J.-J. Rousseau.

« Une réflexion se présente après la lecture de ce traité, « dit Diderot, c'est qu'il est parfait dans son genre, et « que l'auteur a épuisé son sujet. Si l'on y rencontre « quelques opinions hasardées, ce sont des corollaires « outrés de la philosophie qu'il avait embrassée. »

« Ce traité est plein de force, observe le sénateur Vernier, la raison y commande; on est convaincu et entraîné en le lisant..... L'intérêt augmente à mesure que l'on avance dans la discussion; tandis que, dans plusieurs autres du même auteur, il s'affaiblit par le défaut qui lui est trop ordinaire, d'insister sur les mêmes pensées et de les porter au delà de leurs justes bornes, de les surcharger de questions oiseuses, et de trop multiplier les exemples cités à l'appui de ses assertions. Pour pénétrer dans le fond des pensées de Sénèque sur la colère, il faut recueillir toute son attention, parcourir tous les détours et sonder tous les replis du cœur humain, qui sera toujours pour nous un labyrinthe dont il est difficile de sortir, même avec le fil de l'observation. »

Je terminerai par une dernière et naïve réflexion empruntée au traducteur Chalvet. « Au demeurant, ces livres (comme la plus-part des autres de cest autheur) sont si piteusement mutilez et corrompus, que nous aurions iuste subjet d'entrer en cholère contre ceux par la négligence desquels cela est aduenu, si ces traitez mesmes ne nous défendoient de nous cholérer. Portons aussi cette perte en patience; et de ce qui nous reste, recueillons en soigneusement ce qui sera pour nostre bien. »

Ch. Dr.

Les personnes curieuses de parallèles littéraires peuvent consulter, sur le même sujet, les ouvrages suivans, qui, la plupart, doivent à Sénèque leurs traits les plus remarquables :

Stobée : Περὶ ὀργῆς.
Plutarque : *Des moyens de réprimer la colère.*
Saint-Basile : *Homélie sur la colère.*
Saint-François de Sales : *De la colère.*
Wierius (Joan) : *Libellus de iræ morbo*, in-8°. Basileæ, 1577.
Machiavel : *De la colère et des moyens de la guérir.*
De la Chambre : *Traité de la colère* (caractères des passions).
Hubault : *Ergo irasci senibus salubre.*
Enfin, un traité grec *sur la colère,* publié à Oxford, 1824 (1re partie des livres d'Herculanum).

B.....d.

On doit citer aussi le traité *de ira Dei* de Lactance, dans lequel cet auteur cite plusieurs fois Sénèque, entre autres un passage qui fait sans doute partie de la lacune qui se trouve au chapitre second du livre 1er du traité *de la Colère* par notre philosophe.

Traducteurs du traité *de la Colère* : Chalvet, Du Ryer, les Fargues, La Grange, en partie La Baumelle, Diderot, Vernier, etc.

Ch. Dr.

ARGUMENT

DU LIVRE PREMIER.

Sénèque, après avoir dit qu'il a entrepris ce traité à la demande de son frère Novatus, le loue d'avoir eu crainte de cette passion, la plus cruelle, la plus pernicieuse, et qu'il appelle une folie passagère. Il décrit les symptômes de la colère, et montre qu'elle rend encore plus difforme qu'elle n'est détestable (ch. 1er). Effets désastreux de la colère pour le genre humain, les nations, les monarques, les cités. Colère du peuple romain contre les gladiateurs (ii). Paradoxe de l'école qui établit que les animaux ne sont point sujets à la colère (iii). Suite du même raisonnement. Différentes espèces de colère (iv). La colère est-elle conforme à la nature, est-elle utile? Après s'être prononcé pour la négative, Sénèque compare le législateur et le magistrat au médecin qui ne doit employer les remèdes héroïques qu'après avoir épuisé le traitement le plus doux (v-vi). Réfutation des philosophes qui voulaient modérer la colère sans l'anéantir (vii). Il faut donc réprimer les premiers mouvemens de la colère, comme sur la frontière on arrête l'ennemi. Réponse à l'objection, touchant ceux qui savent se contenir dans leur colère (viii). Réfutation d'Aristote qui croit la colère nécessaire à la guerre et à certains actes vertueux (ix). Suite de la discussion : la vertu serait bien malheureuse, si elle avait besoin de la sauvegarde des vices (x). Suite : la colère n'est pas utile dans les combats. Les gladiateurs, que préservent le sang-froid et l'adresse, se découvrent aux coups dans la colère. La colère des Cimbres, des Teutons, des Germains, dans les combats, est cause qu'ils ont été facilement vaincus. La modération de Fabius et des Scipions ne les a pas empêchés de sauver Rome, de vaincre Annibal et de détruire Carthage et Numance (xi). Réponse à cette autre objection de Théophraste touchant l'homme de bien qui voit faire outrage à des parens.

ARGUMENT DU LIVRE PREMIER.

L'homme de bien les vengera, les défendra avec jugement et par raison, mais sans colère. S'emporter pour ses proches, ce n'est pas de la piété, c'est de la faiblesse. La colère n'est donc bonne à rien, ni dans la paix ni dans la guerre (xii). L'accroissement de ce qui est bien est seul profitable ; or, la colère n'est pas un bien, puisque son accroissement est funeste. Si la colère, dites-vous, est utile en ce qu'elle rend les guerriers plus braves, préconisez aussi l'ivrognerie qui produit souvent cet effet (xiii). Encore une objection de Théophraste fondée sur la colère des bons contre les méchans. Sénèque répond que le sage ne hait pas les méchans, il ne se met pas plus en colère contre eux que le médecin contre son malade (xiv). On doit châtier les méchans sans haine et sans colère : mot de Socrate à son esclave. La colère étant elle-même un vice, ce n'est pas au vice à châtier le vice (xv). Suite. Il ne faut pas se mettre en colère contre un malfaiteur : les châtimens ne sont que des remèdes, il faut les administrer avec calme et mesure. Ce n'est qu'à la dernière extrémité qu'il faut appliquer la peine de mort. Le magistrat qui punit doit être calme et impassible comme la loi. Les supplices infligés aux criminels doivent sans doute l'émouvoir, mais légèrement. Opinion d'Aristote sur l'utilité de certaines passions : Sénèque la refute, et établit que l'âme n'a besoin d'autres armes que la raison. Horrible cruauté inspirée, par la colère, à Cn. Pison. La colère n'a rien de commun avec la grandeur d'âme. Examen de cet adage de la tyrannie : *Qu'on me haïsse, pourvu qu'on me craigne !* Sylla. Réfutation de ce trait de Tite-Live : *C'était une âme plutôt grande que vertueuse.* Singulière impiété de Caligula. Conclusion : la colère n'a rien de grand ni de noble, autrement il faudrait porter le même jugement sur le luxe, l'avarice, l'ambition. Il n'y a de grand que la vertu (xvi).

Ch. Dr.

DE IRA

LIBER PRIMUS.

I. Exegisti a me, Novate, ut scriberem quemadmodum posset ira leniri : nec immerito mihi videris hunc præcipue affectum pertimuisse, maxime ex omnibus tetrum ac rabidum. Ceteris enim aliquid quieti placidique inest : hic totus concitatus, et in impetu doloris est : armorum, sanguinis, suppliciorum minime humana furens cupiditate : dum alteri noceat, sui negligens, in ipsa irruens tela, et ultionis secum ultorem tracturæ avidus. Quidam itaque e sapientibus viris iram dixerunt brevem insaniam; æque enim impotens sui est, decoris oblita, necessitudinum immemor, in quod cœpit pertinax et intenta, rationi consiliisque præclusa, vanis agitata causis, ad dispectum æqui verique inhabilis, ruinis simillima quæ super id quod oppressere franguntur. Ut autem scias non esse sanos quos ira possedit, ipsum illorum habitum intuere : nam ut furentium certa indicia sunt, audax et minax vultus, tristis frons, torva facies, citatus gradus, inquietæ manus, color versus, crebra et vehementius acta suspiria; ita irascentium eadem

DE LA COLÈRE

LIVRE PREMIER.

I. Vous avez exigé de moi, Novatus, que je traitasse par écrit des moyens de guérir la colère ; et je vous applaudis d'avoir craint particulièrement cette passion, de toutes la plus barbare et la plus effrénée. Les autres, en effet, ont encore un reste de calme et de sang-froid ; celle-ci n'est qu'impétuosité ; toute à l'élan de son irritation, ivre de la soif inhumaine des armes, du sang, des supplices ; sans souci d'elle-même, pourvu qu'elle nuise à son ennemi ; se ruant sur les épées nues, et avide d'une vengeance qui sur elle appellera la vengeance. Aussi quelques sages l'ont-ils définie *une folie passagère*. Car, non plus que la démence, elle ne peut se maîtriser, elle oublie toute décence, méconnaît les nœuds les plus saints, opiniâtre, acharnée à son but, sourde aux conseils et à la raison, elle s'emporte pour de vains motifs, incapable de discerner le juste et le vrai ; elle est enfin l'image de ces ruines croulantes qui se brisent sur ce qu'elles écrasent. Pour vous convaincre que l'homme ainsi dominé n'a plus sa raison, observez l'attitude de toute sa personne : de même que certains délires ont pour symptômes marqués le visage audacieux et menaçant, le front rembruni, l'air farouche, la démarche précipitée, des mains qui se crispent, le teint qui s'altère, une respiration fré-

signa sunt. Flagrant, et micant oculi, multus ore toto rubor, exæstuante ab imis præcordiis sanguine, labia quatiuntur, dentes comprimuntur, horrent ac subriguntur capilli; spiritus coactus ac stridens, articulorum se ipsos torquentium sonus, gemitus, mugitusque, et parum explanatis vocibus sermo præruptus, et complosæ sæpius manus, et pulsata humus pedibus, et totum concitum corpus, magnasque minas agens, fœda visu et horrenda facies depravantium se, atque intumescentium. Nescias utrum magis detestabile vitium sit, an deforme.

Cetera licet abscondere, et in abdito alere : ira se profert, et in faciem exit, quantoque major est, hoc effervescit manifestius. Non vides, ut omnium animalium, simul ad nocendum insurrexerunt, procurrant notæ, ac tota corpora solitum quietumque egrediantur habitum, et feritatem suam exasperent? Spumant apris ora, dentes acuuntur attritu, taurorum cornua jactantur in vacuum, et arena pulsu pedum spargitur : leones fremunt, inflantur irritatis colla serpentibus, rabidarum canum tristis adspectus est. Nullum est animal tam horrendum, tamque perniciosum natura, ut non appareat in illo, simul ira invasit, nova feritatis accessio. Nec ignoro, ceteros quoque affectus vix occultari; libidinem, metumque, et audaciam dare sui signa, et posse

quente et convulsive, tel paraît l'homme dans la colère. Ses yeux s'enflamment, étincellent; son visage devient tout de feu, tant le sang pressé vers son cœur bout et s'élève avec violence; ses lèvres tremblent, ses dents se serrent; ses cheveux se dressent et se hérissent; sa respiration se fait jour avec peine et en sifflant; on entend se tordre et craquer les articulations de ses membres; il gémit, il mugit; ses paroles entrecoupées s'embarrassent; à tout instant ses mains se frappent, ses pieds trépignent, toute son allure est désordonnée, tout son être exhale la menace : hideux et repoussant spectacle de l'homme qui gonfle et décompose son visage. On doute, à cette vue, si un tel vice n'est pas plus difforme encore que haïssable.

Les autres passions peuvent se cacher, se nourrir en secret : la colère se fait jour et perce à travers la physionomie; plus elle est forte, plus elle éclate à découvert. Voyez tous les animaux : leurs mouvemens hostiles s'annoncent par des signes précurseurs; tous leurs membres sortent du calme de leur attitude ordinaire, et leur instinct cruel s'exalte de plus en plus. Le sanglier écume; il aiguise sa dent meurtrière; le taureau frappe l'air de ses cornes et fait voler le sable sous ses pieds; le lion pousse un sourd rugissement; le cou du serpent se gonfle de courroux, l'aspect seul du chien atteint de la rage, fait horreur. Il n'est point d'animal si terrible, si malfaisant, qui ne montre encore, dès que la colère le possède, un nouveau degré de férocité. Je sais qu'en général les affections de l'âme se déguisent avec peine : l'incontinence, la peur, la témérité ont leurs indices et peuvent se faire pressentir; car nulle pensée n'agite vivement l'intérieur de l'homme, sans que l'émotion ne

prænosci; neque enim ulla vehementior intra cogitatio est, quæ nihil moveat in vultu. Quid ergo interest? quod alii affectus apparent, hic eminet.

II. Jam vero, si affectus ejus damnaque intueri velis, nulla pestis humano generi pluris stetit. Videbis cædes ac venena, et reorum mutuas sordes, et urbium clades, et totarum exitia gentium, et principum sub civili hasta capita venalia, et subjectas tectis faces, nec intra mœnia coercitos ignes, sed ingentia spatia regionum hostili flamma relucentia. Adspice nobilissimarum civitatum fundamenta vix notabilia : has ira dejecit. Adspice solitudines per multa millia sine habitatione desertas : has ira exhausit. Adspice tot memoriæ proditos duces, «mali exempla fati : » alium ira in cubili suo confodit; alium inter sacra mensæ ira percussit; alium inter leges celebrisque spectaculum fori lancinavit; alium filii parricidio dare sanguinem jussit, alium servili manu regalem aperire jugulum; alium in cruces membra dividere. Et adhuc singulorum supplicia narro; quid? tibi si libuerit, relictis in quos ira viritim exarsit, adspicere cæsas gladio conciones, et plebem immisso milite contrucidatam, et in perniciem promiscuam totos populos capitis damna passos . . . .
. . . . tanquam aut curam nostram deserentibus, aut auctoritatem contemnentibus. Quid? gladia-

passe jusqu'à son visage. Quel est donc ici le trait distinctif? Si les autres passions se montrent, la colère éclate.

II. A considérer ses effets destructeurs, jamais fléau ne coûta plus à l'humanité : meurtres, empoisonnemens, turpitudes réciproques des deux parties adverses, villes saccagées, nations entières anéanties, leurs chefs vendus à l'encan, la torche incendiaire portée dans les maisons, puis hors des murs des cités, et propageant au loin avec ses tristes lueurs des vengeances impitoyables : voilà ses œuvres. Cherchez ces villes jadis si fameuses, et dont à peine on reconnaît la place : qui les a renversées? la colère. Voyez ces solitudes désolées, et sur des espaces immenses, vides de toute habitation : c'est la colère qui les a faites. Contemplez tous ces grands personnages, transmis à notre souvenir « comme exemples d'un fatal destin : » la colère a frappé l'un dans son lit, a égorgé l'autre sur le siège inviolable du banquet, a immolé un magistrat en plein forum et devant les tables de la loi, a forcé un père à livrer son sang au poignard d'un fils parricide, un roi à présenter la gorge au fer d'un esclave, un autre à mourir les membres étendus sur une croix. Et encore ne raconté-je là que des catastrophes individuelles? Que sera-ce si, de ces victimes isolées, vos yeux se reportent sur des assemblées entières massacrées, sur toute une population abandonnée au glaive du soldat, sur des nations proscrites en masse et vouées à la mort.... comme ayant renoncé à la tutelle de Rome ou bravé son autorité? Qu'on m'explique aussi l'injustice de ce peuple romain qui s'irrite contre des gladiateurs, qui se croit insulté, méprisé d'eux, s'ils ne meurent point d'assez bonne grâce, et qui, par son air, ses

toribus quare populus irascitur, et tam inique, ut injuriam putet, quod non libenter pereunt? contemni se judicat, et vultu, gestu, ardore, de spectatore in adversarium vertitur.

Quidquid est, certe non est ira, sed quasi ira : sicut puerorum, qui si ceciderunt, terram verberari volunt, et saepe nesciunt quidem cui irascuntur, sed tantum irascuntur sine causa et sine injuria, non tamen sine aliqua injuriae specie, nec sine aliqua poenae cupiditate. Deluduntur itaque imitatione plagarum, et simulatis deprecantium lacrymis placantur, et falsa ultione falsus dolor tollitur.

III. « Irascimur, inquit, saepe non illis qui laeserunt, sed his qui laesuri sunt : ut scias iram non tantum ex injuria nasci. » Verum est, irasci nos laesuris : sed ipsa cogitatione nos laedunt, et injuriam qui facturus est, jam facit. « Ut scias, inquit, non esse iram poenae cupiditatem, infirmissimi saepe potentissimis irascuntur : nec poenam concupiscunt, quam non sperant. » Primum diximus, cupiditatem esse poenae exigendae, non facultatem : concupiscunt autem homines et quae non possunt. Deinde nemo tam humilis est, qui poenam vel summi hominis sperare non possit; ad nocendum potentes sumus. Aristotelis finitio non multum a nostra abest; ait enim, iram esse cupiditatem doloris reponendi. Quid

gestes, son acharnement, de spectateur se fait bourreau.

Ce sentiment, quel qu'il soit, n'est certes pas la colère, mais il en approche. C'est celui de l'enfant qui veut qu'on batte la terre, parce qu'il est tombé. Il ne sait souvent contre quoi il se fâche; seulement il est fâché, sans motif, il est vrai, et sans avoir reçu de mal; toutefois il lui semble qu'il en a reçu, il éprouve quelque envie de punir. Aussi prend-il le change aux coups qu'on fait semblant de frapper : des prières ou des larmes feintes l'apaisent, et une vengeance imaginaire emporte une douleur qui ne l'est pas moins.

III. « Souvent l'homme, dira-t-on, s'irrite contre des gens qui ne l'ont pas offensé, mais qui doivent le faire; preuve que la colère ne vient pas uniquement de l'offense. » Oui, sans doute, le pressentiment du mal irrite; mais c'est que l'intention est déjà une injure, et que la méditer, c'est l'avoir commise. On dit encore : « La colère n'est point un désir de vengeance, puisque fréquemment les plus faibles la ressentent contre les plus forts; peuvent-ils prétendre à des représailles qu'ils n'espèrent même pas? » Mais d'abord nous entendons par colère le désir, et non la faculté de se venger; or, on désire souvent plus qu'on ne peut. Est-il en outre si humble mortel qui n'espère, avec quelque raison, tirer satisfaction de l'homme le plus puissant? On est toujours assez puissant pour nuire. La définition d'Aristote n'est pas bien éloignée de la nôtre; car il dit que la colère est le désir de

inter nostram et hanc finitionem intersit, exsequi longum est. Contra utramque dicitur, feras irasci, nec injuria irritatas, nec pœnæ dolorisve alieni causa; nam etiamsi hoc efficiunt, non hoc petunt. Sed dicendum est, feras ira carere, et omnia præter hominem : nam quum sit inimica rationi, nusquam tamen nascitur, nisi ubi rationi locus est. Impetus habent feræ, rabiem, feritatem, incursum : iram quidem non magis, quam luxuriam; et in quasdam voluptates intemperantiores homine sunt. Non est quod credas illi qui dicit :

Non aper irasci meminit; non fidere cursu
Cerva; nec armentis incurrere fortibus ursi.

Irasci dicit, incitari, impingi. Irasci quidem non magis sciunt, quam ignoscere. Muta animalia humanis affectibus carent : habent autem similes illis quosdam impulsus. Alioqui si amor in illis esset, et odium esset; si amicitia, et simultas; si dissensio, et concordia; quorum aliqua in illis quoque exstant vestigia : ceterum humanorum pectorum propria bona malaque sunt. Nulli nisi homini concessa providentia est, diligentia, cogitatio : nec tantum virtutibus humanis animalia, sed etiam vitiis prohibita sunt. Tota illorum ut extra, ita intra, forma humanæ dissimilis est. Regium illud, et principale aliter dictum, ut vox est quidem, sed non

rendre mal pour mal. Il serait long de faire ressortir la nuance de l'une à l'autre. On objecte à toutes deux que les brutes ont leur colère, et cela sans être attaquées, ni vouloir de vengeance ou de réaction; que de leur part le mal peut être un résultat, jamais un but. Il faut répondre que l'animal, que tout, excepté l'homme, est étranger à la colère; car, quoiqu'ennemie de la raison, elle ne naît pourtant que chez des êtres susceptibles de raison. Les bêtes ont de l'impétuosité, de la rage, de la férocité, de la fougue; mais la colère n'est pas plus leur fait que la luxure, bien que pour certains plaisirs elles aient moins de retenue que l'homme. Ne croyez pas le poète qui dit :

Le sanglier a perdu sa colère; le cerf ne se fie plus à sa course légère; et, dans leurs brusques assauts, les ours ne songent plus à s'élancer sur les troupeaux de bœufs.

Il appelle colère l'élan, la violence du choc : or, la brute ne sait pas plus se mettre en colère que pardonner : aux animaux muets les passions de l'homme sont inconnues; ils n'ont que des impulsions qui y ressemblent. Autrement, qu'il y ait chez eux de l'amour, il y aura de la haine; l'amitié supposera l'inimitié, et les dissensions, la concorde : choses dont ils offrent sans doute quelques traces; mais du reste, le bien et le mal appartiennent en propre au cœur humain. A l'homme seul, furent donnés la prévoyance, le discernement, la pensée : nos vertus et nos vices même sont interdits aux animaux, dont l'intérieur, non moins que les dehors, diffèrent absolument de nous. Ils ont cette faculté souveraine, autrement dite, principe moteur, tout comme une voix, mais inarticulée, embarrassée, incapable de former des mots; tout comme une

explanabilis, et perturbata, et verborum inefficax : ut lingua, sed devincta, nec in motus varios soluta; ita ipsum principale parum subtile, parum exactum. Capit ergo visus speciesque rerum, quibus ad impetus evocetur, sed turbidas et confusas. Ex eo procursus illarum tumultusque vehementes sunt : metus autem, sollicitudinesque, et tristitia, et ira non sunt; sed his quædam similia. Ideo cito cadunt, mutantur in contrarium : et quum acerrime sævierunt, expaveruntque, pascuntur, et ex fremitu discursuque vesano statim quies soporque sequitur.

IV. Quid esset ira, satis explicatum est : quo distet ab iracundia, apparet; quo ebrius ab ebrioso, et timens a timido. Iratus potest non esse iracundus : iracundus potest aliquando iratus non esse. Cetera, quæ pluribus apud Græcos nominibus in species iram distinguunt, quia apud nos vocabula sua non habent, præteribo: etiamsi amarum nos acerbumque dicimus, nec minus stomachosum, rabiosum, clamosum, difficilem, asperum : quæ omnia irarum differentiæ sunt. Inter hos morosum ponas licet, delicatum iracundiæ genus. Quædam enim sunt iræ, quæ intra clamorem considant; quædam non minus pertinaces, quam frequentes; quædam sævæ manu, verbis parciores; quædam in verborum maledictorumque amaritudinem effusæ; quædam

langue, mais enchaînée et inhabile aux inflexions variées de la nôtre; de même aussi ce principe moteur est chez eux à peine éclairé, à peine ébauché. Il perçoit la vue et l'apparence de ce qui excite leurs mouvemens; mais cette vue est trouble et confuse. De là la véhémence de leurs transports, de leurs attaques; mais rien qui soit appréhension, souci, tristesse ni colère : ils n'ont que les faux-semblans de tout cela. Aussi leur ardeur tombe bien vite et passe à l'état opposé : après le plus furieux carnage, comme après la plus vive frayeur, ils paissent tranquillement, et aux frémissemens, aux agitations de la rage succèdent en moins de rien le repos et le sommeil.

IV. J'ai suffisamment expliqué ce que c'est que la colère; on voit comment elle se distingue de l'irascibilité : c'est la différence de l'homme ivre à l'ivrogne, de l'homme effrayé au timide. L'homme en colère peut n'être pas irascible, comme l'irascible n'est pas toujours en colère. Les Grecs distinguent ce vice en plusieurs espèces, sous divers noms que j'omettrai, comme n'ayant pas chez nous leurs mots correspondans; bien que nous disions d'*amers ressentimens*, des *formes acerbes*, un homme *inflammable*, *furibond, criard, intraitable, difficile*, toutes variétés du même vice. Ajoutez-y l'*humeur morose*, nuance plus radoucie encore. Il y a des colères qui se soulagent par des cris; il y en a dont la fréquence égale l'obstination; les unes vont droit à la violence et sont avares de paroles; les autres se répandent en invectives et en discours pleins de fiel; celles-ci restent dans les bornes de la plainte et d'une simple aversion; celles-là sont profon-

ultra querelas et aversationes non exeunt : quædam altæ gravesque sunt, et introrsus versæ. Mille aliæ species sunt mali multiplicis.

V. Quid esset ira quæsitum est : an in ullum aliud animal quam in hominem caderet : quo ab iracundia distaret, et quæ ejus species sint. Nunc quæramus an ira secundum naturam sit, et an utilis, atque ex aliqua parte retinenda. An secundum naturam sit, manifestum erit, si hominem inspexerimus : quo quid est mitius, dum in recto animi habitu est? quid autem ira crudelius est? Homine quid aliorum amantius? quid ira infestius? Homo in adjutorium mutuum generatus est : ira in exitium. Hic congregari vult, illa discedere : hic prodesse, illa nocere : hic etiam ignotis succurrere, illa etiam carissimos petere : hic aliorum commodis vel impendere se paratus est, ira in periculum, dummodo deducat, descendere. Quis ergo magis naturam rerum ignorat, quam qui optimo ejus operi, et emendatissimo, hoc ferum ac perniciosum vitium assignat? Ira, ut diximus, avida pœnæ est : cujus cupidinem inesse pacatissimo hominis pectori minime secundum ejus naturam est. Beneficiis enim humana vita consistit, et concordia : nec terrore, sed mutuo amore, in fœdus auxiliumque commune constringitur. « Quid ergo? non aliquando castigatio necessaria est? » Quidni? sed hæc

des, graves et concentrées. Il est encore mille modifications du même mal, et ses formes sont infinies.

V. J'ai cherché quels sont les traits de la colère; si tout autre animal que l'homme en est susceptible; ce qui la distingue de l'irascibilité, et quels sont ses différens modes. Voyons maintenant si elle est selon la nature, si elle est utile, si on la doit maintenir en partie? Est-elle selon la nature? Pour éclaircir ce doute, voyez seulement l'homme; le plus doux des êtres, tant qu'il reste fidèle à son caractère; et voyez la colère, cette passion si cruelle. Quoi de plus aimant que l'homme envers autrui? quoi de plus haineux que la colère? L'homme est fait pour assister l'homme; la colère pour l'exterminer. Il cherche la société de ses semblables, elle brise avec eux; il veut être utile, elle ne veut que nuire; il vole au secours même d'inconnus, elle s'en prend aux amis les plus chers. L'homme est prêt même à s'immoler pour autrui: la colère se jettera dans l'abîme, pourvu qu'elle y entraîne sa proie. Et peut-on méconnaître davantage le vœu de la nature qu'en attribuant à la meilleure, à la plus parfaite de ses créatures un vice si barbare et si désastreux? La colère, nous l'avons dit, a soif de vengeance : affreux désir, tout-à-fait étranger au cœur de l'homme, que la nature a fait la mansuétude même. Les bons offices, la concorde, voilà en effet les bases de la vie sociale; ce n'est point la terreur, c'est la mutuelle bienveillance qui en serre les nœuds, par une réciprocité de secours. — « Eh quoi! la sévérité n'est-elle pas souvent nécessaire? ». — Qui en doute? mais il la faut pure, raisonnée : alors elle ne nuit pas; elle guérit en paraissant nuire. On expose

sincera, cum ratione : non enim nocet, sed medetur specie nocendi. Quemadmodum quædam hastilia detorta, ut corrigamus, adurimus, et adactis cuneis, non ut frangamus, sed ut explicemus, elidimus : sic ingenia vitio prava, dolore corporis animique corrigimus. Nempe medicus primo in levibus vitiis tentat non multum ex quotidiana consuetudine inflectere, et cibis, potionibus, exercitationibus ordinem ponere, ac valetudinem tantum mutata vitæ dispositione firmare. Proximum est, ut modus proficiat. Si modus et ordo non proficit, subducit aliqua, et circumcidit : si ne adhuc quidem respondet, interdicit cibis, et abstinentia corpus exonerat : si frustra molliora cesserunt, ferit venam, membrisque, si adhærentia nocent, et morbum diffundunt, manus affert : nec ulla dura videtur curatio, cujus salutaris effectus est. Ita legum præsidem, civitatisque rectorem decet, quamdiu potest verbis, et his mollioribus, ingenia curare, ut facienda suadeat, cupiditatemque honesti et æqui conciliet animis, faciatque vitiorum odium, pretium virtutum : transeat deinde ad tristiorem orationem, qua moneat adhuc et exprobret : novissime ad pœnas, et has adhuc leves et revocabiles decurrat : ultima supplicia sceleribus ultimis ponat, ut nemo pereat, nisi quem perire etiam pereuntis intersit.

VI. Hoc uno medentibus erit dissimilis, quod illi,

au feu le javelot dont on veut redresser la courbure; on le comprime entre plusieurs coins, non pour le rompre, mais pour le corriger : de même s'améliorent nos vicieux penchans par la contrainte physique et morale. Ainsi, dans la maladie naissante, le médecin tente d'abord de modifier quelque peu le régime quotidien, de raffermir la santé par de légers changemens dans la manière de vivre, de régler l'ordre, et, au besoin, la nature du boire, du manger, des exercices. Si ces deux moyens échouent, il retranche sur les exercices comme sur les alimens. Cette suppression demeure-t-elle sans effet? il interdit toute nourriture, et débarrasse le corps par la diète. Si tous ces ménagemens sont vains, il perce la veine, il porte le fer sur la partie infectée, qui peut nuire aux membres voisins et propager la contagion : nul traitement ne lui semble trop dur, si la guérison est à ce prix. Ainsi le dépositaire des lois, le régulateur des états devra, le plus long-temps possible, n'employer à la guérison des âmes que des paroles, et des paroles de douceur, qui les engagent au bien, qui leur insinuent l'amour du juste et de l'honnête, qui leur fassent sentir l'horreur du vice et le prix de la vertu. Son langage peu à peu deviendra plus sévère : il joindra au conseil l'autorité de la réprimande, et n'usera de châtimens que comme dernier remède; encore seront-ils modérés et rémissibles. La peine capitale ne s'infligera qu'aux grands coupables : nul, en un mot, ne périra que sa mort ne soit un bien même pour lui.

VI. Du médecin au magistrat, toute la différence est

quibus vitam non potuerunt largiri, facilem exitum præstant : hic damnatum cum dedecore et traductione vita exigit : non quia delectetur ullius pœna (procul est enim a sapiente tam inhumana feritas), sed ut documentum omnium sint; et qui vivi noluerunt prodesse, morte certe eorum respublica utatur. Non est ergo natura hominis pœnæ appetens : et ideo nec ira quidem secundum naturam hominis, quia pœnæ appetens est. Et Platonis argumentum afferam : quid enim prohibet alienis uti, ex parte qua nostra sunt? « Vir bonus, inquit, non lædit, pœna lædit. Bono ergo pœna non convenit : ob hoc nec ira; quia pœna iræ convenit. » Si vir bonus pœna non gaudet, non gaudebit nec eo quidem affectu cui pœna voluptati est : ergo non est naturalis ira.

VII. Numquid, quamvis non sit naturalis ira, assumenda est, quia utilis sæpe fuit? Extollit animos, et incitat : nec quidquam sine illa magnificum in bello fortitudo gerit, nisi hinc flamma subdita est, et hic stimulus peragitavit, misitque in pericula audaces. Optimum itaque quidam putant, temperare iram, non tollere, eoque detracto quod exundat, ad salutarem modum cogere, id vero retinere, sine quo languebit actio, et vis ac vigor animi resolvetur.

Primum, facilius est excludere perniciosa, quam re-

que le premier, s'il ne peut sauver nos jours, nous adoucit le passage redouté; tandis que le second envoie le coupable mourir en public d'un trépas infamant, non qu'il se plaise jamais aux supplices; le sage est loin de cette atroce barbarie; mais pour donner un exemple à tous, pour que ceux qui n'ont pas voulu être utiles à l'état de leur vivant, le servent du moins par leur mort. Encore une fois, l'homme, de sa nature, n'est point avide de punir; et, puisque la colère ne veut que châtiment, la colère n'est point selon la nature de l'homme. Citons aussi l'argument de Platon : car, pourquoi ne pas prendre chez autrui ce qui rentre dans nos idées? «Le juste, dit-il, ne lèse personne; la vengeance est une lésion : elle ne sied donc pas au juste, non plus que la colère dont la vengeance est fille.» Si le juste ne trouve point de charme à se venger, en trouverait-il à une passion qui met sa joie dans la vengeance? La colère n'est donc pas conforme à la nature.

VII. Mais, quand elle ne le serait point, ne doit-on pas l'accueillir pour les services qu'elle a souvent rendus? Elle exalte, elle aiguillonne les âmes, et le courage guerrier ne fait rien de brillant sans elle, sans cette flamme qui vient d'elle, sans ce mobile qui étourdit l'homme et le lance plein d'audace à travers les périls. Suivant cette croyance, quelques-uns jugent que le parti le plus sage est de modérer la colère sans l'étouffer, de réprimer ses trop vifs transports pour la restreindre à ce qu'elle a de bon, et surtout de conserver ce principe dont l'absence rend notre action languissante et relâche les ressorts de la vigueur morale.

Et d'abord il est plus facile d'expulser un mauvais

gere, et non admittere, quam admissa moderari : nam quum se in possessione posuerunt, potentiora rectore sunt, nec recidi se minuive patiuntur. Deinde ratio ipsa, cui freni traduntur, tamdiu potens est, quamdiu diducta est ab affectibus : si miscuit se illis et inquinavit, non potest continere quos submovere potuisset. Commota enim semel et excussa mens, ei servit a quo impellitur. Quarumdam rerum initia in nostra potestate sunt : ulteriora nos sua vi rapiunt, nec regressum relinquunt. Ut in praeceps datis corporibus nullum sui arbitrium est, nec resistere morarive dejecta potuerunt, sed consilium omne et poenitentiam irrevocabilis praecipitatio abscidit ; et non licet eo non pervenire, quo non ire licuisset : ita animus si in iram, amorem, aliosque se projecit affectus, non permittitur reprimere impetum. Rapiat illum oportet, et ad imum agat suum pondus, et vitiorum natura proclivis.

VIII. Optimum est primum irritamentum irae protinus spernere, ipsisque repugnare seminibus, et dare operam ne incidamus in iram : nam si coeperit ferre transversos, difficilis ad salutem recursus est; quoniam nihil rationis est, ubi semel affectus inductus est, jusque illi aliquod voluntate nostra datum est. Faciet de cetero quantum volet, non quantum permiseris. In primis, inquam, finibus hostis arcendus est; nam quum

principe, que de le gouverner; plus facile de ne pas l'admettre que de le modérer, une fois admis : dès qu'il a pris possession, il est plus fort que le maître, et ne connaît ni restriction ni limite. D'autre part, la raison elle-même à laquelle vous livrez les rênes, ne saurait les garder que tant qu'elle a fait divorce avec les passions; mais souillée de leur alliance, elle ne peut plus contenir ce qu'auparavant elle pouvait chasser. L'âme, une fois ébranlée, jetée hors de son siège, n'obéit plus qu'à l'impulsion qui l'emporte. Il est des choses qui, dès l'abord, dépendent de nous, et qui plus tard nous subjuguent et ne souffrent point de retour. L'homme, qui s'élance au fond d'un abîme, n'est plus maître de lui; il ne peut ni remonter ni s'arrêter dans sa chute : un entraînement irrésistible ne laisse point place à la prudence, au repentir : il lui est impossible de ne pas arriver où il était libre de ne pas diriger ses pas. Ainsi l'âme, qui s'est livrée à la colère, à l'amour, à une passion quelconque, perd les moyens d'enchaîner leur fougue. Il faut qu'elles la poussent jusqu'au bout, précipitée de tout son poids sur la pente rapide du vice.

VIII. Le mieux est de se mettre au dessus des premières atteintes de la colère, de l'étouffer dans son germe, de se bien garder du moindre écart, puisque sitôt qu'elle égare nos sens, on a mille peines à se sauver d'elle; car adieu toute raison, quand vient à s'introduire la passion, qui s'arroge comme des droits les concessions qu'on lui a bénévolement faites. Elle finit par ne plus suivre que ses caprices, sans prendre même notre congé. Répétons-le : c'est dès la frontière qu'il faut repousser l'ennemi : s'il y pénètre et s'empare des portes de la place, rece-

intravit, et portis se intulit, modum a captivis non accipit. Neque enim sepositus est animus, et extrinsecus speculatur affectus, ut illos non patiatur ultra quam oportet procedere, sed in affectum ipse mutatur: ideoque non potest utilem illam vim et salutarem, proditam jam infirmatamque, revocare. Non enim, ut dixi, separatas ista sedes suas diductasque habent: sed affectus et ratio in melius pejusque mutatio animi est. Quomodo ergo ratio, occupata et oppressa vitiis, resurget, quæ iræ cessit? aut quemadmodum a confusione se liberabit, in qua pejorum mixtura prævaluit?

« Sed quidam, inquit, in ira se continent. » Utrum ergo ita, nihil ut faciant eorum quæ ira dictat; an ut aliquid? Si nihil faciunt, apparet non esse ad actiones rerum necessariam iram, quam vos, quasi fortius aliquid ratione haberet, advocabatis. Denique interrogo, valentior est quam ratio, an infirmior? Si valentior, quomodo illi modum ratio poterit imponere, quum parere nisi imbecilliora non soleant? Si infirmior est, sine hac per se ad rerum effectus sufficit ratio, nec desiderat imbecillioris auxilium.

« At irati quidam constant sibi, et se continent. » Quomodo? quum jam ira evanescit, et sua sponte decedit, non quum in ipso fervore est: tunc enim potentior est. « Quid ergo? non aliquando in ira quoque et dimittunt incolumes intactosque quos oderunt, et a nocendo

vra-t-il d'un captif l'ordre de s'arrêter? Notre âme alors n'est plus cette sentinelle qui veille au dehors pour observer la marche des passions et les empêcher de forcer les lignes du devoir : elle-même s'identifie avec la passion. Voilà pourquoi elle ne peut plus rappeler à son aide les forces tutélaires et préservatrices que sa trahison vient de paralyser. Car, comme je l'ai dit, la raison et la passion n'ont point leur siège distinct et séparé : elles ne sont autre chose que l'âme, modifiée en bien ou en mal. Comment donc la raison, envahie et subjuguée par les vices qu'amène la colère, se relèvera-t-elle après sa défaite? ou comment se dégagera-t-elle d'une alliance où elle subit la loi de ses monstrueux associés?

« Mais, dit-on, certains hommes savent se contenir dans la colère. » S'y prennent-ils de manière à ne rien faire de ce qu'elle leur dicte, ou à lui obéir en quelque chose? S'ils ne lui cèdent rien, reconnaissez qu'elle n'est pas nécessaire pour mieux agir, vous qui l'invoquez comme une puissance supérieure à la raison. Enfin, répondez : Est-elle la plus forte ou la plus faible? Si elle est la plus forte, comment sera-t-elle modérée par la raison, l'obéissance n'appartenant qu'à la faiblesse? Dans le cas contraire, la raison se suffit pour mettre à fin son œuvre, et n'a que faire d'un auxiliaire qui ne la vaut pas.

« On voit, selon vous, des gens irrités ne point sortir d'eux-mêmes et se contenir. » Qu'est-ce à dire? Oui : quand déjà la colère se dissipe et veut bien les quitter; mais pendant son effervescence, non : elle est alors souveraine. « Mais encore, ne laisse-t-on pas souvent, même dans la colère, partir sain et sauf l'ennemi que l'on hait ? ne s'ab-

abstinent? » Faciunt. Quomodo? quum affectus repercussit affectum, et aut metus, aut cupiditas aliquid impetravit; non rationis tunc beneficio quievit, sed affectuum infida et mala pace.

IX. Denique nihil habet in se utile, nec acuit animum ad res bellicas : nunquam enim virtus vitio adjuvanda est, se contenta. Quoties impetu opus est, non irascitur, sed exsurgit, et in quantum putavit opus esse, concitatur remittiturque : non aliter, quam quæ tormentis exprimuntur tela, in potestate mittentis sunt, in quantum torqueantur.

« Ira, inquit Aristoteles, necessaria est : nec quidquam sine illa expugnari potest, nisi illa impleat animum, et spiritum accendat. Utendum autem illa est; non ut duce, sed ut milite. » Quod est falsum; nam si exaudit rationem, et sequitur qua ducitur, jam non est ira, cujus proprium est contumacia. Si vero repugnat, et non ubi jussa est quiescit, sed libidine ferociaque provehitur, tam inutilis animi minister est, quam miles qui signum receptui negligit. Itaque si modum adhibere sibi patitur, alio nomine appellanda est : desinit ira esse, quam effrenatam indomitamque intelligo. Si non patitur, perniciosa est, nec inter auxilia numeranda. Ita aut ira non est, aut inutilis est : nam si quis pœnam exigit, non ipsius pœnæ avidus, sed quia oportet, non

stient-on pas de lui faire du mal?» Qu'est-ce que cela prouve? Lorsqu'une passion en repousse une autre, et que la peur ou la cupidité emporte la balance; ce n'est point là une paix dont la raison nous gratifie, c'est la trêve peu sûre et menaçante des passions.

IX. Enfin la colère n'a rien d'utile, rien qui stimule la bravoure militaire. Assez forte d'elle-même, la vertu n'est jamais réduite à faire un appel au vice. A-t-elle besoin d'élan? elle ne se courrouce point; elle se lève; elle tend ou relâche ses propres ressorts selon qu'elle le juge nécessaire : tels sont les traits que lancent nos machines, et dont la portée se mesure au gré du tireur.

« La colère est nécessaire, dit Aristote. Quelle victoire obtient-on sans elle, et si elle ne remplit notre âme, et n'échauffe notre enthousiasme? Seulement il faut s'en servir, non comme d'un capitaine, mais comme d'un soldat. » Raisonnement faux : car, si elle écoute la raison et qu'elle suive là où celle-ci la mène, ce n'est plus la colère, qui n'est proprement qu'une révolte. Si elle résiste, si, quand on veut qu'elle s'arrête, ses féroces caprices la poussent en avant, elle est pour l'âme un instrument aussi peu utile que le soldat qui ne tient nul compte du signal de la retraite. Ainsi donc, ou elle souffre qu'on règle ses écarts, et alors il lui faut un autre nom, puisqu'elle cesse d'être cette colère que je ne puis concevoir que comme indomptable et sans frein; ou elle secoue le joug, et par là, devenant préjudiciable, ne peut plus compter comme secours. En un mot, ce ne sera plus la colère, ou elle sera au moins inutile : car l'homme qui punit, non par passion, mais par devoir, ne saurait passer pour

est annumerandus iratis. Hic erit utilis miles, qui scit parere consilio. Affectus quidem tam mali ministri, quam duces sunt. Ideo nunquam assumet ratio in adjutorium improvidos et violentos impetus, apud quos nihil ipsa auctoritatis habeat : quos nunquam comprimere possit, nisi pares illis similesque opposuerit, ut iræ metum, inertiæ iram, timori cupiditatem.

X. Absit hoc a virtute malum, ut unquam ratio ad vitia confugiat. Non potest hic animus fidele otium capere : quatiatur necesse est, fluctueturque, qui malis suis tutus est, qui fortis esse, nisi irascitur, non potest; industrius, nisi cupit; quietus, nisi timet : in tyrannide illi vivendum est, in alicujus affectus venienti servitutem. Non pudet virtutes in clientelam vitiorum demittere? Deinde desinit quidquam ratio posse, si nihil potest sine affectu, et incipit par illi similisque esse. Quid enim interest, si æque affectus inconsulta res est sine ratione, quam ratio sine affectu inefficax? par utrumque est, ubi esse alterum sine altero non potest. Quis autem sustineat affectum exæquari rationi? « Ira, inquit, utilis affectus est, si modicus est. » Immo si natura utilis est, sed si impatiens imperii rationisque est, hoc dumtaxat moderatione consequetur, ut quo minor fuerit, minus noceat. Ergo modicus affectus nihil aliud quam malum modicum est.

XI. « Sed adversus hostes, inquit, necessaria est ira. »

un homme irrité. Le soldat utile est celui qui sait obéir à son chef, plus éclairé que lui; mais les passions savent aussi mal obéir que commander; et la raison n'acceptera jamais ces auxiliaires violentes, imprévoyantes, auprès desquelles son autorité n'est rien, et qu'elle ne peut jamais comprimer qu'en leur opposant leurs sœurs et leurs pareilles, comme à la colère la peur, à l'indolence la colère, et à la peur la cupidité.

X. Sauvons la vertu du malheur de donner à la raison les vices pour appui. Point de calme sincère avec eux. Nécessairement flottante et à la merci des orages, n'ayant pour pilotes que les auteurs de sa détresse, ne devant son courage qu'à la colère, son activité qu'à la soif de l'or, sa prudence qu'à la crainte, sous quelle tyrannie vit notre âme, quand chaque passion fait d'elle son jouet et sa proie! N'a-t-on pas honte de mettre la vertu sous le patronage du vice? Ce n'est pas tout : la raison n'a plus de pouvoir dès qu'elle ne peut rien sans la passion, dès qu'elle s'assimile et s'identifie à la passion. Où est la différence, quand celle-ci, livrée à elle seule, est aveugle, ou que sans la passion celle-là est impuissante? Tout est égal entre elles du jour où l'une ne peut aller sans l'autre. Or comment souffrir que la passion marche de pair avec la raison? « La colère est utile, dites-vous, si elle est modérée. » Dites mieux : si sa nature est d'être utile. Mais indocile qu'elle est à l'autorité et à la raison, qu'obtiendrez-vous en la modérant? Que, devenue moindre, elle nuise un peu moins. Donc une passion que l'on modère n'est autre chose qu'un mal modéré.

XI. « Mais sur les champs de bataille la colère est

Nusquam minus : ubi non effusos esse oportet impetus, sed temperatos et obedientes. Quid enim est aliud, quod Barbaros tanto robustiores corporibus, tanto patientiores laborum comminuat, nisi ira infestissima sibi? Gladiatores quoque ars tuetur, ira denudat. Deinde quid opus est ira, quum idem perficiat ratio? An tu putas venatorem irasci feris? Atqui et venientes excipit, et fugientes persequitur : et omnia illa sine ira facit ratio. Quid Cimbrorum, Teutonorumque tot millia superfusa Alpibus ita sustulit, ut tantæ cladis notitiam ad suos non nuntius, sed fama pertulerit, nisi quod erat illis ira pro virtute? quæ ut aliquando perculit stravitque obvia, ita sæpius sibi exitio est. Germanis quid est animosius? quid ad incursum acrius? quid armorum cupidius, quibus innascuntur innutriunturque, quorum unica illis cura est, in alia negligentibus? Quid induratius ad omnem patientiam? ut quibus magna ex parte non tegumenta corporum provisa sunt, non suffugia adversus perpetuum cœli rigorem. Hos tamen Hispani Gallique, et Asiæ Syriæque molles bello viri, antequam legio visatur, cædunt, ob nullam rem aliam opportunos, quam ob iracundiam. Agedum, illis corporibus, illis animis, delicias, luxum, opes ignorantibus, da rationem, da disciplinam : ut nihil amplius dicam, necesse erit nobis certe mores Romanos repetere. Quo alio Fabius affectas imperii vires

indispensable. » Nulle part elle ne l'est moins. Là surtout il ne faut point d'ardeur déréglée; mais un courage tempéré par la discipline. Ce qui perd les Barbares, si supérieurs à nous par la force du corps, et par la patience dans les travaux, qu'est-ce autre chose qu'un emportement préjudiciable à lui-même? N'est-ce pas l'art aussi qui protège le gladiateur, et la colère qui l'expose aux coups? Qu'est-il enfin besoin de colère quand la raison remplit le même but? Croyez-vous le chasseur irrité contre la bête féroce qu'il attend de pied ferme, ou qu'il poursuit dans sa fuite? C'est la raison qui, sans la colère, fait seule tout cela. Qui a donné pour tombeau les Alpes qu'ils inondaient à tant de milliers de Cimbres et de Teutons, si bien que la renommée seule, à défaut de courriers, porta chez eux la nouvelle de leur entière extermination? N'est-ce pas la colère qui leur tenait lieu de vaillance, la colère, qui parfois renverse et détruit tout sur son passage; mais qui plus souvent se perd elle-même? Quoi de plus brave que les Germains? quoi de plus impétueux dans l'attaque? quoi de plus passionné pour les armes, au milieu desquelles ils naissent et grandissent, qui sont l'unique affaire de leur vie, et qui leur font négliger tout le reste? Quoi de plus endurci à tout souffrir : car la plupart ne songent ni à couvrir leur corps ni à s'abriter contre l'inclémence perpétuelle du climat? De tels hommes pourtant sont taillés en pièces par les Espagnols et les Gaulois, par les troupes si peu belliqueuses d'Asie et de Syrie, avant même qu'une légion romaine se montre; et cela par une cause unique, la colère, qui nous les livre. Or, maintenant, qu'à des corps si robustes, qu'à des âmes si étrangères au luxe, à la mollesse, aux richesses, on

recreavit; quam quod cunctari, et trahere, et morari scivit, quæ omnia irati nesciunt? Perierat imperium, quod tunc in extremo stabat, si Fabius tantum ausus esset, quantum ira suadebat. Habuit in consilio fortunam publicam, et æstimatis viribus, ex quibus jam perire nihil sine universo poterat, dolorem ultionemque seposuit: in unam utilitatem occasionis intentus, iram ante vicit, quam Annibalem. Quid Scipio? nonne, relicto Annibale, punico exercitu, omnibusque quibus irascendum erat, bellum in Africam transtulit, tam lentus, ut opinionem luxuriæ segnitiæque malignis daret? Quid alter Scipio? non circa Numantiam multum diuque sedit, et hunc suum publicumque dolorem æquo animo tulit, diutius Numantiam quam Carthaginem vinci? dum circumvallat, et includit hostem, eo compulit, ut ferro ipsi suo caderent.

XII. Non est itaque utilis, nec in prœliis quidem aut in bellis ira. In temeritatem enim prona est, et pericula dum inferre vult, non cavet. Illa certissima est virtus, quæ se diu multumque circumspexit, et texit, et ex lento ac destinato provexit. « Quid ergo? inquit, vir bonus non irascetur, si cædi patrem suum viderit, si rapi matrem?» Non irascetur, sed vindicabit, sed tuebitur. Quid autem times, ne parum illi magnus stimulus,

donne une tactique, et il nous faudra certes, pour ne pas dire plus, recourir aux mœurs de la vieille Rome. Par quel moyen Fabius releva-t-il les forces épuisées de la république? Il sut uniquement attendre, temporiser, toutes choses dont l'homme irrité est incapable. C'en était fait de l'état, alors sur le penchant de l'abîme, si Fabius eût osé tout ce que lui dictait le ressentiment. Il prit pour conseil la fortune de l'empire : il fit avec elle le calcul de ses ressources, dont pas une ne pouvait périr sans ruiner toutes les autres ; puis remit à un temps meilleur l'indignation et la vengeance ; uniquement attentif aux chances favorables, il dompta la colère avant de dompter Annibal. Et Scipion : ne le vit-on pas, loin d'Annibal, de l'armée punique, de cette patrie dont les revers devaient enflammer son courroux, transporter la guerre en Afrique, à tel point que sa lenteur passa chez les envieux pour lâcheté et amour du plaisir? Et l'autre Scipion : que de longs jours il a consumés autour de Numance, dévorant, comme général et comme citoyen, son dépit de voir cette ville plus lente à succomber que Carthage ! Et cependant ses immenses circonvallations enfermaient l'ennemi, réduit à succomber sous ses propres armes.

XII. La colère n'est donc pas utile, même à la guerre et dans les combats ; elle dégénère trop vite en témérité, et ne sait pas fuir le péril où elle veut engager les autres. Le seul courage, sûr de lui-même, est celui qui s'observe long-temps, qui s'arme de prudence, et n'avance qu'à pas lents et mesurés. « Eh quoi ! l'homme juste ne s'emportera pas, s'il voit son père assassiné, ou sa mère aux mains de ravisseurs ! » Il ne s'emportera pas : il courra les délivrer et les défendre. A-t-on peur que sans la colère, l'amour filial ne soit pas un mobile assez fort? Eh

etiam sine ira, pietas sit? Aut dic eodem modo : Quid ergo? quum viderit secari patrem suum filiumve, vir bonus non flebit, nec linquetur animo? quæ accidere fœminis videmus, quoties illas levis periculi suspicio perculit. Officia sua vir bonus exsequitur inconfusus, intrepidus : et sic bono viro digna faciet, ut nihil faciat virum indignum. Pater cædetur? defendam. Cæsus est? exsequar; quia oportet, non quia dolet.

Quum hoc dicis, Theophraste, quæris invidiam præceptis fortioribus, et, relicto judice, ad coronam venis. Quia unusquisque in ejusmodi suorum casu irascitur, putas, judicaturos homines id fieri debere, quod faciunt. Fere enim justum quisque affectum judicat, quem agnoscit. Irascuntur boni viri pro suorum injuriis : sed idem faciunt, si calda non bene præbetur, si vitreum fractum est, si calceus luto sparsus est. Non pietas illam iram, sed infirmitas movet : sicut pueris, qui tam parentibus amissis flebunt, quam nucibus. Irasci pro suis, non est pii animi, sed infirmi. Illud pulchrum dignumque, parentibus, liberis, amicis, civibus prodire defensorem, ipso officio ducente : volentem, judicantem, providentem, non impulsum et rabidum. Nullus enim affectus vindicandi cupidior est quam ira : et ob id ipsum ad vindicandum inhabilis, prærapida et amens : ut omnis fere cupiditas ipsa sibi in id in quod properat

quoi! devrait-on dire aussi, l'homme juste, en voyant son père ou son fils sous le fer de l'opérateur, ne pleurera pas! il ne tombera pas en défaillance! Nous voyons cela chez les femmes : chaque fois que le soupçon du moindre danger les frappe; mais le juste accomplit ses devoirs sans trouble et sans émoi : en agissant comme juste, il ne fait rien non plus qui soit indigne d'un homme de cœur. On veut tuer mon père, je le défendrai : on l'a tué, je le vengerai; mais pour obéir à mon devoir, et non à mon ressentiment.

Quand tu cites ces hypothèses, Théophraste, tu veux décrier une doctrine trop mâle pour toi, tu laisses là le juge pour t'adresser aux auditeurs. Parce que tous s'abandonnent à l'emportement dans des cas semblables, tu crois qu'ils décideront que ce qu'ils font on doit le faire, vu que presque toujours on tient pour légitimes les passions qu'on retrouve en soi. D'honnêtes gens s'irritent quand on outrage leurs proches; mais ils font de même quand leur eau chaude n'est pas servie à point, quand on leur brise un verre ou qu'on éclabousse leur chaussure. Cette colère n'est donc pas tendresse, mais faiblesse de cœur : ainsi l'enfant pleure ses parens morts comme il pleurerait un jouet perdu. S'emporter pour la cause des siens est moins un dévoûment qu'un manque de fermeté. Ce qui est beau, ce qui est noble, c'est de voler défendre ses parens, ses amis, ses enfans, ses concitoyens, à la seule voix du devoir, avec volonté, jugement et prévoyance, sans emportement ni fureur. Car point de passion plus avide de vengeance que la colère, et qui par là même y réussisse moins, tant elle se précipite follement; semblable, au reste, à presque toutes les passions qui font elles-mêmes obstacle aux succès qu'elles

opponitur. Itaque nec in pace, nec in bello, unquam bona fuit. Pacem enim similem belli efficit : in armis vero obliviscitur Martem esse communem, venitque in alienam potestatem, dum in sua non est. Deinde non ideo vitia in usum recipienda sunt, quia aliquando aliquid boni effecerunt, nam et febres quædam genera valetudinis levant : nec ideo non ex toto illis caruisse melius est. Abominandum remedii genus est, sanitatem debere morbo. Simili modo ira, etiamsi aliquando, ut venenum, et præcipitatio, et naufragium, ex inopinato profuit, non ideo salutaris omnino judicanda est; sæpe enim saluti fuere pestifera.

XIII. Deinde quæ habenda sunt in bonis, quo majora, eo meliora et optabiliora sunt. Si justitia bonum est, nemo dicet meliorem futuram, si quid detractum ex ea fuerit : si fortitudo bonum est, nemo illam desiderabit ex aliqua parte deminui : ergo et ira quo major, hoc melior. Quis enim ullius boni accessionem recusaverit? atqui augeri illam inutile est : ergo et esse. Non est bonum, quod incremento malum fit.

« Utilis, inquit, ira est, quia pugnaciores facit. » Isto modo et ebrietas : facit enim protervos et audaces; multique meliores ad ferrum fuere male sobrii. Isto modo dic et phrenesim et insaniam viribus necessariam, quia sæpe validiores furor reddit. Quid? non

poursuivent. Avouons donc qu'en paix comme en guerre elle ne fut jamais bonne à rien. Elle rend la paix semblable à la guerre; en face de l'ennemi, elle oublie que les armes sont journalières, et elle tombe à la merci des autres, faute de s'être possédée elle-même. Après tout, quand le vice aurait produit parfois quelque bien, ce n'est pas une raison pour l'adopter et l'employer. Il est aussi des maux que la fièvre emporte : en faut-il moins désirer de ne l'avoir jamais? Détestable remède que de devoir la santé à la maladie! De même, quand la colère, dans des cas imprévus, nous aurait servis, comme peuvent faire le poison, les naufrages, un saut dans l'abîme, ne la croyons pas pour cela essentiellement salutaire : car beaucoup de gens ont dû leur santé à la peste.

XIII. D'ailleurs tout bien, digne de passer pour tel, est d'autant meilleur, d'autant plus désirable qu'il est plus grand. Si la justice est un bien, dira-t-on qu'elle gagnerait à ce qu'on lui retranchât quelque chose? Si c'est un bien que le courage, nul ne souhaitera qu'on lui en ôte une partie. S'il était ainsi de la colère, plus elle serait forte, meilleure elle serait; car comment refuser l'accroissement d'un bien? Or, l'accroissement de la colère est un mal; c'est donc un mal qu'elle existe. Un bien, en augmentant, ne peut jamais devenir mal.

« La colère, dit-on, est utile pour réveiller l'ardeur guerrière. » A ce compte, l'ivresse aura semblable privilège; elle pousse à l'audace et à la provocation, et beaucoup de gens se sont bien trouvés de l'intempérance avant le combat. Ainsi encore, la frénésie et la démence seraient nécessaires au déploiement de nos forces, car le délire les

aliquoties metus e contrario fecit audacem? et mortis timor, etiam inertissimos excitavit in prœlium? Sed ira, ebrietas, timor, aliaque ejusmodi, fœda et caduca irritamenta sunt : nec virtutem instruunt, quæ nihil vitiis eget, sed segnem aliquando animum et ignavum paullulum allevant. Nemo irascendo fit fortior, nisi qui fortis sine ira non esset. Ita non in adjutorium virtutis venit, sed in vicem. Quid quod, si bonum esset ira, perfectissimum quemque sequeretur? atqui iracundissimi infantes, senesque, et ægri sunt; et invalidum omne natura querulum est.

XIV. « Non potest, inquit Theophrastus, fieri, ut bonus vir non irascatur malis. » Isto modo, quo melior quisque, hoc iracundior erit? Vide ne contra placidior, solutusque affectibus, et cui nemo odio sit. Peccantes vero quid habet cur oderit, quum error illos in hujusmodi delicta compellat? non est autem prudentis errantes odisse : alioquin ipse sibi odio erit. Cogitet quam multa contra bonum morem faciat, quam multa ex his quæ egit veniam desiderent. Jam irascetur etiam sibi! Neque enim æquus judex aliam de sua, aliam de aliena causa, sententiam fert. Nemo, inquam, invenitur qui se possit absolvere : et innocentem quisque se dicit, respiciens testem, non conscientiam. Quanto humanius, mitem et patrium animum præstare peccantibus, et illos

double souvent. La peur même, par un frappant contraste, n'a-t-elle pas quelquefois fait naître la hardiesse? Et la crainte de la mort ne chasse-t-elle pas au combat les plus lâches? Mais la colère, l'ivresse, la crainte et les autres passions sont des stimulans honteux et passagers; ils ne fortifient point la vertu, qui n'a que faire du vice, mais ils réveillent parfois, et pour un temps, un cœur lâche et poltron. La colère ne rend plus courageux que celui qui sans elle serait sans courage : elle ne vient pas comme aide de la vertu, mais comme en tenant la place. Eh! si la colère était un bien, ne serait-elle pas l'apanage de l'élite des humains? Cependant les esprits les plus irascibles sont les enfans, les vieillards, les malades; et tout être faible est naturellement grondeur.

XIV. « Il ne se peut, dit Théophraste, que l'honnête homme ne s'irrite point contre les méchans. » A ce compte, plus on a de vertu, plus on sera irascible. Voyons mieux les choses : ne sera-t-on pas au contraire plus calme, plus exempt de passions et de haine pour qui que ce soit? Pourquoi haïrait-on ceux qui font le mal, puisque c'est l'erreur qui les y porte? Il n'est point d'un esprit sensé de maudire ceux qui se trompent : il se maudirait le premier; et, songeant combien il enfreint souvent la règle, combien de ses actes ont besoin de pardon, c'est contre lui-même que se tournerait sa colère. Un juge équitable ne décide pas dans sa cause autrement que dans celle d'autrui. Non, nul n'est assez pur pour s'absoudre à son propre tribunal; et qui se proclame innocent, consulte plus le témoignage des hommes que sa conscience. Oh! qu'il est plus conforme à l'humanité, de montrer à ceux qui pêchent des sentimens doux, paternels, de les ramener, au lieu de les poursuivre! Je m'égare dans vos champs

non persequi, sed revocare? Errantem per agros ignorantia viæ, melius est ad rectum iter admovere, quam expellere. Corrigendus est itaque qui peccat, et admonitione, et vi, et molliter, et aspere : meliorque tam sibi quam aliis faciendus, non sine castigatione, sed sine ira. Quis enim, cui medetur, irascitur?

XV. « At corrigi nequeunt; nihilque in illis lene aut spei bonæ capax est. » Tollantur e cœtu mortalium, facturi pejora quæ contingunt, et quo uno modo possunt, desinant mali esse : sed hoc sine odio. Quid enim est cur oderim eum, cui tum maxime prosum, quum illum sibi eripio? Num quis membra sua odit, tunc quum abscidit? non est illa ira, sed misera curatio. Rabidos effligimus canes, trucem atque immansuetum bovem cædimus, et morbidis pecoribus, ne gregem polluant, ferrum demittimus; portentosos fœtus exstinguimus; liberos quoque, si debiles monstrosique editi sunt, mergimus. Non ira, sed ratio est, a sanis inutilia secernere.

Nil minus, quam irasci, punientem decet : quum eo magis ad emendationem pœna proficiat, si judicio lata est. Inde est, quod Socrates servo ait : « Cæderem te, nisi irascerer. » Admonitionem servi in tempus sanius distulit, illo tempore se admonuit. Cujus erit temperatus affectus, quum Socrates non sit ausus se iræ com-

par ignorance de la route; ne vaut-il pas mieux me remettre dans la voie que de m'expulser? Corrigeons les fautes en tempérant la gravité des peines par la douceur des avis, et la sévérité par l'indulgence. Rendons l'homme meilleur tant pour lui que pour les autres, sinon sans rigueur, du moins sans emportement. Quel médecin s'est jamais fâché contre celui qu'on veut guérir?

XV. « Mais il est incorrigible; et il n'y a rien en eux de supportable, rien qui puisse donner espoir d'amendement? » Rayez alors du nombre des vivans tout coupable prêt à passer la mesure commune : coupez court à ses crimes par la seule voie possible, mais toujours sans haine. Quel motif a-t-on de haïr un homme à qui l'on rend le plus grand des services en l'arrachant à sa propre dégradation? On n'a point de haine contre le membre gangrené qu'on se fait amputer : ce n'est point là du ressentiment, c'est une rigueur salutaire. On fait tuer les chiens hydrophobes; on abat les taureaux farouches et indomptables; on égorge les brebis malades, de peur qu'elles n'infectent le troupeau; on étouffe les monstres à leur naissance; on noie même ses propres enfans trop débiles ou difformes. Ce n'est pas la colère, mais la raison qui veut que d'un corps sain on retranche ce qui ne l'est pas.

Rien ne sied moins que la colère à l'homme qui punit : le châtiment n'étant efficace qu'autant qu'il part de la raison. C'est pour cela que Socrate disait à son esclave : « Comme je te battrais, si je n'étais en colère! » Pour punir, il attendit que son sang-froid fût revenu, et se fit la leçon à lui-même. Qui pourra se flatter de modérer ses passions, quand Socrate n'osa pas se fier à sa colère? Pour réprimer l'erreur ou le crime, il ne faut donc pas

mittere? Ergo ad coercitionem errantium sceleratorumque irato castigatore non opus est : nam quum ira delictum animi sit, non oportet peccata corrigere peccantem.

XVI. « Quid ergo? non irascar latroni? non irascar « venefico? » Non. Neque enim mihi irascor; quum sanguinem mitto. Omne pœnæ genus remedii loco admoveo. Tu adhuc in prima parte versaris errorum, nec graviter laberis, sed frequenter : objurgatio te primum secreta, deinde publica emendare tentabit. Tu longius jam processisti, quam ut possis verbis sanari : ignominia contineberis. Tibi fortius aliquid, et quod sentias, inurendum est : in exsilium, et loca ignota mitteris. In te duriora remedia jam solida nequitia desiderat : et vincula publica, et carcer adhibebitur. Tibi insanabilis animus est, et sceleribus scelera contexens; et jam non causis, quæ nunquam malo defuturæ sunt, impelleris, sed satis tibi est magna ad peccandum causa, peccare. Perbibisti nequitiam, et ita visceribus immicuisti, ut nisi cum ipsis exire non possit. Olim miser mori quæris! bene de te merebimur : auferemus tibi istam, qua vexaris, insaniam; et per tua aliena volutato supplicia, id quod unum bonum tibi superest repræsentabimus, mortem. Quare irascar cui quum maxime prosum? Interim optimum misericordiæ genus est, occidere.

un censeur, un juge irrité : car la colère est un délit de l'âme, et il n'appartient pas à l'homme sujet à faillir de corriger les fautes d'autrui.

XVI. « Quoi ! je ne me courroucerai pas contre un voleur, contre un empoisonneur ? » Non ; car je ne me courrouce pas contre moi-même quand je me tire du sang. Toute espèce de châtiment est un remède, et je l'applique comme tel. Toi qui ne fais encore que débuter dans le mal, dont les chutes, quoique fréquentes, ne sont pas graves, j'essaierai, pour te ramener, d'abord les remontrances secrètes, ensuite la réprimande publique. Toi, qui es tombé trop bas pour que de simples paroles puissent te sauver, tu seras contenu par l'ignominie. Et toi, il faut t'infliger une flétrissure plus forte, plus pénétrante : on t'enverra en exil et sur des bords ignorés. Ta corruption invétérée exige-t-elle des remèdes encore plus vigoureux ? les fers et la prison publique t'attendent. Mais toi dont le moral est désespéré, dont la vie n'est qu'une trame de crimes toujours nouveaux ; toi, qui te laisses pousser non plus par l'occasion, qui ne manque jamais au méchant, mais par une cause pour toi assez puissante, par le seul plaisir de mal faire ; tu as bu l'iniquité jusqu'à la lie, et tout ton être en est tellement infecté, que tu ne la peux quitter qu'avec la vie, malheureux ! qu'il y a long-temps que tu cherches la mort ! Eh bien ! tu vas nous rendre grâce : nous t'arracherons au vertige qui fait ton malheur : après avoir vécu pour le supplice des autres et de toi-même, il n'est plus pour toi qu'un seul bien possible, la mort que tu recevras de notre main. Pourquoi m'emporterais-je contre toi à

Si intrassem valetudinarium exercitatus et sciens, aut domum divitis, non idem imperassem omnibus per diversa ægrotantibus. Varia in tot animis vitia video, et civitati curandæ adhibitus sum : pro cujusque morbo medicina quæratur. Hunc sanet verecundia, hunc peregrinatio, hunc dolor, hunc egestas, hunc ferrum. Itaque, etsi perversa induenda magistratui vestis, et convocanda classico concio est, procedam in tribunal, non furens, nec infestus, sed vultu legis; et illa solemnia verba, leni magis gravique, quam rabida voce concipiam, et agi jubebo non iratus, sed severus. Et quum cervicem noxio præcidi imperabo, et quum parricidam insuam culeo, et quum mittam in supplicium militarem, et quum Tarpeio proditorem hostemve publicum imponam; sine ira, eo vultu animoque ero, quo serpentes et animalia venenata percutio. « Iracundia opus est ad puniendum. » Quid? tibi videtur lex irasci his quos non novit, quos non vidit, quos non futuros sperat? Illius itaque sumendus est animus, quæ non irascitur, sed constituit.

Nam si bono viro ob mala facinora irasci convenit, et ob secundas res malorum hominum invidere conveniet. Quid enim est indignius, quam florere quosdam, et eos indulgentia fortunæ abuti, quibus nulla potest

l'heure où je te rends le plus grand service? Il est des cas où la pitié la mieux entendue est d'accorder la mort.

Si, consommé dans l'art de guérir, j'entrais dans un hôpital ou dans l'infirmerie d'un riche, à des maladies toutes diverses je ne prescrirais pas le même traitement. Médecin préposé pour guérir le public, je vois dans les âmes une grande variété de vices, et je dois chercher un remède à chaque maladie. Ici réussira la honte, là l'exil, ailleurs la douleur physique; plus loin la perte des biens, de la vie. Si, comme juge, je dois endosser la robe de sinistre aspect, s'il y a lieu de convoquer le peuple au son de la trompette, je monterai sur mon tribunal sans courroux, sans animosité, le visage impassible comme la loi, dont le langage solennel veut un organe qui soit calme, grave et point passionné; et si je commande au licteur d'exécuter la loi, je serai sévère, et non point irrité. Que je fasse tomber sous la hache une tête coupable, ou coudre le sac du parricide, ou supplicier un soldat, ou précipiter de la roche Tarpéienne un traître, un ennemi public, la colère n'agitera pas plus mes traits ni mon âme, que lorsque j'écrase un reptile ou un animal venimeux. — « Mais qu'est-il besoin de colère pour punir? » En quoi la loi vous semble-t-elle irritée contre des hommes qu'elle ne connaît pas, qu'elle n'a jamais vus, dont elle n'a pu prévoir l'existence? Prenons les mêmes sentimens qu'elle : elle ne se courrouce point, elle a établi une règle.

Si le juste doit se courroucer contre le crime, il devra donc aussi porter envie aux succès des méchans. Car quoi de plus révoltant que de voir comblés jusqu'à satiété des faveurs de la fortune, des hommes pour qui la fortune ne saurait assez inventer de maux? Mais leurs

satis mala inveniri fortuna? Sed tam commoda illorum sine invidia videbit, quam scelera sine ira. Bonus judex damnat improbanda; non odit.

« Quid ergo? non, quum ejusmodi aliquid sapiens habebit in manibus, tangetur animus ejus, eritque solito commotior? » Fateor. Sentiet levem quemdam tenuemque motum. Nam, ut dixit Zeno, in sapientis quoque animo, etiam quum vulnus sanatum est, cicatrix manet. Sentiet itaque suspiciones quasdam et umbras affectuum : ipsis quidem carebit. Aristoteles ait, affectus quosdam, si quis illis bene utatur, pro armis esse. Quod verum foret, si velut bellica instrumenta sumi deponique possent induentis arbitrio. Hæc arma, quæ Aristoteles virtuti dat, ipsa per se pugnant, non exspectant manum : habent, et non habentur. Nil aliis instrumentis opus est : satis nos instruxit ratione natura. Hæc dedit telum firmum, perpetuum, obsequens, nec anceps, nec quod in dominum remitti posset. Non ad providendum tantum, sed ad res gerendas satis est per se ipsa ratio. Etenim quid est stultius, quam hanc ab iracundia petere præsidium : rem stabilem ab incerta : fidelem ab infida, sanam ab ægra? Quid, quod ad actiones quoque, in quibus solis opera iracundiæ videtur necessaria, multo per se ratio fortior est? Nam quum judicavit aliquid faciendum, in eo perseverat.

avantages excitent aussi peu son envie que leurs crimes sa colère. Un bon juge condamne ce que la loi réprouve; il ne hait point.

« Quoi! s'écrie-t-on, les plus palpables injustices ne heurteront pas l'âme du sage, ne le tireront pas de son calme! » Je le confesse; il éprouvera une légère, une imperceptible émotion. Car, disait Zénon, dans l'âme du sage, quand même la plaie est guérie, la cicatrice reste. Oui, des semblans, des ombres de passions viendront l'effleurer; mais des passions réelles, jamais. Aristote prétend que certaines passions servent comme d'armes pour qui sait bien en user; ce qui serait vrai si, comme les armes de guerre, on les pouvait prendre et quitter à volonté. Mais celles qu'Aristote prête à la vertu, frappent d'elles-mêmes, sans attendre qu'on les saisisse : nous sommes leurs instrumens; elles ne sont point le nôtre. Et qu'avons-nous besoin d'aides étrangers? la nature ne nous donne-t-elle point, dans la raison, une arme assez forte? Celle-là du moins est éprouvée, inaltérable, toujours prête, ne trahit jamais, n'est jamais renvoyée contre nous. La raison suffit à la fois, et au conseil et à l'action. Quoi de moins sensé que de la faire recourir à la colère, d'associer l'immuable au passager, la fidélité à la trahison, la santé à la maladie? Et si je vous prouve que dans les actes mêmes, qui semblent l'œuvre exclusive de la colère, la raison toute seule y apporte plus d'énergie? Dès qu'en effet elle a prononcé que telle chose doit s'accomplir, elle y persiste, ne pouvant, pour changer, trouver mieux qu'elle-même : son premier arrêt est irrévocable. La colère, au contraire, a souvent fléchi devant la pitié : car sa force n'est que bouffissure, sans

Nihil enim melius inventura est se ipsa, quo mutetur : ideo stat semel constitutis. Iram saepe misericordia retro egit. Habet enim non solidum robur, sed vanum tumorem : violentisque principiis utitur, non aliter quam qui a terra venti surgunt, et fluminibus paludibusque concepti, sine pertinacia vehementes sunt. Incipit magno impetu, deinde deficit ante tempus fatigata : et quae nihil aliud quam crudelitatem ac nova genera poenarum versaverat, quum animadvertendum est, ira jam fracta lenisque est.

Affectus cito cadit : aequalis est ratio. Ceterum, etiam ubi perseveraverit ira, nonnunquam si plures sunt qui perire meruerunt, post duorum triumve sanguinem, occidere desinit. Primi ejus ictus acres sunt, sicut serpentium venena a cubili repentium nocent : innoxii dentes sunt, quum illos frequens morsus exhausit. Ergo non paria patiuntur, qui paria commiserant, et saepe qui minus commisit, plus patitur, quia recentiori irae objectus est. Et in totum inaequalis est : modo ultra quam oportet, excurrit, modo citerius debito resistit. Sibi enim indulget, ex libidine judicat, et audire non vult, et patrocinio non relinquit locum, et ea tenet quae invasit, et eripi sibi judicium suum, etiam si pravum est, non sinit. Ratio utrique parti locum dat, et tempus dat; deinde advocationem etiam sibi petit, ut excutiendae spatium veritati habeat : ira festinat.

consistance ni solidité : c'est une bourrasque, pareille à ces vents de terre qui, surgissant du sein des fleuves et des marais, ont de la violence et ne tiennent pas. Elle débute par de vifs élans pour s'affaisser par une lassitude précoce : elle ne respire d'abord que cruauté, que supplices inouis; et, lorsqu'il faut sévir, elle ne sait plus que mollir et céder.

La passion tombe en un moment; la raison va d'un pas toujours égal : la colère vient-elle même à persévérer; le plus souvent, bien que de nombreux coupables eussent mérité la mort, à la vue du sang de deux ou trois victimes elle cesse de frapper. Ses premières atteintes sont mortelles, comme le venin de la vipère au sortir de son gîte; mais ses morsures, en se répétant, épuisent bientôt leur malignité. Ainsi, près d'elle, les mêmes crimes ne subissent pas les mêmes peines, et souvent la plus grave est pour la moindre faute en butte à la première fougue. Inégale dans toute son allure, ou elle va au delà de ce qu'il faut faire, ou elle reste en deçà : elle se complaît dans ses excès, juge d'après son caprice, sans vouloir entendre, sans laisser place à la défense, s'attachant à l'idée dont elle s'est préoccupée, et ne souffrant point qu'on lui ôte ses préventions, quelque absurdes qu'elles soient. La raison accorde à chaque partie le lieu, le temps convenables; elle-même, elle s'impose des délais pour avoir toute latitude dans la discussion de la vérité. La colère fait tout en courant; et

Ratio id judicari vult, quod æquum est : ira id æquum videri vult, quod judicavit. Ratio nihil præter ipsum de quo agitur spectat : ira vanis et extra causam obversantibus commovetur. Vultus illam securior, vox clarior, sermo liberior, cultus delicatior, advocatio ambitiosior, favor popularis exasperat. Sæpe infesta patrono, reum damnat; etiamsi ingeritur oculis veritas, amat et tuetur errorem; coargui non vult, et in male cœptis honestior illi pertinacia videtur quam pœnitentia.

Cn. Piso fuit memoria nostra, vir a multis vitiis integer, sed pravus, et cui placebat pro constantia rigor. Is quum iratus duci jussisset eum qui ex commeatu sine commilitone redierat, quasi interfecisset quem non exhibebat, roganti tempus aliquod ad conquirendum, non dedit. Damnatus extra vallum ductus est, et jam cervicem porrigebat, quum subito apparuit ille commilito qui occisus videbatur. Tunc centurio supplicio præpositus condere gladium speculatorem jubet : damnatum ad Pisonem reducit, redditurus Pisoni innocentiam; nam militi fortuna reddiderat. Ingenti concursu deducuntur, complexi alter alterum, cum magno gaudio castrorum, commilitones. Conscendit tribunal furens Piso, ac jubet duci utrumque, et eum militem qui non occiderat, et eum qui non perierat. Quid hoc indignius? quia unus innocens apparuerat, duo peribant. Piso adjecit et ter-

quand la raison cherche à décider ce qui est juste; elle, au contraire, veut qu'on trouve juste ce qu'elle a décidé. La raison n'envisage que le fond même de la question; la colère s'émeut pour des motifs puérils autant qu'étrangers à la cause. Un air trop assuré, une voix trop ferme, des assertions tranchantes, une mise recherchée, un cortège d'assistans trop imposant, la faveur populaire, vont l'exaspérer. Souvent elle condamne l'accusé en haine du défenseur; vainement la vérité éclate à ses yeux; elle caresse, elle choie son erreur; elle ne veut pas en demeurer convaincue; et, persévérer dans ses torts lui paraît plus beau que le repentir.

Cn. Pison fut dans ces derniers tems un homme irréprochable à beaucoup d'égards, mais esprit faux, et qui prenait l'inflexibilité pour la fermeté. Dans un moment de colère, il avait condamné à mort un soldat comme meurtrier de son camarade sorti du camp avec lui pour le service des vivres, et sans lequel il revenait. L'infortuné demande un sursis pour aller aux recherches, il est refusé. On le conduit, d'après la sentence, hors des lignes du camp, et déjà il tendait sa tête, quand soudain reparaît celui qu'on croyait assassiné. Le centurion préposé au supplice ordonne à l'exécuteur de remettre son glaive dans le fourreau, et ramène le condamné à Pison, voulant rendre à Pison son innocence, comme la fortune avait rendu la sienne au soldat. Une foule immense escorte les deux camarades, qui se tiennent l'un l'autre embrassés : toute l'armée est au comble de la joie. Pison s'élance en fureur sur son tribunal, il voue à la fois au supplice et le soldat non coupable du meurtre, et celui qui n'avait pas été assassiné. Quelle indignité! parce que l'un est justifié, tous deux mourront! Pison ajoute encore une

tium. Nam ipsum centurionem, qui damnatum reduxerat, duci jussit. Constituti sunt in eodem loco perituri tres, ob unius innocentiam. O quam solers est iracundia ad fingendas causas furoris! Te, inquit, duci jubeo, quia damnatus es; te quia causa damnationis commilitonis fuisti; te, quia jussus occidere, imperatori non paruisti. Excogitavit quemadmodum tria crimina faceret, quia nullum invenerat.

Habet, inquam, iracundia hoc mali, non vult regi. Irascitur veritati ipsi, si contra voluntatem suam apparuerit : clamore et tumultu, et totius corporis jactatione, quos destinavit, insequitur, adjectis convictis maledictisque. Hoc non facit ratio : sed si ita opus est, silens quietaque, totas domos funditus tollit, et familias reipublicæ pestilentes cum conjugibus ac liberis perdit; tecta ipsa diruit, et solo exæquat; et inimica libertati nomina exstirpat. Hæc non frendens, nec caput quassans, nec quidquam indecorum judici faciens, cujus tum maxime placidus esse debet et in statu vultus, quum magna pronuntiat. « Quid opus est, inquit Hieronymus, quum velis cædere aliquem, prius tua labia mordere ? » Quid si ille vidisset, desilientem de tribunali proconsulem, et fasces lictori auferentem, et sua vestimenta scindentem, quia tardius scindebantur aliena? Quid opus est mensam evertere? quid pocula affligere? quid se in

troisième victime : le centurion lui-même, pour avoir ramené un condamné, partagera son sort ! Voilà trois malheureux qu'entraîne au lieu fatal l'innocence du premier. Que la colère est ingénieuse à se forger des motifs de sévir ! Toi je te condamne, parce que tu l'es déjà ; toi, parce que tu es cause de la condamnation d'un camarade ; et toi, centurion, parce que, chargé d'exécuter l'arrêt, tu n'as pas obéi à ton général ! Il imagine ainsi de faire trois coupables, dans l'impuissance d'en trouver un.

Le mal, le grand mal de la colère, c'est qu'elle ne veut pas être éclairée. La vérité elle-même l'indigne dès qu'elle éclate contre son gré : cris de fureur, tumultueuse agitation de toute la personne, trahissent son acharnement contre l'homme qu'elle poursuit, qu'elle accable de sarcasmes et de malédictions. Ainsi n'agit pas la raison, qui pourtant, s'il le faut, ira, calme et silencieuse, renverser, de fond en comble, des maisons entières, de puissantes familles, pestes de l'état, sacrifier enfans et femmes, abattre et raser jusqu'au sol des murs odieux, et abolir des noms ennemis de la liberté ; tout cela sans frémir de rage, sans secouer violemment la tête, ni compromettre en rien le caractère du juge dont la dignité paisible n'est jamais mieux placée que lorsqu'il applique les paroles solennelles de la loi. « A quoi bon, dit Hiéronyme, quand vous voulez frapper quelqu'un, commencer par vous mordre les lèvres ? » Et s'il eût vu un proconsul se précipiter de son tribunal, arracher au licteur les faisceaux, et déchirer ses propres vêtemens, parce que ceux de la victime tardaient à l'être ! Que sert de renverser la table, de heurter de front les colonnes, de s'arracher les

columnas impingere? quid capillos evellere? femur pectusque percutere? Quantam iram putas, quæ quia non tam cito in alium quam vult erumpit, in se revertitur! Tenetur itaque a proximis, et rogatur ut ipse sibi placetur : quorum nihil facit quisquis vacuus ira, meritam cuique pœnam injungit. Dimittit sæpe eum cujus peccatum deprehendit, si pœnitentia facti spem bonam pollicetur, si intelligit non ex alto venire nequitiam, sed summo, quod aiunt, animo inhærere. Dabit impunitatem, nec accipientibus nocituram, nec dantibus. Nonnunquam magna scelera levius quam minora compescet, si illa lapsu, non crudelitate commissa sunt, his inest latens, et operta, et inveterata calliditas. Idem delictum in duobus non eodem malo afficiet, si alter per negligentiam admisit, alter curavit ut nocens esset. Hoc semper in omni animadversione servabit, ut sciat, alteram adhiberi, ut emendet malos, alteram, ut tollat. In utroque non præterita, sed futura intuebitur. Nam, ut Plato ait, « Nemo prudens punit, quia peccatum est, sed ne peccetur ; revocari enim præterita non possunt, futura prohibentur : et quos volet nequitiæ male cedentis exempla fieri, palam occidet, non tantum ut pereant ipsi, sed ut alios pereundo deterreant. »

Hæc cui expendenda æstimandaque sunt, vides quam debeat omni perturbatione liber accedere ad rem summa

cheveux, de se frapper la cuisse ou la poitrine? Quelle passion que celle qui, ne pouvant s'élancer sur autrui, se tourne contre elle-même! Aussi les assistans la retiennent et la prient de s'épargner : scènes que n'offre jamais quiconque, ayant banni la colère de son cœur, inflige à chacun la peine qu'il mérite. Souvent il renvoie l'homme qu'il vient de prendre en faute, si son repentir est de bon augure pour la suite, s'il est visible que le mal ne vient pas du fond de l'âme, mais s'arrête, comme on dit, à la surface. Cette impunité-là n'est funeste ni à celui qui l'accorde, ni à celui qui la reçoit. Quelquefois un grand crime sera moins puni qu'un plus léger, si dans l'un il y a oubli, et non scélératesse, et dans l'autre, astuce profonde, hypocrisie invétérée. Le même délit n'appellera pas la même répression sur l'homme coupable par inadvertance que sur celui qui l'est avec préméditation. Il faut que le juge sache et ne perde jamais de vue, dans toute application de peines, qu'il s'agit, ou de corriger les méchans, ou d'en purger la terre : dans les deux cas, ce n'est point le passé, c'est l'avenir qu'on envisagera. « Le sage, a dit Platon, punit, non parce qu'on a péché, mais pour qu'on ne pêche plus : car tout fait consommé est irrévocable; on ne prévient que l'avenir. Veut-il faire un exemple de quelques criminels enlacés dans leurs propres trames, il les fait mourir publiquement, non pas tant pour qu'ils périssent, que pour qu'ils servent aux autres d'effrayante leçon. »

On voit combien celui qui tient cette terrible balance doit être libre de toute passion au moment d'exercer un

diligentia tractandam, potestatem vitæ necisque. Male irato ferrum committitur.

Ne illud quidem judicandum est, aliquid iram ad magnitudinem animi conferre. Non est enim illa magnitudo; tumor est : nec, corporibus copia vitiosi humoris intensis, morbus incrementum est, sed pestilens abundantia. Omnes quos vecors animus supra cogitationes extollit humanas altum quiddam et sublime spirare se credunt : ceterum nihil solidi subest, sed in ruinam prona sunt, quæ sine fundamentis crevere. Non habet ira cui insistat; non ex firmo mansuroque oritur, sed ventosa et inanis est; tantumque abest a magnitudine animi, quantum a fortitudine audacia, a fiducia insolentia, ab austeritate tristitia, a severitate crudelitas. Multum, inquam, interest inter sublimem animum et superbum. Iracundia nihil amplum decorumque molitur. Contra, mihi videtur veternosi et infelicis animi, imbecillitatis sibi conscii, sæpe indolescere. Ut exulcerata et ægra corpora ad tactus levissimos gemunt, ita ira muliebre maxime et puerile vitium est. « At incidit et in viros, nam viris quoque puerilia ac muliebria ingenia sunt. Quid ergo? non aliquæ voces ab iratis emittuntur, quæ magno emissæ videantur animo, veram ignorantibus magnitudinem? qualis illa dira et abominanda : *Oderint, dum metuant.* Sullano scias sæculo

pouvoir qui demande les plus religieux scrupules, qui donne droit de vie et de mort. Il est mal de mettre le glaive aux mains d'un furieux !

Gardons-nous de penser aussi que la colère contribue en rien à la grandeur d'âme. Cette passion n'a point de grandeur; elle n'est que boursoufflée : l'humeur viciée, qui gonfle l'hydropique, n'est pas de l'embonpoint, c'est une maladie, une enflure funeste. Tout esprit dépravé, qui foule aux pieds les maximes universelles, croit s'élever à je ne sais quoi de noble et de sublime; mais il n'a au fond rien de solide : l'édifice sans base est prompt à crouler. De même la colère est dénuée d'appuis : rien de ferme et de stable ne soutient son audace, qui n'est que vent et fumée, qui diffère autant de la grandeur d'âme que la témérité du courage, la présomption de la confiance, l'humeur farouche de l'austérité, la cruauté de la sévérité. Qu'il y a loin du sublime des sentimens aux folies de l'orgueil ! La colère n'eut jamais de grandes, de généreuses inspirations. Je vois, au contraire, dans ses habitudes de plainte et d'aigreur, les symptomes d'une âme abattue, malheureusement née, et qui sent sa faiblesse. Le malade, couvert d'ulcères, gémit au moindre contact : ainsi fait la colère, surtout chez les femmes et chez les enfans. «Mais les hommes mêmes y sont sujets? — C'est que les hommes aussi ont le caractère des enfans et des femmes. Eh ! n'est-il donc pas également des propos tenus dans la colère, qu'on trouve magnanimes quand on ignore la vraie grandeur, tel que ce mot infernal, exécrable : *Qu'on me haïsse, pourvu qu'on me craigne*; mot qui respire le siècle de Sylla. Je ne sais ce qu'il y a de pis dans ce double vœu : la haine ou la terreur publique. Qu'on me haïsse ! Tu vois dans l'avenir

scriptam. » Nescio utrum sibi pejus optaverit, ut odio esset; an ut timori. Oderint! Occurrit illi, futurum ut exsecrentur, insidientur, opprimant : quid adjicit? Dii illi male faciant, adeo reperit dignum odio remedium. Oderint! Quid? dum pareant? non; dum probent? non : quid ergo? dum timeant. Sic nec amari quidem vellem. Magno hoc dictum spiritu putas? falleris; nec enim magnitudo ista est, sed immanitas.

Non est quod credas irascentium verbis; quorum strepitus magni minaces sunt, intus mens pavidissima. Non est quod existimes verum esse, quod apud disertissimum virum Livium dicitur : « Vir ingenii magni magis quam boni. » Non potest illud separari : aut et bonum erit, aut nec magnum ; quia magnitudinem animi inconcussam intelligo, et introrsus solidam, ab imo parem firmamque, qualis inesse malis ingeniis non potest. Terribilia enim esse, et tumultuosa, et exitiosa possunt: magnitudinem quidem, cujus firmamentum roburque bonitas est, non habebunt; ceterum sermone, conatu, et omni extra paratu facient magnitudinis fidem. Eloquentur aliquid quod tu magni putes, sicut C. Cæsar, qui iratus cœlo, quod obstreperet pantomimis, quos imitabatur studiosius quam spectabat, quodque commissio sua fulminibus terreretur, prorsus parum certis, ad pugnam vocavit Jovem, et quidem sine missione, Homericum illum exclamans versum, ἢ μ' ἀνάειρ', ἢ ἐγὼ σέ.

les malédictions, les embûches, l'assassinat, et quel contre-poids y mets-tu! Que les dieux te punissent d'avoir trouvé un remède aussi affreux que le mal! Qu'on te haïsse! Et quoi ensuite? Pourvu qu'on t'obéisse? non. Pourvu qu'on t'estime? non. Pourvu que l'on tremble. Je ne voudrais pas de l'amour à ce prix. On se figure que ce mot est grand. Quelle erreur! Il n'y a point là de grandeur, mais de la férocité.

N'ayez pas foi au langage de la colère : elle menace, elle tempête, et n'en est pas moins profondément pénétrée de crainte. Ne croyez pas non plus l'éloquent Tite-Live, quand il dit : *Grand homme, plutôt qu'homme de bien.* L'un ne peut aller sans l'autre. Ces deux qualités sont inséparables : car ou l'on est bon, ou l'on cesse d'être grand. Je ne conçois de grandeur que dans une âme inébranlable, qui en son intérieur, comme du faîte à la base, soit également ferme, enfin telle qu'elle ne puisse s'allier avec un génie malfaisant. La terreur, le fracas et la mort peuvent marcher avec le méchant; mais la grandeur, dont la bonté fait le fondement et la force, lui est à jamais refusée. Il peut du reste, par son langage, par ses efforts, par tout l'appareil qui l'entoure, donner haute opinion de lui. Il lui échappera telle parole courageuse en apparence, comme à Caligula, par exemple. Furieux contre le ciel, parce qu'il tonnait sur ses pantomimes dont il était le spectateur ou plutôt l'émule passionné, et que sa séquelle de gladiateurs avait peur de ces foudres, qui certes oubliaient alors de punir, il défia Jupiter à un combat désespéré, en vociférant cet hémistiche d'Homère : *Fais-moi succomber, ou suc-*

Quanta dementia fuit! putavit, aut sibi noceri ne a Jove quidem posse, aut se nocere etiam Jovi posse. Non puto parum momenti hanc ejus vocem ad incitandas conjuratorum mentes addidisse; ultimæ enim patientiæ visum est, eum ferre, qui Jovem non ferret.

Nihil ergo in ira, ne quum videtur quidem vehemens, deos hominesque despiciens, magnum, nihil nobile est: aut si videtur alicui magnum animum ira producere, videatur et luxuria. Ebore sustineri vult, purpura vestiri, auro tegi, terras transferre, maria concludere, flumina præcipitare, nemora suspendere. Videatur et avaritia magni animi : acervis auri argentique incubat, et provinciarum nominibus agros colit, et sub singulis villicis latiores habet fines, quam quos consules sortiebantur. Videatur et libido magni animi : transnatat freta, puerorum greges castrat, sub gladium mariti venit uxor, morte contempta. Videatur et ambitio magni animi : non est contenta honoribus annuis : si fieri potest, uno nomine occupare fastos vult, per omnem orbem titulos disponere. Omnia ista non refert in quantum procedant extendantque se : augusta sunt, misera, depressa. Sola sublimis et excelsa virtus est : nec quidquam magnum est, nisi quod simul et placidum.

combe. Était-il assez hors de sens? S'imaginer ou que Jupiter ne pouvait lui nuire, ou qu'il nuirait à Jupiter! Pour moi je pense que son blasphème n'a pas peu contribué à hâter l'explosion du complot qui trancha ses jours. Ce fut en effet le terme de la patience, que d'avoir à supporter un maître qui ne pouvait supporter Jupiter.

Disons-le, dans la colère, même quand elle paraît le plus véhémente, qu'elle affronte les hommes et les dieux, il n'y a rien de noble ni d'élevé. Que si aux yeux de certains hommes elle semble une marque de grandeur; qu'ils en voient aussi dans le luxe : le luxe veut marcher sur l'ivoire, se vêtir de pourpre, dormir sous des lambris dorés, transporter des terres, emprisonner des mers, précipiter des fleuves en cascades, planter des forêts suspendues. Qu'ils voient aussi de la grandeur dans l'avarice : elle couche sur des monceaux d'or et d'argent, cultive des champs qui pourraient s'appeler des provinces, et confie à chacun de ses fermiers des départemens plus étendus que le sort n'en assignait aux consuls. Qu'ils voient aussi de la grandeur dans la luxure qui franchit les mers, arrache leur virilité à des milliers de jeunes esclaves, et, bravant la mort, prostitue l'épouse vénale jusque sous le fer de l'époux. Qu'ils en voient enfin dans l'ambition, qui, peu satisfaite des honneurs annuels, voudrait, s'il était possible, attacher son nom aux fastes de tout un siècle, et remplir l'univers de ses titres. Toutes ces passions auront beau s'exhausser et s'étendre au dehors, elles seront toujours étroites, misérables et basses. Il n'y a d'élevé et de sublime que la vertu; et rien ne peut être grand que ce qui est calme.

ARGUMENT

DU LIVRE DEUXIÈME.

Dans ce livre, l'auteur, jusqu'au chapitre XVII, examine la nature de la colère; puis, dans les suivans, il passe aux remèdes de la colère.

Après s'être demandé si la colère commence par la réflexion ou par l'instinct, Sénèque conclut qu'elle ne procède jamais sans le consentement de l'âme (chap. 1er). Certaines émotions qui nous impressionnent malgré nous, sont inévitables et invincibles; mais cela n'est point la colère dont les préceptes peuvent triompher. Exemples tirés de l'histoire (II). Suite : distinction entre la colère qui n'est qu'une émotion passagère et involontaire, et l'emportement volontaire, actif qui suit cette première émotion (III). Trois périodes dans les passions : le premier mouvement qui n'est pas volontaire; le second qui a une volonté mobile; le troisième...... [*Ici une lacune interrompt l'énumération*] (IV). La colère qui diffère de la cruauté a une origine commune avec elle : la colère trop souvent exercée, se convertit en une froide barbarie. Exemples des tyrans Apollodore et Phalaris; d'Annibal, de Volesus, proconsul d'Asie sous Auguste (V). La vertu, dit-on, doit s'irriter contre les actions criminelles. Sénèque réfute cette objection, en disant que cet emportement sort du caractère naturel de la sagesse et de la vertu (VI). La multitude des méchans dispense, au reste, le sage de cette colère; autrement il faudrait qu'il fût toujours en colère. Tableau énergique de la corruption humaine (VII-IX). La sévérité d'un général ne peut s'exercer sur toute une armée : où trouver d'ailleurs place pour la colère, puisque, selon Démocrite, tout est ridicule; ou lamentable, selon Héraclite? Le sage donc regardera les vices du même œil qu'un médecin voit les maladies, et le pilote les avaries de son vaissceau (x). Réfutation sous un nouveau point de vue, de l'utilité prétendue de la colère (*Voyez* les chap. VIII et suiv. du liv. 1er). Si elle se fait craindre par ses effets, elle est odieuse; ridicule si elle est impuissante. D'ailleurs, quiconque est craint doit craindre. Telle ne saurait jamais être la position du sage (XI). Ridicule de la colère qui se borne à faire peur. On peut entièrement déraciner de son âme la colère. Exemples à l'appui de cette assertion. Par la force de la volonté les hommes atteignent aux résultats les plus difficiles et les plus frivoles, tels que de marcher sur une corde tendue. Usons de la même persévérance pour bannir la colère (XII-XIII). Le sage donc n'appellera à son secours aucun vice : il peut feindre la colère pour stimuler ses auditeurs, mais l'éprouver, jamais. Aucune circonstance ne justifie la colère : il faut se vaincre soi-même à l'exemple des athlètes. Si la colère conseille la vengeance, la raison commande la patience et la résignation (XIV). Ceux qui voient quelque chose de généreux dans la colère se sont appuyés de l'exemple des Germains et des Scythes, qui ont su conserver leur liberté; mais ces peuples féroces sont libres à la manière des lions et des loups, qui ne savent ni obéir ni commander (XV). Les habitans des zones tempérées ont presque toujours été les maîtres des autres peuples. Parmi les animaux, les plus estimés sont les plus colères : cela peut être vrai pour les bêtes féroces qui ne vivent que de leur chasse, mais on doit préférer la patience du bœuf, la docilité du cheval. Ce qu'il faut penser de la franchise des personnes colères (XVI). De la prétendue supériorité de l'orateur qui s'emporte (XVII).

Sénèque passe au second point de sa discussion : les remèdes contre la colère. Il en est de deux espèces, les uns préventifs, les autres répressifs.

De la première éducation dépend le plus ou moins de penchant à la colère. L'auteur parle ensuite de la complexion des personnes, laquelle procède des élémens qui dominent en elles (XVIII). Les stoïciens prétendent que la colère s'émeut dans la poitrine par l'ébullition du sang (XIX). Causes diverses de colère, selon la différence des tempéramens. Préceptes de Platon à cet égard, applicables à l'enfance (XX-XXI). Puis à l'âge mûr : il faut se tenir en garde contre les faux rapports (XXII); contre les soupçons. Exemples contraires d'Hippias, puis d'Alexandre et de J.-César (XXIII). Ne soyons donc ni soupçonneux ni susceptibles (xxiv). Ne nous emportons point pour des bagatelles contre nos serviteurs. La mollesse de l'âme conduit à l'irritation. Exemple du sybarite Myndiride (xxv). Ne pas exhaler, contre des objets insensibles, une bile allumée contre les personnes (xxvi). Ne point se courroucer contre les enfans, ni contre les dieux, ni contre les magistrats, ni contre nos pères, mères, instituteurs. Quel est l'homme d'ailleurs qui puisse se dire innocent (xxvii)? Nous avons force vices que nous ne pouvons supporter chez les autres, et nous voulons qu'on souffre les nôtres. Que ces considérations ralentissent notre colère : son plus grand remède est dans le *temps d'arrêt*. (xxviii). Il ne faut pas croire aux rapports et aux délations, sans quelque preuve authentique, et à cet égard on doit imiter les juges (xxix). Pour les offenses qu'on nous fait en face, il faut considérer le caractère, la position et l'intention de celui qui en est l'auteur; si c'est un enfant, un père, une femme, un roi, un juge, ou si c'est Dieu (xxx). D'où vient que les injures de nos ennemis nous émeuvent davantage ? C'est que nous avons la vanité de nous croire inviolables. De l'excuse, *je n'y pensais pas*. L'exercice d'un pouvoir nuisible, tel que la vengeance, est toujours odieux. Ne soyons pas moins indulgens pour l'homme que pour les vipères que nous ne tuerions pas, s'il était possible de les apprivoiser (xxxi). Il n'y a point de plaisir dans la vengeance. Longanimité de Caton (xxxii). Vile maxime de Sénèque : supportez les injures des grands d'un air satisfait. Surprenante patience d'un père privé de son fils par la cruauté de Caligula. Exemple de Priam (xxxiii). S'abstenir de la colère à l'égard de ses égaux, de ses supérieurs, de ses inférieurs : ne point rendre nos enfans héritiers de nos vengeances. La clémence du peuple romain envers les nations ennemies, en a fait ses plus fidèles alliés (xxxiv). Horrible aspect, difformité de la colère (xxxv). Il en est qui se sont apaisés en apercevant dans un miroir combien ils étaient défigurés par la colère. Idée des maux et des catastrophes que cette passion suscite à ceux qui s'y abandonnent (xxxvi).

Ch. Dr.

DE IRA

LIBER SECUNDUS.

I. P<small>RIMUS</small> liber, Novate, benigniorem habuit materiam; facilis enim in proclivia vitiorum decursus est: nunc ad exiliora veniendum est. Quærimus enim, utrum ira judicio, an impetu incipiat, id est, utrum sua sponte moveatur, an quemadmodum pleraque, quæ intra nos insciis nobis oriuntur. Debet autem in hæc se demittere disputatio, ut ad illa quoque altiora possit exsurgere. Nam et in corpore nostro ossa, nervique et articuli, firmamenta totius, et vitalia, minime speciosa visu, prius ordinantur; deinde hæc, ex quibus omnis in faciem adspectumque decor est; post hæc omnia, qui maxime oculos rapit color, ultimus, perfecto jam corpore, affunditur. Iram quin species oblata injuriæ moveat, non est dubium: sed utrum speciem ipsam statim sequatur, et, non accedente animo, excurrat, an illo adsentiente moveatur, quærimus. Nobis placet, nil ipsam per se audere, sed animo approbante. Nam speciem capere acceptæ injuriæ, et ultionem ejus concupiscere, et utrumque conjungere, nec lædi se debuisse, et vindicari debere,

DE LA COLÈRE

LIVRE DEUXIÈME.

I. Mon premier livre, Novatus, offrait une tâche engageante : on est porté comme sur une pente facile à parcourir les tableaux du vice. Je passe maintenant à des questions plus abstraites. La colère vient-elle d'un libre choix ou d'entraînement ? en d'autres termes, s'émeut-elle spontanément ? ou en est-il d'elle comme de tout transport qui s'élève en nous à notre insu ? Voilà où doit descendre la discussion pour remonter ensuite à de plus hauts développemens. Dans la formation du corps humain, les os, les nerfs, les articulations, charpente de tout l'édifice, et les parties vitales, si peu agréables à voir, se coordonnent avant le reste ; vient ensuite ce qui fait les charmes de la figure et de l'extérieur ; et enfin, quand rien ne manque plus à l'ensemble, la nature y jette, comme dernier coup de pinceau, ce coloris qui plaît tant aux yeux. Que l'apparence seule d'une injure soulève la colère, nul doute ; mais suit-elle soudain cette apparence, s'élance-t-elle sans que l'âme y acquiesce, ou lui faut-il l'assentiment de l'âme pour se mettre en mouvement, voilà ce que nous cherchons. Je tiens moi, que la colère n'ose rien par elle-même et sans l'approbation de l'âme. Car entrevoir l'injure et en désirer la vengeance ; faire la double réflexion qu'on ne doit pas être offensé, et qu'on doit punir l'offenseur, cela ne tient pas au mouvement physique,

non est ejus impetus, qui sine voluntate nostra concitatur. Ille simplex est : hic compositus, et plura continens. Intellexit aliquid, indignatus est, damnavit, ulciscitur : hæc non possunt fieri, nisi animus eis, quibus tangebatur, assensus est.

II. « Quorsus, inquis, hæc quæstio pertinet? » Ut sciamus, quid sit ira. Nam si invitis nobis nascitur, nunquam rationi succumbet. Omnes enim motus, qui non voluntate nostra fiunt, invicti et inevitabiles sunt; ut, horror frigida adspersis, ad quosdam ictus adspernatio, ad pejores nuntios subriguntur pili, et rubor ad improba verba suffunditur, sequiturque vertigo prærupta cernentes. Quorum quia nihil in nostra potestate est, nulla, quo minus fiant, ratio persuadet. Ira præceptis fugatur. Est enim voluntarium animi vitium, non ex his quæ conditione quadam humanæ sortis eveniunt, ideoque etiam sapientissimis accidunt : inter quæ et primus ille ictus animi ponendus est, qui nos post opinionem injuriæ movet. Hic subit etiam inter ludicra scenæ spectacula, et lectiones rerum vetustarum. Sæpe Clodio Ciceronem expellenti, et Antonio occidenti, videmur irasci. Quis non contra Marii arma et contra Sullæ proscriptionem concitatur? Quis non Theodoto et Achillæ et ipsi puero non puerile auso facinus infestus est? Cantus nos nonnunquam et concitata modulatio instigat : Mar-

qui devance en nous la volonté. Celui-ci est simple ; l'action de l'esprit est complexe et offre plus d'un élément. Notre esprit a conçu quelque chose qui l'indigne, qu'il condamne, qu'il veut punir, et rien de tout cela ne peut être, si lui-même ne s'associe à l'impression des sens.

II. « A quoi tendent ces questions ? » A bien connaître la colère. Car si elle naît malgré nous, jamais la raison ne la surmontera. Tout mouvement non volontaire est invincible, inévitable, comme le frisson que donne une aspersion d'eau froide, comme la défaillance de cœur que provoquent certains coups, comme lorsqu'à de fâcheuses nouvelles notre poil se hérisse, que des mots déshonnêtes nous font rougir, et que le vertige nous saisit, en regardant au fond d'un précipice. Aucun de ces mouvemens ne dépendant de nous, la raison ne peut en rien les prévenir. Mais les préceptes dissipent la colère : car ici c'est un vice tout volontaire, et non l'une de ces fatalités humaines, de ces accidens qu'éprouvent les plus sages, et dont il faut voir un exemple dans la souffrance morale dont nous frappe tout d'abord l'idée révoltante de l'injustice. Ce sentiment s'éveille même aux jeux de la scène et à la lecture de l'histoire. Ne sent-on pas souvent une sorte de colère contre un Clodius qui bannit Cicéron, contre un Antoine qui l'assassine ? Qui n'est indigné des exécutions militaires de Marius, des proscriptions de Sylla ? Qui ne maudit un Théodote, un Achillas ; et ce roi enfant, qui déjà est homme pour le crime ? Le chant même quelquefois, et de rapides modulations nous animent ; nos âmes sont émues au son martial des trompettes, à une tragique peinture, au triste appareil des supplices les plus

tius quoque ille tubarum sonus movet mentes et atrox pictura, et justissimorum suppliciorum tristis adspectus. Inde est quod arridemus ridentibus, et contristat nos turba moerentium, et effervescimus ad aliena certamina. Quae non sunt irae; non magis quam tristitia est quae ad conspectum mimici naufragii contrahit frontem, non magis quam timor qui, Annibale post Cannas moenia circumsidente, lectoris percutit animum : sed omnia ista motus sunt animorum moveri volentium, nec affectus, sed principia praeludentia affectibus. Sic enim militaris viri, in media pace jam togati, aures tuba suscitat, equosque castrenses erigit crepitus armorum. Alexandrum aiunt, Xenophanto canente, manum ad arma misisse.

III. Nihil ex his quae animum fortuito impellunt, affectus vocari debet : ista, ut ita dicam, patitur magis animus quam facit. Ergo affectus est non ad oblatas rerum species moveri, sed permittere se illis, et hunc fortuitum motum persequi. Nam si quis pallorem et lacrymas procidentes, et irritationem humoris obsceni, altumve suspirium, et oculos subito acriores, aut quid his simile indicium affectus animique signum putat; fallitur, nec intelligit hos corporis esse pulsus. Itaque et fortissimus plerumque vir, dum armatur, expalluit; et signo pugnae dato, ferocissimo militi paullulum ge-

mérités. C'est ainsi que l'on rit en voyant rire les autres ; que l'on s'attriste avec ceux qui pleurent : ainsi l'on s'échauffe à la vue de combats où l'on n'a point part. Mais ceci n'est pas de la colère, comme ce n'est point la tristesse qui fronce nos sourcils à la représentation d'un naufrage ; comme ce n'est point l'effroi qui glace le lecteur quand il suit Annibal depuis Cannes jusque sous nos murs. Toutes ces sensations sont d'une âme remuée sans le vouloir, des préludes de passions, et non des passions réelles. De même le vieux guerrier, en pleine paix et sous la toge, tressaille au bruit du clairon ; de même le cheval de bataille dresse l'oreille au cliquetis des armes ; et ne dit-on pas qu'Alexandre portait la main à son épée quand il entendait le musicien Xénophante ?

III. Aucune de ces impulsions fortuites ne doit s'appeler passion : l'âme, à leur égard, est passive bien plutôt qu'active. D'où il résulte que la passion consiste, non à s'émouvoir en face des objets, mais à s'y livrer et à s'abandonner à une impulsion tout accidentelle. Car si l'on croit qu'une pâleur subite, des larmes qui échappent, l'aiguillon secret de la concupiscence, un soupir profond, des yeux qui brillent d'un éclat soudain, ou toute autre émotion semblable, soient l'indice d'une passion, d'un sentiment réels, on s'abuse, on ne voit pas que ce sont là des phénomènes purement physiques. Il arrive au plus brave de pâlir quand il s'arme pour le combat, de sentir quelque peu ses genoux trembler au signal du carnage ; le cœur peut battre au plus grand capitaine quand les deux armées

nua tremuerunt; et magno imperatori, antequam inter se acies arietarent, cor exsiluit; et oratori eloquentissimo, dum ad dicendum componitur, summa riguerunt. Ira non moveri tantum, sed excurrere debet. Est enim impetus : nunquam autem impetus sine assensu mentis est; neque enim fieri potest, ut de ultione et pœna agatur, animo nesciente. Putavit se aliquis læsum ; voluit ulcisci; dissuadente aliqua causa, statim resedit. Hanc iram non voco, sed motum animi, rationi parentem. Illa est ira quæ rationem transilit, quæ secum rapit. Ergo prima illa agitatio animi quam species injuriæ incussit, non magis ira est, quam ipsa injuriæ species; sed ille sequens impetus qui speciem injuriæ non tantum accepit, sed approbavit. Ira est concitatio animi ad ultionem voluntate et judicio pergentis. Numquid dubium est, quin timor fugam habeat, ira impetum? Vide ergo an putes aliquid sine assensu mentis aut peti posse, aut caveri.

IV. Et ut scias quemadmodum incipiant affectus, aut crescant, aut efferantur, est primus motus non voluntarius, quasi præparatio affectus et quædam comminatio. Alter cum voluntate non contumaci, tanquam oporteat me vindicari, quum læsus sim; aut oporteat hunc pœnas dare quum scelus fecerit. Tertius motus est jam impotens, qui non, si oportet, ulcisci vult, sed

vont s'entre-choquer; l'orateur le plus éloquent éprouve un tremblement dans tous ses membres quand il se dispose à prendre la parole. Mais la colère va plus loin que ces simples mouvemens : c'est un élan, et tout élan implique adhésion morale; et dès qu'il s'agit de venger et de punir, ce ne peut être à l'insu de l'intelligence. Un homme se croit lésé : il court à la vengeance : un motif quelconque le dissuade, et il s'apaise aussitôt. Je n'appelle point cela colère, mais mouvement de l'âme, qui cède à la raison. La colère franchit les bornes de la raison et l'entraîne avec elle. Ainsi cette première agitation de l'âme, causée par le soupçon d'une injure, n'est pas plus de la colère que ne l'est ce même soupçon. La colère est l'élan qui suit, qui n'est plus seulement la perception de l'injure, mais qui s'associe à cette perception; c'est l'âme soulevée qui marche à la vengeance volontairement et avec réflexion. Il est hors de doute que la peur porte à fuir, la colère à se précipiter; or, je le demande, croit-on que l'homme recherche ou évite quoi que ce soit, sans le consentement de son intelligence ?

IV. Voulez-vous étudier la passion dans sa naissance, dans ses progrès, dans son explosion? L'émotion d'abord est involontaire, et comme l'avant-courrière et la menace de la passion; il y a ensuite volonté dont il est facile de triompher : on croit la vengeance un devoir après l'injure, ou qu'il faut punir dès qu'il y a eu lésion. L'instant d'après, l'homme n'est plus son maître : il se venge, non parce qu'il le faut, mais parce qu'il le veut à tout prix : il a dépassé la raison : quant à l'impulsion première,

utique, qui rationem evicit. Primum illum animi ictum effugere ratione non possumus; sicut ne illa quidem quæ diximus accidere corporibus, ne nos oscitatio aliena sollicitet, ne oculi ad intentationem subitam digitorum comprimantur. Ista non potest ratio vincere; consuetudo fortasse et assidua observatio extenuat. Alter ille motus qui judicio nascitur, judicio tollitur***.

V. Illud etiamnum quærendum est. Hi qui vulgo sæviunt et sanguine humano gaudent, an irascantur, quum eos occidunt a quibus nec acceperunt injuriam, nec accepisse se existimant; qualis fuit Apollodorus aut Phalaris. Hæc non est ira, feritas est : non enim quia accepit injuriam, nocet; sed parata est, dum noceat, vel accipere: nec illi verbera lacerationesque in ultionem petuntur, sed in voluptatem. Quid ergo? origo hujus mali ab ira est; quæ ubi frequenti exercitatione et satietate in oblivionem clementiæ venit, et omne fœdus humanum ejecit animo, novissime in crudelitatem transit. Vident itaque, gaudentque et voluptate multa perfruuntur, plurimumque ab iratorum vultu absunt, per otium sævi. Annibalem aiunt dixisse, quum fossam sanguine humano plenam vidisset : « O formosum spectaculum! » Quanto pulchrius illi visum esset, si flumen aliquod lacumque complesset! Quid mirum, si hoc maxime spectaculo caperis, innatus sanguini, et ab infante

la raison n'y peut échapper, non plus qu'aux accidens physiques dont j'ai parlé, ou aux bâillemens que provoquent chez nous ceux des autres, ou à l'action de fermer l'œil quand on y porte brusquement les doigts. Dans tout ceci, la raison est impuissante : l'habitude peut-être, et une constante habitude de s'observer en atténueront les effets. Quant à cet autre sentiment qui naît de la réflexion, la réflexion peut le détruire ***.

V. Une question se présente. Ceux qui versent à flots le sang des hommes, qui se font du carnage une fête, ces Apollodore, ces Phalaris, lorsqu'ils égorgent leurs semblables sans en avoir reçu d'injure, sans même croire en avoir reçu, sont-ils donc en colère? Non, là n'est plus la colère, mais la barbarie : car elle ne fait pas le mal parce qu'on l'a offensée, elle qui consentira même à ce qu'on l'offense pourvu qu'elle ait le plaisir de rendre le mal. Elle frappe, elle déchire, non par vengeance, mais par plaisir. Qu'est-ce donc que ce fléau? Quelle est sa source? C'est toujours la colère qui, à force d'être exercée et assouvie, finit par ne plus savoir ce que c'est que pitié, abjure tout pacte avec la société humaine et se transforme en cruauté. Loin qu'il ait l'extérieur d'un homme irrité, l'homme cruel sourit, s'applaudit, s'enivre de joie aux horribles actes devenus pour lui des passe-temps. Annibal, dit-on, à la vue d'un fossé regorgeant de sang humain, s'écria : « Le beau spectacle! » Barbare! comme ce sang t'eût paru plus beau encore, s'il avait pu remplir un fleuve ou un lac! Faut-il s'étonner que tel soit ton plus doux spectacle, toi dont l'enfance s'est nourrie de sang et qui l'as sucé comme le lait? Eh bien! ton homicide étoile, suivie par la for-

cædibus admotus? Sequetur te fortuna crudelitatis tuæ per viginti annos secunda, dabitque oculis tuis gratum ubique spectaculum : videbis istud et circa Trasimenum et circa Cannas, et novissime circa Carthaginem tuam.

Volesus nuper sub divo Augusto, proconsul Asiæ, quum trecentos una die securi percussisset, incedens inter cadavera vultu superbo, quasi magnificum quiddam conspiciendumque fecisset, græce proclamavit : «O rem regiam!» Quid hic rex fecisset? Non fuit hæc ira, sed majus malum et insanabile.

VI. « Virtus, inquit, ut honestis rebus propitia est, ita turpibus irata esse debet. » Quid si dicatur, virtutem et humilem et magnam esse debere? Atqui hoc dicit, qui illam extolli vult et deprimi; quoniam lætitia ob recte factum clara magnificaque est, ira ob alienum peccatum sordida et angusti pectoris est. Nec unquam committet virtus, ut vitia, dum compescit, imitetur; istam iram castigandam habet, quæ nihilo melior est, sæpe etiam pejor his delictis quibus irascitur. Gaudere lætarique proprium et naturale virtutis est; irasci non est dignitatis ejus, non magis quam mœrere. Atqui iracundiæ tristitia comes est, et in hanc omnis ira vel post pœnitentiam, vel post repulsam revolvitur. Et si sapientis est peccatis irasci, magis irascetur majoribus, et sæpe irascetur : sequitur ut non tantum iratus sit sapiens, sed ira-

tune qui vingt ans la secondera, va repaître partout tes yeux de ces délicieux tableaux : tu les verras et à Trasimène et à Cannes, et pour la dernière fois autour de ta chère Carthage.

Naguère, sous le divin Auguste, Volesus, proconsul d'Asie, après avoir en un jour fait décapiter trois cents hommes, se promenait au milieu des cadavres, d'un air aussi superbe que s'il eût accompli l'œuvre la plus belle et la plus glorieuse. On l'entendit s'écrier en grec : « O la royale exécution ! » Qu'eût fait un tel homme, s'il eût été roi ? Était-ce là de la colère ? Ah ! c'était un mal mille fois pire, un mal sans remède.

VI. On me dira : « Puisque la vertu favorise tout ce qui est honnête, ce qui ne l'est pas doit exciter son courroux. » Que ne dit-on aussi qu'elle doit être à la fois basse et sublime ? Or, s'exprimer de la sorte, c'est la relever et la rabaisser du même coup : car si le plaisir de voir une bonne action est noble, s'il exalte l'âme, la haine qu'inspire un acte coupable est ignoble et part d'un cœur rétréci. La vertu se gardera bien d'imiter les vices qu'elle gourmande ; elle réprimera surtout cette colère qui jamais ne vaut mieux, qui souvent est pire que le délit auquel elle en veut. La vertu est toujours heureuse et satisfaite : tel est son partage et sa nature ; la colère est aussi peu digne d'elle que l'affliction. Or, l'affliction suit la colère : c'est où nous jette toujours le repentir ou le mauvais succès de ses transports. Et si le rôle du sage était de s'irriter à la vue du mal, plus le mal serait grand, plus sa colère s'échaufferait ; et elle s'allumerait souvent. D'où il s'en suivrait que le sage serait non-seulement courroucé quelquefois, mais toujours en co-

cundus. Atqui si nec magnam iram, nec frequentem, in animo sapientis locum habere credimus; quid est, quare non ex toto hoc affectu illum liberemus? Modus, inquam, esse non potest, si pro facto cujusque irascendum est. Nam aut iniquus erit, si æqualiter irascetur delictis inæqualibus; aut iracundissimus, si toties excanduerit quoties iram scelera meruerint; et quid indignius quam sapientis affectum ex aliena pendere nequitia? Desinet ille Socrates posse eumdem vultum domum referre, quem domo extulerat.

VII. Atqui si irasci sapiens debet turpiter factis, et concitari tristarique ob scelera, nihil est ærumnosius sapiente : omnis illi per iracundiam mœroremque vita transibit. Quod enim momentum erit, quo non improbanda videat? quoties processerit domo, per sceleratos illi, avarosque, et prodigos, et impudentes, et ob ista felices, incedendum erit : nusquam oculi ejus flectentur, ut non, quod indignentur, inveniant. Deficiet, si toties a se iram, quoties causa poscet, exegerit. Hæc tot millia ad forum prima luce properantia, quam turpes lites, quanto turpiores advocatos consciscunt. Alius judicia patris accusat, quæ mereri satis fuit : alius cum matre consistit : alius delator venit ejus criminis, cujus manifestior reus est; et judex damnaturus quæ fecit, eligitur : et corona pro mala causa, bona patroni voce

lère. Puis donc que, selon nous, toute colère, grave ou fréquente, n'a jamais place en l'âme du sage, que n'achevons-nous de l'en délivrer tout-à-fait? Car, encore une fois, où s'arrêtera-t-elle, si elle doit se proportionner à chaque méfait? Le sage deviendra ou injuste, s'il poursuit d'un courroux égal des délits inégaux, ou le plus irascible des hommes, s'il sort de lui-même à chaque crime capable de le révolter. Or, quoi de plus indigne que de voir les sentimens du sage subordonnés à la méchanceté d'autrui! Un Socrate ne rapportera plus à la maison le visage avec lequel il en est sorti.

VII. Et d'ailleurs, s'il faut que le sage s'emporte contre les actions honteuses, s'il doit s'émouvoir et s'attrister de tous les crimes, je ne vois rien de plus misérable que lui. Toute sa vie ne sera plus qu'une éternelle succession d'emportemens et de chagrins. Peut-il faire un pas sans heurter quelque scandale? peut-il sortir de chez lui qu'il ne rencontre sur son chemin une foule de pervers, d'avares, de prodigues, d'impudens, tous triomphans par leurs vices mêmes? Où ses yeux tomberont-ils sans découvrir matière à s'indigner? Suffira-t-il aux transports perpétuels qu'exigeront de lui ces perpétuelles rencontres? Ceux qui, dès l'aurore, courent par milliers au forum, quels honteux procès n'ont-ils pas à soutenir, et par quels avocats encore plus infâmes? Ce fils attaque l'exhérédation dont l'a frappé son père, comme si ce n'était pas déjà bien assez de l'avoir méritée; celui-ci plaide contre sa mère; celui-là se fait délateur d'un crime dont l'accuse la voix publique; le magistrat condamne les méfaits dont lui-même est souillé; la mauvaise cause l'em-

corrupta. Quid singula persequor? quum videris forum multitudine refertum, et Septa concursu omnis frequentiæ plena, et illum Circum, in quo maximam sui partem populus ostendit : hoc scito, istic tantumdem esse vitiorum, quantum hominum. Inter istos quos togatos vides, nulla pax est : alter in alterius exitium levi compendio ducitur.

VIII. Nulli nisi ex alterius damno quæstus est : felicem oderunt, infelicem contemnunt; majore gravantur, minori graves sunt; diversis stimulantur cupiditatibus; omnia perdita ob levem voluptatem prædamque cupiunt. Non alia quam in ludo gladiatorio vita est, cum iisdem viventium pugnantiumque. Ferarum iste conventus est : nisi quod illæ inter se placidæ sunt, morsuque similium abstinent, hi mutua laceratione satiantur. Hoc uno ab animalibus mutis differunt, quod illa mansuescunt alentibus, horum rabies ipsos, a quibus est nutrita, depascitur. Nunquam irasci desinet sapiens, si semel cœperit. Omnia sceleribus ac vitiis plena sunt; plus committitur, quam quod possit coercitione sanari. Certatur ingenti quodam nequitiæ certamine : major quotidie peccandi cupiditas, minor verecundia est. Expulso melioris æquiorisque respectu, quocunque visum est, libido se impingit; nec furtiva jam scelera sunt : præter oculos eunt; adeoque in publicum missa nequitia est,

porte par les artifices d'un habile défenseur. Mais j'aurais trop à dire, et quand vous verrez le forum inondé de citoyens, le Champ-de-Mars où court s'entasser la multitude, et cet amphithéâtre dans lequel se montre la majeure partie du peuple romain, comptez que là sont réunis autant de vices que d'hommes. Toutes ces toges recouvrent des ennemis mortels prêts à s'entr'égorger pour l'intérêt le plus mince.

VIII. Plus de gain qui ne vienne du dommage d'autrui : l'homme heureux on le hait; le malheureux on le méprise : un grand vous écrase; vous écrasez les petits; à chacun sa passion qui l'incite contre son voisin : pour un caprice, pour une chétive proie, on aspire à tout bouleverser. Cette vie est celle d'une troupe de gladiateurs vivant en commun pour combattre ensemble. C'est la société des bêtes féroces; et que dis-je encore? celles-ci sont pacifiques entre elles et ne s'attaquent point à leur espèce : l'homme s'abreuve du sang de l'homme; ce seul point le distingue de la brute que l'on voit lécher la main qui lui passe à manger, tandis qu'il assouvit sa rage sur ceux mêmes qui le nourrissent. Le courroux du sage ne s'éteindra jamais s'il s'allume une fois : partout débordent les vices et les crimes, trop multipliés pour que le frein des lois y remédie. Une affreuse lutte de scélératesse est engagée : la fureur de mal faire augmente chaque jour à mesure que diminue la pudeur. Abjurant tout respect du juste et de l'honnête, n'importe où sa fantaisie l'appelle, la passion y donne tête baissée. Le génie du mal n'opère plus dans l'ombre, il marche sous nos yeux; il est à tel point déchaîné dans la société, il a si fort prévalu dans

et in omnium pectoribus evaluit, ut innocentia non rara, sed nulla sit. Numquid enim singuli aut pauci rupere legem? undique, velut signo dato, ad fas nefasque miscendum coorti sunt.

>..........Non hospes ab hospite tutus,
> Non socer a genero : fratrum quoque gratia rara est.
> Imminet exitio vir conjugis, illa mariti.
> Lurida terribiles miscent aconita novercæ.
> Filius ante diem patrios inquirit in annos.

Et quota pars ista scelerum est? non descripsit castra ex una parte contraria, parentum liberorumque sacramenta diversa, subjectam patriæ civis manu flammam, et agmina infestorum equitum ad conquirendas proscriptorum latebras circumvolitantia; et violatos fontes venenis, et pestilentiam manu factam; et præductam obsessis parentibus fossam, plenos carceres, et incendia totas urbes concremantia, dominationesque funestas, et regnorum publicorumque exitiorum clandestina consilia; et pro gloria habita, quæ, quamdiu opprimi possunt, scelera sunt; raptus ac stupra, et ne os quidem libidini exceptum.

IX. Adde nunc publica perjuria gentium, et rupta fœdera, et in prædam validioris, quidquid non resistebat, abductum; circumscriptiones, furta, fraudes, infitiationes, quibus trina non sufficiunt fora. Si tantum irasci vis sapientem, quantum scelerum indignitas exigit, non

les âmes que l'innocence n'est plus seulement rare, elle a disparu totalement. Loin qu'il s'agisse en effet de transgressions individuelles ou peu nombreuses, c'est de toutes parts, et comme à un signal donné, que la race humaine se lève pour confondre les notions du bien et du mal.

« L'hôte ne peut se fier à son hôte, ni le beau-père au gendre; entre les frères aussi, l'affection est rare. L'époux songe à se défaire de sa femme, la femme de son mari. Les terribles marâtres préparent d'affreux poisons. Le fils, avant le terme, veut abréger les jours de son père. »

Et ce n'est là qu'un coin du tableau : que d'horreurs encore à décrire! Deux camps ennemis dans le même peuple; le père jurant de défendre ce que le fils a fait serment de renverser; la patrie livrée aux flammes par la propre main de ses enfans; les routes infestées de cavaliers qui volent par essaims à la découverte des refuges des proscrits; les fontaines publiques empoisonnées; la peste semée par une main barbare; des lignes menaçantes creusées par nous-mêmes autour de nos proches; les cachots encombrés; l'incendie dévorant les cités entières; des gouvernemens désastreux; la ruine des états et des citoyens tramée dans le secret des conseils; la gloire prostituée à des actes qui, sous le règne des lois, sont des crimes; les rapts, les viols, la débauche enfin souillant l'homme dans la plus pure partie de son corps.

IX. Ajoutez les violations de la foi publique et des pactes les plus saints; la force faisant sa proie de tout ce qui ne peut résister; puis les captations odieuses, les vols, les fraudes, les dénégations de dépôts, tous crimes pour lesquels nos trois forums ne suffisent pas. On veut que le sage s'indigne en proportion de l'énormité des forfaits!

irascendum illi, sed insaniendum est. Illud potius cogitabis, non esse irascendum erroribus; quid enim si quis irascatur in tenebris parum vestigia certa ponentibus? quid si quis surdis, imperia non exaudientibus? quid si pueris, quod neglecto dispectu officiorum, ad lusus et ineptos aequalium jocos spectent? quid si illis irasci velis, qui aegrotant, senescunt, fatigantur? Inter cetera mortalitatis incommoda, et haec est caligo mentium: nec tantum necessitas errandi, sed errorum amor. Ne singulis irascaris, universis ignoscendum : generi humano venia tribuenda est. Si irasceris juvenibus senibusque, quod peccant; irascere infantibus, quod peccaturi sunt. Num quis irascitur pueris, quorum aetas nondum novit rerum discrimina? major est excusatio et justior, hominem esse, quam puerum. Hac conditione nati sumus animalia obnoxia non paucioribus animi, quam corporis morbis : non quidem obtusa nec tarda, sed acumine nostro male utentia, alter alteri vitiorum exempla. Quisque sequitur priores, male iter ingressos : quidni habeant excusationem quum publica via erraverint?

X. In singulos severitas imperatoris distringitur : at necessaria venia est, ubi totus deseruit exercitus. Quid tollit iram sapientis? turba peccantium. Intelligit quam et iniquum sit et periculosum, irasci publico vitio. Hera-

Mais ce ne sera plus de l'indignation, ce sera du délire. Mieux vaut se dire : l'erreur ne mérite pas tant de courroux. Que penserait-on de celui qu'indigneraient les faux pas de son compagnon dans les ténèbres ; la surdité d'un esclave qui n'entendrait pas l'ordre du maître ; la distraction d'un autre qui oublierait sa tâche pour considérer les amusemens et les insipides jeux de ses camarades ? Se fâche-t-on contre les gens atteints de maladie, de vieillesse, de fatigue ? Entre autres infirmités de notre nature mortelle, il y a cet aveuglement d'esprit qui nous fait une nécessité, non-seulement d'errer, mais d'aimer nos erreurs. Pour ne point sévir contre quelques-uns, pardonnons à tous : enveloppons l'humanité entière dans notre indulgence. Si nous nous fâchons contre le jeune homme ou contre le vieillard qui fait une faute, fâchons-nous donc aussi contre l'enfant parce qu'il doit faillir un jour. Or, peut-on en vouloir à cet âge, qui n'est pas encore celui du discernement ? Eh bien ! l'excuse doit être plus forte et plus légitime pour l'homme que pour l'enfant. Nous sommes nés sous cette condition : être sujets à autant de maladies de l'âme que du corps ; non que notre intelligence soit lente ou obtuse, mais nous employons mal sa subtilité, et les vices des uns servent d'exemple aux autres. Chacun suit son devancier dans la fausse route qu'il a prise ; et comment ne pas excuser ceux qui s'égarent sur une voie devenue la voie publique ?

X. La sévérité d'un chef d'armée punit les faits particuliers ; mais il faut bien faire grâce quand toute l'armée l'a abandonné. Ce qui désarme la colère du sage, c'est le nombre des délinquans. Il sent trop l'injustice et l'imprudence de poursuivre des torts qui sont ceux de tous.

clitus quoties prodierat, et tantum circa se male viventium, immo male pereuntium viderat, flebat, miserebatur omnium, qui sibi læti felicesque occurrebant : miti animo, sed nimis imbecillo; et ipse inter deplorandos erat. Democritum contra aiunt nunquam sine risu in publico fuisse; adeo nihil illi videbatur serium eorum quæ serio gerebantur. Ubi istic iræ locus est? aut ridenda omnia, aut flenda sunt. Non irascetur sapiens peccantibus. Quare? quia scit neminem nasci sapientem, sed fieri; scit paucissimos omni ævo sapientes evadere, quia conditionem humanæ vitæ perspectam habet : nemo autem naturæ sanus irascitur. Quid enim si mirari velit non in silvestribus dumis poma pendere? quid si miretur spineta sentesque non utili aliqua fruge compleri? Nemo irascitur, ubi vitium natura defendit. Placidus itaque sapiens et æquus erroribus, non hostis, sed correptor peccantium, hoc quotidie procedit animo: multi mihi occurrent vino dediti, multi libidinosi, multi ingrati, multi avari, multi furiis ambitionis agitati. Omnia ista tam propitius adspiciet, quam ægros suos medicus. Numquid ille cujus navigium multam, undique laxatis compagibus, aquam trahit, nautis ipsique navigio irascitur? occurrit potius, et aliam excludit undam, aliam egerit, manifesta foramina præcludit, latentibus et ex occulto sentinam ducentibus labore con-

Chaque fois qu'Héraclite, au sortir de chez lui, voyait de toutes parts tant d'insensés vivre ou plutôt périr si déplorablement, il pleurait et se prenait de compassion pour ceux surtout qui portaient le masque du bonheur et de la joie : c'était faire preuve de sensibilité, mais plus encore de faiblesse; c'était être à plaindre autant que les autres. Démocrite, au contraire, ne se trouvait jamais en public sans rire, tant il était loin de prendre au sérieux ce qui se faisait le plus sérieusement. La colère ici-bas est-elle raisonnable? Il y faudrait ou rire ou pleurer de tout. Non, le sage ne s'irritera pas contre ceux qui pèchent; et pourquoi? parce qu'il sait que la sagesse ne naît pas avec nous, mais s'acquiert par de longs efforts; que dans le cours des siècles il se forme à peine quelques hommes qui y arrivent; parce que la nature humaine lui est bien connue, et qu'un bon esprit n'accuse pas la nature. S'étonnera-t-il que des fruits savoureux ne pendent point aux buissons sauvages; que les épines et les ronces ne se chargent point de substances nourricières? On n'est pas choqué d'une imperfection dont la nature est complice. Le sage donc, indulgent et juste pour les erreurs, censeur de nos faiblesses, mais toujours notre ami, ne sort jamais sans se dire : « Je vais partout rencontrer des gens adonnés au vin ou à la débauche, des cœurs ingrats, intéressés, agités par les furies de l'ambition; » et il les voit d'un œil aussi serein que le médecin voit ses malades. Le maître du vaisseau, dont la charpente désunie fait eau de toutes parts, ne s'en prend pas aux matelots ni au bâtiment. Il fait mieux; il court au remède, ferme passage à l'onde extérieure, rejette celle qui a pénétré, bouche les jours apparens; combat, par un travail con-

tinuo resistit : nec ideo intermittit, quia, quantum exhaustum est, subnascitur. Lento adjutorio opus est contra mala continua et fœcunda, non ut desinant, sed ne vincant.

XI. « Utilis est, inquit, ira, quia contemptum effugit, quia malos terret. » Primum ira, si quantum minatur, valet, ob hoc ipsum quod terribilis est, et invisa est. Periculosius est autem timeri, quam despici. Si vero sine viribus est, magis exposita contemptui est, et derisum non effugit; quid enim est iracundia in supervacuum tumultuante frigidius? Deinde non ideo quædam, quia terribiliora, potiora sunt; nec hoc sapientis dici velim, quod feræ quoque telum est, timeri. Quid? non timetur febris, podagra, ulcus malum? numquid ideo quidquam in istis boni est? an contra, omnia despecta et fœda et turpia, ipso quod timentur, sunt? Ira per se deformis est, et minime metuenda : at timetur a pluribus, sicut deformis persona ab infantibus. Quid, quod semper in auctores redundat timor, nec quisquam metuitur, ipse securus? Occurrat hoc loco tibi Laberianus ille versus, qui medio civili bello in theatro dictus, totum in se populum non aliter convertit, quam si missa esset vox publici affectus :

Necesse est multos timeat, quem multi timent.

tinu, l'effet des voies inaperçues et des secrètes infiltrations : il ne se rebute pas de voir l'eau se renouveler à mesure qu'il la fait sortir. Il faut une lutte infatigable contre des fléaux toujours actifs, toujours renaissans, sinon pour qu'ils cèdent, du moins pour qu'ils ne prennent pas le dessus.

XI. « La colère, dit-on, a cela d'utile, qu'elle préserve du mépris, qu'elle effraye les méchans. » Mais d'abord la colère, quand sa puissance égale ses menaces, par cela même qu'elle se fait craindre, se fait haïr ; et il est plus dangereux d'inspirer la crainte que le mépris. Quant aux colères impuissantes, celles-là n'en sont que plus en butte au mépris, et n'évitent pas le ridicule. Car quoi de plus pitoyable qu'un courroux qui s'exhale en stériles éclats ? D'ailleurs, se faire craindre n'est pas toujours une preuve de supériorité ; et je ne réclamerais pas pour le sage ce qui est une arme pour la bête féroce. Ne craint-on pas aussi la fièvre, la goutte, la gangrène ? Et s'ensuit-il que ces trois fléaux aient quelque mérite ? Loin de là, le mépris, le dégoût, l'horreur ne viennent-ils pas toujours de l'effroi qu'un objet nous cause ? La colère par elle-même est hideuse, mais nullement redoutable, et pourtant beaucoup la redoutent, comme l'enfant a peur d'un masque difforme. Et puis l'effroi n'est-il pas refoulé dans l'âme qui l'inspire ; peut-on se faire craindre et rester soi-même en sécurité ? Rappelons-nous ce vers de Laberius, récité au théâtre dans le fort des guerres civiles, et qui fut accueilli par tout le peuple comme l'expression des sentimens universels :

« Il a nécessairement beaucoup de gens à craindre, celui qui se fait craindre de beaucoup de monde. »

Ita natura constituit, ut quod alieno metu magnum est, a suo non vacet. Leoni quam pavida sunt ad leves sonos pectora! Acerrimas feras umbra, vox, et odor insolitus exagitat; quidquid terret, et trepidat. Non est ergo, quare concupiscat quisquam sapiens timeri.

XII. Nec ideo iram magnum quisquam putet, quia formidini est : quoniam quædam etiam contemptissima timentur; venena, et ossa mortifera, et morsus. Nec est mirum, quum maximos ferarum greges linea pennis distincta contineat, et insidias agat; ab ipso effectu dicta formido. Vanis enim vana terrori sunt. Curriculi motus, rotarumque versata facies, leones redigit in caveam : elephantes porcina vox terret. Sic itaque ira metuitur, quomodo umbra ab infantibus, a feris rubens pinna; non ipsa in se quidquam habet firmum aut forte, sed vanos animos movet. «Nequitia, inquit, de rerum natura tollenda est, si velis iram tollere : neutrum autem potest fieri.» Primum, potest aliquis non algere, quamvis ex rerum natura hiems sit, et non æstuare, quamvis menses æstivi sint : aut loci beneficio adversus intemperiem anni tutus est, aut patientia corporis sensum utriusque pervincit. Deinde verte istud : necesse est prius virtutem ex animo tollas, quam iracundiam recipias, quoniam cum virtutibus vitia non coeunt. Nec magis quisquam eodem tempore et iratus potest esse, et vir bonus,

Ainsi l'a voulu la nature : tout ce qui est grand par la terreur doit en ressentir le contre-coup. Le cœur du lion tressaille au plus léger bruit; les plus fiers animaux s'effarouchent d'une ombre, d'une voix, d'une odeur inaccoutumée : tout ce qui se fait craindre tremble à son tour. Pourquoi donc le sage voudrait-il jamais être craint?

XII. Et qu'on ne s'imagine pas que la colère soit quelque chose de grand, parce qu'elle fait peur. On a peur aussi très-souvent des choses les plus viles, des poisons, de la dent meurtrière d'un reptile ou d'une bête féroce. Qu'on ne s'étonne pas non plus que de nombreuses troupes de bêtes fauves soient arrêtées et repoussées vers le piège par un cordon de plumes bigarrées, qui doit le nom d'*épouvantail* à l'effet qu'il produit. L'être sans raison s'effraie sans motif. Un char en mouvement, une roue qui tourne font rentrer le lion dans sa loge; le cri du porc épouvante l'éléphant. Telle est la crainte qu'inspire la colère; ainsi l'ombre intimide l'enfant, et des plumes rouges font fuir les bêtes féroces. La colère n'a rien de la fermeté, du vrai courage; elle ne déconcerte que les âmes pusillanimes. « Otez donc de ce monde l'iniquité, me dira-t-on, si vous voulez en ôter la colère. Or, l'un n'est pas plus possible que l'autre. » Mais ne peut-on pas se préserver du froid, quoique l'hiver soit dans la nature, et de la chaleur, malgré les mois d'été, soit par les avantages du lieu qui nous défendent des intempéries de la saison, soit que des organes endurcis nous rendent insensibles au chaud comme au froid? Retournons maintenant l'objection, et disons qu'avant d'admettre la colère, il faut arracher la vertu du cœur humain : car le vice ne sympathise point avec elle, et il est aussi impossible d'être

quam æger et sanus. « Non potest, inquit, omnis ex animo ira tolli : nec hoc hominis natura patitur. » Atqui nihil est tam difficile et arduum, quod non humana mens vincat, et in familiaritatem perducat assidua meditatio; nullique sunt tam feri et sui juris affectus, ut non disciplina perdomentur. Quodcunque sibi imperavit animus, obtinuit. Quidam ne unquam riderent, consecuti sunt : vino quidam, alii Venere, quidam omni humore interdixere corporibus. Alius contentus brevi somno vigiliam indefatigabilem extendit : didicerunt tenuissimis et adversis funibus currere, et ingentia, vixque humanis toleranda viribus onera portare, et in immensam altitudinem mergi, ac sine ulla respirandi vice perpeti maria.

XIII. Mille sunt alia, in quibus pertinacia impedimentum omne transcendit, ostenditque nihil esse difficile, cujus sibi ipsa mens patientiam indiceret. Istis quos paullo ante retuli, aut nulla tam pertinacis studii, aut non digna merces fuit. Quid enim magnificum consequitur ille, qui meditatus est per intensos funes ire? qui sarcinæ ingenti cervices supponere? qui somno non submittere oculos? qui penetrare in imum mare? Et tamen ad finem operis, non magno auctoramento, labor pervenit. Nos non advocabimus patientiam, quos tantum præmium exspectat, felicis animi immota tranquil-

à la fois irascible et sage, que malade et bien portant. En vain dites-vous « que la colère ne peut se bannir entièrement ; que la nature de l'homme ne s'y prête pas. » Il n'est rien de si difficile et de si pénible que l'esprit humain ne puisse vaincre et qu'on ne se rende familier par une pratique assidue ; point de passion si sauvage et si indomptée qui ne plie enfin au joug de la discipline. On peut tout ce qu'on veut fortement. Des hommes ont réussi à ne rire jamais, à s'interdire toute leur vie l'amour, le vin, ou même toute boisson ; à se contenter d'un sommeil de quelques instans, pour prolonger d'infatigables veilles ; à courir en montant sur la plus mince corde ; à porter d'effrayans fardeaux, qui dépassent presque les forces humaines ; à plonger à d'immenses profondeurs, et à demeurer un très-long temps sous les eaux sans respirer.

XIII. Il est mille exemples d'obstacles franchis par une volonté ferme, et qui prouvent que rien n'est insurmontable à qui s'impose la loi d'en triompher. Et quels sont les résultats promis aux gens dont je viens de parler ? souvent nuls, ou indignes de la peine qu'ils coûtent. Qu'obtient, en effet, de si brillant l'homme qui s'est fait une étude d'aller sur la corde tendue, ou de ne pas fléchir sous d'énormes poids, de ne pas laisser clore ses yeux au sommeil, de pénétrer jusqu'au fond des mers ? L'encouragement était mince, et pourtant ici la constance est venue à bout de son œuvre. Et nous, n'appellerons pas à notre aide cette patience après laquelle nous attend une récompense si douce ; le calme inaltérable et la félicité de l'âme ? Quelle victoire d'échap-

litas? Quantum est, effugere maximum malum iram, et cum illa rabiem, sævitiam, crudelitatem, furorem, et alios comites ejus affectus!

Non est, quod patrocinium nobis quæramus et excusatam licentiam, dicentes : aut utile id esse, aut inevitabile; cui enim tandem vitio advocatus defuit? non est quod dicas, excidi non posse : sanabilibus ægrotamus malis, ipsaque nos in rectum genitos natura, si emendari velimus, juvat. Nec ut quibusdam visum est, arduum in virtutes et asperum iter est : plano adeuntur. Non vanæ vobis auctor rei venio : facilis est ad beatam vitam via; inite modo bonis auspiciis, ipsisque diis bene juvantibus. Multo difficilius est, facere ista quæ facitis; quid enim quiete otiosius animi? quid ira laboriosius? quid clementia remissius? quid crudelitate negotiosius? Vacat pudicitia, libido occupatissima est; omnium denique virtutum tutela facilior est : vitia magno coluntur.

Debet ira removeri? hoc ex parte fatentur etiam, qui dicunt esse minuendam. Tota dimittatur : nihil profutura est; sine illa facilius rectiusque scelera tollentur, mali punientur, et traducentur in melius.

XIV. Omnia quæ debet sapiens, sine ullius malæ rei ministerio efficiet; nihilque admiscebit, cujus modum

per à la colère, cette horrible maladie, et en même temps à toutes les passions furibondes et cruelles qui l'accompagnent !

Ne cherchons point une excuse, une apologie pour nos emportemens, en soutenant qu'ils sont ou utiles, ou inévitables ; car quel vice a jamais manqué d'apologiste ? Ne disons pas : « La colère ne se guérit point. » Les maux de l'âme sont loin d'être incurables : la nature, qui nous forma pour la vertu, nous aide elle-même à nous corriger, si nous le voulons. Il n'est pas vrai non plus, comme l'ont cru quelques-uns, que la route des vertus soit difficile ni escarpée ; c'est de plain-pied qu'on y arrive. Je ne vous garantis point là une chimère : on chemine aisément vers ces sources de la vie heureuse : il suffit qu'au départ l'âme soit bien préparée et qu'elle mérite l'assistance des dieux. Hélas ! vous faites pour le mal beaucoup plus qu'il ne faudrait faire pour le bien : car est-il loisir plus parfait que celui d'une âme en paix ; est-il tourment égal à la colère ? quoi de plus paisible que la clémence, et de plus orageux que la cruauté ? La chasteté est en repos ; l'incontinence toujours en agitation. Toutes les vertus enfin s'entretiennent sans beaucoup d'efforts ; les vices seuls coûtent cher à nourrir.

Doit-on écarter la colère ? C'est en partie ce qu'avouent ceux qui sont d'avis de la modérer. Proscrivons-la tout-à-fait : rien d'utile n'en pourrait sortir. Qu'elle disparaisse, et plus facilement, plus efficacement le crime sera prévenu, le méchant sera puni et ramené dans la route du bien.

XIV. Le sage, pour accomplir ses devoirs, n'admettra point d'impur auxiliaire, point de mauvais principe dont

sollicitus observet. Nunquam itaque iracundia admittenda est; aliquando simulanda, si segnes audientium animi concitandi sunt, sicut tarde consurgentes ad cursum equos stimulis, facibusque subditis, excitamus. Aliquando incutiendus est his metus, apud quos ratio non proficit. Irasci quidem non magis utile est, quam mœrere, quam metuere. « Quid ergo? non incidunt causæ, quæ iram lacessant? » Sed tunc maxime illi opponendæ manus sunt : nec est difficile, vincere animum : quum athletæ quoque in vilissima sui parte occupati, tamen ictus doloresque patiantur, ut vires cædentis exhauriant; nec quum ira suadet, furiunt, sed quum occasio. Pyrrhum maximum præceptorem certaminis gymnici, solitum aiunt his, quos exercebat, præcipere, ne irascerentur. Ira enim perturbat artem : et qua noceat tantum, non qua caveat, adspicit. Sæpe itaque ratio patientiam suadet, ira vindictam : et qui primis defungi malis potuimus, in majora devolvimur. Quosdam unius verbi contumelia, non æquo animo lata, in exsilium projecit; et qui levem injuriam silentio ferre noluerant, gravissimis malis obruti sunt; indignatique aliquid ex plenissima libertate deminui, servile in sese attraxerunt jugum.

XV. « Ut scias, inquit, iram habere in se generosi aliquid, liberas videbis gentes, quæ iracundissimæ sunt,

il aurait à surveiller péniblement les écarts. La colère n'est donc de mise en aucun temps, si ce n'est peut-être son simulacre, quand il s'agit de commander l'attention d'esprits paresseux; ainsi l'on emploie le fouet ou la torche pour aiguillonner un cheval lent à prendre sa course. Où la raison est impuissante, souvent l'ascendant de la crainte est nécessaire. Mais la colère n'est pas plus utile à l'homme que l'abattement ou la frayeur. « Eh quoi! ne survient-il pas maintes occasions qui provoquent la colère? » C'est alors surtout qu'il faut lui opposer plus de résistance. Est-il donc si difficile de vaincre les mouvemens de son âme, lorsqu'on voit l'athlète, qui cultive la plus grossière partie de lui-même, supporter patiemment les atteintes les plus douloureuses, pour épuiser les forces de l'adversaire; s'il riposte, c'est l'à-propos qui l'y invite, et jamais le ressentiment. Pyrrhus, dit-on, ce fameux maître d'exercices gymniques, recommandait toujours à ses élèves de ne point s'irriter. La colère, en effet, trouble tous les calculs de l'art, préoccupée qu'elle est de frapper, au lieu de parer les coups. Ainsi souvent, quand la raison conseille la patience, la colère crie: « Venge-toi, » et, d'un mal d'abord supportable, nous jette dans un pire. Un seul mot blessant coûta parfois l'exil à qui ne sut pas l'endurer; pour n'avoir pas digéré en silence une faible injure, on s'est vu écrasé sous d'affreuses catastrophes; et tel qui s'est révolté d'une légère restriction à la plus large indépendance, s'est attiré le joug le plus accablant.

XV. « Pour être convaincu, dit-on, que la colère est une passion généreuse, voyez les nations libres, qui sont

ut Germanos et Scythas.» Quod evenit, quia fortiora solidaque natura ingenia, antequam disciplina molliantur, prona in iram sunt. Quædam enim non nisi melioribus innascuntur ingeniis : sicut valida arbusta et læta quamvis neglecta tellus creat; alia fœcundi soli silva est. Itaque et ingenia natura fortia iracundiam ferunt, nihilque tenue et exile capiunt, ignea et fervida : sed imperfectus ille vigor est, ut omnibus quæ sine arte, ipsius tantum naturæ bono, exsurgunt; sed nisi cito domita sunt, quæ fortitudini apta erant, audaciæ temeritatique consuescunt.

Quid? non mitioribus animis vitia leniora conjuncta sunt, ut misericordia, amor, et verecundia? Itaque tibi sæpe bonam indolem a malis quoque suis ostendam; sed non ideo vitia non sunt, si naturæ melioris indicia sunt. Deinde omnes istæ feritate liberæ gentes, leonum luporumque ritu, ut servire non possunt, ita nec imperare. Non enim humani vim ingenii, sed feri et intractabilis habent : nemo autem regere potest, nisi qui et regi.

XVI. Fere itaque imperia penes eos fuere populos, qui mitiore cœlo utuntur : in frigora septentrionemque vergentibus immansueta ingenia sunt, ut ait poeta,

. . . . Suoque simillima cœlo.

en même temps les plus colères, telles que les Scythes et les Germains. » C'est qu'en effet les âmes d'une trempe forte, d'une libre originalité, que des mœurs plus douces n'apprivoisent point encore, sont promptes à s'irriter; c'est qu'il est des vices qui ne prennent naissance que chez les meilleurs caractères. Un sol heureux, fût-il négligé, se couronne encore d'une végétation riche et puissante; fécondé par l'homme, ses produits sont autres et bien plus nombreux. Ainsi, dans les âmes essentiellement courageuses, l'irascibilité est fruit du terroir : pleines de sève et de feu, rien de chétif ni d'avorté n'en sort; mais ce n'est qu'une énergie brute, comme tout ce qui s'élève sans culture, par la seule vertu de son principe; et si l'éducation ne les dompte bien vite, ces germes du vrai courage dégénèrent en audace et en témérité.

Mais ne voit-on pas aussi aux caractères doux s'allier des défauts qui leur sont analogues, comme la pitié, l'amour, la honte? Je signalerais plus d'un bon naturel par ses imperfections mêmes, lesquelles toutefois, pour être l'indice d'un caractère estimable, n'en sont pas moins des imperfections. Quant à ces peuples, dont l'humeur sauvage fait seule l'indépendance, ils sont de même que les lions et les loups, aussi incapables de souffrir le joug que de l'imposer. Ce n'est pas chez eux que se trouve la force qui distingue le génie humain : je n'y vois qu'un instinct farouche et intraitable; or, qui ne sait pas obéir, ne sait pas commander.

XVI. Aussi l'empire a presque toujours appartenu aux peuples des régions tempérées; chez ceux qui inclinent vers les climats glacés du septentrion, vous ne trouvez que d'âpres caractères, *vraie image de leur ciel*, comme dit un poète.

« Animalia, inquit, generosissima habentur, quibus multum inest iræ. » Errat, qui ea in exemplum hominis adducit, quibus pro ratione est impetus : homini pro impetu ratio est. Sed nec illis quidem omnibus idem prodest. Iracundia leones adjuvat, pavor cervos, accipitrem impetus, columbam fuga. Quid, quod ne illud quidem verum est, optima animalia esse iracundissima? Feras putem, quibus ex raptu alimenta sunt, meliores, quo iratiores : patientiam laudaverim boum, et equorum frenos sequentium. Quid autem est, cur hominem ad tam infelicia exempla revoces, quum habeas mundum, Deumque, quem ex omnibus animalibus, ut solus imitetur, solus intelligit?

« Simplicissimi, inquit, omnium habentur iracundi. » Fraudulentis enim et versutis comparantur; et simplices videntur, quia expositi sunt : quos quidem non simplices dixerim, sed incautos. Stultis, luxuriosis, nepotibusque hoc nomen imponimus, et omnibus vitiis parum callidis.

XVII. « Orator, inquit, iratus aliquando melior est. » Immo imitatus iratum; nam et histriones in pronuntiando non irati populum movent, sed iratum bene agentes. Et apud judices itaque, et in concione, et ubicumque alieni animi ad nostrum arbitrium agendi sunt, modo iram, modo metum, modo misericordiam, ut aliis

« Mais, ajoute-t-on, les animaux les plus irascibles passent pour les plus généreux ! » Quelle erreur de nous comparer des êtres qui ne possèdent qu'une furie aveugle au lieu de la raison, noble mobile de l'homme ! Cette furie d'ailleurs n'est point chez les bêtes l'arme universelle. Si le lion a pour auxiliaire son courroux, le cerf a l'instinct de la peur ; le vautour, son vol impétueux ; la colombe, sa fuite rapide. Mais encore, il n'est pas même vrai que les races les plus irascibles soient les meilleures. J'accorderai volontiers que parmi les bêtes féroces, qui ne vivent que de leur proie, les plus avantageusement douées sont celles dont la rage est la plus ardente ; mais je louerai dans le bœuf sa patience, dans le cheval, sa docilité. Qui donc vous fait ravaler l'homme à ces injurieux parallèles ? N'avez-vous pas l'univers, n'avez-vous pas Dieu que l'homme, seul de toutes les créatures, peut comprendre, parce qu'il est seul fait pour l'imiter ?

« La colère, dit-on, est regardée comme le propre de la franchise. » Oui, si on l'oppose à l'esprit de fraude et d'astuce : elle paraît franche, parce qu'elle est toute en dehors. Je ne puis, moi, l'appeler franchise, mais imprévoyance, nom dont on flétrit l'insensé, le débauché, le dissipateur, tous ceux dont les vices dénotent un esprit peu éclairé.

XVII. « Quelquefois, dit-on, l'orateur qui s'emporte en est plus éloquent. » Dites plutôt : celui qui feint de s'emporter. Et même si le débit de simples acteurs fait impression sur le peuple, ce n'est pas qu'ils ressentent la colère, c'est qu'ils la jouent parfaitement. Ainsi au barreau, à la tribune, partout où il s'agira d'entraîner et de maîtriser les esprits, on feindra tour-à-tour la colère, la crainte,

incutiamus, ipsi simulabimus : et sæpe id quod veri affectus non effecissent, effecit imitatio affectuum. « Languidus, inquit, animus est, qui ira caret. » Verum est, si nihil habet ira valentius.

Nec latronem oportet esse, nec prædam; nec misericordem, nec crudelem : illius nimis mollis animus, hujus nimis durus est. Temperatus sit sapiens : et ad res fortius agendas non iram, sed vim adhibeat.

XVIII. Quoniam quæ de ira quæruntur, tractavimus, accedamus ad remedia ejus. Duo autem, ut opinor, sunt: ne incidamus in iram, et ne in ira peccemus.

Ut in corporum cura, alia de tuenda valetudine, alia de restituenda, præcepta sunt : ita aliter iram debemus repellere, aliter compescere, ut vincamus. Quædam ad universam vitam pertinentia præcipientur : ea in educationem, et in sequentia tempora dividentur. Educatio maximam diligentiam, plurimumque profuturam desiderat; facile est enim teneros adhuc animos componere, difficulter reciduntur vitia, quæ nobiscum creverunt.

Opportunissima ad iracundiam fervidi animi natura est : nam quum elementa sint quatuor, ignis, aqua, aer, et terra; potestates pares his sunt, frigida, fervida, arida atque humida. Et locorum itaque, et animalium,

la pitié qu'on voudra inspirer aux autres, et souvent ce qu'une vraie émotion n'aurait pu faire, une émotion factice l'obtiendra. « Toute âme incapable de colère, dit-on, est une âme faible. » Oui, si elle n'a pas de ressort plus puissant que celui-là.

Ne soyons ni fripons, ni dupes ; ni compatissans, ni cruels : l'un serait mollesse, l'autre dureté de cœur. Le sage tient un milieu, et, s'il faut faire acte de vigueur, il montrera de l'énergie, non de la colère.

XVIII. Nous avons traité les questions qui ont pour objet la colère en elle-même : venons aux moyens de la guérir. Je les divise en deux classes : ceux qui l'empêchent de naître, et ceux qui, une fois née, préviennent ses écarts.

Dans le régime du corps humain, les prescriptions faites pour le maintien de la santé et celles qui tendent à la rétablir, ne sont pas les mêmes ; ainsi, pour repousser la colère, le traitement sera autre que pour la calmer : c'est la condition du succès. Quelques-uns de nos préceptes embrasseront la vie entière : ils prendront l'homme à son éducation première, pour le suivre dans tout le reste de son existence. L'éducation réclame les plus grands soins, ces soins si féconds dans l'avenir ; il est aisé de façonner une âme encore tendre ; il ne l'est pas autant d'extirper des vices grandis avec nous. Les âmes nées ardentes sont les plus ouvertes à la colère.

Les quatre élémens de la nature : le feu, l'eau, l'air et la terre ayant chacun des propriétés correspondantes, qui sont la chaleur, l'humidité, la sécheresse, le froid, font par leur mélange la diversité des lieux, des races, des constitutions, des penchans ; et les caractères sont

et corporum, et morum varietates, mixtura elementorum facit, et proinde in aliquos magis incumbunt ingenia, prout alicujus elementi major vis abundavit. Inde quasdam humidas vocamus, aridasque regiones, et calidas, et frigidas. Eadem animalium et hominum discrimina sunt.

XIX. Refert quantum quisque humidi in se calidique contineat: cujus in illo elementi portio praevalebit, inde mores erunt. Iracundos fervidi mixtura faciet: est enim actuosus et pertinax ignis. Frigidi mixtura timidos facit: pigrum est enim contractumque frigus. Volunt itaque quidam ex nostris iram in pectore moveri, effervescente circa cor sanguine. Causa cur hic potissimum assignetur irae locus, non alia est, quam quod in toto corpore calidissimum pectus est. Quibus humidi plus inest, eorum paullatim crescit ira, quia non est paratus illis calor, sed motu acquiritur. Itaque puerorum foeminarumque irae acres magis, quam graves sunt, levioresque dum incipiunt: siccis aetatibus vehemens robustaque ira est, sed sine incremento, non multum sibi adjiciens, quia inclinatum calorem frigus insequitur. Senes difficiles et queruli sunt, ut aegri et convalescentes, et quorum aut lassitudine, aut detractione sanguinis exhaustus est calor. In eadem causa sunt siti fameque rabidi, et quibus exsangue corpus est, maligneque alitur

plus ou moins prononcés, selon que tel ou tel élément y domine : de là vient aussi qu'un pays s'appelle humide ou sec, froid ou chaud. Chez les animaux comme chez les hommes on trouve les mêmes variétés.

XIX. Ce qui importe, c'est dans quelle mesure chacun de nous participe du chaud et de l'humide. Celui des deux élémens qui prévaudra déterminera nos penchans. L'élément chaud rend l'homme irascible : car rien de si vif, de si opiniâtre que le feu. L'élément contraire fait les phlegmatiques : le froid étant un principe de contraction et de léthargie. Partant de là, quelques stoïciens ont dit que la colère prend naissance dans le cœur, vers lequel le sang se presse et bouillonne. Voilà, selon eux, son vrai siège, et leur seule raison, c'est que l'endroit où bat le cœur de l'homme est le foyer de la chaleur vitale. Chez les lymphatiques, la colère croît par degrés : la chaleur en eux n'est pas toute prête; ils ne la doivent qu'au mouvement. Voilà pourquoi, faible dans son début, le dépit des enfans et des femmes a plus de vivacité que de force. Dans l'âge où la fibre est plus sèche, nos transports sont véhémens, soutenus, s'élèvent d'un seul coup, mais ne font guère de progrès : une chaleur déjà amortie ne peut tendre qu'à se réfroidir. Les vieillards sont quinteux et difficiles, tout comme les malades, les convalescens et ceux dont la chaleur s'est épuisée par la fatigue ou des pertes de sang. Il en est de même des hommes que la soif ou la faim aiguillonnent, et chez lesquels une maigre subsistance appauvrit le sang et fait

et deficit. Vinum incendit iram, quia calorem auget pro cujusque natura.

XX. Quidam ebrii effervescunt, quidam*** saucii sunt. Neque ulla alia causa est, cur iracundissimi sint flavi rubentesque, quibus talis natura color est, qualis fieri ceteris inter iram solet; mobilis enim illis agitatusque sanguis est. Sed quemadmodum natura quosdam proclives in iram facit; ita multæ incidunt causæ, quæ idem possint quod natura. Alios morbus, aut injuria corporum in hoc perduxit, alios labor, et continua pervigilia, noctesque sollicitæ, et desideria, amoresque; et quidquid aliud aut corpori nocuit, aut animo, ægram mentem in querelas parat. Sed ista omnia initia causæque sunt: plurimumque potest consuetudo; quæ, si gravis est, alit vitium. Naturam quidem mutare difficile est, nec licet semel mixta nascentium elementa convertere. Sed in hoc nosse profuit, ut calentibus ingeniis subtrahas vinum, quod pueris Plato negandum putat, et ignem vetat igne incitari. Nec cibis quidem implendi sunt; distendentur enim corpora, et animi cum corpore tumescent. Labor illos citra lassitudinem exerceat, ut minuatur, non ut consumatur calor, nimiusque ille fervor despumet. Lusus quoque proderunt; modica enim voluptas laxat animos et temperat. Humidioribus, siccioribus et frigidis non est ab ira periculum: sed majora

défaillir les organes. Le vin enflamme la colère; car il accroît, suivant la nature de chacun, la chaleur du tempérament.

XX. Des hommes s'emportent dans l'ivresse***; il en est qui s'emportent d'eux-mêmes, comme si le vin leur frappait le cerveau. Il n'y a pas d'autre cause de l'extrême irascibilité de ceux qui ont les cheveux roux ou le visage coloré, et qui ont naturellement le teint que la colère donne aux autres : trop de mobilité agite leur sang. Mais si la nature produit des caractères irritables, mille causes accidentelles ont, pour produire cet effet, le même pouvoir que la nature. C'est tantôt la maladie, une altération d'organes, tantôt le travail, des veilles continues, des nuits inquiètes, l'ambition, l'amour; que sais-je? tous les poisons du corps et de l'âme disposent l'esprit souffrant à devenir querelleur. Mais il n'y a là encore que des germes, des occasions de colère, la cause toute-puissante, c'est l'habitude : une fois invétérée, elle alimente le mal. Changer le naturel est difficile; il est même impossible de refondre, chez l'homme naissant, l'alliance établie des élémens qui le constituent. Seulement il est bon de connaître qu'aux imaginations inflammables, par exemple, le vin doit être interdit; « le vin qu'il faut refuser aux enfans, » dit Platon; car il ne veut pas qu'on attise le feu par le feu. Ne les surchargeons pas non plus d'alimens; ce serait donner au corps trop de développement, et, en même temps que le corps, épaissir l'esprit. Qu'ils s'exercent par le travail, sans aller jusqu'à la fatigue : que leurs premiers bouillons s'apaisent; mais gardons que tout ne s'exhale : ne laissons fuir du vase que l'écume qui surmonte ses bords. Les jeux ont aussi leur avantage, et des récréations modérées détendent et re-

vitia metuenda sunt, pavor, difficultas, et desperatio, et suspiciones.

XXI. Mollienda itaque, fovendaque talia ingenia, et in lætitiam evocanda sunt. Et quia aliis contra iram, aliis contra tristitiam remediis utendum est, nec dissimilibus tantum ista, sed contrariis curanda sunt; semper ei occurremus quod increverit. Plurimum, inquam, proderit pueros statim salubriter institui. Difficile autem regimen est, quia dare debemus operam, ne aut iram in illis nutriamus, aut indolem retundamus. Diligenti observatione res indiget. Utrumque enim et quod extollendum, et quod deprimendum est similibus alitur: facile autem etiam attendentem similia decipiunt. Crescit licentia spiritus, servitute comminuitur : assurgit, si laudatur, et in spem sui bonam adducitur; sed eadem ista insolentiam et iracundiam generant. Sic itaque inter utrumque regendus est, ut modo frenis utamur, modo stimulis. Nihil humile, nihil servile patiatur : nunquam illi necesse sit rogare suppliciter, nec prosit rogasse; potius causæ suæ, et prioribus factis, et bonis in futurum promissis donetur. In certaminibus æqualium nec vinci illum patiamur, nec irasci : demus operam, ut familiaris sit his, cum quibus contendere solet, ut in certamine assuescat non nocere velle, sed vincere. Quoties superaverit, et dignum aliquid laude fecerit, attolli,

posent l'esprit. Les constitutions lymphatiques, et celles qui se composent d'élémens secs et froids n'ont pas à craindre la colère, mais des défauts pires, la pusillanimité, l'hésitation, le découragement, l'esprit de soupçon.

XXI. De tels caractères demandent qu'on les traite avec bienveillance, qu'on les choie, qu'on les fasse renaître aux affections gaies. Et comme il faut à l'abattement d'autres remèdes qu'à la colère, des remèdes non-seulement différens, mais contraires, on obviera d'abord à celui de ces deux défauts qui aura fait le plus de progrès. Mais, répétons-le, rien ne sera plus utile que de jeter de bonne heure les bases d'une saine éducation. Difficile tâche que celle d'un gouverneur, qui doit prendre garde et d'entretenir la colère chez son élève et de briser son caractère! La chose réclame toute la clairvoyance d'un bon observateur : car les dispositions qu'il faut cultiver, et celles qu'il faut étouffer, se nourrissent d'alimens semblables. Or, en pareil cas, l'attention la plus grande commet aisément des méprises. De la licence naît la témérité, de la contrainte l'affaissement moral ; les éloges relèvent un jeune cœur, et le font bien présumer de ses forces ; mais ces mêmes éloges engendrent l'arrogance et l'irritabilité. Voilà deux routes opposées : que faire? Tenir le milieu de manière à user tantôt du frein, tantôt de l'aiguillon, et n'imposer à l'enfant rien d'humiliant ni de servile; qu'il n'ait jamais besoin de demander avec supplication ; que, s'il le fait, ce soit toujours sans fruit. N'accordons rien qu'à ses mérites présens, à sa conduite passée, à ses promesses d'être meilleur à l'avenir. Dans ses luttes avec ses jeunes camarades, ne permettons pas qu'il se laisse vaincre ou qu'il se mette en colère, mais tâchons qu'il devienne l'ami de ses ri-

non gestire patiamur; gaudium enim exsultatio, exsultationem tumor, et nimia aestimatio sui sequitur. Dabimus aliquod laxamentum; in desidiam vero otiumque non resolvemus, et procul a contactu deliciarum retinebimus. Nihil enim magis facit iracundos, quam educatio mollis et blanda; ideo unicis, quo plus indulgetur, pupillisque, quo plus licet, corruptior animus est. Non resistet offensis, cui nihil unquam negatum est, cui lacrymas sollicita semper mater abstersit, cui de paedagogo satisfactum est. Non vides, ut majorem quamque fortunam major ira comitetur? In divitibus nobilibusque et magistratibus praecipue apparet, quum quidquid leve et inane in animo erat secunda se aura sustulit. Felicitas iracundiam nutrit, ubi aures superbas assentatorum turba circumstetit. Tibi enim respondeat : Non pro fastigio te tuo metiris; ipse te projicis; et alia, quibus vix sanae et ab initio bene fundatae mentes restiterint.

Longe itaque ab assentatione pueritia removenda est: audiat verum, et timeat interim, vereatur semper; majoribus assurgat, nihil per iracundiam exoret. Quod flenti negatum fuerat, quieto offeratur; et divitias pa-

vaux de tous les jours, afin que dans ces combats il s'accoutume à vouloir vaincre et non pas nuire. Toutes les fois qu'il l'aura emporté sur eux ou qu'il aura fait quelque chose de louable, passons-lui une juste fierté, et n'en réprimons que les trop vifs élans : de la trop grande joie naît une sorte d'ivresse qui, à son tour, produit la morgue et la présomption. Accordons-lui quelque délassement; mais qu'il ne s'énerve pas dans le désœuvrement et l'inaction, et retenons-le loin du souffle impur des voluptés. Car rien ne dispose à la colère comme une éducation molle et complaisante; et voilà pourquoi, plus on a d'indulgence pour un fils unique, ou plus on lâche la bride à un pupille, plus on gâte leurs bonnes qualités. Souffrira-t-il une offense, celui qui n'a jamais éprouvé un refus, celui dont une mère empressée a toujours essuyé les larmes, à qui toujours on a donné raison contre son gouverneur? Ne voyez-vous pas que les plus grandes fortunes sont toujours accessibles aux plus grandes colères? C'est chez les riches, les nobles, les magistrats qu'elle éclate davantage, là où tout ce qu'il y a de vain dans le cœur de l'homme se gonfle au vent de la prospérité. La prospérité est la nourrice de la colère, parce que ses superbes oreilles sont assiégées de mille voix approbatrices qui lui crient qu'elle ne se mesure pas à sa dignité, qu'elle se manque à elle-même, et tant d'autres adulations auxquelles résisteraient à peine les esprits les plus sains et les mieux affermis dans leurs principes de sagesse.

Ayons donc grand soin d'écarter de l'enfant la flatterie; qu'il entende la vérité; qu'il connaisse quelquefois la crainte, toujours le respect, et qu'il n'oublie jamais la déférence due à l'âge ; qu'il n'obtienne rien par l'emportement; ce que nous refusons à ses larmes, offrons-le lui quand il

rentum in conspectu habeat, non in usu. Exprobrentur illi perperam facta.

XXII. Pertinebit ad rem, praeceptores paedagogosque pueris placidos dari. Proximis applicatur omne quod tenerum est, et in eorum similitudinem crescit: nutricum et paedagogorum retulere mox in adolescentia mores. Apud Platonem educatus puer, quum ad parentes relatus, vociferantem videret patrem : « Nunquam, inquit, hoc apud Platonem vidi. » Non dubito quin citius patrem imitatus sit, quam Platonem.

Tenuis ante omnia victus, et non pretiosa vestis, et similis cultus cum aequalibus. Non irascetur aliquem sibi comparari, quem ab initio multis parem feceris.

Sed haec ad liberos nostros pertinent. In nobis siquidem sors nascendi et educatio nec vitii locum, nec jam praecepti habet, sequentia ordinanda sunt.

Contra primas itaque causas pugnare debemus. Causa iracundiae, opinio injuriae est, cui non facile credendum est; nec apertis quidem manifestisque statim accedendum. Quaedam enim falsa veri speciem ferunt. Dandum semper est tempus : veritatem dies aperit. Ne sint aures criminantibus faciles; hoc humanae naturae vitium suspectum notumque nobis sit, quod, quae inviti audimus, libenter credimus, et antequam judicemus, irascimur.

sera calmé. Quelle que soit l'opulence paternelle, qu'il ne puisse que la voir en perspective, sans disposer de rien; que le reproche suive toute mauvaise action de sa part.

XXII. Il est essentiel de choisir à l'enfance des précepteurs et des pédagogues d'un caractère doux. La plante encore tendre s'attache aux objets les plus proches, et croît dans la même configuration. Les habitudes de l'adolescence nous viennent de nos nourrices et de nos premiers maîtres. Un enfant élevé chez Platon, et revenu dans sa famille, était témoin des cris de fureur de son père. « Je n'ai jamais vu cela chez Platon, » se prit-il à dire. Je ne doute pas que cet enfant n'eût eté plus prompt à suivre l'exemple de son père que celui de Platon.

Qu'avant tout la nourriture de l'enfant soit frugale, ses vêtemens simples et semblables en tout à ceux de ses camarades. Plus tard, il ne s'indignera pas qu'on le compare à d'autres, si vous le faites d'abord l'égal du grand nombre.

Mais tout ceci ne s'applique qu'à nos enfans. Pour nous, le hasard de la naissance et l'éducation ont produit leur effet; le temps est passé où commencent à agir le vice ou ses préservatifs : nous ne pouvons plus réformer chez nous que l'âge mûr.

J'ai dit qu'il faut combattre tout ce qui provoque la colère. Un motif de ressentiment, c'est l'opinion qu'on a reçu une injure. Ne nous y livrons point facilement; ne croyons pas tout d'un coup aux apparences mêmes les plus frappantes. Souvent ce qui n'est pas vrai est très-vraisemblable; différons donc : le temps met au jour la vérité. N'ouvrons pas aux bruits accusateurs une oreille complaisante. Connaissons bien et fuyons ce travers de l'humanité qui nous fait croire le plus volontiers ce qu'il nous fâche le plus d'entendre et prendre feu avant de juger.

XXIII. Quid, quod non criminationibus tantum, sed suspicionibus impellimur, et ex vultu risuque alieno pejora interpretati, innocentibus irascimur? Itaque agenda est contra se causa absentis, et in suspenso ira retinenda : potest enim poena dilata exigi, non potest exacta revocari. Notus est ille tyrannicida, qui imperfecto opere comprehensus, et ab Hippia tortus, ut conscios indicaret, circumstantes amicos tyranni nominavit, quibus quam maxime caram salutem ejus sciebat, et quum ille singulos, ut nominati erant, occidi jussisset, interrogavit, ecquis superesset? « Tu, inquit, solus : neminem enim alium, cui carus esses, reliqui. » Effecit ira, ut tyrannus tyrannicidae manus commodaret, et praesidia sua gladio suo caederet. Quanto animosius Alexander, qui, quum legisset epistolam matris, qua admonebatur ut a veneno Philippi medici caveret, acceptam potionem non deterritus bibit! Plus sibi de amico suo credidit: dignus fuit qui innocentem haberet, dignus qui faceret. Hoc eo magis in Alexandro laudo, quia nemo tam obnoxius irae fuit; quo rarior autem moderatio in regibus, hoc laudanda magis est.

Fecit hoc et C. Caesar, ille qui victoria civili clementissime usus est. Quum scrinia deprehendisset epistolarum ad Pompeium missarum ab iis qui videbantur aut in diversis, aut in neutris fuisse partibus, combussit; quamvis moderate soleret irasci, maluit tamen non posse.

XXIII. Que dire de cette susceptibilité, non pas même sur des rapports, mais sur de simples soupçons, et de ces emportemens contre un air de visage ou un sourire inoffensifs mal interprétés? Plaidons contre nous-mêmes la cause de l'absent, et tenons en suspens notre courroux. Une vengeance différée peut s'accomplir; mais accomplie, elle est irrévocable. On connaît cet Athénien qui avait conspiré la mort d'Hippias. Surpris avant la consommation de son projet, on le tortura pour lui arracher le nom de ses complices, et il indiqua parmi les spectateurs ceux des courtisans qu'il savait tenir le plus à la vie du tyran. Hippias, les ayant fait mettre à mort l'un après l'autre à mesure qu'ils étaient nommés, demande s'il en reste encore. « Il ne reste plus que toi, répond l'Athénien, car je ne t'ai laissé personne à qui tu fusses cher au monde. » Ce fut la colère qui porta le tyran à prêter son bras au tyrannicide, à immoler de son propre glaive ses défenseurs. Avec combien plus de magnanimité, Alexandre, averti par une lettre de sa mère, de prendre garde au poison de son médecin Philippe, but sans crainte le breuvage que celui-ci lui présentait! Le cœur du prince jugea mieux un ami. Il était digne de l'avoir innocent, digne de le rendre à la vertu, s'il l'eût trahie : action, selon moi, d'autant plus louable dans Alexandre, qu'il était plus porté à la colère. Or, plus la modération est rare chez les rois, plus il faut y applaudir.

On cite un trait analogue de ce C. César qui, dans nos guerres civiles, fut si clément après la victoire. Il était tombé entre ses mains des portefeuilles contenant la correspondance entre Pompée et ceux qui paraissaient avoir suivi le parti contraire, ou être restés neutres; il brûla toutes ces lettres; et, bien que d'habitude il fût

Gratissimum putavit genus veniæ, nescire quid quisque peccasset. Plurimum mali credulitas facit: sæpe ne audiendum quidem est, quoniam in quibusdam rebus satius est decipi, quam diffidere.

XXIV. Tollenda ex animo suspicio et conjectura, fallacissima irritamenta. Ille me parum humane salutavit, ille osculo meo non adhæsit, ille inchoatum sermonem cito abrupit, ille ad cœnam non vocavit, illius vultus aversior visus est. Non deerit suspicioni argumentatio; simplicitate opus est, et benigna rerum æstimatione. Nihil nisi quod in oculos incurret, manifestumque erit, credamus; et quoties suspicio nostra vana apparuerit, objurgemus credulitatem. Hæc enim castigatio consuetudinem efficiet non facile credendi.

XXV. Inde et illud sequitur, ut minimis sordidisque rebus non exacerbemur. Parum agilis est puer, aut tepidior aqua potui, aut turbatus torus, aut mensa negligentius posita: ad ista concitari, insania est; æger et infelicis valetudinis est, quem levis aura contraxit; affecti oculi, quos candida vestis obturbat; dissolutus deliciis, cujus latus alieno labore condoluit. Myndiridem aiunt fuisse ex Sybaritarum civitate; qui quum vidisset fodientem, et altius rastrum allevantem, lassum se fieri questus, vetuit illum opus in conspectu suo facere. Idem vibicem

fort modéré dans sa colère, il aima mieux la prévenir, pensant que la plus gracieuse manière de pardonner est d'ignorer les torts de chacun. Notre crédulité fait la plus grande partie du mal. Souvent même on doit se refuser à l'apprendre : car dans certaines choses, il vaut mieux être trompé que condamné à la défiance.

XXIV. Loin de nous cette manie du soupçon, des fâcheuses conjectures, qui irritent si souvent à faux. Un tel m'a salué peu civilement; l'embrassade de tel autre a été bien froide; celui-ci a brusquement rompu son propos commencé; celui-là ne m'a pas invité à son repas; j'ai vu de l'éloignement sur le visage de tel autre. Jamais les prétextes ne manquent aux gens soupçonneux : voyons plus simplement les choses, et jugeons-les avec bienveillance. Ne croyons qu'à ce qui frappe nos yeux, qu'à l'évidence elle-même; et quand nous reconnaîtrons que nos soupçons étaient vains, gourmandons notre crédulité. De cette sévérité naîtra l'habitude de ne pas croire trop aisément.

XXV. Une autre règle à s'imposer est de ne pas entrer en fureur pour les plus minces et les plus misérables sujets. Mon esclave est peu alerte; mon eau à boire trop chaude; mon lit mal arrangé; ma table négligemment dressée. S'irriter de si peu est folie, comme c'est preuve de malaise et de faible santé que de frissonner au plus léger souffle; comme c'est avoir les yeux malades que d'être ébloui par une étoffe d'une blancheur éclatante; comme c'est être énervé de mollesse que de souffrir à voir travailler les autres. Ainsi l'on raconte du sybarite Myndiride, qu'apercevant un homme qui en creusant la terre levait sa pioche un peu haut, il témoigna que cela le fatiguait, et lui défendit de continuer à travailler en sa présence. Le

habere saepius questus est, quod foliis rosae duplicatis incubuisset. Ubi animum simul et corpus voluptates corrupere, nihil tolerabile videtur : non quia dura, sed quia molles patimur. Quid enim est, cur tussis alicujus, aut sternutamentum, aut musca parum curiose fugata, nos in rabiem agat, aut obversatus canis, aut clavis negligentis servi manibus elapsa? Feret iste aequo animo civile convicium, et ingesta in concione curiave maledicta, cujus aures tracti subsellii stridor offendit? Perpetietur hic famem, et aestivae expeditionis sitim, qui puero male diluenti nivem irascitur?

XXVI. Nulla itaque res magis iracundiam alit, quam luxuria intemperans et impatiens. Dure tractandus animus est, ut ictum non sentiat, nisi gravem.

Irascimur aut his, a quibus nec accipere injuriam potuimus, aut his a quibus accipere potuimus. Ex prioribus quaedam sine sensu sunt : ut librum, quem minutioribus litteris scriptum saepe projecimus et mendosum laceravimus; ut vestimenta, quae quia displicebant, scidimus. His irasci quam stultum est, quae iram nostram nec meruerunt, nec sentiunt! « Sed nos offendunt videlicet, qui illa fecerunt. » Primum, saepe antequam hoc apud nos distinguamus, irascimur : deinde fortasse ipsi quoque artifices excusationes justas afferent. Alius non

même se plaignit souvent d'avoir eu l'épiderme meurtri pour s'être couché sur des feuilles de rose repliées. Quand les voluptés ont empoisonné à la fois l'âme et le corps, toutes choses semblent insupportables, non par leur incommodité même, mais par la faiblesse de celui qu'elles touchent. Y a-t-il, en effet, de quoi entrer dans des accès de rage pour la toux ou l'éternument d'un valet, pour une mouche qu'il n'aura pas su chasser, pour un chien qui se trouve dans notre chemin, pour une clef tombée par mégarde de la main d'un esclave. Souffriras-tu patiemment les invectives de tes égaux, les diatribes du Forum ou du sénat, toi dont l'oreille est déchirée par le frottement d'un siège traîné sur le parquet? Endureras-tu la faim, la soif, une campagne sous un ciel ardent, si tu t'emportes contre un valet parce qu'il fait mal le vin à la neige?

XXVI. Aussi la mère la plus commune de l'irascibilité est-elle la mollesse, passion despotique et impatiente. Il faut traiter durement notre âme, pour qu'elle ne soit sensible qu'aux atteintes graves.

Notre courroux s'émeut, ou de ce qui ne saurait nous avoir fait injure, ou de ce qui a pu nous en faire. Du premier genre sont les choses inanimées ; un livre que des caractères trop menus, que les fautes du copiste font rejeter ou mettre en pièces ; un vêtement qu'on déchire parce qu'il déplaît? N'est-il pas absurde de s'en prendre à des objets qui ne méritent ni ne sentent notre dépit? «Mais, allez-vous dire, c'est contre ceux qui les ont confectionnés que je me fâche.» D'abord la colère précède cette distinction; et puis, savez-vous si ces ouvriers n'auraient pas de bonnes raisons à donner? Celui-ci n'a pu mieux faire, et ce n'est pas, exprès pour vous mécontenter, qu'il est resté novice; cet autre n'a pas

potuit melius facere, quam fecit, nec ad tuam contumeliam parum didicit; alius non in hoc, ut te offenderet, fecit. Ad ultimum, quid est dementius, quam bilem in homines collectam in res effundere? Atqui ut his irasci dementis est, quæ anima carent, sic mutis animalibus, quæ nullam injuriam nobis faciunt, quia velle non possunt : non est enim injuria nisi a consilio profecta. Nocere itaque nobis possunt, ut ferrum, aut lapis; injuriam quidem facere non possunt. Atqui contemni se quidam putant, ubi equi iidem obsequentes alteri equiti, alteri contumaces sunt; tanquam judicio, non consuetudine, et arte tractandi, quædam quibusdam subjectiora sint.

XXVII. Atqui ut his irasci stultum est, ita pueris, et non multum a puerorum prudentia distantibus. Omnia enim ista peccata, apud æquum judicem, pro innocentia habent imprudentiam.

Quædam sunt, quæ nocere non possunt, nullamque vim nisi beneficam et salutarem habent; ut dii immortales, qui nec volunt obesse, nec possunt : natura enim illis mitis et placida est, tam longe remota ab aliena injuria, quam a sua. Dementes itaque et ignari veritatis illis imputant sævitiam maris, immodicos imbres, pertinaciam hiemis; quum interim nihil horum, quæ nobis nocent prosuntve, ad nos proprie dirigatur. Non enim nos causa Mundo sumus hiemem æstatemque referendi;

eu davantage l'intention de vous offenser; et, après tout, si ce sont les personnes qui soulèvent votre bile, quelle folie de l'exhaler sur les choses? L'extravagance peut seule en vouloir à des objets privés de sentiment, de même qu'aux animaux muets et dépourvus d'intelligence; car ils ne peuvent nous offenser, puisqu'ils ne peuvent en avoir la volonté, et il n'y a d'injure que celle qui part de la réflexion. L'animal, tout comme une épée ou une pierre qui tombe, peut nous nuire, mais non pas nous faire injure. Il est pourtant des hommes qui croient leur honneur compromis, si un cheval docile, sous d'autres mains, se regimbe sous la leur. Ils oublient qu'ici comme ailleurs ce n'est pas d'un choix volontaire, mais de l'habitude, et au profit du plus adroit, que s'obtient le plus d'obéissance.

XXVII. Si dans tous ces cas la colère est peu sage, l'est-elle plus contre des enfans, ou contre ces esprits que leur faiblesse rapproche de l'enfance? Près d'un juge équitable, l'absence de discernement rend toutes les fautes innocentes.

Il est aussi des êtres dont l'action, loin de jamais nuire, est toujours bienfaisante et salutaire : tels sont les dieux, qui ne peuvent ni ne veulent le mal. Leur nature est inoffensive, pacifique, aussi éloignée de nuire aux hommes qu'à elle-même. Les insensés et les ignorans leur imputent les tempêtes de la mer, les pluies excessives, la rigueur des hivers, tandis que nul de ces phénomènes, heureux ou funestes, ne s'opère directement en vue de l'homme. Ce n'est point pour nous qu'a lieu dans le monde le retour périodique de l'été et de l'hiver; tout s'exécute d'après les lois qui président

suas ista leges habent, quibus divina exercentur. Nimis nos suspicimus, si digni nobis videmur, propter quos tanta moveantur. Nihil ergo horum in nostram injuriam fit; immo contra, nihil non ad salutem.

Quaedam esse diximus, quae nocere non possunt; quaedam, quae nolunt. In his erunt boni magistratus, parentesque, et praeceptores, et judices : quorum castigatio sic accipienda est, quomodo scalpellum, et abstinentia, et alia quae profutura torquent. Affecti sumus poena? succurrat, non tantum quid patiamur, sed quid fecerimus : in consilium de vita nostra mittamur; si verum ipsi dicere nobis voluerimus, pluris litem nostram aestimabimus. Si volumus aequi omnium rerum judices esse, hoc primum nobis suadeamus, neminem nostrum esse sine culpa. Hinc enim maxima indignatio oritur, Nihil peccavi, Nihil feci. Immo nihil fateris. Indignamur aliqua admonitione aut coercitione nos castigatos : quum illo ipso tempore peccemus, quo adjicimus malefactis arrogantiam et contumaciam. Quis est iste, qui se profitetur omnibus legibus innocentem? Ut hoc ita sit, quam angusta innocentia est, ad legem bonum esse? quanto latius officiorum patet quam juris regula? quam multa pietas, humanitas, liberalitas, justitia, fides exigunt, quae omnia extra publicas tabulas sunt?

XXVIII. Sed ne ad illam quidem arctissimam inno-

aux révolutions célestes. C'est trop présumer de soi, que de se croire digne d'être l'objet de ces grands mouvemens. Rien donc de tout cela n'a lieu contre nous; loin de là nous ne laissons pas d'y trouver notre conservation.

Nous avons dit que la puissance de nuire manque à certains êtres, et que d'autres n'en ont pas la volonté. Parmi ces derniers, sont les bons magistrats, les pères, les instituteurs, les juges : voyons dans les châtimens qu'ils imposent, ce que voit le malade dans le scalpel ou la diète, ce que nous voyons en mille autres cas, des rigueurs salutaires. Sommes-nous punis? Que notre pensée s'arrête, non pas sur la punition seule, mais sur ce qui nous l'attire; faisons nous-mêmes notre interrogatoire, et si nous ne mentons à notre conscience, nous jugerons la réparation bien inférieure au délit. Vous qui voulez apprécier justement les choses, songez bien, avant tout, que nul de nous n'est sans reproche. Car voici d'où viennent vos indignations les plus vives : Je n'ai point failli, Je n'ai rien fait, disons-nous; c'est-à-dire que nous ne convenons de rien. Toute réprimande, toute correction nous révolte; et alors même à nos premières fautes, nous en ajoutons une nouvelle, l'orgueil et la rébellion. Eh! où est l'homme qui ose se proclamer pur à la face de toutes les lois? Et quand cet homme existerait, quelle étroite vertu qu'une vertu légale! Combien nos devoirs s'étendent plus loin que les prescriptions du droit! Que de choses nous commandent la piété, l'humanité, la bienfaisance, la justice, la loyauté, dont nulle n'est gravée aux tables de la loi!

XXVIII. Mais ce cercle étroit de non culpabilité, le

centiæ formulam præstare nos possumus. Alia fecimus, alia cogitavimus, alia optavimus, aliis favimus; in quibusdam innocentes sumus, quia non successit. Hoc cogitantes, æquiores simus delinquentibus, cedamus objurgantibus : utique nobis ne irascamur (cui enim non, si nobis quoque?); minime diis. Non enim illorum, sed lege mortalitatis patimur, quidquid incommodi accidit. At morbi doloresque incurrunt. Utique aliqua fugiendum est domicilium putre sortitis.

Dicetur aliquis male de te locutus; cogita an prior feceris, cogita de quam multis loquaris. Cogitemus, inquam, alios non facere injuriam, sed reponere, alios pronos facere, alios coactos facere, alios ignorantes; etiam eos qui volentes scientesque faciunt, ex injuria nostra non ipsam injuriam petere. Aut dulcedine urbanitatis prolapsus est, aut fecit aliquid, non ut nobis obesset, sed quia consequi ipse non poterat, nisi nos repulisset. Sæpe adulatio, dum blanditur, offendit. Quisquis ad se retulerit, quoties ipse in suspicionem falsam inciderit, quam multis officiis suis fortuna speciem injuriæ induerit, quam multos post odium amare cœperit, poterit non statim irasci : utique si sibi tacitus ad singula quibus offenditur, dixerit : Hæc et ipse commisi. Sed ubi tam æquum judicem invenies? Is qui nullius

pouvons-nous même remplir? Nous avons tous ou fait ou médité le mal, nous l'avons souhaité ou favorisé, et souvent, si nous ne fûmes point coupables, c'est pour n'avoir pu réussir à l'être. Cette pensée nous rendra plus indulgens pour autrui, et moins indociles aux reproches. Surtout ne tournons pas contre nous-mêmes notre dépit (qui épargnera-t-on si l'on ne se respecte?), et moins encore contre les dieux. Ce n'est point par leur volonté, mais par la loi de notre condition mortelle que nous subissons les disgrâces qui surviennent ici-bas. Mais les maladies, les souffrances qui nous assiègent? Elles nous avertissent qu'il faut sortir de manière ou d'autre du domicile malsain qui nous est échu.

Il vous reviendra qu'un tel a mal parlé de vous; songez si vous ne l'avez point provoqué; songez sur combien de gens vous-même tenez de mauvais discours; songez en un mot qu'il l'a fait, soit par représailles, et non pour attaquer, soit par entraînement, soit par contrainte, soit par ignorance; que même, s'il l'a fait sciemment et avec volonté, tout en vous nuisant, il n'avait pas dessein de vous nuire, mais qu'il a cédé à l'attrait d'un bon mot, ou bien qu'il devait vous écarter de sa route, sous peine de n'arriver jamais. Souvent c'est un flatteur, qui déplaît pour vouloir trop plaire. Qu'on se rappelle aussi que de fois l'on a soi-même été en butte à des soupçons faux; que de services la fortune nous a rendus sous les apparences de l'outrage; que d'inimitiés se sont chez nous tournées en affections, et l'on sera moins prompt à s'émouvoir, surtout si chaque fois qu'on nous blesse, la conscience nous crie : Et toi-même!... Mais où rencontrer l'équitable juge dont je parle, là où je vois le suborneur, pour qui nul hymen n'est sacré; et qui

non uxorem concupiscit, et satis justam causam putat amandi, quod aliena est, idem uxorem suam adspici non vult; et fidei acerrimus exactor, est perfidus; et mendacia persequitur, ipse perjurus; et litem sibi inferri aegerrime calumniator patitur. Pudicitiam servulorum suorum attentari non vult, qui non pepercit suae. Aliena vitia in oculis habemus; a tergo nostra sunt. Inde est, quod tempestiva filii convivia pater deterior filio castigat. Nihil alienae luxuriae ignoscit, qui nihil suae negavit; et homicidae tyrannus irascitur; et punit furta sacrilegus. Magna pars hominum est, quae non peccatis irascitur, sed peccantibus. Faciet nos moderatiores respectus nostri, si consuluerimus nos: Numquid et ipsi aliquid tale commisimus? Numquid sic erravimus? Expeditne nobis ista damnari?

Maximum remedium est irae, mora. Nec ab illa pete initio, ut ignoscat, sed ut judicet; desinet, si exspectat: nec universam illam tentaveris tollere; graves habet impetus primos; tota vincetur, dum partibus carpitur.

XXIX. Ex his quae nos offendunt, alia renuntiantur nobis, alia ipsi audimus, aut videmus. His quae narrata sunt, non debemus cito credere. Multi ementiuntur, ut decipiant; multi, quia decepti sunt. Alius criminatione gratiam captat, et fingit injuriam, ut videatur doluisse

trouve toute femme bonne à séduire dès qu'elle est celle d'un autre, soustraire la sienne à tous les yeux ; le plus rigoureux exacteur de la foi promise n'être qu'un perfide ; une bouche parjure tonner contre le mensonge ; le délateur par état s'indigner qu'on l'attaque en justice ; là où je vois se montrer jaloux de la pudeur de ses jeunes esclaves, l'infâme qui a prostitué la sienne ? Les vices d'autrui sont tous sous nos yeux : nous rejetons derrière nous les nôtres. Ainsi le père gourmande les longs festins d'un fils moins déréglé que lui. On n'accorde rien aux passions des autres, et l'on a tout permis aux siennes ; le plus cruel tyran s'irrite contre l'homicide, le brigand sacrilège est sans pitié pour le larcin. Trop souvent ce n'est pas la faute qu'on déteste, c'est au délinquant que l'on en veut. Rentrons donc en nous-mêmes, nous deviendrons plus tolérans : demandons-nous si à notre tour nous n'avons rien fait de pareil, si ces mêmes égaremens n'ont pas été les nôtres, et si nous gagnerions quelque chose à ce que les actions de cette nature fussent condamnées ?

Le grand remède de la colère est le temps d'arrêt. N'exigez pas dès l'abord qu'elle pardonne, mais qu'elle juge : elle se dissipe pour peu qu'elle attende ; n'essayez pas de l'étouffer d'un seul coup, ses premiers éclats ont trop de force : la victoire complète ne s'obtient ici que par des succès partiels.

XXIX. Parmi les choses qui nous offensent, les unes nous sont redites, les autres frappent directement nos yeux ou nos oreilles. Ne croyons pas légèrement les rapports : trop de gens mentent pour tromper, ou parce qu'ils furent trompés les premiers. L'un n'accuse autrui que pour gagner vos bonnes grâces : il suppose le mal, pour

factam. Est aliquis malignus, et qui amicitias cohærentes diducere velit; est suspicax, et qui spectare ludos cupiat, ut ex longinquo tutoque speculetur, quos collisit.

De parvula summa judicaturo, tibi res sine teste non probaretur; testis, sine jurejurando non valeret; utrique parti dares advocationem, dares tempus, nec semel audires : magis enim veritas elucet, quo sæpius ad manum venit. Amicum condemnas de præsentibus, antequam audias, antequam interroges? illi, antequam aut accusatorem suum nosse liceat aut crimen, irasceris? Jam verum, jam utrimque quid diceretur, audisti? Hic ipse qui ad te detulit, desinet dicere, si probare debuerit. Non est, inquit, quod me protrahas; ego productus negabo; alioqui nihil unquam tibi dicam. Eodem tempore et instigat; et ipse se certamini et pugnæ subtrahit. Qui dicere tibi nisi clam non vult, pæne non dicit. Quid est iniquius, quam secreto credere, palam irasci?

XXX. Quorumdam ipsi testes sumus. In his naturam excutiemus voluntatemque facientium. Puer est? ætati donetur; nescit an peccet. Pater est? aut tantum profuit, ut illi etiam injuriæ jus sit; aut fortassis ipsum hoc meritum ejus est, quo offendimur. Mulier est? errat. Jussus est? necessitati quis, nisi iniquus, succenset? Læsus est? non est injuria, pati quod prior feceris. Ju-

avoir l'air d'en plaindre la victime. Tantôt la jalousie s'efforce de désunir les plus étroites amitiés, tantôt une maligne curiosité se fait un jeu et un spectacle d'observer de loin, et sans risque, ceux qu'elle a mis aux prises.

Que vous soyez juge d'un procès sur la plus modique somme, sans témoin, rien ne vous paraîtra prouvé; et le témoin, s'il ne prête serment, ne fera pas foi: vous donnerez aux deux parties les remises, le temps convenables, vous les écouterez plus d'une fois; car la vérité ressort d'autant mieux, qu'on l'a plus souvent débattue. Et votre ami, vous le condamnez sur-le-champ, sans l'ouïr ni l'interroger. Avant qu'il puisse connaître son accusateur et son crime, vous voilà furieux contre lui. On vous croirait sûr de la vérité, bien instruit du pour et du contre, tandis que le délateur même abandonnera son dire, s'il lui faut le prouver. Ne me citez pas, vous recommande-t-il; si vous me mettez en avant, je nie tout, et vous ne saurez plus rien de moi. Il vous pousse ainsi dans la lutte où lui-même refuse de se commettre. Ne vouloir rien dire que clandestinement, c'est à la fois dire et se rétracter. Mais un ami croire à des rapports secrets, et rompre publiquement, quoi de plus injuste?

XXX. Sommes-nous témoins de la chose qui nous blesse: examinons le caractère et l'intention de son auteur. C'est un enfant? excusons son âge: il ignore s'il fait mal. C'est un père? ou ses bienfaits sont assez grands pour lui avoir acquis même le droit d'offense, ou ce que nous prenons pour offense est de sa part un nouveau service. C'est une femme? son faible jugement l'égare. C'est un homme qui y a été contraint? l'injustice seule se soulève contre la nécessité. Vous l'aviez lésé le premier?

dex est? plus illius credas sententiæ, quam tuæ. Rex est? si nocentem punit, cede justitiæ; si innocentem, cede fortunæ. Mutum animal est, aut simile muto? imitaris illud, si irasceris. Morbus est, aut calamitas? levius transiliet sustinentem. Deus est? tam perdis operam, quum illi irasceris, quam quum illum alteri precaris iratum. Bonus vir est qui injuriam fecit? noli credere. Malus? noli mirari: dabit pœnas alteri, quas debet tibi: et jam sibi dedit, qui peccavit.

Duo sunt, ut dixi, quæ iracundiam concitant; primum, si injuriam videmur accepisse; de hoc satis dictum est. Deinde, si inique accepisse; de hoc dicendum est. Iniqua quædam judicant homines, quia pati non debuerint; quædam, quia non speraverint. Indigna putamus, quæ inopinata sunt. Itaque maxime commovent, quæ contra spem exspectationemque evenerunt. Nec aliud est, quare in domesticis minima offendant, in amicis, injuriam vocemus negligentiam.

XXXI. « Quomodo ergo, inquit, inimicorum nos injuriæ movent? » Quia non exspectavimus illas, aut certe non tantas. Hoc efficit amor nostri nimius; inviolatos nos etiam inimicis judicamus esse debere. Regis quisque intra se animum habet, ut licentiam sibi dari velit, in se nolit. Aut ignorantia nos itaque rerum, aut

les représailles ne sont plus des injures. C'est votre juge? soumettez votre sentence à la sienne. Votre roi? s'il punit en vous un coupable, courbez-vous devant sa justice; innocent, cédez à la force. C'est un être sans intelligence, ou peut-être un animal? vous descendez à son niveau en perdant votre sang-froid. C'est une maladie, une calamité? elle passera plus légère, si vous la supportez en homme. Ce sont les dieux? on perd sa peine à s'irriter contre eux, tout comme à appeler leur courroux sur d'autres. C'est un homme de bien qui vous a fait injure? n'en croyez rien; un méchant enfin? n'en soyez pas surpris. Quelqu'autre lui fera payer sa dette envers vous, et s'est déjà puni par le mal qu'il a fait.

Deux causes, ai-je dit, font naître la colère : d'abord on se croit outragé : j'ai suffisamment traité ce point; puis outragé injustement : c'est de quoi je vais parler encore. On appelle injustice, un traitement qu'on ne croyait pas mériter de souffrir, ou auquel l'on ne s'attendait pas. Tout mal imprévu nous semble une indignité, et rien n'exaspère l'homme comme de voir déjoués ses calculs et ses espérances. C'est bien là ce qui fait qu'un rien nous indispose contre nos domestiques, et que dans un ami la moindre négligence est taxée d'injure.

XXXI. « Et l'injure qui vient d'un ennemi, pourquoi donc nous émeut-elle si fort? » C'est qu'elle a lieu contre notre attente, ou qu'elle la surpasse; c'est l'effet de notre excessif amour-propre : nous croyons que pour nos ennemis même nous devons être inviolables. Le plus obscur mortel nourrit les prétentions d'un roi : il veut pouvoir tout sur les autres, et que les autres ne puissent rien sur lui. On n'est donc irascible que par ignorance des

insolentia iracundos facit. Ignorantia : quid enim mirum est, malos mala facinora edere? Quid novi est, si inimicus nocet, amicus offendit, filius labitur, servus peccat? Turpissimam aiebat Fabius imperatori excusationem esse : Non putavi; ego turpissimam homini puto. Omnia puta, exspecta : etiam in bonis moribus aliquid exsistet asperius. Fert humana natura insidiosos amicos, fert ingratos, fert cupidos, fert impios. Quum de moribus unius judicabis, de publicis cogita : ubi maxime gaudebis, maxime metues; ubi tranquilla tibi omnia videntur, ibi nocitura non desunt, sed quiescunt; semper futurum aliquid, quod te offendat, existima. Gubernator nunquam ita totos sinus explicuit securus, ut non expedita ad contrahendum armamenta disponeret.

Illud ante omnia cogita, fœdam esse et exsecrabilem vim nocendi, et alienissimam homini, cujus beneficio etiam sæva mansuescunt. Adspice elephantorum jugo colla submissa, taurorum pueris pariter ac fœminis persultantibus terga impune calcata, et repentes inter pocula sinusque innoxio lapsu dracones, et intra domum ursorum leonumque ora placida tractantibus, adulantesque dominum feras : pudebit cum animalibus permutasse mores.

Nefas est nocere patriæ; ergo civi quoque : nam hic

choses d'ici-bas, ou par présomption. Connaît-il bien les choses humaines, celui qui s'étonne que le méchant opère le mal ; qui trouve étrange qu'un ennemi lui nuise, qu'un ami le désoblige, que son fils s'oublie, que son valet manque à sa tâche ? La plus pitoyable excuse est ce mot : « Je n'y avais pas pensé. » Fabius le blâmait dans un chef d'armée ; je le blâmerai, moi, dans tout homme. Croyez tout possible ; attendez-vous à tout : les plus doux caractères auront leurs aspérités. La nature produit des amis insidieux, des amis ingrats, des amis cupides, des amis pour qui rien n'est sacré. Avant d'accuser les méfaits d'un seul, considérez la race entière des hommes. C'est au sein de la plus vive joie qu'il faut craindre le plus : partout où vous verrez le calme, ne l'attribuez pas à l'absence, mais au sommeil de la tempête : comptez toujours sur quelque fléau prêt à surgir contre vous. Le pilote ne livre jamais toutes ses voiles avec une confiance absolue, il n'omet aucun préparatif pour tout replier au besoin.

N'oubliez pas surtout que la passion de nuire est un sentiment affreux, haïssable, le moins fait pour le cœur de l'homme, lui qui, par ses bons traitemens, se plaît à apprivoiser même les plus farouches animaux. Voyez l'éléphant courber sa tête au joug ; le taureau laisser impunément sauter sur son dos des enfans et des femmes ; des serpens glisser et se jouer innocemment sur nos tables et dans notre sein ; en nos maisons, des lions et des ours livrer patiemment leurs gueules aux attouchemens de l'homme, lui rendre caresses pour caresses ; et rougissez de laisser vos mœurs aux animaux pour prendre les leurs.

C'est un sacrilège de nuire à la patrie ; par consé-

pars patriæ est; sanctæ partes sunt, si universum venerabile est: ergo et homini; nam hic in majore tibi urbe civis est. Quid si nocere velint manus pedibus? manibus oculi? Ut omnia inter se membra consentiunt, quia singula servari totius interest: ita homines singulis parcent, quia ad cœtum geniti sumus; salva autem esse societas nisi amore et custodia partium non potest. Ne viperas quidem et natrices, et si qua morsu aut ictu nocent, effligeremus, si ut reliqua mansuefacere possemus, aut efficere, ne nobis aliisve periculo essent. Ergo ne homini quidem nocebimus, quia peccavit, sed ne peccet : nec unquam ad præteritum, sed ad futurum pœna referetur; non enim irascitur, sed cavet. Nam si puniendus est, cuicumque pravum maleficumque ingenium est, pœna neminem excipiet.

XXXII. « At enim ira habet aliquam voluptatem, et dulce est dolorem reddere. » Minime; non enim ut in beneficiis honestum est merita meritis repensare, ita injurias injuriis: illic, vinci turpe est; hic, vincere.

Inhumanum verbum est, ut quidem pro justo receptum, ultio; et talio non multum differt, nisi ordine: qui dolorem regerit, tantum excusatius peccat.

M. Catonem in balneo ignorans quidam percussit imprudens; quis enim illi sciens faceret injuriam? Postea

quent à un concitoyen : il est membre de la patrie : quand le tout est sacré, les parties ne le sont pas moins. L'homme est donc tenu de respecter l'homme, qui est pour lui concitoyen de la grande cité. Qu'arriverait-il si nos mains voulaient faire la guerre à nos pieds, et nos yeux à nos mains? L'harmonie règne entre les membres du corps humain, parce que tous sont intéressés à la conservation de chacun : de même les hommes doivent s'épargner les uns les autres, parce qu'ils sont nés pour la société, laquelle ne saurait subsister sans l'appui mutuel et bienveillant de ceux qui la composent. Les vipères même et certains reptiles, funestes par leurs coups ou leurs morsures, on ne les écraserait pas si, comme d'autres races, elles s'apprivoisaient et pouvaient cesser d'être malfaisantes pour nous et pour autrui. Ainsi nous ne punirons pas parce qu'on a péché, mais afin qu'on ne pèche plus. La peine envisagera toujours l'avenir, et jamais le passé : ce ne sera pas une œuvre de colère, mais de précaution. S'il fallait punir tout naturel dépravé et tourné au mal, le châtiment n'excepterait personne.

XXXII. « Mais la colère a ses charmes : il est doux de rendre le mal pour le mal. » Je le nie. S'il est beau de répondre à un bienfait par un autre, il ne l'est pas de renvoyer injure pour injure. Il faut, dans le premier cas, rougir de sa défaite, et dans le second, de sa victoire.

La vengeance! mot qui n'est pas de l'homme, et qu'on fait pourtant synonyme de justice. Elle ne diffère de la provocation que par l'ordre des temps. Se venger, fût-ce modérément, c'est nuire seulement avec un peu plus de droit à l'excuse.

Un homme avait, aux bains publics, frappé M. Caton par mégarde et sans le connaître (car qui aurait pu

satisfacienti Cato : « Non memini, inquit, percussum me. » Melius putavit, non agnoscere, quam vindicare. « Nihil, inquis, post tantam petulantiam mali factum est? » Immo multum boni; cœpit Catonem nosse. Magni animi est injurias despicere; ultionis contumeliosissimum genus est, non esse visum dignum, ex quo peteretur ultio. Multi leves injurias altius sibi demisere, dum vindicant; ille magnus et nobilis est, qui, more magnæ feræ, latratus minutorum canum securus exaudit. « Minus, inquit, contemnemur, si vindicaverimus injuriam. » Si tanquam ad remedium venimus, sine ira veniamus; non quasi dulce sit vindicari, sed quasi utile : sæpe autem satius fuit dissimulare, quam ulcisci.

XXXIII. Potentiorum injuriæ hilari vultu, non patienter tantum ferendæ sunt; facient iterum, si se fecisse crediderint. Hoc habent pessimum animi magna fortuna insolentes : quos læserunt, et oderunt. Notissima vox est ejus, qui in cultu regum consenuerat. Quum illum quidam interrogaret: Quomodo rarissimam rem in aula consecutus esset, senectutem? « Injurias, inquit, accipiendo, et gratias agendo. »

Sæpe adeo injuriam vindicari non expedit, ut ne fateri quidem expediat. C. Cæsar Pastoris splendidi equitis romani filium quum in custodia habuisset, munditiis ejus et cultioribus capillis offensus, rogante patre, ut

sciemment insulter ce grand homme?) Comme il s'excusait : « Je ne sache pas, dit Caton, que vous m'ayez frappé. » Il pensa qu'il valait mieux ne pas s'apercevoir de l'injure que la venger. « Comment donc! aucun mal n'est résulté d'une telle inconvenance? » Beaucoup de bien, au contraire : elle procura à l'offenseur l'avantage de connaître Caton. Il est d'une grande âme de dédaigner les injures. La vengeance la plus méprisante est de ne pas juger l'agresseur digne de courroux. Combien, pour avoir voulu raison d'une légère offense, n'ont fait que creuser leur blessure! Soyez plus fiers, plus généreux : imitons le roi des animaux : que les aboiemens d'une meute impuissante frappent nos oreilles sans nous émouvoir. Vous dites « que la vengeance nous fait respecter! » Si vous l'employez comme remède, n'y joignez pas la colère ; n'y voyez pas une jouissance, mais un acte utile. D'ailleurs il vaut souvent mieux dévorer son dépit que se venger.

XXXIII. Il faut souffrir avec patience, avec sérénité même les injures des hommes puissans. Ils redoubleront leurs atteintes, s'ils pensent qu'elles ont porté. Le plus grand vice des mortels qu'enivre l'insolence d'une haute fortune, c'est de haïr ceux qu'ils ont offensés. Tout le monde connaît le mot de cet homme qui avait vieilli à la cour des rois, et auquel on demandait comment il était parvenu à un si grand âge, chose bien rare dans un pareil lieu : « En recevant des affronts, dit-il, et en remerciant. »

Souvent, loin qu'il soit utile de venger l'injure, il est dangereux de paraître la ressentir. Caligula, choqué de la recherche qu'affectait, dans sa mise et dans sa coiffure, le fils de Pastor, chevalier romain des plus distingués, l'avait fait mettre en prison. Pastor demande la grâce de

salutem sibi filii concederet, quasi de supplicio ejus admonitus, duci protinus jussit. Ne tamen omnia inhumane faceret adversum patrem, ad cœnam illum invitavit eo die; venit Pastor, nihil vultu exprobrante. Propinavit illi Cæsar heminam, et posuit illi custodem; perduravit miser, non aliter quam si filii sanguinem biberet. Unguentum et coronas misit, et observare jussit an sumeret; sumpsit. Eo die, quo filium extulerat, immo quo non extulerat, jacebat conviva centesimus, et potiones vix honestas natalibus liberorum, podagricus senex hauriebat; quum interim non lacrymas emisit, non dolorem aliquo signo erumpere passus est : cœnavit, tanquam pro filio exorasset. Quæris, quare? habebat alterum. Quid ille Priamus? non dissimulavit iram, et regis genua complexus est? funestam perfusamque cruore filii manum ad os suum retulit, et cœnavit; sed tamen sine unguento, sine coronis : et illum hostis sævissimus multis solatiis, ut cibum caperet, hortatus est, non ut pocula ingentia, super caput posito custode, siccaret. Contempsisset trojanum patrem, si sibi timuisset : nunc iram compescuit pietas : dignus fuit, cui permitteret a convivio ad ossa filii legenda discedere. Ne hoc quidem permisit benignus interim et comis adolescens : propinationibus senem crebris, ut cura leniretur, admovens lacessebat : contra ille se lætum, et oblitum quid eo

son fils : le tyran, comme averti de le faire périr, ordonne à l'instant son supplice. Cependant, pour ne pas tenir toutà-fait rigueur au père, il l'invite à souper le jour même. Pastor arrive, et ses traits ne décèlent aucun ressentiment. Après avoir chargé quelqu'un de l'observer, César lui fait présenter une coupe; c'était presque lui offrir le sang de son fils. L'infortuné vide courageusement jusqu'à la dernière goutte. On lui passe et parfums et couronnes; l'ordre est donné d'avoir sur lui les yeux pour voir s'il les acceptera; il les accepte. Le jour qu'il a enterré son fils, (je me trompe; il n'avait pas eu cette consolation), il prend place, lui centième, au banquet du maître, et le goutteux vieillard se livre à des excès tout au plus tolérables à la naissance d'un héritier. Pas une larme, pas un signe qui laisse percer la douleur. Il soupa comme s'il eût obtenu la grâce de la victime. Pourquoi, dites-vous, tant de bassesses? Il avait un second fils. Que fit Priam en pareil cas? ne dissimula-t-il pas sa colère? n'embrassa-t-il pas les genoux du roi de Larisse? Oui, il porta même à ses lèvres cette main homicide, teinte du sang de son Hector; il soupa même avec Achille, sans parfums, il est vrai, et sans couronnes; son farouche ennemi l'exhortait à prendre quelque nourriture; mais non pas à vider de larges coupes sous l'œil d'un témoin aposté. Le Romain eût bravé Caligula, s'il n'eût craint que pour lui-même; mais l'amour paternel surmonta le ressentiment. Il méritait bien qu'on lui permît, au sortir du festin, d'aller recueillir les restes de son fils; il ne l'obtint même pas. Le jeune tyran, d'un air bienveillant et affable, provoquait, par de fréquentes santés, le malheureux vieillard à bannir ses chagrins; et Pastor, de se montrer aussi gai que si la catastrophe du jour eût été loin de son sou-

esset actum die, præstitit. Perierat alter filius, si carnifici conviva non placuisset.

XXXIV. Ergo ira abstinendum est, sive par est qui lacessendus est, sive superior, sive inferior. Cum pare contendere, anceps est; cum superiore, furiosum; cum inferiore, sordidum. Pusilli hominis et miseri est, repetere mordentem; mures et formicæ, qua manum admoveris, ora convertunt : imbecillia se lædi putant, si tanguntur.

Faciet nos mitiores, si cogitaverimus, quid aliquando nobis profuerit ille, cui irascimur, et meritis offensa redimetur. Illud quoque occurrat, quantum commendationis nobis allatura sit clementiæ fama, et quam multos venia amicos utiles fecerit. Ne irascamur inimicorum et hostium liberis. Inter Syllanæ crudelitatis exempla est, quod a republica liberos proscriptorum submovit. Nihil est iniquius quam aliquem hæredem paterni odii fieri. Cogitemus, quoties ad ignoscendum difficiles erimus, an expediat omnes nobis inexorabiles esse. Quam sæpe veniam, qui negavit, petit? quam sæpe pedibus ejus advolutus est, quem a suis repulit? Quid est gloriosius, quam iram amicitia mutare? Quos populus romanus fideliores habet socios, quam quos habuit pertinacissimos hostes? Quod hodie esset imperium, nisi salubris providentia victos permiscuisset victoribus? Irascetur

venir. C'en était fait du second fils, si le bourreau n'eût été content du convive.

XXXIV. Abstenons-nous de la colère, soit contre notre égal, soit contre notre supérieur, soit contre notre inférieur. Avec votre égal, la lutte est douteuse; avec votre supérieur, c'est une folie; avec votre inférieur, c'est une lâcheté. Il est d'un être chétif et misérable de rendre morsure pour morsure : la souris, la fourmi mordent la main qui les approche; les êtres faibles se croient blessés dès qu'on les touche.

Un moyen encore de nous calmer, c'est de songer aux services passés de qui nous irrite aujourd'hui, et le bien rachètera le mal. N'oublions pas non plus quelle glorieuse réputation nous vaudra notre clémence, et combien d'amis utiles ont été le prix d'un pardon. N'étendons pas notre colère sur les enfans de nos rivaux et de nos ennemis. Une des insignes barbaries de Sylla fut d'exclure des charges publiques les fils des proscrits, et le comble de l'iniquité est de vouloir que les enfans héritent des haines qui poursuivaient les pères. Demandons-nous, quand nous aurons peine à nous laisser fléchir, si nous serions heureux que chacun fût pour nous inexorable. Que de fois le pardon qu'on a refusé à d'autres, on s'est vu réduit à le demander pour soi! Combien se sont jetés aux pieds de ceux-là même qu'ils avaient repoussés des leurs! Rien de plus beau que de convertir sa colère en amitié. Quels sont les plus fidèles alliés du peuple romain? Ceux qui furent ses ennemis les plus opiniâtres. Où serait aujourd'hui la république, si sa politique prévoyante n'avait fait un seul peuple des

aliquis? tu contra beneficiis provoca. Cadit statim simultas, ab altera parte deserta : nisi pariter, non pugnant. Si utrinque certabitur, ira concurritur : ille est melior, qui prior pedem retulit; victus est qui vicit. Percussit te? recede ; referiendo enim, et occasionem sæpius feriendi dabis, et excusationem : non poteris revelli, quum voles. Numquid velit quisquam tam graviter hostem ferire, ut relinquat manum in vulnere, et se ab ictu revocare non possit? atqui tale ira telum est; vix retrahitur.

XXXV. Arma nobis expedita prospicimus, gladium commodum et habilem : non vitabimus impetus animi, his graves magis, furiosos et irrevocabiles? Ea demum velocitas placet, quæ ubi jussa est, vestigium sistit, nec ultra destinata procurrit, et quæ flecti, et a cursu ad gradum reduci potest. Ægros scimus nervos esse, ubi invitis nobis moventur. Senex, aut infirmi corporis est, qui quum ambulare vult, currit. Animi motus eos putemus sanissimos validissimosque, qui nostro arbitrio ibunt, non suo ferentur.

Nihil tamen æque profuerit, quam primum intueri deformitatem rei, deinde periculum. Non est ullius affectus facies turbatior : pulcherrima ora fœdavit, torvos vultus ex tranquillissimis reddidit. Linquit decor omnis iratos : et sive amictus illis compositus est ad legem,

vainqueurs et des vaincus? Cet homme se déchaîne contre vous; provoquez-le par vos bienfaits. L'inimitié tombe d'elle-même dès que l'un des deux quitte la place : sans réciprocité la lutte n'a pas lieu; lors même qu'elle s'engage, le plus généreux, c'est le premier qui fait retraite, et le champ de bataille reste au vaincu. Êtes-vous frappé? retirez-vous : frapper à votre tour serait amener, légitimer des atteintes nouvelles; vous ne seriez plus maître de vous dégager. Eh! qui voudrait frapper assez fort son ennemi pour laisser la main dans la plaie, sans pouvoir arrêter le coup? Tel est pourtant l'aiguillon de la colère : on a peine à le retirer.

XXXV. Le guerrier se choisit des armes légères, une épée commode, et facile à manier; et nous, nous n'éviterions pas la fougue des passions, mille fois plus difficiles à diriger, furieuses et qui ne savent point s'arrêter? La vélocité qui plaît dans un coursier est celle qu'on arrête à volonté, qui ne franchit pas le but, qu'on peut replier sur elle-même et ramener de la course au pas. On juge malades les nerfs qui s'agitent malgré nous. Il n'y a que les vieillards ou les infirmes qui courent quand ils veulent marcher. Ainsi les mouvemens de l'âme, les plus sains et les plus vigoureux, sont ceux non pas qu'emporte un fol élan, mais dont l'allure nous est soumise.

Avant toutefois de songer aux périls de la colère, rien ne sera plus efficace que d'en considérer la difformité. Nulle passion n'offre des symptômes plus orageux : elle enlaidit les plus belles figures, et donne un air farouche aux physionomies les plus calmes. L'homme abjure alors toute dignité. Sa toge était-elle arrangée convena-

trahent vestem, omnemque curam sui effundent; sive capillorum natura vel arte jacentium non informis est habitus, cum animo inhorrescunt: tumescunt venae, concutitur crebro spiritu pectus, rabida vocis eruptio colla distendit; tunc artus trepidi, inquietae manus, totius corporis fluctuatio. Qualem intus putas esse animum, cujus extra imago tam foeda est? quanto illi intra pectus terribilior vultus, acrior spiritus est, intensior impetus, rupturus se nisi eruperit? Quales sunt hostium, vel ferarum caede madentium, aut ad caedem euntium adspectus; qualia poetae inferna monstra finxere, succincta serpentibus, et igneo flatu; quales ad bella excitanda, discordiamque in populos dividendam, pacemque lacerandam, teterrimae inferum exeunt Furiae: talem nobis iram figuremus, flamma lumina ardentia, sibilo mugituque, et gemitu, et stridore, et si qua his invisior vox est, perstrepentem, tela manu utraque quatientem; neque enim illi, tegere se, cura est: torvam, cruentamque, et cicatricosam, et verberibus suis lividam, incessibus vesanis, offusam multa caligine, incursitantem, vastantem, fugantemque; et omnium odio laborantem, sui maxime: si aliter nocere non possit, terras, maria, coelum ruere cupientem, infestam pariter, invisamque. Vel, si videtur, sit qualis apud vates nostros est;

blement autour de son corps? la colère y porte le désordre. Tout soin de sa tenue lui échappe; ses cheveux, que la nature ou l'art faisait flotter d'une manière décente, se soulèvent à l'instar de son âme; ses veines se gonflent; à ses fréquens soupirs, aux cris de rage qu'il pousse avec effort, on voit s'ébranler sa poitrine et se tendre les muscles de son cou. Ses membres frémissent, ses mains tremblent, tout son corps est en convulsion. Que pensez-vous que soit l'état intérieur d'une âme qui, au dehors, s'annonce par des traits si hideux? Bien plus révoltans sont ceux qu'elle nous cache, bien plus terrible sa fermentation intestine, bien plus véhémens ses transports, capables, s'ils n'éclatent, de détruire tout l'homme. Qu'on se représente les Barbares, les tigres dégouttans de carnage ou qui courent s'en abreuver; les monstres d'enfer qu'ont imaginés les poètes avec des serpens pour ceinture, et qui vomissent la flamme; les noires Furies élancées du Ténare pour souffler le feu des combats, semer la discorde entre les nations et rompre les nœuds de la paix: telle on doit se figurer la colère, l'œil ardent de feu; telle elle gémit, telle elle mugit, mêlant à ses sifflemens d'aigres clameurs, et des sons plus sinistres encore s'il est possible; frappant des deux mains à la fois, car se couvrir est loin de sa pensée; toute menaçante, ensanglantée, déchirée et livide de ses propres coups; la démarche égarée, la raison éclipsée et perdue, elle se précipite çà et là, elle ravage, elle poursuit; chargée de l'exécration générale, de la sienne surtout, elle souhaite, à défaut d'autres fléaux, que la terre, que le ciel, que l'univers s'écroule, car elle voue à tous la haine qu'on lui porte. Qu'on la voie, si l'on veut encore, telle que les poètes nous dépeignent:

Sanguineum quatiens dextra Bellona flagellum,
Aut scissa gaudens vadit Discordia palla;

aut si qua magis dira facies excogitari diri affectus potest.

XXXVI. Quibusdam, ut ait Sextius, iratis profuit adspexisse speculum; perturbavit illos tanta mutatio sui : velut in rem præsentem adducti non agnoverunt se; et quantulum ex vera deformitate imago illa speculo repercussa reddebat? animus si ostendi, et si in ulla materia perlucere posset, intuentes nos confunderet, ater maculosusque, æstuans, et distortus, et tumidus. Nunc quoque tanta deformitas ejus est per ossa carnesque, et tot impedimenta, effluentis : quid si nudus ostenderetur? « Speculo equidem neminem deterritum ab ira credis. » Quid ergo? Qui ad speculum venerat, ut se mutaret, jam mutaverat. Iratis quidem nulla est formosior effigies, quam atrox et horrida, qualesque esse, etiam videri nolunt. Magis illud videndum est, quam multis ira per se nocuerit. Alii nimio fervore rupere venas, et sanguinem supra vires elatus clamor egessit, et luminum suffudit aciem in oculos vehementius humor egestus, et in morbos ægri recidere ; nulla celerior ad insaniam via est. Multi itaque continuaverunt iræ furorem; nec quam expulerant mentem, unquam receperunt. Ajacem in mortem egit furor, in furorem ira. Mortem liberis, egestatem sibi, ruinam domui

« Bellone agitant de sa main son fouet sanglant, ou la Discorde étalant en triomphe sa robe en lambeaux. »

qu'on imagine enfin, s'il se peut, des traits encore plus affreux pour peindre cette affreuse passion.

XXXVI. Il y a des gens, dit Sextius, qui se sont bien trouvés d'avoir, dans la colère, jeté les yeux sur un miroir. Effrayés d'une si complète métamorphose, et conduits pour ainsi dire en face d'eux-mêmes, ils ne pouvaient se reconnaître. Combien toutefois un miroir rendait faiblement leur difformité réelle! Si l'âme pouvait se manifester et se réfléchir à la surface de quelque métal, combien, à l'aspect de cette image hideuse et livide, de cette écume, de ces contorsions, de cette bouffissure, elle serait abîmée de confusion! Nous voyons cette âme percer même à travers l'épaisse enveloppe de chair et de sang qui lui fait obstacle; que serait-ce si elle se montrait dans sa nudité? Pour moi, je ne crois pas qu'un miroir ait jamais guéri personne; car, enfin, courir au miroir pour regagner son sang-froid, c'est déjà l'avoir recouvré. La colère d'ailleurs ne se croit jamais plus belle que quand elle est horrible, effroyable : elle rend l'homme jaloux de paraître ce qu'il a voulu qu'elle le fît. Il vaut mieux songer à combien de personnes la colère a par elle-même été fatale. On en a vu, au fort de la crise, se rompre les veines, vomir le sang après des éclats de voix surhumains, avoir les yeux couverts d'un nuage jaunâtre, tant la bile s'y porte violemment; on a vu des malades retomber plus bas que jamais. La colère est la voie la plus prompte à la folie, qui, chez bien des gens, n'est qu'une fureur continue : la raison, qu'ils ont voulu perdre, ils ne l'ont plus retrouvée. Tel fut Ajax, poussé au suicide par la folie, et à la folie par

imprecantur, et irasci se negant, non minus quam insanire, furiosi. Amicissimis hostes, vitandique carissimis: legum, nisi qua nocent, immemores, ad minima mobiles, non sermone, non officio, aditu faciles. Omnia per vim gerunt, gladiis et pugnare parati, et incumbere. Maximum enim malum illos cepit, et omnia exsuperans vitia. Alia paullatim intrant; repentina et universa vis hujus est; omnes denique alios affectus sibi subjicit; amorem ardentissimum vincit. Transfoderunt itaque amata corpora, et in eorum quos occiderant, jacuere complexibus. Avaritiam durissimum malum, minimumque flexibile ira calcavit; adacta opes suas spargere, et domui, rebusque in unum collatis injicere ignem. Quid? non ambitiosus magno æstimata projecit insignia, honoremque delatum repulit? nullus affectus est, in quem non ira dominetur.

la colère. Périssent mes enfans! que l'indigence m'accable! que ma maison s'écroule! voilà leurs souhaits, et ils vous soutiendront qu'ils ne sont pas en colère : ainsi le fou nie qu'il extravague. Devenus ennemis de leurs meilleurs amis, redoutables aux êtres qu'ils chérissent le plus, oubliant toute loi, hors celles qui peuvent servir la vengeance, un rien les jette vers un autre objet; inabordables aux plus douces paroles, aux procédés les plus touchans, n'agissant que par violence, prêts à vous frapper de leur glaive, ou à le tourner contre eux-mêmes : car le mal qui les possède est le plus acharné de tous les maux, comme il est le pire de tous les vices. Les autres vices, en effet, n'entrent dans l'âme que par degrés; celui-ci l'envahit dès l'abord et tout entière, neutralise toute autre affection, fait taire même l'amour le plus ardent. L'amant qu'elle égare perce l'objet de sa tendresse et meurt dans les bras de sa victime. L'avarice, monstre si dur, si inflexible, s'anéantit dans la colère, qui se fait une loi de sacrifier les trésors, de transformer en bûcher sa demeure et tout ce qu'elle renferme. Que dis-je? n'a-t-on pas vu l'ambitieux répudier, fouler aux pieds des insignes qui furent ses idoles, des honneurs qui s'offraient à lui? Point de passion que la colère ne domine en souveraine.

ARGUMENT

DU LIVRE TROISIÈME.

Dans ce troisième et dernier livre, Sénèque indique les moyens de déraciner la colère ou du moins de la réprimer, d'abord chez soi, puis de la part d'autrui. Il traite ce premier point dans les trente-huit premiers chapitres, et consacre au second les trente-neuvième et quarantième. Dans les deux derniers, il revient encore sur le premier point.

Pour parvenir à réprimer, à combattre la colère, il faut d'abord apprécier ses forces, puis le caractère de l'homme irrité (chap. 1er). Aucun âge, aucune espèce d'hommes, aucun peuple n'est exempt de la colère (ii). Aveugle fureur des Barbares. Nouvelle réfutation de l'opinion d'Aristote en faveur de la colère (iii). Nouvelle description du hideux aspect de la colère. Tout homme et surtout l'homme puissant doit éviter cette passion (iv). La colère plus funeste dans ses excès que l'avarice, que la luxure, que l'envie : elle pervertit, elle dégrade la nature humaine. La vengeance est une marque de faiblesse (v). La véritable grandeur consiste à être au dessus des émotions de la colère. Sage maxime de Démocrite, pour tenir son âme en quiétude (vi-vii). Si nous ne savons supporter les injures, il faut vivre de façon à n'en pas recevoir. Éviter surtout la société des hommes fougueux. Trait plaisant de Célius (viii). Les gens colères doivent éviter les études et les travaux trop pénibles (ix). Observer avec soin, pour les réprimer, les symptômes avant-coureurs de la colère et les différentes causes qui peuvent l'exciter (x). N'être point trop curieux, tourner, comme Socrate, certaines insultes en plaisanterie, n'y attacher aucune importance comme Pisistrate ; voilà encore des moyens pour éviter l'emportement (xi). La colère vient à nous, mais nous allons plus souvent vers elle. Son souverain remède, c'est le délai. Exemple de Platon (xii). Il faut contenir et déguiser sa colère. Exemple de Socrate (xiii). Il faut éviter l'ivresse quand elle pousse à la colère. Pour montrer à la fois les plus hideux excès de la colère chez les rois, et jusqu'à quel point elle peut être surmontée, dévorée, dissimulée par les courtisans, Sénèque cite successivement le trait de Cambyse et de Prexaspe (xiv); puis celui d'Astyage et d'Harpage. S'il en était qui n'eussent point la force de contenir, en présence des despotes, leur douloureux ressentiment, la mort volontaire leur offre une ressource (xv). S'il est utile à tous les hommes de contenir leur colère, cette retenue est surtout nécessaire aux rois. Suite d'anecdotes pour prouver combien est cruelle et implacable la colère des tyrans. Darius à l'égard d'OEbalus (xvi); Xerxès envers Pythius; Alexandre envers Clitus et Callimaque; ce dernier envers Télesphore (xvii). Cruauté atroce de Sylla et de Catilina, enfin, de Caligula qui fait décapiter quelques sénateurs par passe-temps (xviii). Horrible invention de cet empereur pour étouffer les cris de ses victimes (xix). Un roi de Perse fait couper le nez à toute une tribu syrienne. Fureur de Cambyse contre les Éthiopiens : sa sensualité (xx). Ridicule colère de Cyrus contre un fleuve (xxi); de Caligula contre une maison. Douceur admirable d'Antigone, roi de Macédoine (xxii); de Philippe, père d'Alexandre, et de l'empereur Auguste (xxiii). Nous devons prendre pour nous ces exemples et les imiter (xxiv). Pas de puissance qui soit à l'abri des injures; mais l'homme s'élève en les méprisant (xxv). Sachons tolérer les injures et vivre avec les méchans (xxvi). Inconvéniens de la vengeance. Il faut voir dans l'homme qui vous offense un être frappé d'aveuglement, et ne pas plus s'irriter contre lui que contre une brute (xxvii). Dangers auxquels on s'expose en se livrant à des actes fréquens de colère (xxviii). Il faut être indulgent pour les esclaves; distinction à faire entre leurs fautes par impuissance ou par mauvaise volonté (xxix). Souvent les causes les plus frivoles excitent notre colère contre nos amis. Exemple : les meurtriers de César étaient presque tous des amis dont il n'avait pas assez rempli les espérances et satisfait l'ambition (xxx). On n'est jamais content des grâces que vous accordent les princes, quand d'autres ont obtenu davantage (xxxi). Sénèque exhorte encore à attendre avant de châtier un esclave. L'argent, l'avarice, grands motifs de colère (xxxii-xxxiii); comme aussi la recherche dans le boire et dans le manger, dans la parure, etc., etc. (xxxiv). Votre susceptibilité cruelle dans votre intérieur (xxxv). Hors de chez vous ce n'est plus la même chose; votre âme est montée au ton de la douceur. Exemple de Sextius et de Sénèque lui-même qui s'appliquaient à faire la guerre chaque jour à leurs propres défauts (xxxvi). Il ne faut point se fâcher d'être raillé dans un festin, mal reçu par le portier d'un avocat, mal placé à table, d'entendre mal parler de soi (xxxvii), ni d'éprouver un refus comme candidat. Patience inconcevable de Diogène et de Caton à qui l'on avait craché au visage (xxxviii).

Après avoir réprimé chez soi la colère, Sénèque indique comment il faut réprimer celle d'autrui. Il revient à ce rapprochement qu'il affectionne entre la médecine du corps et la médecine de l'âme (xxxix). Comment Auguste punit Védius Pollion qui, dans sa colère, voulut faire jeter dans un vivier, pour être mangé par les poissons, un jeune esclave qui avait cassé un vase de cristal (xl). La colère n'est accompagnée d'aucun bien; faisons régner le calme dans notre âme, et méprisons la gloriole passagère qui s'attache à certains actes de violence (xli). La méditation de la mort, puissant remède contre la colère (xlii-xliii).

DE IRA

LIBER TERTIUS.

1. Quod maxime desiderasti, Novate, nunc facere tentabimus, iram excidere animis, aut certe refrænare, et impetus ejus inhibere. Id aliquando palam aperteque faciendum est, ubi minor vis mali patitur; aliquando ex occulto, ubi nimium ardet, omnique impedimento exasperatur et crescit. Refert, quantas vires, quamque integras habeat; utrumne verberanda et agenda retro sit, an cedere ei debeamus, dum tempestas prima desævit, ne remedia ipsa secum ferat. Consilium pro moribus cujusque capiendum erit. Quosdam enim preces vincunt: quidam insultant, instantque submissis. Quosdam terrendo placabimus; alios objurgatio, alios confessio, alios pudor cœpto dejecit; alios mora, lentum præcipitis mali remedium, ad quod novissime descendendum est. Ceteri enim affectus dilationem recipiunt, et curari tardius possunt; hujus incitata, et seipsam rapiens violentia, non paullatim procedit, sed dum incipit, tota est. Nec aliorum more vitiorum sollicitat animos, sed abducit, et impotentes sui cupidosque vel communis

DE LA COLÈRE

LIVRE TROISIÈME.

I. Venons maintenant, mon cher Novatus, à l'objet dont vous êtes le plus curieux, aux moyens d'extirper la colère, ou du moins d'y mettre un frein et d'en réprimer les transports. Quelquefois on doit l'attaquer de front et ouvertement, quand la faiblesse du mal s'y prête; souvent il faut des voies détournées, si son ardeur, trop violente, s'exaspère et croît par les obstacles. Il importe d'apprécier et sa force et si elle n'en a rien perdu; s'il faut la combattre à outrance, la refouler, ou céder aux premiers chocs du torrent qui pourrait emporter ses digues. On devra se déterminer d'après le caractère de l'homme irrité. Il en est que désarme la prière; chez d'autres, la soumission redouble l'insolence et l'emportement. On apaise ceux-ci par la crainte : pour ceux-là, les reproches, un aveu franc ou la honte sont d'infaillibles calmans; ou enfin c'est le délai, remède bien lent pour cette fougueuse passion, et le dernier dont il faille user; car les autres affections peuvent attendre, et leur traitement se différer : celle-ci, impétueuse, emportée par elle-même comme par un tourbillon, n'avance point pas à pas : elle naît avec toutes ses forces. Elle ne sollicite point l'âme, comme les autres vices, elle l'entraîne, et jette hors de lui-même l'homme qui a soif de nuire, dût le mal retomber sur lui; elle se rue à la fois sur ce

mali exagitat; nec in ea tantum, in quæ destinavit, sed in occurrentia obiter furit. Cetera vitia impellunt animos; ira præcipitat. Ceteris etiamsi resistere contra affectus suos non licet, at certe affectibus ipsis licet stare; hæc non secus quam fulmina procellæque, et si qua alia irrevocabilia sunt, quia non eunt, sed cadunt, vim suam magis ac magis tendit. Alia vitia a ratione, hæc a sanitate desciscit; alia accessus lenes habent, et incrementa fallentia; in iram dejectus animorum est. Nulla itaque res urget magis attonita, et in vires suas prona, et, sive successit, superba, sive frustratur, insana; ne repulsa quidem in tædium acta, ubi adversarium fortuna subduxit, in seipsam morsus suos vertit; nec refert, quantum sit ex quo surrexit; ex levissimis enim in maxima evadit.

II. Nullam transit ætatem; nullum hominum genus excipit. Quædam gentes beneficio egestatis non novere luxuriam; quædam, quia exercitæ et vagæ sunt, effugere pigritiam; quibus incultus mos, agrestis vita est, circumscriptio ignota est, et fraus, et quodcumque in foro malum nascitur. Nulla gens est, quam non ira instiget, tam inter Graios quam Barbaros potens; non minus perniciosa leges metuentibus, quam quibus jura distinguit modus virium. Denique cetera singulos corripiunt; hic unus affectus est, qui interdum publice

qu'elle poursuit et sur tout ce que le hasard offre à sa rage. L'action des autres vices est graduelle : ici c'est un saut dans l'abîme. Il n'est certes point de mauvais penchant, tout irrésistible qu'il puisse être, qui ne fasse de soi-même quelque pause ; la colère, pareille à la foudre, à la tempête, à tout fléau de la nature, dont rien ne peut arrêter la course ou plutôt la chute, redouble à chaque pas d'intensité. Tout vice est une folie : la colère est une maladie réelle. On descend aux premiers par une insensible pente, qui nous déguise nos progrès ; dans la seconde on est précipité. Plus pressante que quoi que ce soit, s'étourdissant de sa violence même et de son propre entraînement, plus arrogante après le succès, les mécomptes accroissent sa démence ; repoussée, elle n'est pas abattue ; que la fortune lui dérobe son adversaire, elle se déchirera de ses mains : peu importe la valeur des motifs qui l'ont fait naître ; les plus légers la poussent aux extrémités les plus graves.

II. Nul âge n'en est exempt ; elle n'excepte aucun peuple. Il en est qui doivent à la pauvreté l'heureuse ignorance du luxe ; d'autres nations nomades et chasseresses échappent ainsi à l'oisiveté ; celles-ci, dont la vie est sauvage et les mœurs agrestes, ne connaissent ni la délimitation des propriétés, ni la fraude, ni tous les fléaux qu'enfante la chicane. Mais aucun peuple ne résiste aux impulsions de la colère, aussi puissante chez le Grec que chez le Barbare ; aussi terrible où la loi commande qu'aux lieux où la force est la mesure du droit ; enfin toute autre passion n'agit que sur les individus, celle-ci embrase parfois des nations. Jamais on ne vit tout un peuple brûler

concipitur. Nunquam universus populus fœminæ amore flagravit; nec in pecuniam aut lucrum tota civitas spem suam misit; ambitio viritim singulos occupat; impotentia non est malum publicum : sæpe in iram uno agmine itum est. Viri, fœminæ, senes, pueri, principes, vulgusque consensere, et tota multitudo paucissimis verbis concitata, ipsum concitatorem antecessit. Ad arma protinus ignesque discursum est, et indicta finitimis bella, aut gesta cum civibus. Totæ cum stirpe omni crematæ domus; et modo eloquio favorabilis, habitus in multo honore, iram suæ concionis excepit; in imperatorem suum legiones pila torserunt. Dissedit plebs tota cum patribus; publicum consilium, senatus, non exspectatis dilectibus, nec nominato imperatore, subitos iræ suæ duces legit, ac per tecta urbis nobiles consectatus viros supplicium manu sumpsit. Violavit legationes, rupto jure gentium, rabiesque infanda civitatem tulit : nec datum tempus, quo resideret tumor publicus; sed deductæ protinus classes, et oneratæ tumultuario milite. Sine more, sine auspiciis, populus, ductu iræ suæ egressus, fortuita raptaque pro armis gessit; deinde magna clade temeritatem audacis iræ luit.

III. Hic Barbaris forte ruentibus in bella exitus est. Quum mobiles animos species injuriæ perculit, aguntur statim; et qua dolor traxit, ruinæ modo regionibus in-

d'amour pour une femme, être emporté universellement par les mêmes calculs d'avarice ou de cupidité; l'ambition ne travaille que quelques hommes, la cruauté n'est jamais générale, tandis que la foule a souvent marché en masse sous les drapeaux de la colère. Hommes et femmes, vieillards et enfans, chefs et peuples sont alors unanimes; quelques mots suffisent pour déchaîner cette multitude, et celui dont les paroles l'ont soulevée se voit déjà devancé par elle. On court, sans plus attendre, au fer et à la flamme; on décrète la guerre aux peuples voisins, on la fait à ses concitoyens. Des maisons, des familles entières s'abîment dans les feux; l'homme qui vient de ravir tous les suffrages, dont l'éloquence était portée aux nues, est victime du courroux dont il fut le moteur; des légions tournent leurs javelots contre leur général. Le peuple en masse se sépare du sénat; le sénat, cette lumière de Rome, n'attend ni les élections ni le choix d'un chef régulier, et crée d'un mot le ministre de ses vengeances, il poursuit jusque dans l'intérieur des maisons d'illustres citoyens dont il se fait lui-même le bourreau. On outrage des ambassadeurs au mépris du droit des gens : une fureur inouie soulève la cité, et avant que l'animosité publique ait pu s'amortir, on traîne à la hâte des vaisseaux à la mer, des armées s'embarquent tumultuairement. Plus de formalités, plus d'auspices, on se précipite, sans autre guide que le ressentiment; on fait arme de tout ce que donne le hasard ou le pillage : transports téméraires, qu'expient bientôt d'affreux désastres.

III. C'est le sort des Barbares courant en aveugles aux combats. A la moindre apparence d'injure qui frappe ces esprits irritables, ils s'enflamment aussitôt : partout où le ressentiment les pousse, ils tombent sur les peuples comme

cidunt incompositi, interriti, incauti, pericula appetentes sua; gaudent feriri, et instare ferro, et tela corpore urgere, et per suum vulnus exire. « Non est, inquis, dubium, quin magna ista et pestifera sit vis : ideo quemadmodum sanari debeat, monstra. » Atqui, ut in prioribus libris dixi, stat Aristoteles defensor iræ, et vetat illam nobis exsecari. Calcar ait esse virtutis; hac erepta, inermem animum et ad conatus magnos pigrum, inertemque fieri.

Necessarium est itaque fœditatem ejus ac feritatem coarguere, et ante oculos ponere, quantum monstri sit homo in hominem furens, quantoque impetu ruat, non sine pernicie sua perniciosus, et ea deprimens, quæ mergi nisi cum mergente non possunt. Quid ergo? sanum hunc aliquis vocat, qui velut tempestate correptus, non it, sed agitur, et furenti malo servit? nec mandat ultionem suam, sed ipse ejus exactor, animo simul ac manu sævit, carissimorum, eorumque quæ mox amissa fleturus est, carnifex? Hunc aliquis affectum virtuti adjutorem comitemque dat, consilia, sine quibus virtus gerit nihil, obturbantem? Caducæ sinistræque sunt vires, et in malum suum validæ, in quas ægrum morbus et accessio erexit. Non est ergo, quod me putes tempus in supervacuis consumere, quod iram, quasi dubiæ apud

un vaste écroulement, sans ordre, sans rien craindre ni prévoir, se jetant eux-mêmes au devant d'inévitables périls; heureux des coups qui les frappent, ils vont s'enferrant de plus en plus, ils pèsent de tout leur corps sur le glaive qui les déchire, et tentent d'échapper aux blessures à travers les blessures mêmes. «Voilà sans doute, me dira-t-on, la plus destructive, la plus terrible des frénésies : montrez-nous donc à la guérir.» Oui, mais comme je l'ai dit ci-dessus, Aristote est là qui prend la défense de la colère, qui ne veut pas qu'on nous arrache cet aiguillon de la vertu. Si on le retranche, l'âme est, selon lui, désarmée, privée d'élan vers les grandes choses, et condamnée à l'inertie.

Signalons donc, puisqu'il le faut, toute la difformité de ce féroce penchant. Faisons voir à tous les yeux quel moustre est un homme en fureur contre son semblable, comme il se déchaîne, comme il s'élance, ne pouvant le perdre à son tour, ni l'engloutir qu'en s'abîmant dans le même naufrage. Eh! peut-on appeler sensé celui qui, comme emporté par un torrent, ne marche plus, mais se précipite, jouet d'un barbare délire? Il ne confie pas sa vengeance à d'autres : l'exécuteur c'est lui; d'un cœur et d'un bras désespérés, il frappe en bourreau ceux qu'il aime le plus, ceux dont la mort va lui arracher des larmes de sang. Et voilà, dit-on, l'aide et la compagne de la vertu, une passion qui trouble ses conseils, qui la rend impuissante! Elles sont caduques et de sinistre augure, elles ne tournent qu'au suicide, les forces qu'un accès de fièvre développe chez le malade. Ne m'accusez donc pas de perdre le temps en propos stériles, si je m'attache à flétrir la colère en homme qui semble croire l'opinion partagée sur elle, puisque nous voyons un phi-

homines opinionis sit, infamem : quum aliquis sit, et quidem de illustribus philosophis, qui illi indicat operas, et tanquam utilem ac spiritus subministrantem in prœlia, in actus rerum, ad omne quodcunque calore aliquo gerendum est, vocet. Ne quem fallat, tanquam aliquo tempore, aliquo loco profutura, ostendenda est rabies ejus effrenata et attonita; apparatusque illi reddendus est suus, equulei, et fidiculæ, et ergastula, et cruces, et circumdati defossis corporibus ignes, et cadavera quoque trahens uncus, varia vinculorum genera, varia pœnarum, lacerationes membrorum, inscriptiones frontis, et bestiarum immanium caveæ. Inter hæc instrumenta collocetur ira, dirum quiddam atque horridum stridens, omnibus per quæ furit tetrior.

IV. Ut de ceteris dubium sit, nulli certe affectui pejor est vultus, quem in prioribus libris descripsimus asperum et acrem, et nunc subito retrorsum sanguine fugato pallentem, nunc in os omni calore ac spiritu verso subrubicundum, et similem cruento, venis tumentibus, oculis nunc trepidis et exsilientibus, nunc in uno obtutu defixis et hærentibus. Adjice dentium inter se arietatorum, et aliquem esse cupientium, non alium sonum, quam est apris, tela sua attritu acuentibus. Adjice articulorum crepitum, quum se ipsæ manus frangunt, et pulsatum sæpius pectus, anhelitus crebros, tractosque

losophe, et des plus illustres, lui assigner sa tâche, l'appeler, comme un utile auxiliaire, dans les combats, dans la vie active, dans tout ce qui demande quelque chaleur d'exécution. Détrompez-vous, vous qui croiriez qu'en aucun temps, en aucun lieu elle puisse être utile : considérez sa rage, cette rage effrénée, son esprit de vertige ; ne la séparez point de son appareil favori, rendez-lui ses chevalets, ses cordes, ses cachots, ses croix, ces feux qu'elle allume autour des fosses où sont à demi enterrées ses victimes ; ces crocs à traîner les cadavres, ces chaînes de toute forme et ces supplices de toute espèce : fouets déchirans, brûlans stygmates, loges de bêtes féroces. Placez la colère au milieu de ces attributs, poussant d'aigres et épouvantables frémissemens, et plus horrible encore que tous les instrumens de sa fureur.

IV. On contestera, si l'on veut, ses autres caractères, mais tenons pour certain, comme je l'ai montré dans les livres précédens, que rien ne révolte autant les regards que ce visage menaçant et farouche, tantôt pâle, par le refoulement subit du sang vers le cœur, tantôt devenant pourpre et d'une teinte sanglante par l'excessive affluence de la chaleur et des esprits vitaux ; que ces veines gonflées, ces yeux roulant et s'échappant presque de leurs orbites, puis fixes et concentrés sur un seul point. Impatientes de dévorer leur proie, les dents se choquent avec le grincement du sanglier qui aiguise ses défenses ; on entend crier les articulations de ses mains contractées, dont l'insensé frappe à chaque instant sa poitrine. Ajoutez encore sa respiration entrecoupée, ses pénibles et pro-

altius gemitus, instabile corpus, incerta verba subitis exclamationibus, trementia labra, interdumque compressa, et dirum quiddam exsibilantia. Ferarum, mehercules, sive illas fames exagitat, sive infixum visceribus ferrum, minus tetra facies est, etiam quum venatorem suum semianimes morsu ultimo petunt, quam hominis ira flagrantis. Age, si exaudire voces ac minas vacet, qualia excarnificati animi verba sunt? Nonne revocare se quisque ab ira volet, quum intellexerit illam a suo primum malo incipere? Non vis ergo admoneam eos, qui iram in summa potentia exercent, et argumentum virium existimant, et in magnis magnæ fortunæ bonis ponunt paratam ultionem, quam non sit potens, immo nec liber quidem dici possit, iræ suæ captus? Non vis admoneam, quo diligentior quisque sit, et ipse se circumspiciat, alia animi mala ad pessimos quosque pertinere, iracundiam etiam eruditis hominibus, et in alia sanis, irrepere; adeo ut quidam simplicitatis indicium iracundiam dicant, et vulgo credatur facillimus quisque huic obnoxius?

V. « Quorsus, inquis, hoc pertinet? » Ut nemo se judicet tutum ab illa, quum lentos quoque natura et placidos in sævitiam ac violentiam evocet. Quemadmodum adversus pestilentiam nihil prodest firmitas corpo-

fonds gémissemens, l'agitation de toute sa personne, ses discours traversés d'exclamations soudaines; ses lèvres tremblantes, comprimées par intervalles, et d'où s'échappe je ne sais quel sifflement sinistre. Oui, le tigre lui-même, que tourmente la faim ou le dard enfoncé dans ses flancs, le tigre qui, dans une dernière morsure, exhale contre le chasseur les restes de sa vie, paraît encore moins féroce que l'homme enflammé par la colère. Écoutez, si vous pouvez, ses vociférations, ses menaces, et dites-moi que vous semble d'une torture qui arrache à l'âme de tels cris. Est-il un mortel qui ne fasse vœu de rompre avec cette passion, si on lui prouve clairement qu'elle commence par son propre supplice? Me défendrez-vous d'avertir les puissans de la terre qui s'y livrent, qui y voient l'enseigne de la force, qui regardent comme un des grands avantages d'une haute fortune d'avoir la vengeance à leurs ordres, que loin d'être puissant, l'esclave de la colère ne peut même se dire libre? Combien il abdique sa puissance, et jusqu'au titre d'homme libre celui qu'asservit sa colère! Me défendrez-vous de dire aux âmes vigilantes qu'elles aient à redoubler d'attention sur elles-mêmes, que si d'autres vices sont le partage de la perversité, la colère se glisse jusque chez les hommes d'ailleurs les plus éclairés et les plus sages, au point qu'à certains yeux l'irascibilité est signe de franchise, et qu'auprès du vulgaire ceux qui y sont sujets passent pour les meilleurs gens.

V. Si j'insiste sur ces vérités, c'est afin que nul ne se croie à l'abri de cette fièvre qui jette même les naturels les plus froids, les plus paisibles dans la violence et la cruauté. Une robuste constitution, l'observation du meilleur régime ne peuvent rien contre la peste; elle attaque

ris, et diligens valetudinis cura; promiscue enim imbecilla robustaque invadit : ita ab ira tam inquietis moribus periculum est, quam compositis et remissis, quibus eo turpior ac periculosior est, quo plus in illis mutat. Sed quum primum sit, non irasci; secundum, detinere; tertium, alienae irae mederi : dicam primum, quemadmodum in iram non incidamus; deinde, quemadmodum nos ab illa liberemus; novissime, quemadmodum irascentem retineamus placemusque, et ad sanitatem reducamus. Ne irascamur praestabimus, si omnia vitia irae nobis subinde proposuerimus, et illam bene aestimaverimus. Accusanda est apud nos, damnanda; perscrutanda ejus mala, et in medium protrahenda sunt; ut qualis sit appareat, comparanda cum pessimis est. Avaritia acquirit et contrahit, quo aliquis melior utatur : ira incendit; paucis gratuita est; iracundus dominus quosdam in fugam servos egit, quosdam in mortem; quanto plus irascendo, quam id erat propter quod irascebatur, amisit? Ira patri luctum, marito divortium attulit, magistratui odium, candidato repulsam. Pejor est etiam quam luxuria : quoniam illa sua voluptate fruitur, haec alieno dolore. Vincit malignitatem et invidiam; illae enim infelicem fieri volunt, haec facere; illae fortuitis malis delectantur, haec non potest exspectare fortunam; nocere ei quem odit, non noceri vult. Nihil

indistinctement forts ou faibles : ainsi les surprises de la colère ne menacent pas moins l'âme rassise et réglée que l'âme toujours en alerte : car elle apporte à la première d'autant plus de honte et de péril qu'elle la rend plus dissemblable d'elle-même. Or, comme notre devoir est d'abord de l'éviter, puis de la réprimer, et enfin d'en guérir les autres, j'enseignerai successivement à ne pas tomber sous son influence, à s'en dégager, à retenir celui qu'elle entraîne, à l'apaiser et à le ramener à la raison. On se prémunira contre cette passion en se remettant mainte fois sous les yeux tous les vices qu'elle renferme, en l'appréciant comme elle le mérite. Que tout cœur d'homme l'accuse et la condamne; qu'un examen sévère mette à nu ses iniques penchans : comparez-la aux pires de tous, nous aurons sa vraie mesure. L'avarice acquiert et entasse des biens dont un héritier plus sage saura jouir; la colère abîme tout, et il n'est guère de gens à qui elle n'ait coûté cher. Que d'esclaves réduits par un maître violent à fuir ou à se tuer ! Et combien ses emportemens lui ont été plus dommageables que la cause qui les produisait ! Par la colère, on voit un père en deuil de son fils, un époux en divorce avec sa femme, un magistrat en exécration, un candidat repoussé. La colère est pire même que la débauche : celle-ci jouit de ses propres plaisirs, celle-là des souffrances d'autrui. Elle va plus loin que la plus maligne envie : ce que l'envie désire, la colère le fait. Si le sort vous maltraite, c'est pour la première une bonne fortune; la seconde n'attend pas que le sort frappe, elle veut non pas simplement le mal pour celui qu'elle hait, elle veut lui nuire elle-même. Rien de plus funeste que les inimitiés : elles sont le fruit de la colère. Qu'est-ce que la guerre, ce fléau qui sur-

est simultatibus gravius; has ira conciliat : nihil est bello funestius; in hoc potentium ira prorumpit : ceterum etiam illa plebeia ira et privata inerme et sine viribus bellum est. Præterea ira, ut seponamus quæ mox sequutura sunt damna, insidias, perpetuam ex certaminibus mutuis sollicitudinem, dat pœnas dum exigit : naturam hominis ejurat. Illa in amorem hortatur, hæc in odium; illa prodesse jubet, hæc nocere.

Adjice, quod quum indignatio ejus a nimio sui suspectu veniat, et animosa videatur, pusilla est et angusta; nemo enim non eo, a quo se contemptum judicat, minor est. At ille ingens animus et verus æstimator sui non vindicat injuriam, quia non sentit. Ut tela a duro resiliunt, et cum dolore cædentis solida feriuntur; ita nulla magnum animum injuria ad sensum sui adducit, fragilior eo quod petit. Quanto pulchrius est, velut nulli penetrabilem telo, omnes injurias contumeliasque respuere! Ultio doloris confessio est : non est magnus animus, quem incurvat injuria. Aut potentior te, aut imbecillior læsit : si imbecillior, parce illi; si potentior, tibi.

VI. Nullum est argumentum magnitudinis certius quam nihil posse, quo instigeris, accidere. Pars superior mundi et ordinatior, ac propinqua sideribus, nec in nubem cogitur, nec in tempestatem impellitur, nec

passe tous les fléaux? l'explosion de la colère des grands. Et ces colères plébéiennes et privées, que sont-elles encore, qu'une guerre sans armes et sans soldats? Mais il y a plus : même en la séparant de sa suite immédiate, inévitable, des embûches, des éternels soucis qu'enfantent des luttes mutuelles; la colère se punit elle-même quand elle se venge ; elle étouffe cette voix de la nature qui dit à l'homme : Fais le bien, aime ton semblable; elle répond : Je veux haïr, je veux faire le mal.

Ajoutez que la colère, c'est-à-dire le soulèvement d'un excessif amour-propre, noble en apparence, n'est au fond que le plus bas, le plus étroit des sentimens. Qui que tu sois, qui te juges méprisé d'un autre, tu te reconnais inférieur à lui. Un grand cœur, sûr de ce qu'il vaut, ne se venge pas, car il ne sent pas l'injure; ainsi les corps durs repoussent les traits, et les masses compactes affectent douloureusement la main qui les frappe. Non, jamais un grand cœur n'est sensible à l'injure : elle est toujours moins forte que lui. Qu'il est beau de s'entourer comme d'une égide impénétrable qui renvoie tous les traits de l'offense et du mépris! La vengeance est un aveu que le coup a porté, et ce n'est pas une âme forte que celle qui plie sous un outrage. L'homme qui vous blesse est-il plus faible que vous? épargnez-le; plus puissant? pardonnez-lui, par égard pour vous-même.

VI. Point de signe plus certain de la vraie grandeur, que quand nul accident ne peut nous émouvoir. La région du monde la plus pure et la plus élevée, celle qui avoisine les astres, ne s'amasse pas en nuages, n'éclate pas en tempêtes, ne se roule pas en tourbillons; elle est

versatur in turbinem; omni tumultu caret : inferiora fulminant. Eodem modo sublimis animus, quietus semper, et in statione tranquilla collocatus, intra se premens, quibus ira contrahitur, modestus et venerabilis est et dispositus; quorum nihil invenies in irato. Quis enim traditus dolori et furens non primam rejecit verecundiam? quis impetu turbidus et in aliquem ruens non quidquid in se verecundi habuit, abjecit? cui officiorum numerus aut ordo constitit incitato? quis linguæ temperavit? quis ullam partem corporis tenuit? quis se regere potuit immissum?

Proderit nobis illud Democriti salutare præceptum, quo monstratur tranquillitas, si neque privatim, neque publice multa, aut majora viribus nostris egerimus. Nunquam tam feliciter in multa discurrenti negotia dies transit, ut non aut ex homine, aut ex re offensa nascatur, quæ animum in iras paret. Quemadmodum per frequentia urbis loca properanti in multos incursitandum est, et alicubi labi necesse est, alicubi retinere, alicubi respergi; ita in hoc vitæ actu dissipato et vago, multa impedimenta, multæ querelæ incidunt. Alius spem nostram fefellit, alius distulit, alius intercepit : non ex destinato proposita fluxerunt: nulli fortuna tam dedita est, ut multa tentanti ubique respondeat; sequitur ergo, ut is, cui contra quam proposuerat, aliqua cesserunt,

dans un calme parfait : c'est au dessous que gronde la foudre. Ainsi une âme sublime, toujours paisible, placée loin des orages, étouffe en elle tout ferment d'irritation ; l'ordre, la modération, la majesté l'accompagnent. Où trouver rien de semblable chez l'homme irrité? Où est le furieux qui, livré au ressentiment, ne dépouille d'abord toute retenue; qui, dans sa fougue délirante, élancé contre son ennemi, n'abjure pas toute dignité personnelle; qui se rappelle encore et le nombre et l'ordre de ses devoirs; qui sache commander à sa langue, maîtriser aucune partie de lui-même, et, une fois emporté, diriger son élan?

Nous nous trouverons bien du précepte salutaire de Démocrite, « que, pour vivre tranquille, il faut fuir la multiplicité des affaires publiques et privées, et les proportionner à nos forces. » L'homme qui partage sa journée entre tant d'entreprises ne la passera jamais si heureusement qu'il ne se heurte ou contre les hommes ou contre les choses, et ne se voie poussé à la colère. Celui qui traverse en courant les quartiers populeux d'une ville, doit nécessairement coudoyer bien des gens, tomber ici, être arrêté plus loin, éclaboussé ailleurs ; ainsi, dans cette mobilité d'une vie coupée par tant de travaux se rencontrent une infinité d'obstacles, de sujets de mécontentement. L'un trompe nos espérances, l'autre en retarde l'accomplissement; celui-là s'en approprie les fruits; nous voyons échouer nos plans les mieux concertés : car jamais la fortune ne se dévoue à personne au point de couronner les vœux de celui qui poursuit mille objets à la fois. Aussi qu'arrive-t-il? que celui dont elle a contrarié

impatiens hominum rerumque sit; ex levissimis causis irascatur nunc personæ, nunc negotio, nunc loco, nunc fortunæ, nunc sibi. Itaque ut quietus possit esse animus, non est jactandus, nec multarum, ut dixi, rerum actu fatigandus, nec magnarum, supraque vires appetitarum. Facile est, levia aptare cervicibus, et in hanc aut in illam partem transferre sine lapsu : at quæ alienis in nos manibus imposita ægre sustinemus, victi in proximos effundimus; et dum stamus sub sarcina, impares oneri vacillamus.

VII. Idem accidere in rebus civilibus ac domesticis, scias. Negotia expedita et habilia sequuntur actorem; ingentia, et supra mensuram agentis, nec dant se facile, et si occupata sunt, premunt atque adducunt administrantem, tenerique jam visa, cum ipso cadunt. Itaque fit, ut frequenter irrita sit ejus voluntas, qui non quæ facilia sunt aggreditur, sed vult facilia esse, quæ aggressus est.

Quotiens aliquid conaberis, te simul et ea quæ paras, quibusque pararis, ipse metire. Faciet enim te asperum pœnitentia operis infecti. Hoc interest, utrum quis fervidi sit ingenii, an frigidi atque humilis; generoso repulsa iram exprimet, languido inertique tristitiam. Ergo actiones nostræ nec parvæ sint, nec audaces, nec improbæ : in vicinum spes exeat; nihil conemur, quod mox, adepti quoque, successisse miremur.

quelques projets ne peut plus souffrir ni les hommes ni les choses ; sur les moindres motifs, il s'en prend indifféremment aux personnes, aux affaires, aux lieux, au destin, à lui-même. Pour assurer à l'âme sa tranquillité, il faut donc n'en pas dissiper les forces dans le pénible embarras de soins nombreux, ou d'entreprises au dessus de notre faiblesse. On s'accommode facilement d'une charge légère que nous pouvons faire passer de l'une à l'autre épaule sans la laisser tomber ; mais celle que des mains étrangères nous imposent, et que nous avons peine à porter, échappent après quelques pas à nos forces vaincues : nous avons beau nous raidir sous le faix, on nous voit chanceler, et tout trahit notre impuissance.

VII. Pareille chose arrive, sachez-le bien, dans la gestion des intérêts civils et domestiques. Les affaires simples et expéditives vont d'elles-mêmes ; les affaires graves et au dessus de notre portée ne se laissent point aisément saisir : elles surchargent et entraînent ; on se croit près de les embrasser, on tombe avec elles, et souvent tout notre zèle s'épuise en vain, lorsqu'au lieu d'entreprendre des choses vraiment faciles, on veut trouver facile ce qu'on a entrepris.

Avant d'agir, mesurez bien vos forces aux obstacles, et vos moyens au but : car le regret d'une entreprise manquée vous causera du dépit. La différence entre une âme bouillante et une âme froide et sans énergie, c'est que le défaut de réussite produit la colère dans l'une, l'abattement dans l'autre. Que nos entreprises ne soient ni mesquines, ni téméraires, ni coupables ; bornons à notre voisinage l'horizon de nos espérances ; point de ces tentatives dont la réussite serait pour nous-mêmes un motif d'étonnement.

VIII. Demus operam, ne accipiamus injuriam, quam ferre nescimus. Cum placidissimo et facillimo et minime obnixo morosoque vivendum est. Sumuntur a conversantibus mores; et ut quaedam in contactos corporis vitia transiliunt, ita animus mala sua proximis tradit. Ebriosus convictores in amorem vini traxit, impudicorum coetus fortem quoque, et, si liceat, virum emolliit; avaritia in proximos virus suum transtulit. Eadem ex diverso ratio virtutum est, ut omne quod secum habent, mitigent; nec tam valetudini profuit utilis regio et salubrius coelum, quam animis parum firmis, in turba meliore versari. Quae res quantum possit, intelliges, si videris feras quoque convictu nostro mansuescere; nullique etiam immani bestiae vim suam permanere, si hominis contubernium diu passa est.

Retunditur omnis asperitas, paulatimque inter placida dediscitur. Accedit huc, quod non tantum exemplo melior sit, qui cum quietis hominibus vivit; sed quod causas irascendi non invenit, nec vitium suum exercet.

Fugere itaque debebit omnes, quos irritaturos iracundiam sciet. « Qui sunt, inquis, isti ? » Multi, ex variis causis idem facturi. Offendet te superbus contemptu, dives contumelia, petulans injuria, lividus malignitate, pugnax contentione, ventosus et mendax vanitate. Non

VIII. Mettons nos soins à prévenir l'injure que nous ne saurions supporter. Ne lions commerce qu'avec les gens les plus pacifiques, les plus doux, et qui ne soient ni difficiles, ni chagrins; car on prend les mœurs de ceux avec qui l'on vit; et comme certaines affections du corps se gagnent par le contact, l'âme communique ses vices à qui l'approche. Un ivrogne entraîne ses commensaux à aimer le vin; la compagnie des libertins amollit, à la longue, le cœur le plus ferme et le plus héroïque, et l'avare peut nous infecter de la lèpre qui le consume. Dans la sphère opposée, l'action des vertus est la même : elles répandent leur douceur sur tout ce qui les environne. Jamais un climat propice, un air salubre n'ont fait, aux valétudinaires, tout le bien qu'éprouve une âme convalescente à fréquenter des personnes qui valent mieux qu'elle. L'effet merveilleux de cette influence se reconnaît chez les bêtes féroces même, qui s'apprivoisent au milieu de nous; et le monstre le plus farouche perd quelque chose de son affreux instinct, pour peu qu'il habite long-temps sous le toit de l'homme.

Des caractères doux émoussent peu à peu et font disparaître les aspérités du nôtre. Mais aux bienfaits de l'exemple qui nous améliore se joint un autre avantage : près des gens paisibles nul motif de nous emporter, et partant, de donner carrière à notre défaut.

Fuyons donc tous ceux que nous saurons capables d'exciter notre penchant à la colère. «Mais qui sont-ils?» Tous les hommes qui, par des causes diverses, produisent sur nous ce même effet. L'homme hautain vous choquera par ses mépris, le caustique par son persifflage, l'impertinent par ses insultes, l'envieux par sa malignité,

feres a suspicioso timeri, a pertinace vinci, a delicato fastidiri.

Elige simplices, faciles, moderatos, qui iram tuam nec evocent, et ferant. Magis adhuc proderunt submissi, et humani, et dulces, non tamen usque in adulationem; nam iracundos nimia assentatio offendit. Erat certe amicus noster vir bonus, sed iræ paratioris, cui non magis erat tutum blandiri, quam maledicere. Cœlium oratorem fuisse iracundissimum constat; cum quo, ut aiunt, cœnabat in cubiculo, lectæ patientiæ cliens; sed difficile erat illi in copulam conjecto, rixam ejus, cum quo hærebat, effugere. Optimum judicavit, quidquid dixisset, sequi, et secundas agere. Non tulit Cœlius assentientem, sed exclamavit : « Dic aliquid contra, ut duo simus. » Sed ille quoque, quod non irasceretur, iratus, cito sine adversario desiit. Eligamus ergo vel hos potius, si conscii nobis iracundiæ sumus, qui vultum nostrum ac sermonem sequantur : facient quidem nos delicatos, et in malam consuetudinem inducent, nihil contra voluntatem audiendi, sed proderit, vitio suo intervallum et quietem dare. Difficilis quoque et indomita natura blandientem feret : et nihil asperum tetrumque palpanti est.

le querelleur par ses contradictions, le fat par sa jactance et ses mensonges. Vous n'endurerez pas qu'un soupçonneux vous craigne, qu'un opiniâtre vous pousse à bout, qu'un efféminé vous dédaigne.

Choisissez donc des personnes simples, faciles, modérées, qui ne provoquent pas vos vivacités, et qui sachent les souffrir. Vous aurez surtout à vous applaudir de ces naturels flexibles et polis, dont la douceur pourtant ne va pas jusqu'à l'adulation ; car près des gens colères l'excès de la flatterie tient lieu d'offense. Tel était l'un de nos amis, excellent homme assurément, mais d'une susceptibilité trop prompte : chez lui, la flatterie risquait d'être aussi mal reçue que l'invective. On sait que l'orateur Célius était fort irascible. Un jour, dit-on, il soupait avec un de ses cliens, homme d'une patience rare. Celui-ci toutefois, sentant bien que, tête à tête avec un pareil interlocuteur, il lui serait difficile de prévenir toute altercation, crut que le mieux serait d'être toujours de son avis et de dire comme lui. Célius, impatienté d'une si monotone approbation, s'écria : *Nie-moi donc quelque chose, pour que nous soyons deux!* Et toutefois, après ce mouvement d'humeur, parce que l'autre ne se fâchait point, il se calma aussitôt faute d'adversaire. Si donc nous avons la conscience de notre penchant à la colère, vivons de préférence avec les personnes qui s'accommodent à notre humeur et à nos discours ; sans doute elles pourront nous gâter, nous faire prendre la mauvaise habitude de ne rien entendre qui nous contrarie ; mais notre mal y gagnera d'heureux intervalles de repos. Notre caractère, quelque difficile et intraitable qu'il soit, se laissera du moins caresser : qui pourrait se montrer farouche et se cabrer à l'approche d'une main amie ?

Quotiens disputatio longior et pugnacior erit, in prima resistamus, antequam robur accipiat. Alit se ipsam contentio: demissos altius tenet. Facilius est se a certamine abstinere, quam abducere.

IX. Studia quoque graviora iracundis omittenda sunt, aut certe citra lassitudinem exercenda: et animus non inter plura versandus, sed artibus amoenis tradendus. Lectio illum carminum obleniat, et historia fabulis detineat: mollius delicatiusque tractetur. Pythagoras perturbationes animi lyra componebat: quis autem ignorat lituos et tubas concitamenta esse; sicut quosdam cantus blandimenta, quibus mens resolvatur? Confusis oculis prosunt virentia: ut quibusdam coloribus infirma acies acquiescit, quorumdam splendore praestringitur: sic mentes aegras studia laeta permulcent.

Forum, advocationes, judicia, fugere debemus, et omnia quae exulcerant vitium, aeque cavere lassitudinem corporis; consumit enim, quidquid in nobis mite placidumque est, et acria concitat. Ideo quibus stomachus suspectus est, processuri ad res agendas majoris negotii, bilem cibo temperant, quam maxime movet fatigatio, sive quia calorem inedia compellit, et nocet sanguini, cursumque ejus, venis laborantibus, sistit: sive quia corpus attenuatum et infirmum incumbit animo: certe ob eamdem causam iracundiores sunt valetudine

Dès qu'une discussion s'élève, et menace d'être longue et opiniâtre, sachons d'abord nous modérer, et n'attendons pas qu'elle s'enflamme. La lutte nourrit la lutte : une fois engagée, elle nous pousse toujours plus avant ; et n'y point entrer est plus facile que s'en arracher.

IX. L'homme irascible doit encore s'interdire les études trop sérieuses, ou du moins ne pas s'y livrer jusqu'à la fatigue, ne point partager son esprit entre trop d'occupations ; mais le tourner aux arts récréatifs. Que la lecture des poètes, que les récits de l'histoire le charment et l'intéressent, qu'il se traite avec douceur et ménagement. Pythagore apaisait, aux sons de la lyre, les troubles de son âme ; et personne n'ignore à quel point nous aiguillonnent les accens du clairon et de la trompette, de même que certains chants sont à nos âmes un charme qui sait les calmer. Comme le vert convient aux yeux troubles, et comme il est des couleurs qui reposent une vue fatiguée, tandis que d'autres plus vives la blessent ; ainsi des occupations gaies soulagent un esprit malade.

Fuyons les tribunaux, les procès, les plaidoiries, tout ce qui peut ulcérer notre mal. Évitons aussi les fatigues du corps. Elles absorbent ce qu'il y a en nous d'élémens doux et calmes, et soulèvent les principes d'âcreté. Aussi les gens qui se défient de leur estomac, avant de rien entreprendre d'important et de difficile, tempèrent, par quelque nourriture, leur bile qu'échauffe surtout la lassitude, soit que le vide de l'estomac y concentre la chaleur, enflamme le sang et en arrête le cours dans les veines affaissées ; soit que l'épuisement et la débilité du physique fassent fléchir le moral. Quoi qu'il en soit, c'est de la même cause que vient l'irritabilité dans l'affaiblissement de l'âge ou de la maladie ; c'est pour cela aussi que la

aut ætate fessi. Fames quoque et sitis, ex eisdem causis, vitanda est : exasperat et incendit animos.

X. Vetus dictum est : « A lasso rixam quæri; » æque autem et ab esuriente, et a sitiente, et ab omni homine quem aliqua res urit. Nam ut ulcera ad levem tactum, deinde etiam ad suspicionem tactus condolescunt; ita animus affectus minimis offenditur, adeo ut quosdam salutatio, epistola, oratio, et interrogatio in litem evocent. Nunquam sine querela ægra tanguntur. Optimum est itaque, ad primum mali sensum mederi sibi; tum verbis quoque suis minimum libertatis dare, et inhibere impetum. Facile est autem, affectus suos, quum primum oriuntur, deprehendere : morbum signa præcurrunt. Quemadmodum tempestatis ac pluviæ ante ipsas notæ veniunt; ita iræ, amoris, omniumque istarum procellarum animos vexantium sunt quædam prænuntia. Qui comitiali vitio solent corripi, jam adventare valetudinem intelligunt, si calor summa deseruit, et incertum lumen, nervorumque trepidatio est, si memoria sublabitur, caputque versatur. Solitis itaque remediis incipientem causam occupant, et odore gustuque, quidquid est quod alienat animos, repellitur : aut fomentis contra frigus rigoremque pugnatur; aut si parum medicina profecit, vitaverunt turbam, et sine teste ceciderunt.

faim et la soif sont à craindre; elles enflamment et aigrissent nos esprits.

X. Un vieux proverbe dit : «Gens fatigués sont querelleurs;» on peut l'étendre à tous ceux que la soif, la faim ou tout autre besoin tourmente. Leur âme devient comme ces plaies que fait souffrir le plus léger contact, et même l'idée seule qu'on les touche; un rien les offense; un salut, une lettre, un discours, une simple question sera pour eux un sujet de querelle. Partout où il y a de la douleur, il y a plainte au moindre attouchement. Le mieux est donc d'appliquer le remède dès le premier symptôme du mal, de ne laisser à notre langue que le moins de liberté possible, et d'en contenir l'impétuosité. Or, il est facile de surprendre l'instant où naissent les affections morales : elles ont leurs pronostics; et de même que les pluies et les tempêtes s'annoncent par des signes précurseurs, ainsi la colère, l'amour, toutes ces tourmentes qui assaillent nos âmes grondent avant d'éclater. Les personnes sujettes au mal caduc pressentent l'approche de leurs accès quand la chaleur se retire des extrémités, quand leur vue se trouble, que leurs nerfs se contractent, que leur mémoire échappe, que le vertige les prend. Aussi tout d'abord ont-elles recours aux préservatifs ordinaires; elles cherchent à neutraliser, en sentant et en mâchant certaines substances, la cause mystérieuse qui les arrache à elles-mêmes; elles combattent, par des fomentations, le froid qui raidit leurs membres; ou, si ces remèdes sont impuissans, du moins elles ont pu fuir les regards et tomber sans témoin dans leur accès.

Prodest morbum suum nosse, et vires ejus antequam spatientur, opprimere. Videamus quid sit, quod nos maxime concitet. Alium verborum, alium rerum contumeliae movent; hic vult nobilitati suae, hic formae suae parci; ille elegantissimus haberi cupit, ille doctissimus; hic superbiae impatiens est, hic contumaciae; ille servos non putat dignos quibus irascatur; hic intra domum saevus est, foris mitis; ille rogari, invidiam judicat; hic, non rogari, contumeliam. Non omnes ab eadem parte feriuntur.

XI. Scire itaque oportet quid in te imbecillum sit, ut id maxime protegas. Non expedit omnia videre, omnia audire : multae nos injuriae transeant, ex quibus plerasque non accipit, qui nescit. Non vis esse iracundus? ne sis curiosus. Qui inquirit, quid in se dictum sit, qui malignos sermones, etiamsi secreto habiti sint, eruit, se ipse inquietat. Quaedam interpretatio eo perducit, ut videantur injuriae. Itaque alia differenda sunt, alia deridenda, alia donanda. Circumscribenda multis modis ira est : pleraque in lusum jocumque vertantur. Socratem aiunt colapho percussum nihil amplius dixisse, quam : « Molestum esse, quod nescirent homines, quando cum galea prodire deberent. » Non quemadmodum facta sit injuria refert, sed quemadmodum lata. Nec video quare difficilis sit moderatio, quum sciam

Il est utile de connaître son mal, et d'en arrêter les progrès avant qu'ils ne s'étendent au loin. Cherchons quelle est en nous la fibre la plus irritable. Tel est plus sensible aux injures, et tel aux mauvais traitemens ; celui-ci veut qu'on tienne compte de sa noblesse, et celui-là de sa beauté. Il en est qui se piquent de bon goût ; il en est qui se donnent pour érudits. Certains ne peuvent souffrir l'orgueil, ou la résistance. Vous en trouvez dont la colère dédaignerait de tomber sur un esclave, tandis que d'autres, tyrans cruels à la maison, sont hors de chez eux la douceur même. L'un, si on le sollicite, se croit jalousé ; qu'on ne demande rien à l'autre, il se croit méprisé. Nous ne sommes pas tous vulnérables par le même point.

XI. L'essentiel est donc de savoir son endroit faible pour y porter secours. Il n'est pas bon de tout voir, de tout entendre. Nombre d'injures doivent passer inaperçues devant nous : les ignorer, c'est ne les point avoir reçues. Voulez-vous vaincre la colère? réprimez la curiosité. Celui qui s'enquiert de tout ce qui s'est dit sur son compte, et qui va exhumant les propos les plus secrets de l'envie, trouble lui-même son repos. Que de choses innocentes, dénaturées par l'interprétation qui leur donne les couleurs de l'injure! Patientons donc pour les unes, moquons-nous des autres ou bien pardonnons. Entre mille moyens de prévenir la colère, le plus fréquent à employer c'est de tourner la chose en badinage et en plaisanterie. Socrate, ayant reçu un soufflet, se contenta, dit-on, de remarquer : « Qu'il était fâcheux d'ignorer quand on devait sortir avec un casque. » L'injure est moins dans la manière dont elle est faite que dans celle dont elle est reçue. Or, je ne vois pas que la modération soit chose si difficile, quand je sais jusqu'à des tyrans qui, enflés

tyrannorum quoque tumida et fortuna et licentia ingenia, familiarem sibi sævitiam repressisse. Pisistratum certe, Atheniensium tyrannum, memoriæ proditur, quum multa in crudelitatem ejus ebrius conviva dixisset, nec deessent qui vellent manus ei commodare, et alius hinc, alius illinc faces subderent, placido animo tulisse, et hoc irritantibus respondisse : « Non magis illi se succensere, quam si quis obligatis oculis in se incurrisset. » Magna pars querelas manu fecit, aut falsa suspicando, aut levia aggravando.

XII. Sæpe ad nos ira venit, sæpius nos ad illam, quæ nunquam arcessenda est : etiam quum incidit, rejiciatur. Nemo dicit sibi : « Hoc, propter quod irascor, aut feci, aut fecisse potui! » Nemo animum facientis, sed ipsum æstimat factum : atqui ille intuendus est; voluerit, an inciderit; coactus sit, an deceptus; odium secutus sit, an præmium; sibi morem gesserit, an manum alteri commodaverit. Aliquid peccantis ætas facit, aliquid fortuna; ut ferre ac pati, aut humanum, aut humile sit.

Eo loco nos constituamus, quo ille est, cui irascimur : nunc facit iracundos iniqua nostri æstimatio, et quæ facere vellemus, pati nolumus. Nemo se differt : atqui maximum remedium iræ dilatio est, ut primus ejus fervor relanguescat, et caligo quæ premit mentem, aut

de leur fortune et d'un pouvoir sans bornes, ont mis un frein à leurs rigueurs habituelles. Témoin Pisistrate, tyran d'Athènes : un de ses convives dans l'ivresse s'était longuement répandu en reproches contre sa cruauté. Il ne manquait pas autour du prince de gens qui voulaient prendre pour lui fait et cause, qui lui soufflaient à l'envi le feu de la vengeance ; mais il se laissa paisiblement outrager, et répondit aux instigateurs : « Je ne lui en veux pas plus qu'à un homme qui se jetterait sur moi les yeux bandés. » Que d'hommes se créent des sujets de plainte sur de faux soupçons, ou sur des torts légers qu'ils s'exagèrent !

XII. Souvent la colère vient à nous ; plus souvent nous l'allons chercher, nous qui, loin de l'attirer jamais, devrions, quand elle survient, la repousser. Mais nul ne se dit : « Cette même chose qui m'indigne, je l'ai faite ou j'ai été prêt à la faire. » On ne juge pas l'intention de l'auteur, mais l'acte tout seul ; et pourtant il faudrait voir s'il l'a commis par mégarde ou volontairement, par contrainte ou par erreur : s'il a écouté la haine ou son intérêt, s'il a suivi sa propre impulsion ou celle d'autrui dont il n'aurait été que l'instrument. Prenons en considération l'âge ou le rang de l'offenseur, afin d'apprendre à tolérer par l'humanité ou à souffrir par humilité.

Enfin mettons-nous à la place de celui qui nous irrite : notre susceptibilité vient parfois des iniques prétentions de l'amour-propre qui refuse d'endurer ce qu'il voudrait faire subir aux autres. On n'attend pas pour éclater ; et néanmoins le plus grand remède de la colère c'est le temps : il amortit le premier feu, et dissipe, ou du moins

residat, aut minus densa sit. Quædam ex his quæ te præcipitem ferebant, hora, non tantum dies, molliet : quædam ex toto evanescent. Si nihil erit petita advocatio, apparebit tamen judicium esse, non iram. Quidquid voles quale sit scire, tempori trade : nihil diligenter in fluctu cernitur. Non potuit impetrare Plato a se tempus, quum servo suo irasceretur, sed ponere illum statim tunicam, et præbere scapulas verberibus jussit, sua manu ipse cæsurus. Postquam intellexit irasci se, sicut sustulerat, manum suspensam detinebat, et stabat percussuro similis. Interrogatus deinde ab amico, qui forte intervenerat, quid ageret? « Exigo, inquit, pœnas ab homine iracundo. » Velut stupens, gestum illum sævituri deformem sapienti viro servabat, oblitus jam servi, quia alium quem potius castigaret, invenerat. Itaque abstulit sibi in suos potestatem, et ob peccatum quoddam commotior : « Tu, inquit, Speusippe, servulum istum verberibus objurga; nam ego irascor. » Ob hoc non cecidit, propter quod alius cecidisset. « Irascor, inquit; plus faciam quam oportet : libentius faciam : non sit iste servus in ejus potestate, qui in sua non est. » Aliquis vult irato committi ultionem, quum Plato sibi ipse imperium abrogaverit?

Nihil tibi liceat, dum irasceris; quare? quia vis omnia licere. Pugna tecum ipse! si iram vincere non potes,

éclaircit le nuage qui offusque la raison. Un jour, que dis-je? une heure suffit pour atténuer une partie des motifs qui vous emportaient, ou même pour les faire tous évanouir. Prendre délai dans ce but, c'est prouver que la justice, et non la colère, dictera l'arrêt. Quelque mystère qu'on veuille approfondir, qu'on l'abandonne au temps : le flux et reflux du présent ne laisse rien voir avec netteté. Platon, irrité contre son esclave, et ne pouvant obtenir de lui-même de différer le châtiment, lui avait ordonné de se déshabiller promptement, et de présenter son dos aux verges; il voulait le battre de sa propre main. Mais, dès qu'il se sentit hors de sang-froid, il tint son bras levé et suspendu dans l'attitude d'un homme qui va frapper. Un ami qui survint lui demanda ce qu'il faisait. «Je châtie un homme emporté,» dit Platon; et ce philosophe demeurait comme stupéfié, conservant cette position menaçante, ignoble pour un sage : car sa pensée était déjà loin de l'esclave; il en avait trouvé un autre plus digne de punition. Il abdiqua donc ses droits de maître, trop ému qu'il était pour une peccadille, et dit à Speusippe : «Corrige ce misérable; car pour moi, je suis en colère.» Il s'abstint de frapper par le même motif qui eût poussé tout autre à le faire. «Je ne suis plus à moi, pensa-t-il, j'irais trop loin : j'y mettrais de la passion; ne laissons pas cet esclave à la merci d'un homme qui ne se maîtrise plus.» Voudrait-on confier la vengeance à des mains irritées, quand Platon lui-même s'en est interdit l'exercice?

Ne permettez rien à la colère. Pourquoi? parce qu'elle veut tout se permettre. Luttez contre vous-même. Qui

illa te incipit vincere. Si absconditur, si illi exitus non datur, signa ejus obruamus, et illam, quantum fieri potest, occultam secretamque teneamus.

XIII. Cum magna id nostra molestia fiet. Cupit enim exsilire, et incendere oculos, et mutare faciem; sed si eminere illi extra nos licuit, supra nos est. In imo pectoris secessu recondatur, feraturque, non ferat; immo in contrarium omnia ejus indicia flectamus. Vultus remittatur, vox lenior sit, gradus lentior; paullatim cum exterioribus interiora formentur. In Socrate iræ signum erat, vocem submittere, loqui parcius; apparebat tunc illum sibi obstare. Deprehendebatur itaque a familiaribus, et coarguebatur: nec erat illi exprobratio latitantis iræ ingrata. Quidni gauderet, quod iram suam multi intelligerent, nemo sentiret? Sensisset autem, nisi jus amicis objurgandi se dedisset, sicut ipse sibi in amicos sumpserat. Quanto magis hoc nobis faciendum est? rogemus amicissimum quemque, ut tunc maxime adversus nos libertate utatur, quum minime illam pati poterimus, nec assentiatur iræ nostræ; contra potens malum, et apud nos gratiosum, dum conspicimus, dum nostri sumus, advocemus.

XIV. Qui vinum male ferunt, et ebrietatis suæ teme-

ne peut la vaincre est à demi vaincu par elle. Si elle fermente au fond de l'âme, si elle ne se fait pas jour encore, étouffez ses premiers symptômes; tenez-la renfermée le mieux possible, et qu'elle échappe à tous les yeux.

XIII. Il nous en coûte de pénibles efforts; car cette passion veut faire explosion, jaillir des yeux en traits de flamme, bouleverser toute la face humaine. Or, dès qu'elle s'est produite à l'extérieur, elle nous domine. Repoussons-la jusqu'au fond de notre âme : supportons-la plutôt que d'être emportés par elle. Faisons plus : que ses avant-coureurs deviennent chez nous les indices du contraire. Que notre visage paraisse plus serein, notre voix plus douce, notre allure moins brusque, et qu'insensiblement ces dehors rectifient l'intérieur de l'homme. Les signes de colère dans Socrate s'apercevaient quand il baissait la voix, quand il parlait moins; on reconnaissait alors qu'il se livrait à lui-même un combat secret. Avertis par là, ses amis le reprenaient, et, quoique l'émotion fût imperceptible, ces reproches n'avaient rien de déplaisant pour lui. Ne devait-il pas s'applaudir de ce que tous s'apercevaient de sa colère, sans que personne en ressentît les effets? On l'eût éprouvée, s'il n'eût donné sur lui-même à ses amis le droit de blâme qu'il prenait sur eux. Combien nous surtout ne devons-nous pas suivre cette méthode plus strictement encore! Prions nos meilleurs amis d'user avec nous d'une libre réprimande, principalement quand nous serons moins en humeur de la souffrir. Point de lâche complaisance de leur part : contre un mal d'autant plus puissant qu'il nous plaît davantage, réclamons leur secours tant que nous voyons clair encore, et que nous sommes à nous.

XIV. Ceux qui portent mal le vin et qui craignent

ritatem ac petulantiam metuunt, mandant suis, ut e convivio auferantur : intemperantiam in morbo suam experti, parere sibi in adversa valetudine vetant. Optimum est notis vitiis impedimenta prospicere, et ante omnia ita componere animum, ut etiam gravissimis rebus subitisque concussus iram aut non sentiat, aut magnitudine inopinatæ injuriæ exortam in altum retrahat, nec dolorem suum profiteatur. Id fieri posse apparebit, si pauca ex ingenti turba exempla protulero, ex quibus utrumque discere licet : quantum mali habeat ira, ubi hominum præpotentum potestate tota utitur; quantum sibi imperare possit, ubi metu majore compressa est.

Cambysen regem nimis deditum vino Præxaspes unus ex carissimis monebat, ut parcius biberet, turpem esse dicens ebrietatem in rege, quem oculi omnium auresque sequerentur. Ad hoc ille : « Ut scias, inquit, quemadmodum nunquam excidam mihi, approbabo jam et oculos post vinum in officio esse et manus. » Bibit deinde liberalius quam alias capacioribus scyphis, et jam gravis, et temulentus, objurgatoris sui filium procedere ultra limen jubet, allevataque super caput sinistra manu stare. Tunc intendit arcum, et ipsum cor adolescentis (id enim se petere dixerat) figit, recisoque pectore hærens in ipso corde spiculum ostendit; ac respiciens patrem, satisne

la pétulance et la témérité où l'ivresse les jette, préviennent leurs gens de les emporter de la salle du festin. Les personnes qui ont éprouvé qu'elles se maîtrisent peu dans la maladie défendent qu'on leur obéisse dans cet état. Rien de mieux que de chercher d'avance une barrière aux défauts qu'on se connaît, et avant tout, de régler si bien son âme, que, fût-elle ébranlée par des attaques graves et subites, elle soit inaccessible à la colère; ou que, si la grandeur et la soudaineté de l'injure la soulève, elle soit refoulée au dedans de nous, et qu'on ne voie point percer nos ressentimens. Vous avouerez que la chose est possible, si je vous cite quelques exemples pris entre mille, et d'où l'on peut apprendre à la fois quel fléau c'est que la colère, quand elle pousse à l'extrême l'abus de la toute-puissance, et combien elle peut se commander à elle-même, lorsqu'une terreur plus forte la comprime.

Le roi Cambyse était fort adonné au vin. Préxaspe, l'un de ses favoris, l'engageait un jour à plus de sobriété, lui représentant que l'ivresse était chose honteuse à un souverain, sur lequel tous les yeux étaient ouverts, et toutes les oreilles attentives. «Je vais te prouver, répliqua le prince, que je me possède toujours, et que, dans l'ivresse même, mon bras est sûr aussi bien que mes yeux.» Il se mit à boire plus souvent et dans de plus grandes coupes qu'à l'ordinaire, puis, quand il se sentit rempli de vin à ne pouvoir plus en porter, il ordonna au fils de son censeur d'aller se placer à la porte de la salle, debout et la main gauche placée au dessus de la tête. Alors il tend son arc, déclare qu'il vise au cœur, et au même instant le jeune homme est frappé. Cambyse lui fait ouvrir le flanc, montre à Prexaspe la flèche en-

certam haberet manum? interrogavit. At ille negavit Apollinem potuisse certius dimittere. Dii illum male perdant, animo magis quam conditione mancipium! Ejus rei laudator fuit, cujus nimis erat spectatorem fuisse; occasionem blanditiarum putavit, pectus filii in duas partes diductum, et cor sub vulnere palpitans. Controversiam illi facere de gloria debuit, et revocare jactum, ut regi liberet in ipso patre certiorem manum ostendere. O regem cruentum! o dignum in quem omnium suorum arcus verterentur! Quum exsecrati fuerimus illum, convivia suppliciis funeribusque solventem, tamen sceleratius telum illud laudatum est, quam missum. Videbimus quomodo se pater gerere debuerit, stans super cadaver filii sui, cædemque illam, cujus et testis fuerat et causa : id de quo nunc agitur, apparet, iram supprimi posse. Non maledixit regi, nullum emisit ne calamitosi quidem verbum, quum æque cor suum, quam filii, transfixum videret. Potest dici merito devorasse verba : nam si quid tanquam iratus dixisset, nihil tanquam pater facere potuisset. Potest, inquam, videri sapientius se in illo casu gessisse, quam quum de potandi modo præciperet : quem satius erat vinum quam sanguinem bibere, cujus manus poculis occupari pax erat. Accessit itaque ad numerum eorum, qui magnis cladibus ostenderunt quanti constarent regum amicis bona consilia.

foncée droit dans le cœur; puis, l'interrogeant de l'œil et de la voix : « Ai-je la main assez sûre? » lui dit-il. Le père affirma qu'Apollon n'eût pas tiré plus juste. Et les dieux n'écrasaient pas ce courtisan, plus vil encore que son métier! Il osa louer une chose dont c'était trop d'avoir été le témoin. Il trouva un sujet de flatterie dans cette poitrine partagée en deux, dans ce cœur palpitant sous le fer. Ne devait-il pas plutôt contester au bourreau sa gloire, le défier à une seconde épreuve qui montrât mieux sur le père lui-même la sûreté de son bras? Fut-il jamais tyran plus sanguinaire, plus digne de servir de but aux flèches de tous ses sujets? Mais, tout en livrant à l'exécration un homme qui couronne ses orgies par les supplices et par le meurtre, avouons que le panégyriste était plus infâme que le héros. Ne cherchons pas ici quelle devait être la conduite du père, cause et témoin de l'assassinat d'un fils dont le cadavre était à ses pieds; voyons-y la preuve qu'il s'agit d'établir : qu'on peut étouffer ses ressentimens. Prexaspe ne proféra ni imprécation contre le tyran, ni aucune de ces plaintes qu'arrachent les grandes infortunes, lui qui se sentait percer le cœur du même coup que celui de son fils. On peut soutenir qu'il fit bien de dévorer le cri de sa douleur; car s'il eût parlé en homme irrité, il perdait la chance d'agir plus tard en père. Son silence, on peut le croire, fut plus sage que ses leçons de tempérance à un monstre qu'il valait mieux gorger de vin que de sang, et dont la main, tant qu'elle s'occupait de son vase à boire, faisait trêve aux massacres. Ainsi Prexaspe grossit la liste de ceux qui ont prouvé, par d'éclatantes disgrâces, ce qu'un bon conseil coûte aux amis des rois.

XV. Non dubito quin Harpagus quoque tale aliquid regi suo Persarumque suaserit, quo offensus, liberos illi epulandos apposuit, et subinde quæsiit, an placeret conditura. Deinde ut satis illum plenum malis suis vidit, afferri capita illorum jussit, et, quomodo esset acceptus, interrogavit. Non defuerunt misero verba, non os concurrit: « Apud regem, inquit, omnis cœna jucunda est. » Quid hac adulatione profecit? ne ad reliquias invitaretur. Non veto patrem damnare regis sui factum, non veto quærere dignam tam truci portento pœnam : sed hoc interim colligo, posse etiam ex ingentibus malis nascentem iram abscondi, et ad verba contraria sibi cogi. Necessaria est ista doloris refrenatio, utique hoc sortitis vitæ genus, et ad regiam adhibitis mensam. Sic editur apud illos, sic bibitur, sic respondetur : funeribus suis arridendum est. An tanti sit vita, videbimus : alia ista quæstio est. Non consolabimur tam triste ergastulum, non adhortabimur ferre imperia carnificum, ostendemus in omni servitute apertam libertati viam. Si æger animus, et suo vitio miser est, huic miserias finire secum licet. Dicam et illi, qui in regem incidit, sagittis pectora amicorum petentem, et illi, cujus dominus liberorum visceribus patres saturat : Quid gemis, demens, quid exspectas, ut te aut hostis aliquis per exitium gentis tuæ vindicet, aut rex a longinquo potens

XV. Sans doute Harpage en avait donné un de cette nature à son maître, aussi roi de Perse, quand ce dernier, s'estimant offensé, lui fit servir à table la chair de son propre fils; puis lui demanda, à plusieurs reprises, si l'assaisonnement lui plaisait, et lorsqu'il vit le malheureux rassasié de cet horrible mets, il fit apporter les extrémités, ajoutant cette question : « Comment trouvez-vous que je vous ai régalé ? » Eh bien ! Harpage trouva des paroles; sa langue ne resta pas glacée : « A la table d'un roi, répondit-il, tout mets ne peut être qu'agréable. » Que gagna-t-il à cette flatterie? de n'être pas invité à manger les restes. Défendrai-je à un père d'exécrer un pareil acte et son auteur, de chercher une vengeance digne d'une si atroce barbarie? Non, mais je dirai qu'il est possible encore de cacher le ressentiment qui naît des plus poignantes douleurs, et de lui faire prendre le langage le plus contraire à sa nature. S'il est nécessaire de dompter son irritation, c'est surtout aux hommes qui suivent la vie des cours et qui sont admis à la table des rois. Les orgies de Cambyse, les festins d'Harpage, y sont ordinaires, comme aussi de pareilles réponses : il y faut sourire à ses funérailles. L'existence vaut-elle la peine de la payer si cher? C'est ce que nous verrons ailleurs : c'est là une autre question. Nous ne chercherons pas à consoler de si déplorables esclaves, nous ne les exhorterons point à subir les lois de leurs bourreaux : nous leur montrerons, qu'en toute servitude, la route est ouverte à la liberté. Est-ce leur âme qui, par ses propres passions, s'est rendue malade et misérable? elle trouve en elle de quoi finir ses souffrances. A celui que le sort jeta sous la main d'un tyran, qui prend pour but de ses flèches le cœur de ses amis, ou qui fait servir à un père les entrailles de ses

advolet? Quocunque respexeris, ibi malorum finis est. Vides illum præcipitem locum? illac ad libertatem descenditur. Vides illud mare, illud flumen, illum puteum? libertas illic in imo sedet. Vides illam arborem, brevem, retorridam, infelicem? pendet inde libertas. Vides jugulum tuum, guttur tuum, cor tuum? effugia servitutis sunt. Nimis tibi operosos exitus monstramus, et multum animi ac roboris exigentes. Quæris, quod sit ad libertatem iter? quælibet in corpore tuo vena.

XVI. Quamdiu quidem nihil tam intolerabile nobis videtur, ut nos expellat e vita, iram, in quocunque erimus statu, removeamus. Perniciosa est servientibus; omnis enim indignatio in tormentum suum proficit, et imperia graviora sentit, quo contumacius patitur. Sic laqueos fera dum jactat, adstringit: sic aves viscum, dum trepidantes excutiunt, plumis omnibus illinunt. Nullum tam arctum est jugum, quod non minus lædat ducentem, quam repugnantem. Unum est levamentum malorum ingentium, pati, et necessitatibus suis obsequi.

Sed quum utilis sit servientibus, affectuum suorum, et hujus præcipue rabidi atque effrenis continentia, utilior est regibus. Perierunt omnia, ubi quantum suadet ira, fortuna permittit, nec diu potest, quæ multorum

fils : Pauvre insensé, dirons-nous, ne sais-tu que gémir? Attends-tu que sur les cadavres de tes concitoyens un peuple ennemi te vienne venger, ou qu'un puissant roi accoure de contrées lointaines? Quelque part que tes yeux se tournent, tu trouveras le remède à tes maux. Vois cette roche escarpée : tu peux de là t'élancer à la liberté. Vois cette mer, ce fleuve, ce puits : au fond de leurs eaux est la liberté. Vois cet arbre petit, distort, cet arbre de malheur ; la liberté pend à ses branches. Le poison, la corde, le poignard t'ouvrent autant d'issues pour fuir l'esclavage. Mais ces ressources que je te montre sont peut-être pénibles pour toi ; elles exigent trop de cœur et de force. Tu demandes une voie plus douce vers la liberté? Elle est dans chaque veine de ton corps.

XVI. Tant que rien ne nous semble assez intolérable pour nous faire rompre avec la vie, sachons en toute situation repousser la colère. Elle est fatale à qui sert sous un maître : l'indignation ne peut qu'accroître ses tourmens ; et plus on les souffre avec impatience, plus l'esclavage est accablant. L'animal qui se débat dans le piège le resserre davantage ; l'oiseau ne fait qu'étendre sur son plumage la glu dont il travaille à se dépêtrer. Un joug, si étroit qu'il puisse être, blesse moins une tête soumise qu'une tête rebelle, et l'unique allégement des plus vives peines consiste à les supporter, à obéir aux nécessités de sa position.

Mais s'il est utile aux sujets de contenir leurs passions, et notamment la colère, comme la plus furieuse, la plus indomptable de toutes, c'est aux rois que la même retenue est bien plus salutaire. Tout est perdu, quand tout ce que dicte la colère, la fortune le permet ; et le pouvoir

malo exercetur, potentia stare : periclitatur enim, ubi eos qui separatim gemunt, communis metus junxit. Plerosque itaque modo singuli mactaverunt, modo universi, quum illos conferre in unum iras publicus dolor coegisset. Atqui plerique sic iram, quasi insigne regium, exercuerunt; sicut Darius, qui primus, post ablatum Mago imperium, Persas et magnam partem Orientis obtinuit. Nam quum bellum Scythis indixisset, Orientem cingentibus, rogatus ab OEbazo nobili sene, ut ex tribus liberis unum in solatium patri relinqueret, duorum opera uteretur; plus quam rogabatur pollicitus, omnes se illi dixit remissurum, et occisos in conspectu parentis abjecit : crudelis futurus, si omnes abduxisset!

XVII. At quanto Xerxes facilior? Qui Pythio, quinque filiorum patri, unius vacationem petenti, quem vellet, eligere permisit; deinde quem elegerat, in partes duas distractum ab utroque viæ latere posuit, et hac victima lustravit exercitum. Habuit itaque quem debuit exitum : victus, et late longeque fusus, ac stratam ubique ruinam suam cernens, medius inter suorum cadavera incessit.

Hæc barbaris regibus feritas in ira fuit, quos nulla eruditio, nullus litterarum cultus imbuerat! Dabo tibi ex Aristotelis sinu regem Alexandrum, qui Clitum ca-

qui s'exerce aux dépens d'une foule d'opprimés, ne saurait tenir long-temps ; il touche à sa chute sitôt que les souffrances individuelles sont ralliées par un péril commun. Aussi que de tyrans immolés, soit par un seul homme, soit par tout un peuple qu'ont réuni, sous le même drapeau, des ressentimens universels ! Et combien pourtant se sont livrés à la colère comme à l'exercice d'un privilège royal ! Témoin Darius, qui, après que le sceptre eut été enlevé au Mage, fut le premier appelé à régner sur la Perse et sur une grande partie de l'Orient. Comme il allait porter la guerre aux Scythes, dont les frontières ceignaient son empire, Ébasus, illustre vieillard, père de trois fils, le supplia de lui laisser l'un d'entre eux pour la consolation de ses derniers jours, en gardant au service les deux autres. « Tu auras plus que tu ne demandes, dit le prince ; tous vont t'être rendus ; » et il les fait égorger sous les yeux du père, auquel il laisse leurs cadavres. C'eût été, en effet, une cruauté de les emmener tous trois.

XVII. Combien Xerxès se montra plus facile ! Pythius lui demandait le congé d'un de ses cinq fils ; il obtint de choisir. Mais Xerxès fit couper en deux celui sur lequel le choix était tombé, et placer une moitié de chaque côté de la route où l'armée devait passer. Ce fut la victime expiatoire de son armée. Aussi son expédition eut-elle le sort qu'elle méritait. Vaincu et mis en fuite, il vit les débris de sa puissance épars au loin sur toute la Grèce, et se sauva presque seul à travers les cadavres des siens.

Telle fut, dans la colère, la férocité des rois barbares chez qui, ni l'instruction, ni la culture des lettres n'avaient pénétré. Mais voyez ce roi, sorti du giron d'Aristote,

rissimum sibi et una educatum, inter epulas transfodit, et manu quidem sua, parum adulantem, et pigre ex Macedone ac libero in persicam servitutem transeuntem. Nam Lysimachum, æque familiarem sibi, leoni objecit. Numquid ergo hic Lysimachus, felicitate quadam dentibus leonis elapsus, ob hoc quum ipse regnaret, mitior fuit? Nam Telesphorum Rhodium amicum suum undique decurtatum, quum aures illi nasumque abscidisset, in cavea velut novum animal aliquod et inusitatum diu pavit; quum oris detruncati mutilatique deformitas humanam faciem perdidisset. Accedebat fames et squalor et illuvies corporis, in stercore suo destituti, callosis super hæc genibus manibusque, quas in usum pedum angustiæ loci cogebant; lateribus vero attritu exulceratis, non minus fœda quam terribilis erat forma ejus visentibus; factusque pœna sua monstrum, misericordiam quoque amiserat: tamen quum dissimillimus esset homini, qui illa patiebatur; dissimilior erat, qui faciebat.

XVIII. Utinam ista sævitia intra peregrina mansisset exempla, nec in romanos mores cum aliis adventitiis vitiis, et suppliciorum irarumque barbaria transisset! M. Mario, cui vicatim populus statuas posuerat, cui thure et vino supplicabat, L. Sylla perfringi crura, erui oculos, amputari manus jussit; et quasi totiens occideret, quotiens vulnerabat, paullatim et per singulos

cet Alexandre, qui, dans un banquet, perça de sa main Clitus, son cher Clitus, son ami d'enfance, parce que, peu disposé à le flatter, celui-ci ne se prêtait pas volontiers à passer de la liberté macédonienne aux serviles habitudes de Perse. Il livra, à la rage d'un lion, Lysimaque qu'il aimait à l'égal de Clitus. Ce Lysimaque, échappé par un bonheur inouï à la dent de la bête féroce, en devint-il plus doux lui-même lorsqu'il régna ? Il mutila Télesphore, de Rhodes, son ami, en lui faisant couper le nez et les oreilles, et le nourrit long-temps dans une cage, comme quelque animal rare et extraordinaire. Ce n'était plus qu'une sorte de tronc vivant, qu'une plaie difforme, et n'ayant plus rien de la face humaine. Puis les tourmens de la faim, et l'affreuse saleté de ce corps, réduit à pourrir dans sa propre fange, accroupi sur ses genoux et sur ses mains calleuses, qui lui servaient forcément de pieds dans son étroite prison ; puis encore ses flancs ulcérés par le frottement des barreaux : tout en lui formait un spectacle aussi révoltant qu'effroyable. Son supplice en avait fait un monstre qui repoussait même la pitié. Mais plus ce malheureux avait perdu la figure de l'homme, moins encore son persécuteur en avait gardé le caractère.

XVIII. Plût aux dieux que les nations étrangères offrissent seules de tels exemples, et que leur cruauté n'eût point passé dans nos mœurs avec tant d'autres vices d'emprunt, avec la barbarie des supplices et des vengeances ! Ce M. Marius, à qui le peuple avait élevé des statues dans tous les carrefours, et en l'honneur duquel il adressait des supplications aux dieux, avec du vin et de l'encens, eut les cuisses rompues, les yeux arrachés, les mains coupées par ordre de Sylla ; et,

artus laceravit. Quis erat hujus imperii minister? quis, nisi Catilina, jam in omne facinus manus exercens? hic illum ante bustum Q. Catuli carpebat, gravissimus mitissimi viri cineribus : supra quos vir mali exempli, popularis tamen, et non tam immerito quam nimis amatus, per stillicidia sanguinem dabat. Dignus erat Marius qui illa pateretur, Sylla qui juberet, Catilina qui faceret; sed indigna respublica quæ in corpus suum pariter et hostium et vindicum gladios reciperet.

Quid antiqua perscrutor? Modo C. Cæsar Sextum Papinium, cui pater erat consularis; Betilienum Bassum quæstorem suum procuratoris sui filium, aliosque et equites romanos et senatores uno die flagellis cecidit, torsit, non quæstionis, sed animi causa. Deinde adeo impatiens fuit differendæ voluptatis, quam ingens crudelitas ejus sine dilatione poscebat, ut in xysto maternorum hortorum, qui porticum a ripa separat, inambulans, quosdam ex illis cum matronis atque aliis senatoribus ad lucernam decollaret. Quid instabat? quod periculum, aut privatum, aut publicum una nox minabatur? quantulum fuit, lucem exspectare denique, ne senatores populi romani soleatus occideret!

XIX. Quam superbæ fuerit crudelitatis, ad rem per-

comme s'il eût pu subir autant de morts que de tortures, on déchira lentement et en détail chaque partie de son corps. Et quel fut l'exécuteur de ces ordres sanguinaires ? qui pouvait-il être, sinon Catilina, dont les mains s'exerçaient dès-lors à toute espèce d'attentats? On le vit déchiqueter Marius sur le tombeau du plus doux des mortels, sur la cendre indignée de Q. Catulus. Là, un homme de funeste exemple, et toutefois si populaire, un préteur, assez justement, mais si excessivement aimé, voyait son sang s'échapper goutte à goutte de chaque veine. Marius méritait sans doute de souffrir ces tourmens; Sylla de les ordonner; Catilina d'y prêter ses mains : mais qu'avait fait la république pour se voir percer le sein tour-à-tour, et par des fils dénaturés, et par d'hypocrites vengeurs?

Mais pourquoi remonter aux temps anciens? Naguère Caligula fit, dans la même journée, battre de verges et torturer Sextus Papinius, fils de consulaire; Bétiliénus Bassus, questeur impérial, fils d'un intendant du prince; tant d'autres sénateurs, tant de chevaliers, et cela, non pour en tirer quelque aveu, mais par passe-temps. Impatient de tout ce qui différait ses affreuses jouissances, que sa cruauté voulait promptes et complètes, en se promenant au milieu d'un groupe de femmes et de sénateurs dans cette partie des jardins de sa mère qui sépare le fleuve de la galerie du palais, il fit venir quelques-unes des victimes pour les décoller à la lueur des flambeaux, comme si rien l'eût pressé, comme si le délai d'une nuit lui eût fait craindre quelque danger public ou personnel! Que coûtait-il d'attendre l'aurore, de quitter enfin sa chaussure de table, pour mettre à mort des sénateurs romains?

XIX. Jusqu'où allait son insolente cruauté? il n'est pas

tinet scire; quanquam aberrare alio possumus videri, et in devium exire : sed hoc ipsum pars erit irae super solita saevientis. Ceciderat flagellis senatores : ipse effecit, ut dici possit : Solet fieri. Torserat per omnia, quae in rerum natura tristissima sunt, fidiculis, tabularibus, equuleo, igne, vultu suo. Et hoc loco respondebitur, magnam rem, si tres senatores, quasi nequam mancipia, inter verbera et flammas divisit, homo qui de toto senatu trucidando cogitabat, qui optabat, ut populus romanus unam cervicem haberet, ut scelera sua tot locis ac temporibus diducta, in unum ictum et unum diem cogeret! Quid tam inauditum quam nocturnum supplicium? quum latrocinia tenebris abscondi soleant; animadversiones, quo notiores sunt, plus ad exemplum emendationemque proficiunt. Et hoc loco respondebitur mihi : «Quod tantopere admiraris, isti belluae quotidianum est; ad hoc vivit, ad hoc vigilat, ad hoc lucubrat.» Nemo certe invenietur alius, qui imperaverit his, in quos animadverti jubebat, os inserta spongia includi, ne vocis emittendae haberent facultatem. Cui unquam morituro non est relictum, qua gemeret? Timuit, ne quam liberiorem vocem extremus dolor mitteret, ne quid, quod nollet, audiret. Sciebat autem innumerabilia esse quae objicere illi nemo, nisi periturus, auderet. Quum spongiae non invenirentur, scindi vestimenta mise-

hors de propos de le faire connaître. Bien que cette digression puisse sembler étrangère et hors de mon sujet, elle prouve toutefois que cet orgueil est un des attributs de la colère, quand dans sa rage elle passe toutes les bornes. Caligula avait fait battre de verges des sénateurs; mais, grâce à ses faits précédens, on pouvait ne plus voir là qu'une exécution ordinaire. Il avait, pour les torturer, employé ce que la nature offrait de plus horrible, les tables hérissées de clous, les cordes, les chevalets, le feu, et, ce qui était pire, son odieux visage. Mais, me dira-t-on, est-ce merveille, que trois sénateurs soient, comme de méchans esclaves, passés par les lanières et les flammes à la voix de l'homme qui méditait d'égorger en masse le sénat, et qui souhaitait que le peuple romain n'eût qu'une tête, pour que tous ses forfaits, que le temps et les lieux le forçaient d'accomplir en détail, fussent consommés en un seul jour et d'un seul coup? N'est-ce donc pas une chose inouie qu'un supplice nocturne? Le brigand seul assassine dans l'ombre; la justice frappe en plein jour; l'exemple alors corrige et profite mieux à tous. On va me répondre encore : « Ce qui cause tant votre surprise est journalier pour ce tigre; c'est pour cela qu'il respire, c'est pour cela qu'il veille; c'est à cela qu'il emploie ses nuits. » Certes, nul après lui ne se rencontrera qui ordonne d'enfoncer une éponge dans la bouche de ses victimes, pour y étouffer leurs dernières paroles. Défendit-on jamais à personne d'exhaler sa plainte avec sa vie? Le tyran craignait qu'une voix libre ne sortît des tourmens de l'agonie, et ne lui dît ce qu'il ne voulait pas ouïr. Il avait la conscience des horreurs sans nombre dont aucune ne pouvait lui être reprochée que par des hommes qui allaient périr. Comme on ne trouvait pas d'éponges,

rorum, et in os farciri pannos imperavit. Quæ ista sævitia est? liceat ultimum spiritum trahere : da exituræ locum : liceat illam non per vulnus emittere.

XX. Adjicere his longum est, quod patres quoque occisorum eadem nocte, dimissis per domos centurionibus, confecit, id est, homo misericors luctu liberavit.

Non enim Caii sævitiam, sed iræ malum propositum est describere; quæ non tantum viritim furit, sed gentes totas lancinat, sed urbes, sed flumina, et tuta ab omni sensu doloris converberat. Sicut rex Persarum, totius populi nares recidit in Syria; inde *Rhinocolura* loci nomen est. Pepercisse illum judicas, quod non tota capita præcidit? novo genere pœnæ delectatus est.

Tale aliquid passi forent Æthiopes, qui ob longissimum vitæ spatium *Macrobii* appellantur. In hos enim, quia non supinis manibus exceperant servitutem, missisque legatis libera responsa dederant, quæ contumeliosa reges vocant, Cambyses fremebat : et non provisis commeatibus, non exploratis itineribus, per invia, per arentia trahebat omnem bello utilem turbam : cui intra primum iter deerant necessaria, nec quidquam subministrabat sterilis et inculta humanoque ignota vestigio

il commanda de couper les vêtemens de ces malheureux, et de leur remplir la bouche avec les lambeaux. Barbare! ne souffriras-tu pas qu'ils rendent au moins le dernier soupir; donne passage à leur âme prête à s'échapper, et qu'il lui soit permis de s'exhaler par une autre voie que par les blessures.

XX. Ajouterai-je que les pères furent, la même nuit que les fils, égorgés à domicile par ses centurions, pour leur épargner, étrange miséricorde! le deuil de leurs enfans.

Mais ce n'est pas la cruauté d'un Caligula, ce sont les maux de la colère que je me suis proposé de décrire, de la colère, qui ne s'attaque pas seulement à tel ou tel homme, qui mutile des nations entières, frappe des cités et des fleuves, et des objets qui ne peuvent sentir la douleur. Un roi de Perse fait couper le nez à tous les habitans d'une contrée de Syrie, qui delà est appelée *Rhinocolure*. On ne leur a pas tranché la tête : appellerez-vous cela indulgence? C'est un supplice d'espèce nouvelle dont le tyran s'est amusé.

Quelque chose de pareil menaçait ces peuples d'Éthiopie que leur longévité a fait nommer *Macrobiens*. Au lieu de tendre humblement les mains aux fers de Cambyse, ils avaient répondu à ses envoyés avec une liberté que les rois appellent insolence. Cambyse en frémissait de rage; et sans nulle provision de bouche, sans avoir fait reconnaître les chemins, il traînait après lui, à travers des déserts arides et impraticables, tout l'immense effectif d'une armée. Dès la première marche plus de vivres, nulle ressource dans ces contrées stériles, incultes, qui ne connaissaient pas de vestiges humains. On apaisa d'abord sa faim avec les feuilles les plus tendres et les bourgeons

regio : sustinebant famem primo tenerrima frondium, et cacumina arborum, tum coria igne mollita, et quidquid necessitas cibum fecerat : postquam inter arenas radices quoque et herbæ defecerant, apparuitque inops etiam animalium solitudo, decimum quemque sortiti, alimentum habuerunt fame sævius. Agebat adhuc ira regem præcipitem, quum partem exercitus amisisset, partem comedisset; donec timuit, ne et ipse vocaretur ad sortem : tum demum signum receptui dedit. Servabantur interim illi generosæ aves, et instrumenta epularum camelis vehebantur : quum sortirentur milites ejus, quis male periret, quis pejus viveret.

XXI. Hic iratus fuit genti, et ignotæ, et immeritæ, sensuræ tamen; Cyrus flumini. Nam quum Babylonem oppugnaturus festinaret ad bellum, cujus maxima momenta in occasionibus sunt, Gynden late fusum amnem vado transire tentavit; quod vix tutum est etiam quum sensit æstatem, et ad minimum deductus est. Ibi unus ex his equis, qui trahere regium currum albi solebant, abreptus, vehementer commovit regem; juravit itaque, amnem illum regis commeatus auferentem, eo se redacturum, ut transiri calcarique etiam a fœminis posset. Huc deinde omnem transtulit belli apparatum, et tamdiu assedit operi, donec c et lxxx cuniculis divisum alveum in ccc et lx rivos dispergeret, et siccum relin-

des arbres; puis on mangea du cuir ramolli au feu, et tout ce que la nécessité convertit en alimens. Enfin, au milieu des sables, les racines aussi, puis les herbes venant à manquer, et les troupes ne voyant devant elles qu'une solitude, privée même de tout être vivant, il fallut se décimer, et l'on eut une pâture plus horrible que la faim même. La colère poussait encore le despote en avant, tant qu'à la fin, craignant d'être à son tour appelé à subir les chances du sort, il donna le signal de la retraite; et cependant, on réservait pour lui des oiseaux succulens. Et des chameaux portaient l'attirail de ses cuisines, tandis que ses soldats subissaient les risques d'une mort misérable, ou d'une existence pire encore.

XXI. Cambyse déploya sa colère contre une nation inconnue, innocente, qui ne la méritait pas, et qui toutefois pouvait sentir ses coups; mais Cyrus s'emporta contre un fleuve. Comme il allait assiéger Babylone, et qu'il courait à la guerre, où l'occasion est toujours décisive, il tenta de passer le Gynde, alors fortement débordé, entreprise à peine sûre quand il a souffert les chaleurs de l'été, et que ses eaux sont les plus basses. Un des chevaux blancs, qui d'ordinaire traînaient le char du prince, fut emporté par le courant, ce qui indigna vivement Cyrus. Il jura de réduire ce fleuve, assez hardi pour entraîner les coursiers du grand roi, au point que des femmes mêmes pussent le traverser et s'y promener à pied. Il transporta là tout son appareil de guerre, et persista dans son œuvre, jusqu'à ce que, partagé en cent quatre-vingts canaux, divisés eux-mêmes en trois cent soixante ruisseaux, le fleuve, à force de saignées,

queret in diversum fluentibus aquis. Periit itaque et tempus, magna in magnis rebus jactura, et militum ardor, quem inutilis labor fregit, et occasio aggrediendi imparatos, dum ille bellum indictum hosti cum flumine gerit.

XXII. Hic furor (quid enim aliud voces?) Romanos quoque contigit. C. enim Caesar villam in Herculanensi pulcherrimam, quia mater sua aliquando in illa custodita erat, diruit, fecitque ejus per hoc notabilem fortunam : stantem enim praenavigabamus; nunc causa dirutae quaeritur.

Et haec cogitanda sunt exempla, quae vites; et illa e contrario, quae sequaris, moderata, lenia, quibus nec ad irascendum causa defuit, nec ad ulciscendum potestas. Quid enim facilius fuit Antigono, quam duos manipulares duci jubere, qui incumbentes regio tabernaculo faciebant, quod homines et periculosissime et libentissime faciunt, de rege suo male existimabant? Audierat omnia Antigonus, utpote quum inter dicentes et audientem palla interesset : quam ille leviter commovit, et, «Longius, inquit, discedite, ne vos rex audiat.» Idem quadam nocte, quum quosdam ex militibus suis exaudisset, omnia mala imprecantes regi, qui ipsos in illud iter et inextricabile lutum deduxisset, accessit ad eos qui maxime laborabant : et quum ignorantes a quo adjuvarentur, explicuisset : «Nunc,

laissât son lit entièrement à sec. De là une perte de temps, irréparable dans les grandes entreprises, l'ardeur du soldat consumée en un travail stérile, enfin l'occasion de surprendre Babylone manquée, pour faire, contre un fleuve, une guerre qu'on avait déclarée à l'ennemi.

XXII. Cette démence (car quel autre terme employer?) a gagné aussi les Romains. Caligula détruisit, près d'Herculanum, une magnifique maison de plaisance, parce que sa mère y avait été quelque temps détenue. Il ne fit par là qu'éterniser le souvenir de cette disgrâce de la fortune. Tant qu'elle fut debout, les navigateurs passaient devant, sans la remarquer; aujourd'hui on s'informe pourquoi elle n'est plus que ruines.

S'il faut méditer ces exemples pour les fuir, imitons en revanche la douceur et la modération d'hommes qui ne manquaient ni de raisons pour entrer en colère, ni de pouvoir pour se venger. Rien n'était plus facile à Antigone que d'envoyer au supplice deux sentinelles qui, accoudées à la tente royale, cédaient à l'attrait si périlleux, et si général pourtant, de médire du prince. Antigone avait tout recueilli, n'étant séparé des causeurs que par une simple toile. Il l'ébranla doucement, et leur dit : «Éloignez-vous un peu, le roi pourrait vous entendre.» Le même, entendant quelques-uns de ses soldats vomir contre lui force imprécations pour les avoir engagés de nuit dans un chemin fangeux et inextricable, s'approcha des plus embourbés, et après que, sans se faire connaître, il les eut aidés à sortir d'embarras : «Maintenant, leur dit-il, maudissez cet Antigone qui vous a si imprudemment jetés dans un mauvais pas, mais sachez-lui gré aussi de vous en avoir retirés.»

inquit, maledicite Antigono, cujus vitio in has miserias incidistis; ei autem bene optate, qui vos ex hac voragine eduxit. »

Idem tam miti animo hostium suorum maledicta, quam civium tulit. Itaque quum in parvulo quodam castello Græci obsiderentur, et fiducia loci contemnentes hostem multa in deformitatem Antigoni jocarentur, et nunc staturam humilem, nunc collisum nasum deriderent : « Gaudeo, inquit, et aliquid boni spero, si in castris meis Silenum habeo. » Quum hos dicaces fame domuisset, captis sic usus est, ut eos qui militiæ utiles erant, in cohortes describeret, ceteros præconi subjiceret; id quoque se negavit facturum fuisse, nisi expediret his dominum habere, qui tam malam haberent linguam. Hujus nepos fuit Alexander, qui lanceam in convivas suos torquebat, qui ex duobus amicis quos paullo ante retuli, alterum feræ objecit, alterum sibi. Ex his duobus tamen, qui leoni objectus est, vixit.

XXIII. Non habuit hoc avitum ille vitium, ne paternum quidem. Nam si qua alia in Philippo virtus, fuit et contumeliarum patientia, ingens instrumentum ad tutelam regni. Demochares ad illum, Parrhesiastes ob nimiam et procacem linguam appellatus, inter alios Atheniensium legatos venerat; audita benigne legatione Philippus, « Dicite, inquit, mihi, facere quid pos-

Il supportait avec autant de douceur les sarcasmes de ses ennemis que ceux de ses sujets. Au siège de je ne sais quelle bicoque, les Grecs qui la défendaient, se fiant sur la force de la place, insultaient aux assaillans, faisaient mille plaisanteries sur la laideur d'Antigone, et riaient tantôt de sa petite taille, tantôt de son nez épaté. «Bon! dit-il, je puis espérer, puisque j'ai Silène dans mon camp.» Quand il eut réduit, par la famine, ces railleurs à se rendre, il répartit, dans ses phalanges, ceux qui étaient propres au service, et fit vendre les autres, qu'il n'eût même pas traités de la sorte, assura-t-il, si, pour leur bien, il n'eût fallu un maître à des hommes hors d'état de maîtriser leur langue. C'était pourtant l'aïeul de cet Alexandre qui lançait sa pique contre ses convives, qui, de ses deux amis cités tout-à-l'heure, exposa l'un à la fureur d'un lion, et fut lui-même pour l'autre une bête féroce. Or, de ces deux victimes, laquelle échappa? celle qui fut jetée au lion.

XXIII. Alexandre ne tenait cet affreux penchant ni de son aïeul, ni même de son père. Car si Philippe eut quelque vertu, ce fut surtout la patience à souffrir les injures, grand moyen politique pour le maintien des états. Democharès, dit Parrhésiaste, pour l'extrême licence de son langage, lui avait été député avec d'autres Athéniens. Après avoir entendu l'ambassade avec bienveillance, le prince demanda ce qu'il pouvait faire d'agréable aux Athéniens : «C'est de te pendre,» lui

sum, quod sit Atheniensibus gratum?» Excepit Demochares : «Te, inquit, suspendere.» Indignatio circumstantium ad tam inhumanum responsum exorta est : quos Philippus conticescere jussit, et Thersitam illum salvum incolumemque dimittere. «At vos, inquit, ceteri legati, nuntiate Atheniensibus, multo superbiores esse, qui ista dicunt, quam qui impune dicta audiunt.»

Multa et divus Augustus digna memoria fecit, dixitque, ex quibus appareat illi iram non imperasse. Timagenes, historiarum scriptor, quædam in ipsum, quædam in uxorem ejus, et in totam domum dixerat, nec perdiderat dicta : magis enim circumfertur, et in ore hominum est temeraria urbanitas. Sæpe illum Cæsar monuit, ut moderatius lingua uteretur; perseveranti domo sua interdixit. Postea Timagenes in contubernio Pollionis Asinii consenuit, ac tota civitate direptus est. Nullum illi limen præclusa Cæsaris domus abstulit. Historias postea quas scripserat, recitavit, et combussit, et libros acta Cæsaris Augusti continentes in ignem posuit. Inimicitias gessit cum Cæsare; nemo amicitiam ejus extimuit, nemo quasi fulgure ictum refugit : fuit qui præberet tam alte cadenti sinum. Tulit hoc, ut dixi, Cæsar patienter, ne eo quidem motus, quod laudibus suis rebusque gestis manus attulerat. Nunquam cum hospite inimici sui questus est : hoc duntaxat Pollioni Asinio

répliqua Démocharès. L'indignation des assistans se soulève à cette brutale réponse ; mais Philippe fait cesser les murmures, ordonne de laisser aller ce nouveau Thersite, sans lui faire de mal ; puis, se tournant vers les autres députés, il ajoute : « Allez dire aux Athéniens, que les gens qui tiennent de tels discours, sont bien plus intraitables que celui qui les entend sans les punir. »

On cite de César Auguste beaucoup d'actes et de paroles mémorables, qui prouvent que la colère avait sur lui peu d'empire. L'historien Timagène s'était permis, sur l'empereur, sur l'impératrice, et sur toute leur maison, certains mots qui ne furent point perdus ; car un trait piquant circule et vole de bouche en bouche d'autant plus vite qu'il est plus hardi. Souvent Auguste l'avait averti de modérer sa langue : comme il persistait, l'entrée du palais lui fut interdite. Timagène, depuis lors, n'en vieillit pas moins dans la maison d'Asinius Pollion ; toutes les sociétés de Rome se l'arrachèrent, et l'exclusion du palais impérial ne lui ferma aucune autre porte. Plus tard, il lut et brûla ses histoires manuscrites, sans faire grâce à ses mémoires sur la vie d'Auguste. Il se déclara l'ennemi de l'empereur, et nul ne redouta son amitié, nul ne fuit en sa personne les foudres de la disgrâce : il se trouva des mains secourables pour un homme qui tombait de si haut. Rien de tout cela ne mit à bout la patience du prince, rien ne l'émut, pas même l'audacieuse destruction de son éloge et de son histoire. Jamais il ne fit de reproches à l'hôte de son ennemi ; il ne lui dit que ces mots : *Vous nourrissez un serpent.* Il interrompit même un jour ses excuses : « Que je ne gêne pas vos

dixit; θηριοτροφεῖς. Paranti deinde excusationem obstitit; « Et, fruere, inquit, mi Pollio, fruere!» Et quum Pollio diceret : « Si jubes, Cæsar, statim illi domo mea interdicam; » — « Hoc me, inquit, putas facturum, quum ego vos in gratiam reduxerim? » Fuerat enim aliquando Timageni Pollio iratus, nec ullam aliam habuerat causam desinendi, quam quod Cæsar cœperat.

XXIV. Dicat itaque quisque sibi, quoties lacessitur : Numquid potentior sum Philippo? illi tamen impune maledictum est. Numquid in domo mea plus possum, quam toto orbe terrarum divus Augustus potuit? ille tamen contentus fuit, a conviciatore suo secedere. Quid est, quare ego servi mei clarius responsum, et contumaciorem vultum, et non pervenientem usque ad me murmurationem, flagellis et compedibus expiem? quis sum, cujus aures lædi nefas sit? Ignoverunt multi hostibus : ego non ignoscam pigris, negligentibus, garrulis? Puerum ætas excuset, fœminam sexus, extraneum libertas, domesticum familiaritas. Nunc primum offendit? cogitemus quamdiu placuerit. Sæpe et alias offendit? feramus quod diu tulimus. Amicus est? fecit quod noluit. Inimicus? fecit quod debuit. Prudentiori cedamus : stultiori remittamus ; pro quocunque illud respondeamus nobis : sapientissimos quoque viros multa delinquere, neminem esse tam circumspectum, cujus non diligentia

jouissances, mon cher Pollion, que je ne les gêne pas. »
Et comme Pollion offrait, au premier ordre de César, de
fermer sa maison à Timagène : « Croyez-vous que je puisse
le vouloir, reprit Auguste, moi qui vous ai réconciliés
tous deux. » En effet, Pollion avait été brouillé avec
Timagène, et son seul motif, pour le reprendre, fut que
César l'avait quitté.

XXIV. Que chacun donc se dise, toutes les fois qu'on
l'offense : Suis-je plus puissant que Philippe? on l'a pourtant outragé impunément. Ai-je plus d'autorité dans ma
maison que le divin Auguste n'en avait sur le monde entier? Auguste se contenta de ne plus voir son agresseur.
Et je me croirais en droit de punir du fouet ou des fers
une réponse trop libre de mon esclave, un air de mutinerie, un murmure qui ne parvient pas jusqu'à moi! Qui
suis-je, pour que choquer mon oreille soit un crime?
Une foule d'hommes ont pardonné à leurs ennemis, et je
ne ferais nulle grâce à un serviteur indolent, causeur ou
distrait! Que l'enfant ait pour excuse son âge; la femme,
son sexe; l'étranger, son indépendance; le domestique,
ses rapports familiers avec nous. Est-ce la première fois
qu'il vous mécontente? Mais dans combien de cas n'en
fûtes-vous pas satisfait? Si c'est la vingtième fois, ne pouvez-vous souffrir encore ce que vous souffrîtes si longtemps? Est-ce votre ami qui vous offense? il l'a fait sans
le vouloir. Votre ennemi? c'était son rôle. Ayez de la
déférence pour l'homme sage, de la pitié pour l'insensé;
pour tous enfin, réfléchissez que les plus parfaits mortels
ne laissent pas de faillir souvent; qu'il n'y a point de circonspection si mesurée qui parfois ne s'oublie, point de

aliquando sibi ipsi excidat, neminem tam maturum, cujus non gravitatem in aliquod fervidius factum casus impingat, neminem tam timidum offensarum qui non in illas, dum vitat, incidat.

XXV. Quomodo homini pusillo solatium in malis fuit, etiam magnorum virorum titubare fortunam, et æquiore animo filium in angulo flevit, qui vidit acerba funera etiam ex regia duci: sic animo æquiore feret ab aliquo lædi, ab aliquo contemni, cuicumque venit in mentem, nullam esse tantam potentiam, in quam non incurrat injuria. Quod si etiam prudentissimi peccant, cujus non error bonam causam habet? Respiciamus, quoties adolescentia nostra in officio parum diligens fuerit, in sermone parum modesta, in vino parum temperans. Si iratus est, demus illi spatium, quo dispicere, quid fecerit, possit: se ipse castigabit. Denique dabit pœnas; non est quod cum illo paria faciamus. Illud non venit in dubium, quin se exemerit turbæ, et altius steterit, quisquis despexit lacessentes: proprium est magnitudinis veræ, non se sentire percussum. Sic immanis fera ad latratum canum lenta respexit: sic irritus ingenti scopulo fluctus assultat. Qui non irascitur, inconcussus injuria perstitit; qui irascitur, motus est. At ille quem modo altiorem omni incommodo posui, tenet quodam amplexu summum bonum; nec homini tantum, sed ipsi

tête si mûre, de personne si grave que l'occasion ne pousse à des inconséquences de jeune homme, point d'homme assez sur ses gardes qui n'offense quelquefois, tout en craignant de blesser.

XXV. Si l'homme obscur se console dans ses maux à l'aspect de la fortune chancelante des grands, si dans sa cabane celui-là pleure un fils avec moins d'amertume, en voyant sortir de chez les rois mêmes des funérailles prématurées, vous aussi, souffrirez avec plus de résignation quelques offenses, quelques mépris, en reconnaissant qu'aucune puissance, si élevée qu'elle soit, n'est inaccessible à l'injure. Et puisque la sagesse aussi peut faillir, quelle erreur n'a pas son excuse? Rappelons-nous combien notre jeunesse eut à se reprocher de devoirs mal remplis, de paroles peu retenues, de débauches et d'excès de vin. On s'est emporté contre nous? Laissons à l'offenseur le temps de se reconnaître : il se corrigera lui-même; qu'il soit enfin notre redevable : qu'est-il besoin d'entrer en compte avec lui? N'est-il pas vrai que nous voyons dans une sphère à part et au dessus du vulgaire l'homme qui répond aux attaques par le mépris? car le propre de la vraie grandeur est de ne pas se sentir frappé. Ainsi aux aboîmens d'une meute importune, le lion tourne lentement la tête : ainsi un immense rocher brave les assauts de la vague impuissante. Qui ne ressent point la colère, demeure inébranlable à l'injure; qui la ressent montre qu'il est ému. Mais l'âme que je viens de montrer supérieure à toutes les disgrâces, embrasse comme d'une étreinte invincible le souverain bien; elle répond à l'homme, et à la fortune même : Quoi que tu fasses, tu es trop faible pour troubler ma sérénité. La raison me

fortunæ respondet : Omnia licet facias, minor es, quam ut serenitatem meam obducas. Vetat hoc ratio, cui vitam regendam dedi; plus mihi nocitura est ira, quam injuria. Quidni plus? illius modus certus est : ista quousque me latura sit, incertum est.

XXVI. «Non possum, inquis, pati : grave est, injuriam sustinere.» Mentiris; quis enim injuriam non potest ferre, qui potest iram? Adjice nunc, quod id agis, ut et iram feras, et injuriam. Quare fers ægri rabiem, et phrenetici verba? puerorum protervas manus? nempe quia videntur nescire, quid faciant. Quid interest, quo quisque vitio fiat imprudens, imprudentia par in omnibus patrocinium est. «Quid ergo? inquis, impune illi erit?» Puta, te velle : tamen non erit. Maxima est enim factæ injuriæ pœna, fecisse; nec quisquam gravius afficitur, quam qui ad supplicium pœnitentiæ traditur. Denique ad conditionem rerum humanarum respiciendum est, ut omnium accidentium æqui judices simus : iniquus autem est, qui commune vitium singulis objecit. Non est Æthiopis inter suos insignitus color; nec rufus crinis et coactus in nodum apud Germanos. Utrumque decet. Nihil in uno judicabis notabile aut fœdum, quod genti suæ publicum est. At ista quæ retuli, unius regionis atque anguli consuetudo defendit; vide nunc quanto in his justior venia sit, quæ per totum ge-

défend de te céder, et je lui ai livré la conduite de ma vie. Le ressentiment me nuirait plus que l'injure. Et, en effet, je sais jusqu'où va l'une, mais j'ignore où m'entraînerait l'autre.

XXVI. « Je ne puis, dites-vous, supporter l'injure. C'est pour moi trop pénible. » Mensonge que cela : vous ne souffririez pas l'injure, et vous souffrez le joug de la colère? Que dis-je? vous vous arrangez de manière à souffrir l'une et l'autre. Pourquoi tolérez-vous les emportemens d'un malade, les propos d'un frénétique, les coups d'un enfant? C'est qu'ils vous paraissent ne savoir ce qu'ils font. Or, qu'importe quel genre de faiblesse aveugle l'homme qui vous attaque? L'aveuglement commun doit être l'excuse de tous. « Quoi! laisser l'agresseur impuni! » Non, il ne le sera pas, quand vous le voudriez. La plus grande punition du mal est de l'avoir fait, et la plus rigoureuse vengeance est celle dont on laisse le soin à nos remords; enfin il faut avoir égard à la condition des choses d'ici-bas pour juger avec équité tous les accidens auxquels elle est sujette, et ce serait juger bien mal que de faire un crime aux individus des torts de l'espèce. Un teint noir ne se remarque point en Éthiopie, pas plus que chez les Germains une chevelure rousse et rassemblée en tresse; en un mot, vous ne trouvez pas étrange ou messéant chez un individu ce qui est de mode dans son pays. Chacun des exemples que je cite n'a pour lui que l'usage d'un seul pays, d'un coin de la terre; voyez donc s'il n'est pas plus juste encore de faire grâce à des vices qui sont de tous les pays et de tous les peuples. Nous

nus humanum vulgata sunt. Omnes inconsulti et improvidi sumus, omnes incerti, queruli, ambitiosi. Quid lenioribus verbis ulcus publicum abscondo? omnes mali sumus. Quidquid itaque in alio reprehenditur, id unusquisque in suo sinu inveniet. Quid illius pallorem, illius maciem notas? pestilentia est. Placidiores itaque invicem simus; mali inter malos vivimus. Una res nos facere potest quietos, mutuæ facilitatis conventio. Ille mihi jam nocuit; ego illi nondum : sed jam aliquem fortasse læsisti; sed lædes.

XXVII. Noli æstimare hanc horam, aut hunc diem; totum inspice mentis tuæ habitum; etiamsi nihil mali fecisti, potest facere. Quanto satius est, sanari injuriam, quam ulcisci! Multum temporis ultio absumit : multis se injuriis objicit, dum una dolet. Diutius irascimur omnes, quam lædimur; quanto melius est, abire in diversum, nec vitia vitiis componere! Num quis satis constare sibi videatur, si mulam calcibus repetat, et canem morsu? « Ista, inquis, peccare se nesciunt. » Primum, quam iniquus est, apud quem, hominem esse, ad impetrandam veniam nocet! Deinde, si cetera animalia iræ tuæ subducit, quod consilio carent; eo loco tibi sit, quisquis consilio caret. Quid enim refert, an alia mutis dissimilia habeat, si hoc, quod in omni peccato muta defendit, simile habet, caliginem mentis? Peccavit : hoc

sommes tous inconsidérés et imprévoyans, tous irrésolus, moroses, ambitieux, ou plutôt, pour ne pas déguiser sous des termes adoucis la grande plaie de l'humanité, nous sommes tous méchans. Ce qu'il blâme chez autrui, chacun le retrouve en son propre cœur. Pourquoi noter la pâleur de l'un, l'amaigrissement de l'autre, quand la peste est chez tous? Soyons donc entre nous plus tolérans : nous sommes des méchans qui vivons parmi nos pareils. Une seule chose peut nous rendre la paix : c'est un traité d'indulgence mutuelle. Cet homme m'a offensé, et je n'ai pas pris ma revanche; mais d'autres peut-être l'ont été par vous, ou bien ils le seront un jour.

XXVII. Ne jugez pas sur ce que vous êtes à l'heure ou au jour présent : interrogez l'état habituel de votre âme; n'eussiez-vous point commis le mal, vous pourrez le commettre. Ne vaut-il donc pas mieux guérir la plaie de l'injure que de s'en venger? La vengeance absorbe beaucoup de temps, et nous expose à une foule d'offenses, pour une seule qui nous pèse. Nous ne sommes frappés qu'un instant, et notre colère est si durable! Ah plutôt, quittons le champ des disputes : ne mettons pas aux prises vices contre vices. Vous semblerait-il dans son bon sens l'homme qui voudrait rendre à la mule un coup de pied, au chien un coup de dent? — Non, car la brute ne sent pas qu'elle fait mal. — Mais d'abord quelle injustice que le titre d'homme soit un obstacle au pardon, et qu'ensuite vous absolviez les êtres privés de réflexion, quand vous devez mettre sur la même ligne qu'eux tout homme en qui la réflexion manque! Car qu'importe qu'il diffère d'ailleurs de la brute, si l'excuse de la brute dans le tort qu'elle vous cause est la même pour lui, l'absence

enim primum, hoc enim extremum. Non est quod illi credas, etiamsi dixit: Iterum non faciam. Et iste peccabit, et in istum alius, et tota vita inter errores volutabitur. Mansuete immansueta tractanda sunt.

Quod in luctu dici solet, efficacissime et in ira dicetur: Utrum aliquando desines, an nunquam? Si aliquando, quanto satius est iram relinquere, quam ab ira relinqui? Sin semper hæc cogitatio durabit, vides quam impacatam tibi denunties vitam : qualis enim erit semper tumentis?

XXVIII. Adjice nunc, quod nisi bene te ipse succenderis, et subinde causas, quibus stimuleris, renovaveris, sua sponte ira discedet, et vires illi dies subtrahet: quanto satius est a te illam vinci, quam a se! Huic irasceris, deinde illi; servis, deinde libertis; parentibus, deinde liberis; notis, deinde ignotis. Ubique enim causæ supersunt, nisi deprecator animus accessit. Hinc te illo furor rapiet, illinc alio; et novis subinde irritamentis orientibus, continuabitur rabies. Age infelix, et quando amabis? O quam bonum tempus in re mala perdis! Quanto nunc satius erat, amicos parare, inimicos mitigare, rempublicam administrare, transferre in res domesticas operam, quam circumspicere, quid alicui possis facere mali, quod aut dignitati ejus, aut patrimonio, aut corpori vulnus infligas! quum id tibi contin-

de discernement? Il a fait une faute! eh bien, est-ce la première? sera-ce la dernière? Ne le croyez pas quand il jurerait qu'il n'y retombera plus. Il vous blessera encore et d'autres le blesseront, et la vie humaine ne sera jamais qu'une alternative de fautes réciproques. Soyons doux avec les êtres qui le sont le moins.

Ce que l'on dit à la douleur peut très-utilement se conseiller à la colère. Cessera-t-elle un jour ou jamais? Si elle doit cesser un jour, n'aimerons-nous pas mieux la quitter que d'attendre qu'elle nous quitte? Si elle doit n'avoir pas de terme, voyez quelle éternelle guerre vous vous déclarez à vous-même! quel état que celui d'un cœur incessamment gonflé de fiel!

XXVIII. Ajoutez qu'à moins de s'enflammer volontairement d'un inextinguible courroux, et de renouveler sans cesse ce qui peut l'attiser, il se dissipera de lui-même et perdra chaque jour de sa véhémence : or, n'y a-t-il pas plus de mérite à étouffer la colère qu'à la laisser s'éteindre? Votre colère s'attaque à tel homme, puis à tel autre; de vos esclaves elle retombe sur vos affranchis, d'un parent sur vos enfans, de vos connaissances sur des inconnus; car les motifs surabondent toujours là où le cœur n'intercède pas. Alors la passion vous précipite sur mille points opposés, et trouvant de nouveaux stimulans à chaque pas, si vos rancunes ne s'arrêtent plus, malheureux! quand donc aimerez-vous? Que de beaux jours perdus à mal faire! Qu'il serait plus doux, dès à présent, de s'attacher des amis, d'apaiser ses ennemis, de servir l'état, de veiller à ses affaires domestiques, au lieu d'épier péniblement le mal qu'on peut faire à son semblable, et les moyens de le blesser dans sa dignité, son patrimoine ou sa personne, tristes victoires qui ne s'obtien-

gere sine certamine ac periculo non possit, etiamsi cum inferiore concurses. Vinctum licet accipias, et ad arbitrium tuum omni patientiæ expositum : sæpe nimia vis cædentis aut articulum loco movit, aut nervum in his, quos fregerat, dentibus fixit. Multos iracundia mancos, multos debiles fecit, etiam ubi patientiæ est nacta materiam. Adjice nunc, quod nihil tam imbecille natum est, ut sine elidentis periculo pereat : imbecillos valentissimis alias dolor, alias casus exæquat. Quid, quod pleraque eorum, propter quæ irascimur, offendunt nos magis, quam lædunt? multum autem interest, utrum aliquis voluntati meæ obstet, an desit; eripiat, an non det. Atqui in æquo ponimus, utrum aliquis auferat, an neget : utrum spem nostram præcidat, an differat : utrum contra nos faciat, an pro se; amore alterius, an odio nostri. Quidam vero non tantum justas causas standi contra nos, sed etiam honestas habent. Alius patrem tuetur, alius fratrem, alius patruum, alius amicum; his tamen non ignoscimus, id facientibus,: quod nisi facerent, improbaremus; immo, quod est incredibile, sæpe de facto bene existimamus, de faciente male.

XXIX. At mehercules vir magnus ac justus, fortissimum quemque ex hostibus suis, et pro libertate ac salute patriæ pertinacissimum suspicit, et talem sibi civem, talem militem contingere optat. Turpe est, odisse quem laudes : quanto vero turpius, ob id aliquem

nent jamais sans péril ni combat, l'adversaire vous fût-il inférieur en force? Vous le livrât-on pieds et poings liés, pour lui faire subir tous les supplices qu'il vous plairait d'infliger, souvent le lutteur qui frappe trop violemment se déboîte les articulations du bras, et engage son poing dans la mâchoire même de l'adversaire dont il a brisé les dents. Combien la colère a fait de manchots et d'infirmes, lors même que leurs coups n'éprouvaient aucune résistance! D'ailleurs il n'est point d'être si faible, qu'on puisse l'écraser sans risque. Parfois l'excès des tourmens ou le hasard rend les plus débiles égaux aux plus forts. Disons-le encore : presque tous les sujets qui nous fâchent sont plutôt des mortifications que des torts réels. Il y a loin pourtant entre ne pas servir nos projets et y faire obstacle, entre ne pas nous donner et nous ôter. Et nous mettons sur la même ligne un vol ou un refus, une espérance détruite ou ajournée, un tort envers nous, ou la préférence d'un autre pour ses intérêts, l'amitié qu'on porte à un tiers ou la haine pour nous. Nombre de gens ont vis-à-vis de nous de légitimes et même d'honorables motifs d'opposition : c'est un père, un frère, un oncle, un ami qu'ils défendent. Eh bien! nous ne leur pardonnons point de faire ce que nous les blâmerions de n'avoir pas fait; mais ce qui est pire, ce qui passe toute croyance, souvent nous applaudissons à un acte dont nous savons mauvais gré à l'auteur.

XXIX. Tel n'est point certes l'homme juste et généreux : il sait admirer chez ses ennemis ceux qui furent les plus braves et les plus dévoués pour le salut et la liberté de leur pays; il demande au ciel des guerriers, des concitoyens qui leur ressemblent. Rougissons de haïr l'homme que nous estimons; mais rougissons bien plus

odisse, propter quod misericordia dignus est, si captivus in servitutem subito depressus reliquias libertatis tenet, nec ad sordida ac laboriosa ministeria agilis occurrit; si ex otio piger equum vehiculumque domini cursu non exaequat; si inter quotidianas vigilias fessum somnus oppressit; si rusticum laborem recusat, aut non fortiter obit, a servitute urbana et feriata translatus ad durum opus! Distinguamus, utrum aliquis non possit, an nolit: multos absolvemus, si coeperimus ante judicare, quam irasci. Nunc autem primum impetum sequimur: deinde quamvis vana nos concitaverint, perseveramus, ne videamur coepisse sine causa, et quod iniquissimum est, pertinaciores nos facit iniquitas irae. Retinemus enim illam, et augemus; quasi argumentum sit juste irascentis, graviter irasci. Quanto melius est, initia ipsa perspicere, quam levia sint, quam innoxia! Quod accidere vides in animalibus mutis, idem in homine deprehendes: frivolis turbamur, et inanibus.

XXX. Taurum color rubicundus excitat, ad umbram aspis exsurgit, ursos leonesque mappa proritat. Omnia quae natura fera ac rabida sunt, consternantur ad vana. Idem inquietis et stolidis ingeniis evenit: rerum suspicione feriuntur; adeo quidem, ut interdum injurias vocent modica beneficia, in quibus frequentissima, certe acerbissima iracundiae materia est. Carissimis enim ira-

de haïr en lui ce qui doit lui mériter notre compassion. Faut-il en vouloir au captif, tombé soudain dans la servitude, s'il garde quelque reste de son indépendance, s'il ne court pas assez prestement au devant d'un pénible et vil ministère; si, trop peu agile par suite des loisirs qu'il n'a plus, il n'égale pas à la course le cheval ou le char du maître; si, fatigué de veilles multipliées, le sommeil l'est venu surprendre, et si, passant du service de la ville et de ses fêtes aux rudes journées de la campagne, il se rebute des travaux rustiques ou ne s'y livre pas avec ardeur? Distinguons si c'est la force ou le vouloir qui manquent: nous absoudrons souvent, quand nous jugerons avant de nous fâcher. Mais non, c'est le premier élan qu'on suit: on a beau reconnaître plus tard la puérilité de son emportement, on y persiste, on ne veut pas sembler avoir pris feu sans cause, et pour comble d'iniquité, plus la colère a tort, plus elle s'opiniâtre, plus elle s'exalte et enchérit sur ses premiers excès, comme si la violence était preuve de justice. Ah! qu'il est bien plus noble à l'homme d'apprécier le vide et l'insignifiance des motifs qui le transportent! Ce roi des animaux laisse voir la même faiblesse que ses stupides sujets: un fantôme, un rien le bouleverse.

XXX. La couleur rouge irrite le taureau, une ombre met l'aspic en fureur; la vue d'un linge blanc qu'on agite éveille la rage des lions et des ours. Tous les animaux, naturellement farouches et irritables, s'épouvantent pour la moindre chose. Voilà l'image de ce qui arrive aux esprits mobiles et peu éclairés: ils se frappent de ce qui n'est qu'imaginaire. Certains même vont jusqu'à taxer d'injures de modiques bienfaits, qui deviennent pour eux le levain des plus fréquentes ou du moins des plus âpres inimitiés.

scimur, quod minora nobis praestiterint, quam mente concepimus, quam quae alii tulerint; quum utriusque rei paratum remedium sit. Magis alteri indulsit? nostra nos sine comparatione delectent; nunquam erit felix, quem torquebit felicior. Minus habeo quam speravi? sed fortasse plus speravi, quam debui. Haec pars maxime metuenda est; hinc perniciosissimae irae nascuntur, et sanctissima quaeque invasurae. Divum Julium plures amici confecerunt, quam inimici, quorum non expleverat spes inexplebiles. Voluit quidem ille: neque enim quisquam liberalius victoria usus est, ex qua nihil sibi vindicavit, nisi dispensandi potestatem: sed quemadmodum sufficere tam improbis desideriis posset, quum tantum omnes concupiscerent, quantum poterat unus? Vidit itaque strictis circa sellam suam gladiis commilitones suos, Cimbrum Tillium acerrimum paullo ante suarum partium defensorem, aliosque post Pompeium demum Pompeianos.

XXXI. Haec res sua in reges arma convertit, fidissimosque eo compulit, ut de morte eorum cogitarent, pro quibus et ante quos mori votum habuerant.

Nulli ad aliena respicienti sua placent. Inde diis quoque irascimur, quod aliquis nos antecedat, obliti quantum hominum retro sit, et paucis invidentes quan-

Oui, l'on n'en veut pas aux êtres qu'on chérit le plus pour avoir reçu d'eux moins qu'on n'espérait, moins que d'autres n'en ont reçu; double motif d'aigreur que dissiperait une réflexion bien simple : Ton voisin est mieux partagé que toi? Qu'as-tu besoin de comparaisons pour jouir? Il ne sera jamais heureux celui que tourmente la vue d'un plus heureux que lui. Tu attendais mieux? et peut-être plus que tu ne devais attendre. L'amour-propre est ici fort à craindre : c'est une source de haines mortelles et capables des plus sacrilèges attentats. Qui furent les meurtriers de César? Bien moins ses vrais ennemis que des amis dont il n'avait point satisfait les prétentions insatiables. Il eût voulu le faire sans doute, car jamais homme n'usa plus généreusement de la victoire, dont il ne s'attribua rien que le droit d'en dispenser les fruits. Mais comment suffire à des exigeances sans bornes, quand tous voulaient avoir ce qu'un seul pouvait posséder? Et voilà pourquoi César vit en plein sénat se lever contre lui les poignards de ses compagnons d'armes, de Tillius Cimber, naguère son plus forcené partisan, et de tant d'autres, qui, après la mort de Pompée, s'étaient faits pompéiens.

XXXI. Voilà pourquoi des rois ont vu se tourner contre eux les armes de leurs satellites; voilà pourquoi leurs plus fidèles amis, ceux qui souhaitaient de mourir pour eux et avant eux, ont pu changer au point de conspirer leur trépas.

Personne n'est content de son lot, quand il jette les yeux sur les avantages d'autrui. De là contre les dieux notre colère, fondée sur ce qu'un seul nous devance : nous oublions combien de gens viennent après nous;

tum sequatur a tergo ingentis invidiæ. Tanta tamen importunitas hominum est, ut quamvis multum acceperint, injuriæ loco sit, plus accipere potuisse. Dedit mihi præturam? sed consulatum speraveram. Dedit duodecim fasces? sed non fecit ordinarium consulem. A me numerari voluit annum? sed deest mihi ad sacerdotium. Cooptatus in collegium sum? sed cur in unum? Consummavit dignitatem meam? sed patrimonio nihil contulit. Ea dedit mihi quæ debebat alicui dare : de suo nihil protulit. Age potius gratias pro his quæ accepisti; reliqua exspecta, et nondum plenum te esse gaude. Inter voluptates est, superesse quod speres. Omnes vicisti? primum te esse in animo amici tui lætare : multi te vincunt? considera, quanto antecedas plures quam sequaris.

XXXII. Quod sit in te maximum vitium, quæris? falsas rationes conficis : data magno æstimas, accepta parvo.

Aliud in alio nos deterreat : quibusdam timeamus irasci, quibusdam vereamur, quibusdam fastidiamus.

Magnam rem sine dubio fecerimus, si servulum infelicem in ergastulum miserimus! Quid properamus verberare statim, crura protinus frangere? non peribit potestas ista, si differetur. Sine id tempus veniat, quo ipsi

et, jaloux de quelques-uns, nous ne voyons pas quelle foule nous avons derrière nous pour nous porter envie. Telle est l'importune avidité des hommes : on a beau leur donner beaucoup, on leur fait tort de tout ce qu'on pouvait leur donner au delà. Il m'a accordé la préture, mais j'espérais le consulat. Il m'a donné les douze faisceaux, mais il ne m'a pas fait consul ordinaire. Il a bien voulu que l'année se datât par mon nom, mais il ne me porte pas au sacerdoce. Je suis élu pontife; mais pourquoi dans un seul collège? Rien ne manque à mes dignités; mais en quoi a-t-il augmenté mon patrimoine? Il m'a donné ce qu'il ne pouvait se dispenser de donner à quelqu'un : mais il n'y a rien mis du sien. — Eh! remercions plutôt de ce que nous venons d'obtenir : attendons le reste, applaudissons-nous de n'être pas encore comblés, et comptons pour une bonne fortune de pouvoir espérer encore. Sommes-nous vainqueurs de nos rivaux? soyons heureux d'avoir la première place dans le cœur de notre ami. Vaincus par quelques-uns, considérons la multitude qui nous suit, au lieu du petit nombre qui nous dépasse.

XXXII. Quel est ici notre plus grand tort? de faire de faux calculs; d'estimer trop haut ce que l'on donne, et trop bas ce que l'on reçoit.

Revenons aux motifs qui doivent nous éloigner de la colère : ils varieront suivant les personnes; ici ce sera la crainte, là le respect, ailleurs le dédain.

La belle œuvre, par exemple, que de faire jeter au cachot un malheureux esclave! Pourquoi se hâter de crier : qu'on le fustige, qu'on lui rompe les jambes? Ce terrible droit vous échappera-t-il, si vous en différez l'usage? Laissez venir l'instant où ce soit vous-même qui don-

jubeamus : nunc ex imperio iræ loquimur : quum illa abierit, tunc videbimus, quanti sit ista lis æstimanda : in hoc enim præcipue fallimur; ad ferrum venimus, ad capitalia supplicia, et vinculis, carcere, fame vindicamus rem castigandam flagris levioribus. « Quomodo, inquis, nos jubes intueri, quam omnia, per quæ lædi videmur, exigua, misera, puerilia sint? » Ego vero nihil magis suaserim, quam sumere ingentem animum, et hæc propter quæ litigamus, discurrimus, anhelamus, videre quam humilia et abjecta sint, nulli qui altum quiddam aut magnificum cogitat, respicienda.

Circa pecuniam plurimum vociferationis est : hæc fora defatigat, patres liberosque committit, venena miscet, gladios tam percussoribus quam legionibus tradit; hæc est sanguine nostro delibuta; propter hanc uxorum maritorumque noctes strepunt litibus, et tribunalia magistratuum premit turba, reges sæviunt rapiuntque, et civitates longo sæculorum labore constructas evertunt, ut aurum argentumque in cinere urbium scrutentur.

XXXIII. Libet intueri fiscos in angulo jacentes. Hi sunt, propter quos oculi clamore exprimuntur, fremitu judiciorum basilicæ resonant, evocati ex longinquis regionibus judices sedent, judicaturi, utrius justior avaritia sit. Quid si, ne propter fiscum quidem, sed pugnum æris, aut imputatum a servo denarium, senex

niez vos ordres; la colère à présent vous subjugue et parle en votre place. Qu'elle se dissipe, et nous verrons alors à proportionner la peine au délit. Déplorable égarement! On punit de la torture, du dernier supplice ou tout au moins des fers, du cachot, de la faim, des fautes qui n'eussent mérité qu'une correction légère. « Eh quoi! me direz-vous, vous nous prescrivez de considérer tout ce qui peut nous offenser comme des bagatelles, des misères, des puérilités? » En vérité, je n'ai d'autre conseil à donner que d'élever notre esprit à une telle hauteur que nous voyions dans toute leur petitesse et leur abjection ces faux biens, objets pour nous de tant de procès, de tant de courses, de tant de sueurs, et qui, pour quiconque a dans l'âme quelque grandeur et quelqu'élévation, ne valent pas un regard.

C'est pour de l'argent que se font entendre tant de vociférations; c'est l'argent qui fatigue les échos du forum, qui met les fils aux prises avec leurs pères, qui prépare des poisons, qui confie le glaive aux sicaires, aussi bien qu'aux légions. Oui, l'argent est partout souillé de sang humain; pour l'argent, maris et femmes troublent par leurs querelles le silence des nuits, la foule se presse devant le tribunal des juges; enfin si les rois massacrent et pillent, s'ils renversent des cités, œuvre des siècles, c'est pour aller chercher l'or et l'argent dans leurs cendres fumantes.

XXXIII. Et si vous daignez abaisser la vue sur ces coffres-forts cachés dans les plus obscurs recoins, vous direz : « Voilà donc la cause de ces cris de fureur, de ces yeux sortant de leurs orbites; voilà pourquoi hurle la chicane dans nos palais de justice, et des juges, évoqués de si loin, s'en viennent décider, entre deux plaideurs, de quel côté la loi favorise le plus la cupidité. » Je parle de coffres-forts! Et pour une poignée de menu cui-

sine hærede moriturus stomacho dirumpitur? Quid si propter usuram haud millesimam, valetudinarius fœnerator distortis pedibus, et manibus ad comparendum non relictis, clamat, ac per vadimonia asses suos in ipsis morbi accessionibus vindicat?

Si totam mihi ex omnibus metallis, quæ quum maxime deprimimus, pecuniam proferas, si in medium projicias quidquid thesauri tegunt, avaritia iterum sub terras referente quæ male egesserat; omnem istam congeriem dignam non putem, quæ frontem viri boni contrahat. Quanto risu prosequenda sunt, quæ nobis lacrymas educunt?

XXXIV. Cedo nunc persequere cetera, cibos, potiones, horumque causa paratam ambitionem, munditias, verba, contumelias, et motus corporum parum honorificos, et suspiciones, et contumacia jumenta, et pigra mancipia, interpretationes malignas vocis alienæ : quibus efficitur, ut inter injurias naturæ numeretur sermo homini datus. Crede mihi, levia sunt, propter quæ non leviter excandescimus, qualia quæ pueros in rixam et jurgium concitant. Nihil ex his, quæ tam tristes agimus, serium est, nihil magnum. Inde, inquam, vobis ira et insania est, quod exigua magno æstimatis. « Auferre hic mihi hæreditatem voluit : hic me diu spe suprema captatum criminitatus est : hic scortum meum concupivit. »

vre, pour un denier que détourne un esclave, ce vieillard, qui va mourir sans héritiers, entre dans des convulsions de rage. Et pour la plus modique fraction d'intérêt, cet usurier infirme, qui, les pieds et les mains rongés de goutte, n'est pas en état de comparaître, crie incessamment et par ses mandataires poursuit, au fort de ses accès, le recouvrement de quelques as.

Quand vous m'étaleriez toute cette masse de métaux qu'on ne cesse d'arracher du sein de la terre; quand vous mettriez au jour tout ce qu'enfouit de trésors cette avarice qui rend à la terre ce qu'elle lui a si mal à propos ravi, cet énorme entassement ne sera pas digne à mes yeux de faire sourciller le sage. Combien il se doit rire de ce qui nous arrache tant de larmes!

XXXIV. Voulez-vous maintenant parcourir toutes les autres causes de colère, raffinemens du manger et du boire, prétentions qui s'y rattachent, recherches de la parure, paroles, insultes, gestes, attitude peu respectueuse, paresse d'un esclave, indocilité d'une bête de somme, soupçons, interprétation maligne des propos d'autrui, qui ferait juger la parole comme un présent funeste de la nature? Croyez-moi : ce sont choses légères qui nous fâchent si grièvement; les luttes et les querelles d'enfans n'ont pas de motifs plus frivoles. Dans tout ce que nous faisons avec une si triste gravité, rien de sérieux ni de grand. Votre colère, encore une fois, votre folie ne vient que de ce que vous attachez un prix énorme à ce qui n'en a guère. « On a voulu m'enlever un héritage; on m'a desservi près du testateur qui, dès long-temps, me flattait que sa volonté suprême

Quod vinculum amoris esse debebat, seditionis atque odii causa est, idem velle.

XXXV. Iter angustum rixas transeuntium concitat: diffusa et late patens via ne populos quidem collidit. Ista quæ appetitis, quia exigua sunt, nec possunt ad alterum, nisi alteri erepta, transferri: eadem affectantibus pugnam et jurgia excitant. Respondisse tibi servum indignaris, libertumque, et uxorem, et clientem: deinde idem de republica libertatem sublatam quereris, quam domi sustulisti. Rursus si tacuit interrogatus, contumaciam vocas. Et loquatur, et taceat, et rideat! coram domino? inquis; immo coram patrefamilias. Quid clamas? quid vociferaris? quid flagella media cœna petis, quod servi loquuntur, quod non eodem loco turba concionis est, et silentium solitudinis? In hoc habes aures, ut non nisi modulata cantuum et mollia, et ex dulci tracta compositaque accipiant? Et risum audias oportet, et fletum; et blanditias, et lites; et prospera, et tristia; et hominum voces, et fremitus animalium latratusque. Quid miser expavescis ad clamorem servi, ad tinnitum æris, ad januæ impulsum? quum tam delicatus fueris, tonitrua audienda sunt.

Hoc quod de auribus dictum est, transfer ad oculos, qui non minus fastidio laborant, si male instituti sunt: macula offenduntur et sordibus, et argento parum splen-

serait en ma faveur; on a tenté de séduire ma concubine. »
Ainsi la communauté de désirs, qui devait être un nœud
d'amitié, devient un ferment de discorde et de haine.

XXXV. Dans une ruelle étroite, il s'élève des rixes
entre les passans; dans une route large et spacieuse, des
la foule des passans circule sans se heurter. Les objets de
vos souhaits, par leur exiguité, et parce qu'ils ne peuvent
passer à l'un sans être ôtés à l'autre, excitent de même,
chez tant de prétendans, et des disputes et des procès.
Tu t'indignes qu'un esclave, qu'un affranchi, que ta
femme, que ton client aient osé te répondre; puis tu vas
te plaindre qu'il n'y a plus de liberté dans l'état, toi qui
l'as bannie de chez toi! Qu'on ne réponde pas à tes questions, on sera traité de rebelle. Laisse à tes gens le droit
de parler, de se taire, de rire. Quoi! devant un maître?
Non, devant un père de famille. Pourquoi ces cris, ces
vociférations, ces fouets que tu demandes au milieu du
festin? Pour un mot d'un valet? parce que dans cette
salle, aussi pleine qu'un forum, ne règne pas le silence
d'un désert? Ton oreille n'est-elle faite que pour entendre
de molles harmonies et des sons mélodieusement filés?
Sois prêt à entendre les ris et les pleurs, les complimens
et les reproches, les bonnes et les fâcheuses nouvelles, la
voix humaine, aussi bien que les cris des animaux et que
les aboiemens. Quelle misère de te voir tressaillir au cri
d'un esclave, au bruit d'une sonnette, d'une porte où
l'on frappe! Délicat comme tu l'es, il te faudra bien supporter les éclats du tonnerre.

Ce que je dis des oreilles, tu peux l'appliquer aux
yeux. Les yeux ne sont ni moins malades, ni moins capricieux que les oreilles, quand on les a mal disciplinés.

dido, et stanno non ad solem perlucente. Hi nempe oculi, qui non ferunt nisi varium ac recenti cura nitens marmor, qui mensam nisi crebris distinctam venis, qui nolunt domi nisi auro pretiosa calcare: æquissimo animo foris et scabras lutosasque semitas spectant, et majorem partem occurrentium squalidam, parietes insularum exesos, ruinosos, inæquales.

XXXVI. Quid ergo aliud est quod illos in publico non offendat, domi moveat, quam opinio illic æqua et patiens, domi morosa et querula? Omnes sensus perducendi sunt ad firmitatem : natura patientes sunt, si animus illos destinat corrumpere, qui quotidie ad rationem reddendam vocandus est. Faciebat hoc Sextius, ut consummato die, quum se ad nocturnam quietem recepisset, interrogaret animum suum : « Quod hodie malum tuum sanasti? cui vitio obstitisti? qua parte melior es? ». Desinet ira et erit moderatior, quæ sciet sibi quotidie ad judicem esse veniendum. Quid ergo pulchrius hac consuetudine excutiendi totum diem? qualis ille somnus post recognitionem sui sequitur? quam tranquillus, altus ac liber, quum aut laudatus est animus, aut admonitus, et speculator sui censorque secretus cognoscit de moribus suis? Utor hac potestate, et quotidie apud me causam dico : quum sublatum e conspectu lumen est, et

Ils sont blessés d'une tache, d'un grain de poussière, d'une pièce d'argenterie qui reluit moins qu'un miroir, d'un vase d'airain qui ne réfléchit pas les rayons du soleil; tu ne souffres que des marbres tout variés d'accidens et fraîchement polis, que des tables marquées de mille veines; tu ne veux chez toi fouler que tapis enrichis d'or; et, hors de chez toi, tes yeux se résignent très-bien à voir des pavés raboteux et inondés de boue, des passans la plupart salement vêtus, les murs des maisons minés par le temps, inégaux et menaçant ruine.

XXXVI. Quelle est la cause qui fait qu'on ne s'offense pas en public de ce qui choque au logis? C'est qu'au dehors votre esprit est monté au ton de la douceur et de la patience, et dans votre intérieur, sur celui du chagrin et de l'humeur. Il faut raffermir, endurcir tous nos sens; la nature les a formés pour souffrir; c'est notre âme qui les corrompt : aussi devons-nous exiger d'elle un compte journalier de ses œuvres. Ainsi faisait Sextius : à la fin du jour, recueilli dans sa couche, il interrogeait son âme : « De quel défaut t'es-tu purgée aujourd'hui? quel mauvais penchant as-tu surmonté? en quoi es-tu devenue meilleure? » La colère cessera, ou du moins se modérera, si elle sait que tous les jours elle doit paraître devant son juge. Quoi de plus beau que cette coutume de faire l'enquête de toute sa journée! quel sommeil que celui qui succède à cet examen! qu'il est libre, calme et profond lorsque l'âme a reçu sa portion d'éloge ou de blâme, et que, censeur de sa propre conduite, elle a informé secrètement contre elle-même. Telle est ma règle : chaque jour je me cite à mon tribunal. Dès que la lumière a disparu de mon appartement, et que ma femme, qui sait mon usage, respecte

conticuit uxor moris jam mei conscia, totum diem mecum scrutor, facta ac dicta mea remetior. Nihil mihi ipse abscondo, nihil transeo. Quare enim quidquam ex erroribus meis timeam, quum possim dicere : Vide ne istud amplius facias, nunc tibi ignosco. In illa disputatione pugnacius locutus es : noli postea congredi cum imperitis; nolunt discere, qui nunquam didicerunt. Illum liberius admonuisti, quam debebas; itaque non emendasti, sed offendisti : de cetero vide, non tantum, an verum sit quod dicis, sed an ille cui dicitur, veri patiens sit.

XXXVII. Admoneri bonus gaudet: pessimus quisque correctorem asperrime patitur. In convivio quorumdam te sales et in dolorem tuum jacta verba tetigerunt? vitare vulgares convictus memento : solutior est post vinum licentia, quia ne sobriis quidem pudor est. Iratum vidisti amicum tuum ostiario causidici alicujus, aut divitis, quod intrantem submoverat : et ipse pro illo iratus extremo mancipio fuisti. Irasceris ergo catenario cani? et hic quum multum latravit, objecto cibo mansuescit; recede longius, et ride. Nunc iste aliquem se putat, quod custodit litigatorum turba limen obsessum : nunc ille qui intra jacet, felix fortunatusque est, et beati hominis judicat ac potentis indicium, difficilem januam: nescit durissimum esse ostium carceris. Praesume animo, multa esse tibi patienda. Num quis se hieme algere mi-

mon silence par le sien, je commence l'inspection de ma journée entière, et reviens, pour les peser, sur mes discours, comme sur mes actes. Je ne me déguise ni ne me passe rien; est-il rien dans mes erreurs que je craindrais d'envisager, quand je puis dire : Tâche de n'y pas retomber; pour le présent, je te fais grâce? tu as mis de l'âpreté dans telle discussion; fuis désormais les luttes de paroles avec l'ignorance; elle ne veut point apprendre, parce qu'elle n'a jamais appris. Tu as donné tel avertissement plus librement qu'il ne convenait, et tu n'as pas corrigé, mais choqué. Prends garde une autre fois moins à la justesse de tes avis, qu'à la manière dont celui à qui tu t'adresses est disposé à souffrir la vérité.

XXXVII. L'homme de bien aime qu'on le reprenne; mais les plus dignes de censure sont ceux qu'elle effarouche le plus. Si quelques saillies, quelques traits lancés dans un festin pour te piquer au vif, ont en effet porté coup : souviens-toi d'éviter ces repas où se trouvent des gens de toute espèce. L'insolence perd toute retenue après le vin ; l'homme sobre même oublie la sienne. Tu as vu ton ami s'indigner contre le portier de je ne sais quel avocat, de je ne sais quel riche pour n'avoir pas été reçu, et toi-même as pris feu pour lui contre le dernier des esclaves. Te fâcheras-tu donc aussi contre le dogue enchaîné dans sa loge? Encore cet animal, après avoir bien aboyé, s'apaise au morceau qu'on lui jette. Retire-toi, et ne fais qu'en rire. Ce misérable se croit quelque chose, parce qu'il garde un seuil qu'assiège la foule des plaideurs; et son fortuné maître, cet heureux mortel dont il protège le repos, regarde comme l'enseigne du bonheur et de la puissance d'avoir une porte difficile à franchir. Il ne songe pas que celle d'une prison l'est bien plus. Attends-toi à es-

ratur? num quis in mari nauseare, in via concuti? Fortis est animus, ad quæ præparatus venit. Minus honorato loco positus, irasci cœpisti convivatori, vocatori, ipsi qui tibi præferebatur. Demens, quid interest, quam lecti premas partem? honestiorem te aut turpiorem potest facere pulvinus? Non æquis quemdam oculis vidisti, quia de ingenio tuo male locutus est. Recipis hanc legem? ergo te Ennius, quo non delectaris, odisset? et Hortensius simultates tibi indiceret? et Cicero, si derideres carmina ejus, inimicus esset?

XXXVIII. Vis tu æquo animo pati candidatus suffragia? Contumeliam tibi fecit aliquis: numquid majorem quam Diogeni, philosopho stoico? cui de ira quum maxime disserenti, adolescens protervus inspuit: tulit hoc ille leniter ac sapienter. « Non quidem, inquit, irascor; sed dubito tamen, an irasci oporteat. » Cato noster melius: cui quum causam agenti, in frontem mediam, quantum poterat attracta pingui saliva, inspuisset Lentulus, ille patrum nostrorum memoria factiosus et impotens, abstersit faciem, et, « Affirmabo, inquit, omnibus, Lentule, falli eos, qui te negant os habere. »

XXXIX. Contigit jam nobis, Novate, bene componere animum, si aut non sentit iracundiam, aut superior est. Videamus quomodo alienam iram leniamus: nec enim sani esse tantum volumus, sed sanare. Primam

suyer des contrariétés sans nombre. Est-on surpris d'avoir froid en hiver; d'éprouver en mer des nausées, en voyage des cahots? L'âme est forte contre les disgrâces quand elle y arrive préparée. On ne t'a pas donné à table la place d'honneur, et te voilà outré contre l'hôte, contre l'esclave qui fait l'appel des convives et contre le préféré. Insensé! que t'importe la partie du lit que presse ton corps? Ton plus ou moins de mérite dépend-il d'un coussin? Tu as vu de mauvais œil quelqu'un qui avait mal parlé de ton esprit. C'est ta loi; l'accepterais-tu? A ce compte, Ennius, dont la lecture te déplaît, aurait eu droit de te haïr; Hortensius de se déclarer ton ennemi? enfin Cicéron de t'en vouloir, si tu t'es moqué de ses vers.

XXXVIII. Es-tu candidat? sois assez juste pour ne pas murmurer du résultat des suffrages. On t'a fait un outrage: t'a-t-on fait pis qu'à Diogène, philosophe stoïcien? Au moment même où il dissertait sur la colère, un jeune insolent cracha sur lui; il reçut cet affront avec la douceur d'un sage, et dit : « Je ne me fâche pas; je suis seulement en doute si je dois me fâcher. » Caton répondit mieux encore : un jour qu'il plaidait, Lentulus, d'insolente et factieuse mémoire, lui cracha au milieu du front de la manière la plus dégoûtante; Caton s'essuya en disant : « Si l'on prétend que tu n'as point de bouche, je serai bon garant du contraire. »

XXXIX. J'ai rempli, Novatus, une grande tâche; j'ai pacifié l'âme, si je lui ai appris à ne pas sentir la colère, ou à s'y montrer supérieure. Je passe aux moyens d'adoucir ce vice chez les autres : car nous ne voulons pas la santé morale pour nous seuls. Renonçons à calmer

iram non audebimus oratione mulcere, surda est et amens : dabimus illi spatium ; remedia in remissionibus prosunt; nec oculos tumentes tentabimus, vim rigentem movendo incitaturi, nec cetera vitia, dum fervent. Initia morborum quies curat. « Quantulum, inquis, prodest remedium tuum, si sua sponte desinentem iram placat? » Primum, ut citius desinat, efficit : deinde custodiet, ne recidat : ipsum quoque impetum, quem non audet lenire, fallet. Removebit omnia ultionis instrumenta : simulabit iram, ut tamquam adjutor, et doloris comes plus auctoritatis in consiliis habeat : moras nectet, et dum majorem quærit pœnam, præsentem differet : omni arte requiem furori dabit. Si vehementior erit; aut pudorem illi cui non resistat, incutiet, aut metum. Si infirmior; sermones inferet, vel gratos, vel novos, et cupiditate cognoscendi avocabit. Medicum aiunt, quum regis filiam curare deberet, nec sine ferro posset, dum tumentem mammam leniter fovet, scalpellum spongia tectum induxisse. Repugnasset puella remedio palam admoto : eadem, quia non exspectavit, dolorem tulit.

XL. Quædam non nisi decepta sanantur. Alteri dices. « Vide ne inimicis iracundia tua voluptati sit : » Alteri : « Vide ne magnitudo animi tui, creditumque apud ple-

par nos discours, les premiers transports, toujours sourds et aveugles : donnons-leur du temps ; les remèdes ne servent que dans l'intervalle des accès. On ne touche pas à l'œil au fort de la fluxion : l'inflammation deviendrait plus intense, comme tout le mal qu'on attaquerait aux momens de crise. Les affections naissantes se traitent par le repos. « L'utile remède que le vôtre, va-t-on me dire ; il apaise le mal quand le mal cesse de lui-même. » Non, il le fait cesser plus vite; il prévient les rechutes ; et s'il n'ose tenter de l'adoucir, il trompe du moins sa violence, il lui dérobe tous les moyens de nuire, feint d'entrer dans ses ressentimens, se donne pour auxiliaire, pour compagnon de ses douleurs, afin d'avoir plus de crédit dans ses conseils; invente mille causes de retard, diffère la vengeance présente sous prétexte de la vouloir plus forte, cherche, en un mot, par toutes les voies quelque relâche à sa fureur. Si sa véhémence est trop grande, on la fera reculer devant la honte ou la crainte; si elle n'est pas très-vive, on l'amusera de choses agréables ou nouvelles; on éveillera, pour la distraire, l'instinct de la curiosité; que sais-je ? on fera comme ce médecin qui, dit-on, ayant à guérir la fille d'un roi, et ne le pouvant sans employer le fer, glissa une lancette sous l'éponge dont il pressait légèrement la mamelle gonflée. La jeune fille se serait refusée à l'incision, s'il n'en eût masqué les approches; la douleur était la même; mais imprévue, elle fut mieux supportée.

XL. Que de malades il faut tromper pour les guérir ! Vous direz à tel homme : « Prenez garde que votre courroux ne fasse jouir vos ennemis. » A tel autre : « Ce renom de magnanimité, de force d'âme que presque tous

rosque robur, cadat.» Indignor mehercule, et non invenio dolendi modum, sed tempus exspectandum est: dabit pœnas. Serva istud in animo tuo; quum potueris, et pro mora reddes.

Castigare vero irascentem, et ultro obviam ire ei, incitare est. Varie aggredieris, blandeque : nisi forte tanta persona eris, ut possis iram comminuere; quemadmodum fecit divus Augustus, quum cœnaret apud Vedium Pollionem. Fregerat unus ex servis ejus crystallinum : rapi eum Vedius jussit, nec vulgari quidem periturum morte : muraenis objici jubebatur, quas ingentes in piscina continebat. Quis non hoc illum putaret luxuriæ causa facere? sævitia erat. Evasit e manibus puer, et confugit ad Cæsaris pedes, nihil aliud petiturus, quam ut aliter periret, nec esca fieret. Motus est novitate crudelitatis Cæsar; et illum quidem mitti, crystallina autem omnia coram se frangi jussit, compleriqueque piscinam. Fuit Cæsari sic castigandus amicus : bene usus est viribus suis. E convivio rapi homines imperas, et novi generis pœnis lancinari? si calix tuus fractus est, viscera hominis distrahentur? tantum tibi placebis, ut ibi aliquem duci jubeas, ubi Cæsar est?

XLI. Si cui tantum potentiæ est, ut iram ex superiori loco aggredi possit, male tractet : at talem duntaxat, qualem modo retuli, feram, immanem, sanguinariam, quæ jam insanabilis est, nisi majus aliquid extimuit.

vous donnent, vous risquez de le perdre. » Je partage certes votre indignation ; elle ne saurait aller trop loin : mais attendez l'occasion ; la vengeance ne peut vous manquer. Concentrez vos déplaisirs, et quand vous pourrez vous satisfaire, on vous paiera le délai avec usure.

Gourmander la colère, la heurter de front, c'est l'exaspérer. Il faut avec elle des biais et de la douceur ; à moins d'être un personnage assez important pour la briser d'un mot, comme fit Auguste, un jour qu'il soupait chez Vedius Pollion. Un esclave avait cassé un vase de cristal. Vedius le fait saisir, et le condamne à un genre de mort assez extraordinaire ; c'était d'être jeté aux énormes murènes qui peuplaient son vivier, et qu'il nourrissait, l'eût-on pu croire? non par luxe, mais par cruauté. Le malheureux échappe aux mains de ses bourreaux, se réfugie aux pieds de César, et demande pour toute grâce de périr d'une autre mort, et de ne pas servir d'aliment aux murènes. Révolté d'une si étrange barbarie, César donne la liberté à l'esclave, fait briser sous ses yeux tous les cristaux et combler le vivier. C'était-là corriger un ami en souverain ; c'était bien user de la toute-puissance ; c'était dire : « Oses-tu ordonner, de ton lit de table, des supplices inouis, faire déchirer des hommes par des monstres voraces? S'il te brise un vase, ton semblable aura les entrailles mises en pièces ! tu te permettras de l'envoyer à la mort en présence de César ! »

XLI. Êtes-vous assez puissant pour foudroyer la colère du haut de votre supériorité? Traitez-la sans pitié, mais seulement quand elle se montre, comme ici, impitoyable, féroce, sanguinaire ; il n'y a de remède alors que l'ascendant de la force et de la terreur.

Pacem demus animo, quam dabit præceptorum salutarium assidua meditatio, actusque rerum boni, et intenta mens ad unius honesti cupiditatem. Conscientiæ satis fiat : nil in famam laboremus : sequatur vel mala, dum bene merentes. « At vulgus animosa miratur, et audaces in honore sunt : placidi pro inertibus habentur. » Primo forsitan adspectu, sed simul ac æqualitas vitæ fidem facit, non segnitiem illam animi esse, sed pacem, veneratur idem illos populus colitque.

Nihil ergo habet in se utile teter ille et hostilis affectus; at omnia e contrario mala, ferrum, ignes : pudore calcato, cædibus inquinavit manus, membra liberorum dispersit. Nihil vacuum reliquit a scelere, non gloriæ memor, non infamiæ metuens, inemendabilis, quum ex ira in odium occalluit.

XLII. Careamus hoc malo, purgemusque mentem, et exstirpemus radicitus ea vitia, quæ quamvis tenuia undecunque exierint, renascentur ; et iram non temperemus, sed ex toto removeamus : quod enim malæ rei temperamentum est? poterimus autem, adnitamur modo. Nec ulla res magis proderit, quam cogitatio mortalitatis; sibi quisque, ut alteri, dicat : « Quid juvat, tanquam in æternum genitos, iras indicere, et brevissimam ætatem dissipare? Quid juvat, dies quos in voluptatem

Où puiserons-nous la paix de l'âme? Dans la constante méditation des préceptes de la sagesse, dans la pratique du bien, dans l'unique passion de l'honnête où doivent tendre toutes nos pensées. C'est à nos consciences qu'il faut satisfaire, sans jamais travailler pour la renommée: acceptons-la, fût-elle mauvaise, pourvu que nous la méritions bonne. « Mais le peuple n'admire que les actes énergiques : l'audace est en honneur, le calme passe pour apathie. » Oui, peut-être au premier aspect; et lorsque ensuite une conduite soutenue démontre que ce prétendu manque de courage n'est autre chose que la paix de l'âme, ce même peuple vous accorde toute son estime et sa vénération.

Nous savons que, loin d'être jamais utile, la colère, hostile et farouche, traîne avec elle tous les fléaux, le fer, la flamme; qu'on l'a vu fouler aux pieds toute pudeur, souiller ses mains de carnage, disperser les membres de ses propres fils; qu'il n'est rien que respectent ses attentats; qu'elle oublie le soin de sa gloire, brave l'infamie, et qu'à la longue, envieillie dans le cœur, elle dégénère en haine incurable.

XLII. Préservons-nous d'une telle maladie, purgeons-en notre âme, extirpons jusqu'aux racines de vices prompts à renaître dès qu'on en laisse subsister quelque débris, et n'essayons pas de tempérer la colère; car de quel tempérament ce mal est-il capable? mais bannissons-la tout-à-fait. La chose est possible, pour peu que nous nous en donnions la peine. Rien ne pourra plus efficacement nous conduire à ce but, que la pensée que nous sommes mortels. Il faut se dire, comme on le dirait à tout autre : « Que te sert de donner à tes rancunes une éternité pour laquelle tu n'es point fait, et

honestam impendere licet, in dolorem alicujus tormentumque transferre?» Non capiunt res istæ jacturam, nec tempus vacat perdere. Quid ruimus in pugnam? quid certamina nobis arcessimus? quid imbecillitatis obliti, ingentia odia suscipimus, et ad frangendum fragiles consurgimus? Jam istas inimicitias, quas implacabili gerimus animo, febris aut aliud malum corporis vetabit geri : jam par acerrimum media mors dirimet. Quid tumultuamur, et vitam seditiosi conturbamus? Stat super caput fatum, et pereuntes dies imputat, propiusque ac propius accedit. Istud tempus, quod alienæ destinas morti, fortasse circa tuam est.

XLIII. Quin potius vitam brevem colligis, placidamque et tibi et ceteris præstas? Quin potius amabilem te, dum vivis, omnibus; desiderabilem, quum excesseris, reddis? Et quid illum, nimis ex alto tecum agentem, detrahere cupis? Quid illum oblatrantem tibi, humilem quidem et contemptum, sed superioribus acidum ac molestum, exterrere viribus tuis tentas? Quid servo? quid domino? quid regi? quid clienti tuo irasceris? Sustine paullum; venit ecce mors quæ nos pares faciat.

Ridere solemus inter matutina arenæ spectacula, tauri et ursi pugnam inter se colligatorum : quos, quum alter alterum vexarit, suus confector exspectat. Idem

de dissiper ainsi ta courte existence? Que te sert de faire tourner aux souffrances et au désespoir d'autrui des momens que tu peux consacrer à d'honnêtes distractions?» Le temps est-il fait pour qu'on le dissipe? en as-tu assez pour en perdre? Pourquoi courir aux armes, appeler sur toi les périls de la lutte? pourquoi, oubliant ta faiblesse, vouer d'immenses haines à tes frères, et, vase d'argile toi-même, te heurter contre leur argile? Encore quelques instans, et ces inimitiés, que nourrit ton cœur implacable, une fièvre, une maladie quelconque en rompra le cours; bientôt même la mort séparera ce couple cruel d'ennemis. A quoi bon ces violens éclats, cette vie de discorde et de troubles? Le destin plane sur ta tête et te compte ces heures dont chacune t'immole en détail. De moment en moment, il s'approche; et le jour que tu destines au trépas de ton adversaire, n'éclairera peut-être que ton lit de mort.

XLIII. Que n'es-tu donc avare de ces jours si bornés? Fais qu'ils soient doux à tes semblables et à toi-même: vivant, mérite leur amour, et leurs regrets quand tu ne seras plus. Cet homme agit à ton égard avec trop de hauteur; et tu veux le renverser: cet autre t'assaille de ses invectives: tout vil et méprisé qu'il est, il blesse, il importune quiconque lui est supérieur, et tu prétends l'effrayer de ta puissance? Ton esclave comme ton maître, ton protecteur comme ton client, soulèvent ton courroux; fais-y trêve quelque temps : voici la mort qui nous rend tous égaux.

Souvent, parmi les spectacles qui égaient nos matinées d'amphithéâtre, on voit combattre, enchaînés l'un à l'autre, un ours et un taureau qui, après s'être mutuellement tourmentés, tombent enfin sous le bras qui leur

facimus; aliquem nobiscum alligatum lacessimus : quum victo victorique finis, et quidem matutinus, immineat. Quieti potius, pacatique, quantulumcunque superest, exigamus : nulli cadaver nostrum jaceat invisum. Sæpe rixam conclamatum in vicino incendium solvit, et interventus feræ latronem viatoremque diducit. Colluctari cum minoribus malis non vacat, ubi metus major apparuit. Quid nobis cum dimicatione et insidiis? Numquid amplius isti, cui irasceris, quam mortem optas? etiam te quiescente morietur; perdis operam : facere vis, quod futurum est. « Nolo, inquis, utique occidere, sed exsilio, sed ignominia, sed damno afficere. » Magis ignosco ei, qui vulnus inimici, quam qui insulam concupiscit; hic enim non tantum mali animi est, sed pusilli. Sive de ultimis suppliciis cogitas, sive de levioribus; quantulum est temporis, quo aut ille poena sua torqueatur, aut tu malum gaudium ex aliena percipias? Jam ipsum spiritum exspuimus, interim dum trahimus. Dum inter homines sumus, colamus humanitatem : non timori cuiquam, non periculo simus : detrimenta, injurias, convicia, vellicationes contemnamus, et magno animo brevia feramus incommoda. Dum respicimus, quod aiunt, versamusque nos, jam mortalitas aderit.

garde le dernier coup. Ainsi font les hommes : chacun harcèle un voisin qui partage le poids de sa chaîne; et l'espace d'un matin va finir la vie du vainqueur et du vaincu. Ah! que plutôt le peu de temps qui nous reste s'écoule paisible et inoffensif, et que l'imprécation ne pèse point sur nos cendres! Plus d'une querelle a cessé aux cris d'alerte qu'excitait un incendie voisin; l'apparition d'une bête féroce, termine la lutte du voyageur et du brigand. On n'a pas le loisir de combattre un moindre mal, lorsqu'une terreur plus grande nous saisit? Qu'as-tu à faire de combats et d'embûches? Peux-tu rien souhaiter à ton ennemi de plus que la mort? Eh bien! tiens-toi tranquille, il mourra sans toi. Tu perds ta peine à vouloir faire ce qui arrivera. Tu dis : «Ce n'est pas sa mort, mais son exil, ou son déshonneur, ou sa ruine que je désire.» Je t'excuserais plutôt de vouloir le blesser en brave, que le dégrader lâchement : car il y a ici autant de méchanceté et plus de petitesse. Mais que tu réserves à ton ennemi le dernier supplice ou une vengeance plus légère, quelle sera courte la durée de ses tortures et de tes barbares jouissances! A mesure que nous respirons, s'exhale déjà notre dernier souffle. Sacrifions à l'humanité tant que nous sommes parmi les humains; ne soyons pour personne un objet de crainte ou de péril : injustices, dommages, apostrophes injurieuses, tracasseries, méprisons tout cela, et soyons assez grands pour souffrir ces désagrémens d'un jour. Nous n'aurons pas regardé derrière nous, et, comme on dit, tourné la tête, que la mort nous aura surpris.

NOTES

DU TRAITÉ DE LA COLÈRE.

LIVRE PREMIER.

I. Page 11. *Novatus.* A ce que nous avons dit de lui dans l'*avant-propos* qui précède, ajoutons que c'est encore à Novatus que Sénèque a dédié son traité de la *Vie heureuse* (page 4). Ce frère de Sénèque, étant proconsul en Achaïe, montra beaucoup de sagesse et de tolérance. C'est devant son tribunal, à Corinthe, que, selon une opinion généralement admise, les Juifs amenèrent saint Paul, en l'accusant de professer une superstition nouvelle :

12. Gallione autem proconsule Achaiæ insurrexerunt uno animo Judæi in Paulum, et adduxerunt ei ad tribunal. — 13. Dicentes : « Quia contra legem hic persuadet colere Deum. » — 14. Incipiente autem Paulo aperire os, dixit Gallio ad Judæos : « Si quidem esset iniquum aliquid, aut facinus pessimum, o viri Judæi, recte vos sustinerem. — 15. « Si vero quæstiones sunt de verbo, et nominibus, et lege vestra, nos ipsi videritis : judex ego horum nolo esse. » — 16. Et minavit eos a tribunali.

(*Act. Apostol.*, cap. XVIII.)

Se ruant sur les épées nues. Juvénal l'a dit presque dans les mêmes termes (*Sat.* VI, v. 648) :

...Rabie jecur incedente feruntur
Præcipites; ut saxa jugis abrupta, quibus mons
Subtrahitur, clivoque latus pendente recedit.

Appellera la vengeance. Notre auteur aime ces redoublemens. Dans les *Questions naturelles*, liv. V, chap. 18, il a dit : « Bellum scilicet, et obvius in littore hostis, et trucidandæ gentes tracturæ magna ex parte victorem, etc. » (*Voy.* p. 354 de notre tome VIII); et dans la lettre CI : « Trahere animam tot tormenta tracturam. » Eschyle a dit, *in Choephoris*, v. 453 : Ἄρης Ἄρει ξυμβάλλει, etc.;

enfin Sénèque lui-même reproduit son idée ci-dessous, chap. v :
« Ira in periculum, dummodo deducat, descendere. » (Page 22, ci-dessous.)

Page 11. *Une folie passagère.* — *Ira furor brevis est*, a dit Horace (liv. 1er, *Ép.* II, v. 62); et le poëte Philémon : « Nous sommes tous insensés, lorsque nous sommes en colère. » Μαινόμεθα πάντες, ὁπόταν ὀργιζώμεθα. Ennius, au rapport de Cicéron, avait dit de la colère : *Initium insaniæ.* Caton l'Ancien prétendait que l'homme en colère ne différait des fous que par la durée de sa démence. Je lis dans les *Pensées* d'Oxenstiern : « Un bel esprit a dit que quoique la colère ne soit qu'une courte fureur, ses effets ne laissent pas d'être de longues folies. »

Enfin, comparez tout ce chapitre avec la fin de la lettre XVIII de Sénèque, où se trouve résumé tout ce qu'il dit ici sur la colère (tom. v, pages 115 et 370 de notre *Sénèque*).

Page 13. *Ses yeux s'enflamment.* Ovide, dans l'*Art d'aimer* (liv. III, v. 503), fait une description semblable de l'homme en fureur :

> Ora tument ira, nigrescunt sanguine venæ;
> Lumina Gorgoneo sævius igne micant;

et Virgile, *Énéide*, liv. XII, v. 102 :

> . . . . Oculis micat acribus ignis.

Rousseau, dans son *Émile*, liv. II, décrit ainsi la colère : « Il voit un visage enflammé, des yeux étincelans, un geste menaçant, il entend des cris; tous signes que le corps n'est pas dans son assiette. » — « Vous leur voyez sortir le feu et la rage des yeux, » dit Montaigne en son chapitre *de la Cholère* (liv. II, chap. 31).... « et selon Hippocrates, les plus dangereuses maladies sont celles qui défigurent le visage; à tout une voix tranchante et esclatante, etc. »

Enfin *voyez* SÉNÈQUE lui-même, liv. II, chap. 35 de ce traité.

Ses mains se frappent. Il est impossible de ne pas se rappeler ici ce beau passage où La Fontaine décrit la colère du lion, dont Sénèque parle quelques lignes plus bas :

> Le quadrupède écume, et son œil étincelle;
> Il rugit. . . . .
> L'invisible ennemi triomphe, et rit de voir
> Qu'il n'est griffe ni dent, en la bête irritée,

Qui, de la mettre en sang, ne fasse son devoir.
Le malheureux lion se déchire lui-même,
Fait résonner sa queue à l'entour de ses flancs, etc.

Page 13. *Fait voler le sable sous ses pieds.* Virgile, *Énéide*, liv. XII, v. 103-107 :

> Mugitus veluti quum prima in prœlia taurus
> Terrificos ciet, atque irasci in cornua tentat
> Arboris obnixus trunco, ventosque lacessit
> Ictibus, et sparsa ad pugnam proludit arena.

Se gonfle de courroux. Le même, *Énéide*, liv. II, v. 381 :

> Attollentem iras et cærula colla tumentem.

Page 15. *La colère éclate.* Cicéron a dit de Verrès, dans l'oraison *de Suppliciis*, §. CLXX : « Ardebant oculi, toto ex ore crudelitas eminebat. »

II. Page 15. *Turpitudes réciproques des deux parties adverses.* Il suffit de lire les plaidoyers de Cicéron en faveur de *Cluentius* et de *Célius*, pour trouver une application directe de ce que Sénèque présente ici d'une manière générale.

Hors des murs des cités. Allusion aux proscriptions de Sylla qui s'étendirent hors de Rome.

Et dont à peine on reconnaît la place. Voyez Carthage, dont la place n'a pu encore être positivement retrouvée, même après les travaux de tant de savans qui ont été sur les lieux. Racine le fils a dit :

> Peuples, rois, vous mourrez, et vous, villes, aussi;
> Là gît Lacédémone; Athènes fut ici.

Qui les a renversées ? la colère. Horace a dit, *Ode* 16, liv. 1er :

> Iræ Thyesten exitio gravi
> Stravere: et altis urbibus ultimæ
> Stetere causæ, cur perirent
> Funditus, imprimeretque muris
> Hostile aratrum exercitus insolens.

Comme exemples d'un fatal destin. Sénèque cite ici un passage d'un poète inconnu.

NOTES.

Page 15. *A frappé l'un dans son lit.* Notre auteur a-t-il eu en vue la mort de Scipion Émilien, dont on soupçonna Fulvius et C. Gracchus d'être les auteurs ?

Sur le siège inviolable du banquet. On croit que c'est une allusion au meurtre de Clitus par Alexandre. Tout convive était sous l'égide inviolable des droits de l'hospitalité ; voilà pourquoi Sénèque dit ici : *Sacra mensæ.*

Un magistrat en plein forum. Allusion soit au meurtre des Gracques, soit à celui du préteur Sempronius Asellion. C'était un juge intègre, impitoyable pour les concussions et vexations des chevaliers romains, grands usuriers et avides percepteurs d'impôts, comme on sait. Ils se jetèrent sur lui et le tuèrent sur son tribunal.

Au poignard d'un fils parricide. S'agirait-il ici du meurtre de César par Brutus, qui passait pour le fils naturel de ce dictateur ?

Des assemblées entières massacrées. Encore une allusion aux proscriptions de Sylla, qui fit égorger à la fois six mille hommes dans le cirque Flaminien, près du temple de Bellone.

Vouées à la mort. Il y a ici évidemment une lacune à laquelle Juste-Lipse supplée en rapportant un passage de Sénèque cité par Lactance : *de Ira dei*, cap. XVII.

Qui s'irrite contre des gladiateurs. Cicéron, dans son plaidoyer *pour Milon*, rapporte ce trait de mœurs, mais sans le désapprouver. « Etenim si in gladiatoriis pugnis, et in infimi generis hominum conditione atque fortuna, timidos et supplices, et, ut vivere liceat obsecrantes, etiam odisse solemus.... » (Cap. XXXIV, tom. XV, pag. 460 de notre *Cicéron.*) Sénèque s'élève souvent contre la férocité que déployait le peuple dans les spectacles de gladiateurs. (Voyez *de la Tranquillité de l'âme*, chap. II (à la fin); lettre VII, pag. 29, tom. V de notre *Sénèque.*

Page 17. *C'est celui de l'enfant qui veut qu'on batte la terre.* « Un enfant, dit Rousseau, ne s'attaque pas aux personnes, mais aux choses, etc. » (*Émile*, liv. II.)

III. Page 17. *Souvent l'homme, dira-t-on, s'irrite.* On présume que Sénèque réfute ici le stoïcien Posidonius (*voyez* sur lui la lettre XXXII, page 217, et la note correspondante, page 391 du tome V de notre *Sénèque*), qui, selon Lactance, définissait ainsi la colère : « Iram esse cupiditatem puniendi ejus a quo te inique læsum putes. »

Page 19. *Que chez des êtres susceptibles de raison.* « Dites de mémoire et de sentiment, objecte Diderot. Mais pourquoi les animaux en seraient-ils dénués? Je crains bien que dans cet endroit et dans quelques autres, Sénèque n'ait donné des limites trop étroites aux qualités intellectuelles de l'animal. »

Les troupeaux de bœufs. Voy. Ovide, *Métam.*, liv. vii, v. 545.

Aux animaux muets. A propos de ces sophismes de Sénèque, M. Bouillet, dans l'édition Lemaire, renvoie au traité sur les *Penchans des animaux*, par Reimar; aux *Expériences et Recherches sur l'homme*, d'Irving (tom. ii, pag. 3 et suiv.); à l'*Essai philosophique* de Boullier *sur l'âme des bêtes*; enfin au traité de Bossuet, *de la Connaissance de Dieu et de soi-même*, dont le ch. v est intitulé : *De la Différence entre l'homme et la bête*. Cette expression de *mutum* pour distinguer de l'homme l'animal irraisonnable, a été de tout temps employée par les philosophes et les moralistes : en effet, sans la parole, quels progrès aurait pu faire la raison humaine? *Homo animale rationale, quia orationale*, a dit Cicéron; et Juvénal, sat. xv, v. 142 :

          . . . . .Separat hoc nos
  A grege mutorum. . . . .

A propos de cette expression, M. Bouillet renvoie encore à Condillac, *Art de penser*, passim, et à M. de Gérando, *des Signes*.

Nos vertus et nos vices même sont interdits aux animaux. « Je n'en crois rien, dit encore Diderot, pas plus que l'homme soit privé des vices et des vertus de l'animal : il n'y a de différence réelle que dans les vêtemens. »

Diffèrent absolument de nous. Juvénal a dit, sat. xv, v. 147 :

                    Mundi
  . . . . conditor illis
Tantum animas, nobis animum quoque....

Page 21. *Le repos et le sommeil.* « Le tigre déchire sa proie et dort, » a dit M. de Châteaubriand.

V. Page 23. *L'homme, le plus doux des êtres.* Juvénal, dans la sat. xv déjà citée, vers 131 et suiv., professe également cette philosophie honorable pour l'humanité :

> Mollissima corda
> Humano generi dare se Natura fatetur
> Quæ lacrymas dedit, etc.

C'est aussi la philosophie de J.-J. Rousseau, bien différente de celle de Hobbes, qui établit que l'homme est naturellement méchant.

Page 23. *L'homme est fait pour assister l'homme.*

> Il se faut entr'aider, c'est la loi de nature,

a dit La Fontaine.

Térence :

> Homo sum : humani nihil a me alienum puto.

Et Juvénal, sat. xv, v. 140 et suiv. :

> Quis enim bonus............
> ....
> Ulla aliena sibi credat mala?........
> ....
> .... Mutuus ut nos
> Affectus petere auxilium..............

A cette occasion M. Bouillet remarque que Ferguson a fondé sa philosophie sur la *bienveillance*, et Smith sur la *pitié*.

Page 25. *Le javelot dont on vient redresser la courbure.* Sénèque a déjà employé cette comparaison dans sa L^e lettre (page 306 de notre tome v) : « Nihil est quod non expugnat, etc. »

La peine capitale. On aime à voir chez un Romain du siècle de Néron, cette improbation de la peine de mort, qui est au nombre de ces utopies dont notre siècle a déjà presque amené l'application.

VI. Page 27. *Mourir en public d'un trépas infamant.* Déjà nous avons remarqué dans les lettres LXXXI et LXXXV de Sénèque (*voyez* p. 521 de notre tome VI), cette expression qui se retrouvera au traité des *Bienfaits*.

N'est point selon la nature de l'homme. Le vice est dans l'âme une plante étrangère, a dit Sénèque dans sa lettre L (*voyez* p. 303

et 408 du tome v de notre *Sénèque*). Mais, pour ne parler que de la colère, on peut dire que notre philosophe se contredit ici; car n'a-t-il pas avancé, au chap. III (p. 19), que la colère ne naît que chez les êtres susceptibles de raison ? Et là il avait raison : car, comme l'observe Diderot : « Je ne connais pas de passion plus conforme à la nature de l'homme; la colère est un effet de l'injure, et la sagesse de la nature a placé le ressentiment dans le cœur de l'homme, pour suppléer au défaut de la loi : il était important qu'il se vengeât lui-même, au temps qu'il n'y avait aucun tribunal protecteur de ses droits. Sans la colère et le ressentiment, le faible était abandonné sans ressource à la tyrannie du fort, et la nature eût fait, autour de quelques-uns de ses innombrables enfans, une multitude innombrable d'esclaves. »

VII. Page 29. *Perd les moyens d'enchaîner leur fougue.* Sénèque a dit, dans son *Hercule furieux* :

> Nec temperari facile nec reprimi potest
> Stricti ensis ira.

IX. Page 33. *La colère est nécessaire, dit Aristote.* Il faut que ce soit dans un des ouvrages de ce philosophe qui ne nous sont pas parvenus. Sénèque revient encore sur ce raisonnement d'Aristote (ch. XVI, page 52).

X. Page 35. *Sauvons la vertu du malheur de donner à la raison les vices pour refuge.* La Harpe, détracteur de Sénèque, fait au moins grâce à cette pensée, qu'il regarde « comme une des plus belles qui soient venues sous la plume de ce philosophe. » Diderot ici répond à Sénèque : « C'est que les passions ne sont pas des vices : selon l'usage qu'on en fait, ce sont ou des vices ou des vertus; les grandes passions anéantissent les fantaisies, qui naissent toutes de la frivolité et de l'ennui. Je ne conçois pas comment un être sensible peut agir sans passion. Le magistrat juge sans passion, mais c'est par goût ou par passion qu'il est magistrat. » Cette conclusion excite la gaîté de La Harpe : « Je ne connais, dit-il, que Dandin qui fût *magistrat par passion*; et j'en ai connu beaucoup qui ne l'étaient pas même *par goût*. »

XI. Page 35. *Mais sur les champs de bataille la colère est in-*

dispensable. Dans le chapitre de ses *Essais* (liv. II, chap. 31) sur la *Cholère*, Montaigne abonde dans l'opinion d'Aristote, et s'éloigne tout à la fois de celle de Sénèque; il trouve la colère « excusable à un homme militaire, car en cet exercice il y a certes des parties qui ne s'en peuvent passer. »

> Mais quand j'ai bien bu, j'en vaux quatre,
> Versez donc, etc.,

dit le refrain d'une chanson célèbre.

Page 37. *La colère qui leur tenait lieu de vaillance.* On a remarqué avec raison que tout ceci n'était qu'une déclamation : en effet, c'est l'*indiscipline* de ces Barbares et non leur prétendue colère qui les a perdus. Sénèque aurait pu se prévaloir du même exemple présenté sous un autre rapport, en parlant du sang-froid de Marius, qui, en temporisant, aguerrit ses troupes découragées et les rendit capables de triompher de l'effroyable multitude des Barbares.

Page 39. *Par quel moyen Fabius.* Tous ces exemples sont parfaitement choisis. C'est de Fabius qu'Ennius a dit :

> Unus qui nobis cunctando restituit rem.

Toutes choses dont l'homme irrité est incapable. Cicéron a dit, dans les *Tusculanes* : « Nescio ecquid ipsi non fortiter in republica fecerimus : si quid fecimus, certe irate non fecimus. »

Pour lâcheté et amour du plaisir. Ce que Sénèque dit au sujet de Scipion l'Africain, Ennius l'a dit de Fabius :

> Non ponebat enim rumores ante salutem.

XII. Page 39. *Et ne sait pas fuir le péril où elle veut engager les autres.*

> La fureur est toujours un guide peu sincère,

a dit J.-B. Rousseau dans *le Flatteur;* et Gresset dans la tragédie d'*Édouard* :

> Le conseil du courroux est toujours téméraire.

Sa mère aux mains de ravisseurs. « Quoi, Sénèque! s'écrie Diderot, le sage n'entrera point en colère si l'on égorge son père, si l'on enlève sa femme, si l'on viole sa fille sous ses yeux? — Non. — Vous me demandez l'impossible, le nuisible peut-être. »

Page 41. *Il ne fait rien non plus qui soit indigne d'un homme de cœur.* « Il ne s'agit pas, continue Diderot, de se conduire ici en homme, c'est presque dire en indifférent, mais en père, en fils, en époux. »

Quand tu cites ces hypothèses, Théophraste. Théophraste d'Érèse, disciple d'Aristote, à qui ce chef des péripatéticiens confia le soin de son école après lui. Ses nombreux ouvrages se sont perdus, à l'exception de ses *Caractères*, qui ont été traduits par La Bruyère, et d'un traité des *Plantes* et des *Pierres*. Cicéron, avant Sénèque, avait réfuté l'opinion des péripatéticiens sur la colère, dans ses *Tusculanes*, liv. vi, chap. 38, et dans le traité des *Devoirs*, liv. 1er, ch. 89.

Quand leur eau chaude n'est pas servie à point. On sait que les Romains, dans les repas, faisaient grand usage d'eau chaude, non pas seulement pour provoquer le vomissement, mais pour la boire avec délice, soit pure, soit mêlée avec du vin ou avec du miel.

Beaucoup de gens ont dû leur santé à la peste. Hyperbole sans doute, à moins que Sénèque n'ait eu en vue cette observation physiologique, que pendant une épidémie on voit très-peu d'autres maladies.

XIII. Page 43. *Elle pousse à l'audace et à la provocation.* Horace, entre mille exemples, a dit, liv. 1er, Ode 18, *ad Varum* :

Centaurea monet cum Lapithis rixa super mero
Debellata..................

Page 45. *La peur.... n'a-t-elle pas quelquefois fait naître la hardiesse ?* Sénèque, dans sa ive lettre, a dit, en parlant de certaines morts volontaires : *Non putas virtutem hoc effecturum, quod effecit nimia formido ?* Pensée juste que La Harpe relève avec cette mauvaise foi qui préside à presque tout ce qu'il a écrit sur Sénèque. Personne n'a critiqué Ovide pour avoir dit, en parlant de la sœur de Didon :

Audacem fecerat ipse timor..............

Les esprits les plus irascibles sont les enfans, les vieillards, les malades. Sénèque revient sur cette idée, ci-après, chap. xvi de ce livre (p. 61), et liv. ii, ch. 19.

Page 45. *Tout être faible est naturellement grondeur.* Vérité de tous les temps et qu'Aristote a présentée dans sa *Rhétorique*, liv. II.

XIV. Page 45. *A ce compte, plus on a de vertu, plus on sera irascible.* Sur ce point, écoutons Diderot : « Vous vous trompez, répliquerai-je à Sénèque ; vous oubliez la distinction que vous avez faite vous-même de l'homme colère, et de l'homme qui se met en colère. Dites ainsi : l'indignation contre le méchant sera d'autant plus forte, qu'on aimera davantage la vertu ; et je serai de votre avis. »

Puisque c'est l'erreur qui les y porte. « Mon Dieu, pardonnez-leur, car ils ne savent ce qu'ils font ! » est-il dit dans l'Évangile. Ce passage et tout ce chapitre semblent puisés dans ce saint livre. Diderot, qui, dans ce traité, n'est presque jamais de l'avis de Sénèque, lui oppose ici ce raisonnement : « Le méchant se trompe presque toujours dans son calcul, presque jamais dans son projet. Pour faire son bien, il n'ignore pas qu'il fait le mal d'autrui. S'il n'était que fou, j'en aurais pitié. »

Nul n'est assez pur pour s'absoudre à son propre tribunal. Ceci rappelle encore les paroles du Christ aux anciens de la synagogue, à propos de la femme adultère.

Page 47. *Ne vaut-il pas mieux me remettre dans la voie que de m'expulser ?* Encore un sentiment qui semble dicté par la charité chrétienne. Si notre philosophe n'a pas eu communication des livres chrétiens, on conviendra que, sous ce rapport, la philosophie profane a été aussi loin que l'Évangile. Comparez aussi ce chapitre de Sénèque avec les chap. 25 et 38 du liv. 1er des *Devoirs*, par Cicéron.

Quel médecin s'est jamais fâché contre celui qu'on veut guérir ? Montaigne, en son chapitre *de la Cholère* (liv. II, ch. 31), a dit : « Il n'est passion qui esbranle tant la sincérité des jugemens que la cholère. Aulcun ne feroit doubte de punir de mort le juge qui par cholère auroit condamné son criminel.... Ce n'est plus correction, c'est vengeance. Le chastiment tient lieu de médecine aux enfans. Souffririons-nous un médecin qui fust animé et courroucé contre son patient ? »

XV. Page 47. *En l'arrachant à sa propre dégradation.* Comparez ceci avec ce que Sénèque a dit au chap. v de ce livre.

Trop débiles ou difformes. La coutume d'exposer les enfans nouveau-nés, ou de les tuer lorsqu'ils étaient contrefaits, était générale autrefois dans la Grèce et chez les Romains; elle se maintint jusqu'au règne de Valentinien Ier, qui monta sur le trône l'an 364 de notre ère. Cicéron, dans son traité des *Lois* (liv. III, chap. 8), dit expressément que, par la loi des Douze-Tables, il était permis d'étouffer les enfans monstrueux. Ici, dans le texte, Juste-Lipse voudrait substituer *abjicimus* à *mergimus*; mais nous avons préféré la leçon ordinaire. Naigeon, dans ses notes sur la traduction de La Grange, observe que ce mot se trouve plusieurs fois dans Tite-Live, pour exprimer la même idée; comme aussi dans ce vers de Tibulle :

Prodigia indomitis *merge* sub æquoribus.
(Lib. II, eleg. 5, v. 80.)

Comme je te battrais, si je n'étais en colère. Cicéron, dans ses *Tusculanes* (liv. IV, ch. 39), rapporte un trait tout-à-fait semblable d'Archytas de Tarente. Sénèque, dans le IIIe livre du présent traité (ch. 12), raconte du Lacédémonien Chérillus, une anecdote également semblable. Enfin, Montaigne, dans son chapitre *de la Cholère* (liv. II, ch. 31), a rassemblé plusieurs récits analogues.

XVI. Page 49. *Quoi! je ne me courroucerai pas contre un voleur?* Diderot fait ici cette réflexion très-juste : « L'indignation contre le méchant, la bienveillance pour l'homme de bien, sont deux sortes d'enthousiasme également dignes d'éloges » Il n'est pas jusqu'au catéchisme qui ne vienne ici donner tort à Sénèque. « Il y a une sainte colère, est-il dit dans ce manuel des enfans chrétiens, quand le zèle nous porte à reprendre avec feu ceux que notre douceur n'a pu corriger. »

Les remontrances secrètes. Ici notre philosophe introduit six degrés de répression : 1° la remontrance secrète; 2° publique; 3° l'ignominie (l'on appelait ainsi, à Rome, une note infamante des censeurs); 4° l'exil; 5° la prison publique; 6° la mort.

Et sur des bords ignorés. C'était l'exil sans espoir de retour, et avec privation du droit de cité, particulièrement à Tomes, où fut exilé Ovide; à Sciathos, Gyare et Sériphe, rochers stériles de la mer Égée; à Cossura, sur la côte d'Afrique; en Corse, où fut exilé Sénèque, etc. (*Voyez* la *Consolation à Helvie*, chap. vi, et les notes correspondantes, pag. 21 et 83 du tome ii de notre *Sénèque*.)

Page 51. *Dans un hôpital ou dans l'infirmerie d'un riche*. Sénèque emploie encore ce mot de *valetudinarium*, dans la xxviie lettre. (*Voyez* page 179, et la note page 384 du tome v de notre *Sénèque*.)

Si, comme juge, je dois endosser la robe de sinistre aspect. Le préteur, quand il avait à prononcer un arrêt de mort, quittait sa robe prétexte pour ne conserver que sa tunique, ou se rendait au tribunal avec une robe de deuil (usée, d'un blanc sale, *sordida*, ou d'un gris très-foncé, *toga pulla*). Des commentateurs ont entendu autrement ce mot *perversa*. « Peut-être, dit l'annotateur de La Grange, les magistrats qui devaient juger à mort un citoyen, portaient-ils aussi leur robe renversée (retournée), ou la jetaient-ils de travers ou confusément sur leurs épaules, pour mieux peindre par ce désordre le trouble de leurs esprits. Si cette conjecture est vraie, l'expression *perversa vestis* indiquerait plus qu'un simple changement d'habit, etc. »

S'il y a lieu de convoquer le peuple au son de la trompette. Lorsqu'un citoyen avait un procès capital, un officier du préteur se rendait à la porte de sa maison, et l'appelait devant le tribunal au son de la trompette. C'était de même au son de la trompette que l'on convoquait le peuple, lorsqu'on devait faire mourir un citoyen du dernier supplice.

Si je commande au licteur d'exécuter la loi. Le texte porte, *et agi jubebo*. La formule usitée en pareil cas était d'abord conçue en ces termes : *Lege age, lictor*; « licteur, exécutez la loi. » D'autres fois, comme Sénèque le fait ici, on sous-entendait le mot *lege*, et l'on disait seulement *Age, lictor*. Les Romains avaient toujours grand soin d'éviter de prononcer les mots de sinistre augure ; et l'on se gardait bien de dire en pareil cas : *Cæde, occidi, affige, tolle, suspendi*.

Ou coudre le sac du parricide. Sénèque parle encore de ce supplice, au traité *de la Clémence*, liv. 1er, ch. 33 (page 145 de notre tome III). Cicéron, dans son plaidoyer *pour Roscius d'Amérie*, en donne une description qui fait frémir (chap. XXV et XXVI, tome VI de notre *Cicéron*).

Page 51. *Qu'est-il besoin de colère pour punir?* — Voyez CICÉRON, *des Devoirs*, liv. 1er, ch. 25.

Dont elle n'a pu prévoir l'existence. C'est ainsi que l'a entendu Diderot, qui prétend « que c'est le contraire qu'il fallait dire. La loi serait absurde sans l'existence présupposée d'un coupable, fût-ce d'un parricide. »

Page 53. *Ne le tireront pas de son calme.* Ici Sénèque revient au dogme favori de son école, l'impassibilité du sage. Il développe la même idée, chap. VI du livre suivant. Ici Diderot contredit encore Sénèque; et je me plais à le citer, car il oppose la morale du cœur aux raideurs affectées du Portique : « La passion et la raison ne se contredisent pas toujours ; l'une commande quelquefois ce que l'autre approuve. »

Aristote prétend que certaines passions. Sénèque revient ici sur ce qu'il a dit précédemment ch. VII. Montaigne (liv. II, ch. 31, *de la Cholère*) cite ce passage, sans réfuter aussi positivement que Sénèque l'opinion d'Aristote, qu'il trouve *vray-semblable*; mais il trouve que ceux qui, comme Sénèque, y contredisent, *respondent plaisamment* que c'est une arme de nouvel usage : car nous remuons les autres armes, celle-ci nous remue, etc.

Que de la faire recourir à la colère. Ici il revient encore à ce qu'il a dit au ch. X : *Absit hoc malum a virtute.*

Ne pouvant, pour changer, trouver mieux qu'elle-même. Ce raisonnement que les stoïciens appliquent à leur fière raison, les modernes l'ont formulé en faveur de l'Être suprême. Voyez FÉNELON, *Existence de Dieu.*

Page 55. *Ces vents de terre qui, surgissant du sein des fleuves.* Sénèque parle de ces vents dans les *Questions naturelles*, liv. V, chap. 8 et 14. (*Voyez* notre tome VIII.)

Sans vouloir entendre, sans laisser place à la défense. Ce passage rappelle ces mots de l'*Apokolokyntose*, ch. X : *Quasque occidisti, antequam de causa cognosceres, antequam audires, damnasti?* (Page 322 de notre tome II.)

Elle s'impose des délais. Ici Sénèque emploie le mot *advoca-*

tionem dans le sens qu'il l'a employé dans la *Consolation à Marcia*, ch. x (page 210 de notre tome II). *Advocatio*, terme de jurisprudence, signifiait le délai qu'un accusé demandait pour consulter ses amis et ses conseils. Ce sens est déterminé avec précision dans une lettre de Cicéron à Trebatius : *Ego omnibus, unde petitur, hoc consilium dederem, ut a singulis interregibus binas advocationes postulent.* (Lett. famil., liv. VII, lett. 2.)

Page 57. *Plus beau que le repentir.* Le juge Dandin s'écrie dans *les Plaideurs* :

Puisque je l'ai jugé, je n'en démordrai point.

Irréprochable à beaucoup d'égards. Il était proconsul en Syrie. Ceux qui, après le trait que va raconter Sénèque, se rappelleront la part que prit Pison à la mort de Germanicus, rabattront un peu de l'éloge que notre philosophe fait de ce personnage. Au surplus, Tacite, dans ses *Annales*, traite ce Pison d'homme violent, incapable d'obéir, et qui avait hérité de la férocité de son père. Montaigne, en rapportant ce passage de Sénèque, enchérit sur l'éloge en disant de Pison : « personnage partout ailleurs de notable vertu. » (*De la Cholère*, liv. II, ch. 31.) Au reste il n'est pas rare de voir des gens fort sages, fort réglés dans leur conduite privée, qui ne se font aucun scrupule de servir d'instrumens à des crimes politiques. C'est ce que dans certaines cours on appelle de la fidélité, du dévoûment.

Page 59. *Le centurion lui-même, pour avoir ramené un condamné.* Cela rappelle je ne sais quel autre tyran de l'antiquité, qui ayant fait dresser un certain nombre de gibets, et trouvant un condamné de moins, prit au hasard un des spectateurs pour le pendre; et le public imbécile le regarda mourir tout comme les autres. Au récit de Sénèque, Diderot s'écrie : « Dites-moi, que se passe-t-il en votre âme? lâches, que faites-vous? Quoi! vous vous laissez égorger sans résistance! Suivez-moi : élançons-nous tous les quatre sur cette bête féroce, poignardons-la, et qu'après il soit fait de nous tout ce que l'on voudra; nous ne mourrons pas du moins sans être vengés. »

A quoi bon, dit Hiéronyme. Hiéronyme, né à Rhodes, philosophe péripatéticien, vécut sous Ptolémée Philadelphe vers la 127e olympiade, an 272 avant J.-C. Tous ses ouvrages sont perdus.

Page 61. *Ou d'en purger la terre.* Ceci est emprunté de Platon, au livre IX des *Lois*.

Le sage, a dit Platon. Autre passage tiré du traité des *Lois*, liv. XI.

Page 63. *Surtout chez les femmes et chez les enfans.* — *Voyez* ci-dessus ch. XIII (à la fin), et ci-dessous liv. II, ch. 19.

Qu'on me haïsse, pourvu qu'on me craigne. Sénèque cite souvent ce mot tiré, à ce que l'on présume, de la tragédie d'*Atrée*, par Accius. (*Voyez* le traité *de la Clémence*, liv. Ier, ch. 12; et l'excellente note de M. de Vatimesnil, pages 116, 117 et 167 du tome III de notre *Sénèque*.)

Page 65. *Et n'en est pas moins profondément pénétrée de crainte.* Chénier a dit :

> Tibère à ses genoux voit l'univers trembler,
> Et, subissant lui-même un tyrannique empire,
> Éprouve en l'ordonnant la frayeur qu'il inspire.

On lit dans Claudien :

> .... Invideant claris, fortesque trucident;
> Muniti gladiis vivant, septique venenis,
> Ancipites habeant artes, trepidique minentur.

Tite-Live. Les commentateurs n'indiquent pas l'endroit où se trouve ce trait de Tite-Live : il est à supposer qu'il appartenait à l'une des *décades* perdues.

Ou l'on cesse d'être grand. La Fontaine a dit, dans un autre sens :

> Que le bon soit toujours camarade du bon.

Comme à Caligula. C'est ce passage qui détermine l'époque où fut composé le traité *de la Colère*. Voyez notre *Avant-propos*, page iij ci-dessus.

Sa séquelle de gladiateurs. Tel est le sens que comporte l'expression *commissio*; témoin ce vers de Martial :

> Augusti laudes fuerant committere classes.

D'autres préfèrent ici *comissatio*, et traduisent *des compagnons de table;* Chalvet traduit *des joueurs de farces;* La Grange, *ses compagnons de débauche;* Du Ryer, *et que le mauvais temps troublait son festin.*

NOTES.

Page 65. *Fais-moi succomber ou succombe.* Tiré du xxiiie livre de l'*Iliade*, v. 724 : en latin, *Tolle me aut ego te.* — *Meurs ou tue.*

Page 67. *Le luxe veut marcher sur l'ivoire.* Les anciens employaient l'ivoire à leurs sièges, à leurs lits, à leurs voitures, au plafond, et même au pavé de leurs appartemens. (Voyez *Questions naturelles*, préface du liv. 1er, tom. viii, pages 6 et 7 de notre Sénèque.)

Précipiter des fleuves en cascades. — Voyez les *Questions naturelles*, liv. ii, ch. 9, page 99 de notre tome viii.

Planter des forêts suspendues. Allusion à l'usage où étaient les Romains les plus riches de faire planter des arbres sur la terrasse qui formait la toiture de leurs maisons. Pline le Naturaliste a dit : *Quoniam in tecta jam silvæ scandunt* (lib. xv, cap. 14). Voyez aussi Sénèque, lettre xxxii : *Quorum silvæ in tecta domorum ac fastigiis nutant.*

Elle couche sur des monceaux d'or et d'argent. Horace a dit :

> Congestis undique saccis
> Indormis inhians.

La luxure qui franchit les mers. Les commentateurs ont vu ici une allusion à l'aventure de Héro et de Léandre.

A des milliers de jeunes esclaves. Ici Sénèque me paraît manquer à la justesse ; car la castration n'était pas volontaire apparemment de la part des pauvres enfans qui la subissaient.

Peu satisfaite des honneurs annuels, voudrait attacher son nom aux fastes de tout un siècle. Allusion à l'usage de compter les années par le nom des consuls à Rome, des archontes à Athènes, etc.

Que ce qui est calme. Cette conclusion a rappelé à tous les annotateurs l'*Impavidum ferient ruinæ* d'Horace, et a donné lieu de citer ces beaux vers de Lebrun (*Pindare*) :

> Sous ses pieds les tonnerres grondent,
> L'air mugit, les enfers répondent
> Au tumulte des élémens.
> Immobile dans cet orage,
> Il voit à ses pieds le naufrage
> Des rois, des peuples et des temps.

Ici enfin se trouve l'idée fondamentale de la philosophie de Sénèque, qui, assimilant son sage à Dieu, le voit toujours dans une parfaite quiétude.

NOTES DU LIVRE II.

II. Page 75. *Comme la défaillance de cœur que provoquent certains coups.* Nous avons suivi la version proposée par Érasme et adoptée dans les meilleures éditions, y compris celle de M. Lemaire. D'autres préfèrent *tactus* à *ictus*; alors le sens de la phrase serait : *Le malaise que nous font éprouver certains attouchemens.* La Grange a suivi ce dernier sens. Chalvet a entendu comme nous. Du Ryer traduit : « Comme l'évanouissement lorsque l'on voit quelques plaies. » Dans ces phrases douteuses, nous n'appellerons jamais contre-sens, une version autre que la nôtre.

Et ce roi enfant, qui déjà est homme pour le crime? Ptolémée Dionysius, roi d'Égypte, qui par le conseil de ses deux ministres, Achillas et Théodote, fit couper la tête à Pompée. Il avait à peine douze ans. Sénèque fait souvent allusion au triste sort de Pompée. (*Voyez*, entre autres, *de la Brièveté de la vie*, ch. xiv; *de la Tranquillité de l'âme*, ch. xv; enfin lettre iv, pages 15 et 348 de notre tome vi.)

Page 77. *En voyant rire les autres.* Horace a dit dans son *Art poétique*, v. 101 et 102 :

> Ut ridentibus arrident, ita flentibus adflent
> Humani vultus..............

Depuis Cannes jusque sous nos murs. Ici, par une ingénieuse inexactitude, notre traducteur a sauvé à Sénèque l'apparence d'un grave anachronisme que tous les commentateurs lui ont reproché ; car ce ne fut que cinq ans après la victoire de Cannes qu'Annibal vint camper sous les murs de Rome.

III. Page 79. *Vont s'entre-choquer.* L'expression latine, *arietarent*, fait image. Sénèque l'affectionne. Il s'en servira encore au ch. 4 du iiie livre de ce traité, et il l'a aussi employée dans la *Consolation à Marcia*, ch. xi : *Ubicumque arietaveris, solveris*; dans la lettre ciii, et dans les *Questions naturelles*, liv. v, ch. 13.

IV. Page 81. *La réflexion peut le détruire.* Il y a ici lacune.

V. Page 81. *Ces Apollodore.* Apollodore était tyran de Cassandrie, ville de Macédoine. Cicéron en parle dans son traité de *la Nature des dieux*, liv. III, ch. 33; Élien, dans ses *Histoires diverses*, liv. XIV, ch. 41; et Pausanias, liv. IV, ch. 5.

Ces Phalaris. Sénèque parle souvent de ce tyran d'Agrigente. Voyez *des Bienfaits*, liv. VII, ch. 19; *de la Clémence*, liv. II, ch. 4, page 177 de notre tome III; lettre LXVI, page 93 de notre tome VI; enfin *de la Tranquillité de l'âme*, ch. XIV (ci-après dans le présent volume).

Page 83. *Volesus.* Volesus Messala, qui fut condamné sous Auguste, au rapport de Tacite, *Annales*, liv. III, ch. 68.

VI. *La haine qu'inspire un acte coupable est ignoble.* A cette pensée fausse, Diderot oppose cette sage maxime : « L'indignation contre le méchant, la bienveillance pour l'homme de bien, sont deux sortes d'enthousiasme également dignes d'éloge. »

Plus le mal serait grand, plus sa colère s'échaufferait. Diderot ne pense pas avec Sénèque que la multitude des méchans doive réprimer la colère du sage. Selon lui, c'est précisément « cette multitude qui doit l'irriter : Qu'un pervers soit assis parmi des magistrats, qu'il y ait aux pieds des autels un ministre scandaleux, à peine en serai-je surpris ; mais si la masse d'un sénat ou d'un clergé est corrompue, comment retiendrai-je mon indignation ? »

Page 85. *Avec lequel il en est sorti.* « Tant mieux ! observe Diderot ; Socrate n'en paraîtra que plus vertueux ! »

VII. Page 87. *Le Champ-de-Mars.* Mot à mot, ces *barrières*. Du temps de la république, lorsque le peuple était appelé à donner ses suffrages, il y avait dans le Champ-de-Mars différentes enceintes marquées par des claies, pour chacune des trente-cinq tribus : on appelait aussi ces enceintes *ovilia*, à cause de leur ressemblance avec un parc destiné aux moutons.

Autant de vices que d'hommes. Cette triste morale se retrouve souvent dans Sénèque. (*Voyez* la lettre VII, et le début du traité *du Repos ou de la Retraite du sage* : « Circi nobis magno consensu vitia commendant ; » enfin la lettre XXXIX, qui finit par ces mots : *Quæ fuerant vitia mores sunt.*

VIII. Page 87. *Celles-ci sont pacifiques entre elles.* Il y a longtemps que les poëtes de tous les pays ont établi ce paradoxe. Horace dans sa 7e épode :

> Neque hic lupis mos, nec fuit leonibus,
> Nunquam nisi in dispar feris;

et Boileau, sat. VII :

> Voit-on les loups brigands, comme nous inhumains,
> Pour détrousser les loups courir les grands chemins?
> ....
> L'ours a-t-il, dans les bois, la guerre avec les ours?
> Le vautour, dans les airs, fond-il sur les vautours?

enfin, J.-B. Rousseau, liv. II, ode 16 :

> Monstres plus acharnés que le lion sauvage,
> Qui, malgré sa férocité,
> Dans un autre lion respectant son image,
> Dépouille avec lui sa fierté.

Sénèque lui-même dit encore, dans sa xcv^e lettre : *Quum inter se feris ac mutis pax sit.*

Une affreuse lutte de scélératesse est engagée. Tout ce passage est empreint de ce que Boileau appelait la mordante hyperbole de Juvénal. Mais ces déclamations de la misanthropie ne prouvent rien. D'ailleurs Sénèque est ici en contradiction avec lui-même, lui qui, dans le chap. VI du livre Ier, a établi que l'homme est naturellement bon. Le traducteur Chalvet enchérit encore sur notre auteur, en disant dans une note marginale : « Que diroit Sénèque, s'il vivoit aujourd'huy ? »

Page 89. *L'hôte ne peut se fier à son hôte.* OVIDE, *Métam.*, liv. Ier, v. 141.

Les fontaines publiques empoisonnées. Les commentateurs ont vu ici une allusion à l'action infâme du consul M. Aquilius, qui, pour réduire les villes d'Asie, fit empoisonner les fontaines. — *Voyez* FLORUS, liv. II, ch. 20.

Dans la plus pure partie de son corps. Notre langue se refuse à traduire plus exactement de semblables détails. Au reste Sénèque parle encore de cette abominable recherche de débauche, dans les *Questions naturelles*, liv. 1er, ch. 16, p. 75 de notre tome VIII.

IX. Page 89. *Nos trois forums.* Il y avait à Rome trois places publiques où l'on rendait la justice. La première et la plus ancienne était le *Forum romanum*, entre le Capitole et le mont Palatin ; on en attribuait la construction à Romulus. La deuxième, beaucoup plus belle, fut bâtie par Jules-César après la bataille de Pharsale ; enfin ces deux places ne pouvant suffire à la foule des plaideurs, Auguste en fit construire une troisième, réservée pour les jugemens *publics* et pour l'élection des juges. On trouve dans le *Digeste*, liv. XLVIII, titre 1, *de Judiciis publicis*, un passage du jurisconsulte Macer, qui explique très-bien ce que c'était que les jugemens publics. Un quatrième *forum* fut bâti par Trajan.

X. Page 93. *Tant il était loin de prendre au sérieux ce qui se faisait le plus sérieusement.* Diderot se dit « fâché de la préférence que Sénèque donne au rôle cruel de Démocrite, qui se rit des malheureux humains, sur le rôle compâtissant d'Héraclite, qui pleurait sur la folie de ses frères. » Sénèque applaudit encore à Démocrite dans *la Tranquillité de l'âme* (ch. XV).

Ne se chargent point de substances nourricières. Racine le fils a dit :

> Sur un tronc desséché rien de bon ne peut naître....
> Rien ne peut prospérer sur des terres ingrates.

Il les voit d'un œil aussi serein que le médecin voit ses malades. Ce passage rappelle ces beaux vers du *Misanthrope* :

> Oui, je vois ces défauts, dont votre âme murmure,
> Comme vices unis à l'humaine nature ;
> Et mon esprit enfin n'est pas plus offensé
> De voir un homme fourbe, injuste, intéressé,
> Que de voir des vautours affamés de carnage,
> Des singes malfaisans, et des loups pleins de rage.

XI. Page 95. *Et il est plus dangereux d'inspirer la crainte que le mépris.* « Assurément, observe Diderot ; cependant il vaut mieux inspirer la crainte que de s'exposer au mépris. »

Quant aux colères impuissantes « J'advertis ceux qui ont loy de se pouvoir courroucer en famille, premièrement qu'ils mesnagent leur cholère et ne l'espandent pas à tout prix ; car cela en empesche l'effect et le poids. La criaillerie témé aire et ordinaire, passe en usage, et fait que chacun la mesprise. »

Page 95. *Rappelons-nous ce vers de Laberius.* Decimus Laberius, chevalier romain, qui se livrait aux lettres avec autant de désintéressement que de succès, fut forcé par César de jouer dans une de ses pièces. Laberius, en se chargeant d'un rôle indigne de sa naissance, adressa au peuple une justification dans un prologue qu'on peut regarder comme un des beaux monumens de la littérature romaine, et qui fait vivement regretter la perte des *mimes* d'un tel écrivain. On ignore le sujet de la pièce dans laquelle Laberius parut ; mais Macrobe, qui nous a conservé l'anecdote et le prologue, rapporte, entre autres vers, celui que Sénèque cite dans le présent chapitre, et qui est devenu proverbe. Quand Laberius le prononça, les regards de tous les spectateurs se tournèrent vers César. — *Voyez* la note qui suit.

Celui qui se fait craindre de beaucoup de monde. Du Ryer a traduit ainsi ce vers :

> Celui que chacun craint doit craindre tout le monde.

Les belles pensées qu'exprime ici notre philosophe rappellent un passage du chapitre XIV du livre précédent (page 62 ci-dessus), et se trouvent développées dans le traité *de la Clémence*, liv. 1er, ch. 11 et 12, etc. Corneille a dit :

> .....Tel est d'un tyran le naturel infâme,
> Sa douceur n'a jamais qu'un mouvement contraint ;
> S'il ne craint, il opprime ; et s'il n'opprime, il craint.
> (*Heraclius*, acte V, scène 6.)

Et Sénèque le Tragique (*OEdipe*, act. III, sc. 1re) :

> Qui sceptra duro sævus imperio regit,
> Timet timentes............

XII. Page 97. *De la dent meurtrière d'un reptile.* Le texte porte *ossa mortifera*, ce que notre traducteur, d'accord avec M. Bouillet, le dernier éditeur du *Sénèque*, a entendu des dents du serpent, dont les gencives sont remplies de venin. La Grange, Chalvet, Du Ryer ont suivi la leçon substituée par Muret à l'ancienne : *ossa mortifera*, c'est-à-dire, viandes empoisonnées. Le lecteur choisira.

Page 97. *Des plumes rouges font fuir les bêtes féroces.* — Voyez *de la Clémence*, liv. 1er, chap. 12 : *Sic feras lineis et pinna clusas, contineas.*

Or, l'un n'est pas plus possible que l'autre. C'est ici la conclusion de l'objection faite par l'adversaire; sans cela, Sénèque se trouverait en contradiction avec lui-même.

Page 99. *On peut tout ce qu'on veut fortement.* Gresset a dit :

. . . . On est ce qu'on veut être.
Souverain de son cœur, l'homme fait son état,
Et rien sans son aveu ne l'élève ou l'abat.

Et Crébillon :

Pour être vertueux on n'a qu'à le vouloir.

Enfin Rousseau, en d'autres termes, a rendu la force de la pensée de Sénèque : « Tout ce qui se fait est faisable. » (*Émile*, liv. II.)

A ne rire jamais. M. Licinius Crassus, aïeul du triumvir, et qui fut préteur l'an de Rome 648, avait été surnommé par les Grecs Ἀγέλαστος.

XIII. Page 99. *Rien n'est insurmontable à qui s'impose la loi d'en triompher.* Horace a dit : *Nil mortalibus arduum.*

Qu'obtient, en effet, de si brillant l'homme ? etc. Ce qu'il obtient? il gagne sa vie. Le philosophe *de profession* n'en demande quelquefois pas davantage.

Page 101. *La nature, qui nous forma pour la vertu.* « C'est le préjugé d'un homme de bien qui a oublié ce qu'il a fait d'efforts et de sacrifices pour devenir vertueux. Combien de passions violentes et naturelles dans le franc sauvage. Dans l'état policé, mille vicieux pour un sage. » (DIDEROT.)

Nous aide elle-même à nous corriger, si nous voulons. Cette belle maxime de Sénèque a été prise par Rousseau pour base principale du système d'éducation qu'il a développé dans son *Émile*.

Que la route des vertus soit difficile. Sénèque présente la même idée dans sa lettre LXIV (page 67 de notre tome VI) : « Suis illam esse in excelso, sed volenti penetrabilem. »

Ni escarpée. « Le chemin de la vertu est taillé dans un roc escarpé, observe encore Diderot. Celui que de longs et pénibles travaux ont conduit à son sommet, s'y tient difficilement : après avoir long-temps gravi, il marche sur une planche étroite et élastique entre des précipices. Sénèque, c'est vous-même qui l'avez dit. » Chalvet observe que cette pensée de Sénèque « est contre cette noble et tant célébrée sentence d'Hésiode, par laquelle il met la vertu sur un haut et le vice en une fondrière. » Plus exact en sa définition que Sénèque et ses contradicteurs, Rousseau, dans son *Émile* (liv. IV), tient un juste milieu : « Rien n'est plus aimable que la vertu, dit-il ; mais il en faut jouir pour la trouver telle. Quand on la veut embrasser, semblable au Protée de la fable, elle prend d'abord mille formes effrayantes ; et ne se montre enfin sous la sienne qu'à ceux qui n'ont point lâché prise. » (Ch. XIV ; — CICÉRON, *de Offic.*, lib. I, cap. 38.) Et Louis Racine :

> La vertu qui n'admet que de sages plaisirs,
> Semble, d'un ton trop dur, gourmander nos désirs ;
> Mais quoique, pour la suivre, il coûte quelques larmes....

Page 101. *Est-il tourment égal à la colère ?* Diderot répond : « Éprouver la colère est un supplice.... mais l'étouffer est un tourment. »

La chasteté est en repos. « Si la chasteté, dit Rousseau dans *Émile* (liv. V), doit être surtout une vertu délicieuse pour une belle femme qui a quelque élévation dans l'âme.... quelle jouissance pour une âme noble que l'orgueil de la vertu jointe à la beauté ! etc. »

Les vices seuls coûtent cher à nourrir. Ducis a dit :

> Ce n'est point la vertu, c'est le vice qui coûte.

XIV. Page 103. *Dont il aurait à surveiller péniblement les écarts.* Horace a dit, ode 18, liv. Ier :

> Quum fas atque nefas exiguo fine libidinum
> Discernunt avidi.

Si ce n'est peut-être son simulacre. Montaigne a dit (liv. III, ch. 10, *de Mesnager sa volonté*) : « Ay-je besoing de cholère et d'inflammation, je l'emprunte et je m'en masque. »

Page 103. *Le fouet ou la torche.* Juste-Lipse lit ici *calcibusque* ;

et dans ce cas il faudrait traduire *le fouet et l'éperon :* mais cette version est contraire aux éditions *Princeps*, *Variorum*, de M. Lemaire. Le mot *facibus* est justifié par ce qu'on lit dans Columelle (*de Re rustica*, lib. vi, cap. 2), et dans Palladius (*de Re rustica*, lib. iv, tit. 12). Ils nous apprennent que les laboureurs se servaient du fouet ou d'une torche allumée, pour corriger les bœufs paresseux qui, lorsqu'on les dressait à la charrue, se couchaient au milieu du sillon. Tous deux condamnent cette pratique cruelle. *Eum non sævitia, sed ratione censeo emendandum*, dit le sage Columelle. Enfin Solin dit : « Non nulli equi accensis facibus ad cursus provocantur. »

Est-il si difficile de vaincre les mouvemens de son âme ? « Très-difficile, répond Diderot. Quoi de plus pénible, quoi de plus incommode à manier que les passions ? Ce sont vos propres termes. Sénèque montre la vertu facile aux méchans qu'il veut corriger, et facile aux bons qu'il veut encourager... La raison, sans les passions, serait presque un roi sans sujets. »

Pyrrhus, dit-on, ce fameux maître d'exercices gymniques. Les éditeurs disent ignorer qui était ce Pyrrhus. Mais ce passage ne peut-il pas s'appliquer à Pyrrhus, roi d'Épire, qui fut un si grand maître dans toutes les parties qui concourent à former le soldat ?

S'est attiré le joug le plus accablant. Les hommes susceptibles de se jeter légèrement dans les luttes de parti devraient avoir sous les yeux cette maxime.

XV. Page 105. *Telles que les Scythes, les Germains.* Déjà Sénèque a cité ces nations comme exemple d'un courage furieux (*voyez* liv. 1er, ch. xi ci-dessus). Mais quand ces nations en attaquaient d'autres plus civilisées, observe La Harpe, elles n'étaient nullement guidées par la colère. La passion qui s'était emparée d'elles, comme de tant d'autres peuplades barbares, était uniquement le désir du bien d'autrui. »

Comme la pitié. Voilà bien la dureté de l'école stoïque, qui regardait la pitié comme une condamnable faiblesse. Il appartenait à la religion chrétienne d'ériger la *miséricorde* en vertu : *Pleurez avec les affligés.* C'est cette charité, cette miséricorde qui a fermé les cirques, aboli les combats de gladiateurs. (*Voyez* ci-dessous, ch. xvii de ce livre, et la note correspondante.)

Page 105. *De même que les lions et les loups, aussi incapables de souffrir le joug que de l'imposer.* Sénèque, oubliant ce qu'il a dit ici, vantera, dans le chap. XXXI, la docilité des lions et des loups.

XVI. Page 105. *Vraie image de leur ciel.* On ignore quel est le poète que cite ici Sénèque. Comparez ce passage à ce que dit notre philosophe sur l'âpreté du climat de la Scythie, dans la *Consolation à Helvie*, chap. VI, pages 25 et 84 de notre tome II.

XVII. Page 107. *L'orateur qui s'emporte en est plus éloquent.* Comparez ce passage avec ce que dit Sénèque, lettre XL, pages 247 et 396 de notre tome V.

Page 109. *Ni compatissans ni cruels.* Sénèque s'élève encore ici contre la *pitié*, que les stoïciens blâmaient comme une faiblesse. — *Voyez* ci-dessus, ch. XV de ce livre, et la note correspondante.

XVIII. Page 111. *Selon que tel ou tel élément y domine.* Sénèque parle de ces mêmes élémens, au traité *de la Providence*, chap. V. — *Voyez* page 93 et la note page 412 de notre tome II.

XIX. Page 111. *Les vieillards sont quinteux et difficiles.* Sénèque dit à peu près la même chose, liv. Ier, ch. 16, page 63 ci-dessus.

XX. Page 113. *Des hommes s'emportent dans l'ivresse****. Ici il y a lacune et altération de texte. Au lieu de celui que nous avons adopté : *Quidam ebrii effervescunt, quidam**** *saucii sunt*, quelques-uns retranchent ce dernier mot, *sunt*. Muret a proposé *sicci* au lieu de *saucii* ; enfin Gronovius, au lieu du mot *ebrii* celui de *sobrii*, et il entend celui de *saucii* dans le sens d'*ebrii*, c'est-à-dire οἰνοπλῆγες, « plongés dans la plus extrême ivresse, ivres morts. » Et l'on trouve dans Martial un exemple du mot *saucia* pris dans le même sens :

> Hic jam deposito post vina rosasque pudore
> Quid dicat nescit *saucia* Therpsicore.

Chalvet, Du Ryer, La Grange ont traduit comme s'il y avait : « Quidam *ebrii* effervescunt, quidam *sicci*. » Notre traducteur, sans changer le texte vulgaire, a essayé de rendre la force du mot *saucii*.

Le vin qu'il faut refuser aux enfans, dit Platon. Dans le traité des *Lois*, liv. II. Rousseau également, dans l'*Émile* (livre II), incline à ne pas donner du vin aux enfans; mais il ne veut point qu'on les accoutume à une nourriture exclusive. Voici comment il s'exprime au sujet du vin : « La première fois qu'un sauvage boit du vin, dit-il, il fait la grimace et le rejette; et même parmi nous, quiconque a vécu jusqu'à vingt ans sans goûter de liqueurs fermentées ne peut plus s'y accoutumer : nous serions tous abstèmes, si l'on ne nous eût donné du vin dans nos jeunes ans. »

Page 113. *Ne les surchargeons pas non plus d'alimens.* « Conservons à l'enfant, dit encore Rousseau, son goût primitif le plus possible; que sa nourriture soit commune et simple, que son palais ne se familiarise qu'à des saveurs peu élevées, et ne se forme point un goût exclusif.... Un homme épuisé de travail, de soucis, de peines a besoin d'alimens succulens qui lui portent de nouveaux esprits au cerveau : un enfant qui vient de s'abattre a besoin d'une nourriture abondante qui lui fasse beaucoup de chyle. »

Comparez le passage de Sénèque et le chapitre suivant avec ce que Platon, Quintilien et J.-J. Rousseau ont écrit sur l'éducation première des enfans, sur les penchans de l'homme, que l'on ne saurait étudier trop tôt. Sénèque enseigne la même doctrine, dans le traité des *Bienfaits*, liv. v.

XXI. Page 115. *Que de jeter de bonne heure les bases d'une saine éducation.* « Pères, et vous instituteurs de la jeunesse, lisez et relisez ce chapitre XXI. » (DIDEROT.) Un détracteur de Rousseau a été jusqu'à lui reprocher d'avoir imité ici Sénèque; dans un libelle intitulé *les Plagiats de Rousseau.*

Qui doit prendre garde et d'entretenir la colère. — *Voyez*, dans l'*Émile*, les précautions ingénieuses que prend Rousseau pour guérir son élève de la colère.

N'imposer à l'enfant rien d'humiliant ni de servile. « S'il n'y a point d'objet si digne de risée qu'un enfant hautain, il n'y a point d'objet si digne de pitié qu'un enfant craintif. » (*Émile*, liv. II.)

Que, s'il le fait, ce soit toujours sans fruit. « Les premiers pleurs des enfans sont des prières, dit Rousseau (*Émile*, liv. I); si l'on n'y prend garde, ils deviennent bientôt des ordres; ils commencent par se faire assister, ils finissent par se faire servir. »

(Et la suite.) Plus loin (liv. 11), Rousseau ajoute : « Dès qu'il (l'enfant) peut demander, en parlant, ce qu'il désire, et que pour l'obtenir plus vite, et pour vaincre un refus, il appuie de pleurs sa demande, elle doit lui être irrévocablement refusée, etc. »

Page 115. *Dans ses luttes avec ses jeunes camarades.* Rousseau, comme semble le faire ici Sénèque, n'admet l'émulation comme mobile dans l'éducation que pour les jeux; mais il ne veut pas de l'émulation telle qu'on l'emploie dans les collèges.

Page 117. *Produit la morgue et la présomption.* Horace a dit dans sa 18 ode, livre 1er :

> Sæva tene cum Berecynthio
> Cornu tympana, quæ subsequitur cæcus amor sui,
> Et tollens vacuum plus nimio gloria verticem.

Rien ne dispose à la colère comme une éducation molle et complaisante. « Savez-vous, dit Rousseau, quel est le plus sûr moyen de rendre votre enfant misérable? c'est de l'accoutumer à tout obtenir; car ses désirs croissant incessamment par la facilité de les satisfaire, tôt ou tard l'impuissance vous forcera malgré vous d'en venir au refus; et ce refus inaccoutumé lui donnera plus de tourment que la privation même de ce qu'il désire.... Sans jamais savoir gré de la complaisance, il s'indigne de toute opposition. Comment concevrai-je qu'un enfant ainsi dominé par la colère et dévoré des passions les plus irascibles, puisse jamais être heureux? Heureux, lui! c'est un despote; c'est à la fois le plus vil des esclaves et la plus misérable des créatures. »

Page 117. *Ce que nous refusons à ses larmes, offrons-le-lui quand il sera calmé.* — *Voyez* la note dernière de la page 287.

XXII. Page 119. *Des précepteurs et des pédagogues.* Le précepteur était celui qui enseignait les sciences à l'enfant; le pédagogue celui qui le conduisait au gymnase, à la promenade, qui veillait sur toutes ses actions, sur tous les momens de la journée. Telle est à peu près la différence qui existe dans nos collèges entre les professeurs et les maîtres d'études.

Les habitudes de l'adolescence nous viennent de nos nourrices et de nos premiers maîtres. « Le choix de la nourrice, dit J.-J. Rousseau, importe d'autant plus que son nourrisson ne doit point avoir d'autre gouvernante qu'elle.... Cet usage était celui des anciens, moins raisonneurs et plus sages que nous. »

Page 119. *Ses vêtemens simples, et semblables en tout à ceux de ses camarades.* Précepte recommandé plus d'une fois par Rousseau. Depuis leur hochet jusqu'à leurs vêtemens, il veut que tout soit *simple autour des enfans*.... et n'ait pas l'inconvénient de les accoutumer au luxe dès leur naissance. (*Émile*, liv. 1er et ailleurs.)

XXIII. Page 121. *Un air de visage ou sourire inoffensifs.* « Après avoir nourri des enfans de leur sexe, dit encore l'auteur d'*Émile*, les nourrices ne les quittaient plus. Voilà pourquoi, dans leurs pièces, la plupart des confidentes sont des nourrices. » Pour l'exactitude historique, Rousseau aurait dû dire que les nourrices étant toujours de condition servile, et nées dans la maison de l'enfant, devaient nécessairement finir leurs jours auprès de celles qu'elles avaient nourries de leur lait.... « Je le répète, dit plus loin Rousseau, l'éducation de l'homme commence à sa naissance. »

On connaît cet Athénien qui avait conspiré la mort d'Hippias. Des commentateurs ont attaqué l'exactitude de cette anecdote : ils veulent que ce soit Zénon d'Élée qui ait fait au tyran de sa patrie cette réponse que Sénèque prête à un Athénien, mais ils ne s'accordent pas sur le nom du tyran Éléate ; les uns l'appellent Néarque, ceux-ci Demylus, ceux-là Dioméon. Valère-Maxime prétend que cette même réponse fut faite à Phalaris, tyran d'Agrigente. Au milieu de ces incertitudes (*voyez* DIOGÈNE LAERCE, liv. IX), on doit, selon nous, s'abstenir d'attaquer l'exactitude de notre auteur.

Averti par une lettre de sa mère. Tous les historiens s'accordent à dire que ce fut Parménion qui donna cet avis à Alexandre. Voici la belle leçon, dans l'*Émile*, liv. II, que Rousseau tire de cette anecdote : « Quelques lecteurs demanderont ce qui se trouve de si beau dans l'action d'Alexandre. Infortunés ! s'il faut vous le dire, comment le comprendrez-vous ? C'est qu'Alexandre croyait à la vertu ; c'est qu'il y croyait sur sa tête, sur sa propre vie ; c'est que sa grande âme était faite pour y croire. Oh, que cette médecine avalée était une belle profession de foi ! Non, jamais mortel n'en fit une si sublime. S'il est quelque moderne Alexandre, qu'on me le montre à de pareils traits. »

Page 121. *On cite un trait analogue de C. César.*—Voyez Dion Cassius, liv. XLI, chap. 63; Pline, *Hist. nat.*, liv. VII, chap. 25. — On cite le même trait de Pompée, après la mort de Sertorius.

XXIV. Page 123. *De l'éloignement sur le visage de tel autre.* Ici Sénèque semblerait avoir inspiré le style vif et pittoresque de notre Labruyère dans ses portraits. — *Voyez* aussi les pensées d'Oxenstiern, *de la Vengeance.*

XXV. Page 123. *Mon eau à boire trop chaude.* Déjà dans le chapitre IX de ce livre, Sénèque défend de s'emporter contre ses serviteurs. On peut consulter, à cet égard, son admirable lettre XLVII, et les notes, pages 277 et suiv.; puis 402 et suiv. de notre tome V. Dans sa lettre LXXVIII (page 267 de notre tome VI); dans le traité de la *Providence* (ch. III, page 377 de notre tome II). — Dans les *Questions naturelles* (liv. IV, chap. 13, pages 311 et suiv. de notre tome VIII); enfin, au chap. XII du 1er livre de la *Colère*, Sénèque parle de cette recherche de la sensualité romaine.

Mon lit mal arrangé. On appelait, chez les Romains, *lectisterniator*, l'esclave qui avait la fonction de préparer les lits pour le festin. *Tu esto lectisterniator*, dit Plaute dans le *Subdolus* (acte 1er, scène 2, vers 29).

Page 125. *Pour une mouche qu'il n'aura pas su chasser.* Certains esclaves, armés d'éventails faits de plumes de paon, se tenaient près de leur maître à table, soit pour rafraîchir l'air, soit pour chasser les mouches, ainsi que l'explique Martial :

> Et æstuanti tenue ventilat frigus
> Supina prasino concubina flabello;
> Fugatque muscas myrtea puer virga.
> (Lib. III, epigr. 82.)

Et ailleurs :

> Lambere quæ turpes probibet tua prandia muscas,
> Alitis eximiæ causa superba fuit.
> (Lib. XIV, epigr. 67.)

XXVI. Page 125. *A des objets qui ne méritent ni ne sentent notre dépit.* Lisez sur ce sujet le chapitre de Montaigne, intitulé : *Comme l'âme descharge ses passions sur des objects faux, quand les vrais lui défaillent.* (Livre I, chap. 4.)

XXVII. Page 129. *Dignes d'être l'objet de ces grands mouvemens.* Ici Sénèque, qui réellement ne tient à aucune école, s'écarte de la doctrine des stoïciens, qui soutenaient que le monde avait été créé pour les dieux et les hommes. *Voyez* CICÉRON, *de la Nature des dieux* (liv. II, chap. 14, 53, 60); *des Biens et des Maux* (liv. III, chap. 20); *des Devoirs* (livre I, chap. 7). PLINE, *Hist. nat.*, livre VII, au *préambule* : « Hominis causa videtur cuncta alia genuisse natura. » Enfin Sénèque lui-même modifie cette doctrine dans son traité des *Bienfaits*, liv. IV, ch. 4, 5 et 13, et livre VI, chap. 23. — Montaigne, dans ses *Essais*, s'est moqué de l'arrogance de l'homme, qui rapporte tout à lui dans la nature en faisant parler une oie, qui à cet égard tient le même langage que l'homme. Boileau le raille également (sat. VIII) de cette présomption :

> Lui seul de la nature est le maître et l'appui,
> Et le troisième ciel ne tourne que pour lui.

D'y trouver notre conservation. Sénèque, dans le traité des *Bienfaits* (liv. VI, chap. 2), exprime la même pensée : « Isto.... modo nec lunæ nec soli quidquam debes : non enim propter te moventur. Sed quum in hoc moveantur ut universa conservent, et pro me moventur : universorum enim pars sum. »

Dont nulle n'est gravée aux tables de la loi. Cette admirable morale a été développée par plus d'un philosophe moderne, entre autres par un Anglais : PALLY, *Principles of moral and political philosophy*, livre Ier, chap. 3.

XXVIII. Page 131. *Du domicile malsain qui nous est échu.* Est-ce un sage avertissement à la mort, est-ce une insinuation en faveur du suicide? Les commentateurs sont partagés ; mais à cet égard l'opinion de Sénèque n'est pas douteuse pour qui rapproche ce passage du chapitre 15 du livre III de ce traité *sub finem*.

Mais qu'il a cédé à l'attrait d'un bon mot. Remarquons la grâce et la propriété singulière de ce mot *urbanitatis* :

> Et qui pour un bon mot va perdre vingt amis.
> BOILEAU.

La Rochefoucault a dit : « On est d'ordinaire plus médisant par vanité que par malice. »

Page 131. *Mais où rencontrer l'équitable juge ?* La Fontaine a dit :

> Nous nous pardonnons tout et rien aux autres hommes.

Page 133. *Nous rejetons derrière nous les nôtres.* C'est ici la moralité de la fable de *la Besace.* Catulle a dit :

> Sed non videmus manticæ quod in tergo est;

et Phèdre :

> Propriis repletam (peram) vitiis post tergum dedit
> Alienis ante pectus suspendit gravem;

et La Fontaine :

> Il fit pour nos défauts la poche de derrière,
> Et celle de devant pour les défauts d'autrui.

XXIX. Page 135. *Ne me citez pas....* Ici Sénèque donne à sa diction la vivacité d'un dialogue comique.

> Obligez-moi de n'en rien dire,
> Son courroux tomberoit sur moi,

dit dans la fable la chatte, qui, par sa fourbe, *veut détruire l'accord* entre l'aigle et la laie. (LA FONTAINE, *Fables,* 6, liv. III.)

> Un rapport clandestin n'est pas d'un honnête homme;
> Quand j'accuse quelqu'un, je le dois, et me nomme,

a dit Gresset dans *le Méchant.*

XXX. Page 137. *Ce sont les dieux ?* Sénèque développe cette idée dans sa xcv[e] lettre. *Voyez* le passage commençant par ces mots : *Quæ causa est diis benefaciendi ?....* et finissant par ceux : *et vis deos propitiare ? bonus esto !*

Et que les autres ne puissent rien sur lui. Voilà une de ces maximes à retenir, et dont Sénèque est rempli.

Page 139. *Fabius.* Q. Fabius Maximus, le même dont il est question ci-dessus dans le chapitre 11 du 1er livre de ce traité. *Voyez* aussi CICÉRON, *des Devoirs,* livre 1, chap. 23.

C'est au sein de la plus vive joie qu'il faut craindre le plus. Qui ne connaît ces beaux vers de La Fontaine commençant ainsi :

> Lorsque, sur cette mer, on vogue à pleines voiles, etc. ?

Page 139. *Des serpens.... se jouer innocemment sur nos tables et dans notre sein.* Un luxe très-recherché chez les Romains, consistait à avoir dans les maisons des serpens et d'autres animaux. Consultez à cet égard la *Consolation à Marcia*, chap. XII, et la note (pages 217 et 280 de notre tome II).

Page 141. *Concitoyen de la grande cité.* Dans son traité du *Repos du sage*, chap. XXXI, Sénèque développe cette belle idée d'une grande république humaine.

Sans l'appui mutuel et bienveillant de ceux qui la composent. Encore une idée développée dans la lettre XCV de Sénèque.

Et certains reptiles. Le texte porte *natrices.* Lucain (*Pharsale*, liv. IX, v. 720) appelle cette espèce de serpent *violator aquæ*, parce qu'il infecte de son poison l'eau même à laquelle il touche. Cicéron, dans ses *Questions académiques* (liv. II, ch. 38), parle aussi de ce dangereux reptile.

XXXII. Page 141. *M. Caton.* Caton d'Utique, le héros de Sénèque, qui cite assez rarement Caton le Censeur.

XXXIII. Page 143. *Les injures des hommes puissans.* Dans cette maxime, on reconnaît moins le philosophe que le courtisan de Néron qui fera l'apologie du meurtre d'Agrippine.

S'ils pensent qu'elles ont porté. Tacite a dit : *Proprium humani ingenii est odisse quem læseris.*

Et en remerciant. Diderot dit, à propos de ce passage de Sénèque : « Le beau recueil qu'on formerait des mots singuliers qu'il nous a conservés ! » Le duc d'Orléans, régent de France, disait *qu'un parfait courtisan doit être sans honneur et sans humeur.*

Page 145. *N'embrassa-t-il pas les genoux du roi de Larisse ?* — Voyez Homère, *Iliade*, livre XXIV, vers 478, 479 — 504, 505 et 506.

XXXIV. Page 147. *C'est une lâcheté.* Nous avons adopté la traduction de Diderot.

C'est de songer aux services passés. Sénèque développera cette belle morale dans le traité des *Bienfaits.*

A le demander pour soi. Chalvet, en marge de sa traduction, fait cette remarque naïve : *Tableau du trictrac de ce monde.*

Page 149. *Des vainqueurs et des vaincus.* Tacite fait à peu près la même observation, quand il fait dire à l'empereur Claude : « L'état fut parfaitement tranquille au dedans, et respecté de l'ennemi, lorsqu'on eut admis pour citoyens les habitans d'au delà du Pô; lorsque, sous prétexte d'établir des colonies, on leur associa les plus distingués de chaque province. » (*Annal.*, livre I, chap. 24.)

XXXV. Page 149. *Que d'en considérer la difformité.* Ici Sénèque enchérit sur le tableau qu'il a présenté au ch. I du liv. I de ce traité.

Page 151. *Sa robe en lambeaux.* Sénèque, qui citait probablement de mémoire, ou plutôt qui a voulu approprier la citation au mouvement de sa phrase, a interverti l'ordre, et changé quelque peu le texte de ces vers de Virgile :

> Et scissa gaudens vadit Discordia palla,
> Quam cum sanguineo sequitur Bellona flagello.
>
> (*Æneid.*, lib. VIII, v. 702-703.)

XXXVI. Page 153. *Sextius.* Q. Sextius dont Sénèque parle souvent dans ses lettres. *Voyez* lettres LIX, LXIV, pag. 41 et 65; puis les notes correspondantes, pag. 491 et 493 du tome VI de notre *Sénèque*.

Page 155. *Faire taire même l'amour le plus ardent.* Ce passage de Sénèque a rappelé à l'éditeur de *Sénèque* (collection de Lemaire) les imprécations de Didon contre Énée (*Énéide*, livre IV, v. 604) : *Quem metui moritura*, etc.; celles d'Hermione contre Pyrrhus, dans la tragédie d'*Andromaque;* enfin le trait d'Alphée, mère de Méléagre, qui, en jetant au feu, dans un accès de colère, le tison à la conservation duquel était attachée l'existence de ce héros, termina les jours de celui qui lui devait la vie.

NOTES DU LIVRE III.

II. Page 163. *D'autres nations nomades et chasseresses.* Sénèque aime à citer l'exemple des peuplades scythiques. *Voyez* la lettre XC, page 463 de notre tome VI.

Page 163. *Ne connaissent ni la délimitation des propriétés.* C'est encore ici le cas de rappeler la lettre xc. (*Voyez* page 453 : *Antequam societatem avaritia distraxit,* etc.; page 477 : *Quum in medio jacerent beneficia naturæ,* etc.; 479, 481 de notre tome vi, où Sénèque développe la même idée qu'il présente ici. Consultez aussi les notes correspondantes pages 528 et 529. Enfin, un passage de la lettre lxxxix rappelle l'emploi de cette expression si heureuse : *Circumscriptio ne provinciarum quidem satione contenti circumscribere prædiorum modum?.* (page 448 du même volume). Horace, à l'exemple de Sénèque, cite souvent, comme modèles, les Scythes; et c'est ce qui arrive toujours aux moralistes : ils vantent les nations peu connues, pour faire la leçon à celles qu'ils connaissent trop bien :

>Campestres melius Scythæ,
>Quorum plaustra vagas rite trahunt domos,
>Vivunt, et rigidi Getæ,
>Immetata quibus jugera liberas
>Fruges et Cererem ferunt.
>(Horat., lib. iii, od. 24, v. 9 et suiv.)

Page 165. *On traîne en toute hâte des vaisseaux à la mer.* Tout ce passage, depuis ces mots *violavit legationes,* rappelle le tableau animé que l'historien Florus fait de la conduite indécente des Tarentins, envers les ambassadeurs romains.

Plus de formalités, plus d'auspices. Quelque régulière qu'eût été l'élection d'un magistrat, il ne pouvait se regarder comme légalement en fonctions sans avoir pris régulièrement les auspices et rempli toutes les formalités d'usage. Le sens indiqué ici par quelques commentateurs : *Incompositi;* c'est-à-dire, sans règle, sans discipline, n'est pas juste. Sénèque, d'ailleurs, emploie plus bas ce mot *incompositi* au chapitre suivant, dans un sens qui n'a aucun rapport avec cette expression, *sine more.*

III. Page 165. *Des Barbares courant en aveugles aux combats.* — *Voyez* les mêmes idées, livre i, chap. 11, page 37.

Page 167. *Aristote.* — *Voyez* ci-dessus, livre i, ch. 9, page 53.

Elles sont caduques et de sinistre usage. — *Voyez* la même idée livre ii, chap. 35, page 149 : *Ægros scimus nervos esse,* etc.

Page 169. *Rendez-lui ses chevalets.* — *Equulei.* Sénèque indique souvent cet instrument de torture. *Voyez*, entre autres, dans la lettre LXVII : *Aut equuleo longior factus.* (Page 114 de notre tome VI.)

Page 169. *Autour des fosses où sont à demi enterrées ses victimes.* Les Carthaginois, au rapport de Caton le Censeur, furent les inventeurs de cet affreux supplice (*Nuits attiques*, liv. III, chap. 14). Appien d'Alexandrie nous apprend que les Romains adoptèrent cette barbare coutume dans la guerre contre Jugurtha pour punir des transfuges thraces et liguriens.

IV. Page 169. *Comme je l'ai montré dans les livres précédens.* — *Voyez* livre I, chap. I, et liv. II, chap. 35 et 36.

Du sanglier qui aiguise ses défenses. Dans le chap. I du livre I, Sénèque a dit : *Spumant apris ora, dentes acuuntur attritu.*

V. Page 173. *L'avarice.... entasse des biens dont un héritier plus sage saura jouir.* Ceci rappelle divers traits d'Horace :

.... Et exstructis in altum
  Divitiis potietur hæres ;

et celui-ci :

  Absumet hæres Cæcuba dignior
  Servata centum clavibus, etc.

Remarquons que Sénèque, qui, dans ce traité, combat si fortement la colère dans tous ses rapports avec les autres passions, a déjà mis l'avarice en parallèle avec elle au chap. 36 du liv. II, page 154 : *Avaritiam durissimum malum, minimumque flexibile ira calcavit.*

VI. Page 175. *La région du monde la plus pure et la plus élevée.* Ce rapprochement entre l'âme du sage et la région la plus élevée du ciel, est assez familier à Sénèque : *Talis est sapientis animus,* dit-il dans la lettre LIX, *qualis mundus super lunam, semper illic serenum est.* Ce passage rappelle encore ces traits de Lucain, *Pharsale*, liv. II, v. 271 :

.... Nubes excedit Olympus
  Pacem summa tenens..........

Page 177. *Une âme sublime, toujours paisible, placée loin des orages.* — *Voyez* la dernière note du livre Ier.

Page 177. *Et les proportionner à nos forces.* Sénèque développe cette idée dans le traité *de la Tranquillité de l'âme,* ch. IV, V et VI.

VII. Page 179. *Bornons à notre voisinage l'horizon de nos espérances.* Sénèque dit, au ch. IV de la *Tranquillité de l'âme :* « In vicinum spes exegi. »

VIII. Page 181. *L'âme communique ses vices à qui l'approche.* — *Voyez* encore, dans le traité *de la Tranquillité de l'âme,* chapitre VII, le développement de ces idées sur le choix des amis.

Page 183. *Célius.* Célius Rufus, pour lequel Cicéron a prononcé un plaidoyer (*voyez* tome XIV de notre *Cicéron*), était un assez bon orateur, mais entaché de tous les vices de la corruption romaine, ainsi qu'on peut le voir par la défense même de son avocat. Montaigne (livre II, ch. 31, *de la Cholère*) s'empare de ce passage : « Ceux qui ont eu à négocier avec des femmes testues, peuvent avoir essayé à quelle rage on les jette, quand on oppose à leur agitation, le silence et la froideur, et qu'on desdaigne de nourrir leur courroux. L'orateur Célius estoit merveilleusement cholère de sa nature. (Puis, après avoir raconté l'anecdote, il ajoute :) Elles, de mesme, ne se courroucent qu'afin qu'on se contre-courrouce, à l'imitation des loix de l'amour. »

IX. Page 185. *Que les récits de l'histoire le charment et l'intéressent.* Nous croyons, avec Juste-Lipse, ce sens le plus naturel et le plus juste : *Historia fabulis detineat,* dit le texte. Ceux qui ne sont pas de cet avis prétendent que Sénèque n'aurait pas parlé avec cette légèreté de l'histoire dont il fait un éloge si beau et si sérieux dans les *Questions naturelles,* liv. VII, ch. 16 ; mais cela ne prouve rien : ne se trouve-t-il pas dans les historiens anciens, tels qu'Hérodote, Tite-Live et autres, une foule d'anecdotes très-amusantes à lire sans doute, et qui, par cela même, ne méritent pas d'autres qualifications que celle de *fabulæ,* entre autres l'*Anneau de Gygès,* les traditions concernant Tarquin l'Ancien ? Chalvet, Du Ryer, La Grange entendent ici : « L'histoire et les fables. »

Les accens du clairon et de la trompette. — *Voyez* ce que Sénèque a dit ci-dessus (livre II, ch. 2), sur l'effet que la musique produisait sur Alexandre-le-Grand.

Page 187. *C'est pour cela aussi que la faim et la soif sont à craindre.* Comparez avec le chap. 19 du livre II : *In eadem causa sunt siti fameque*, etc. (*Voyez* ci-dessus page 110.)

X. Page 187. *Gens fatigués sont querelleurs.* « Ventre affamé n'a point d'oreilles, » dit La Fontaine dans un vers devenu proverbe.

XI. Page 189. *Quand on devait sortir avec un casque.* Diogène Laërce attribue cette anecdote à Diogène le Cynique.

XII. Page 193. *Speusippe.* Encore un trait que Montaigne emprunte à Sénèque dans son chapitre déjà cité, *de la Cholère*.

XIV. Page 197. *Le roi Cambyse.* Cette anecdote est rapportée par Hérodote, livre III, ch. 34 et 35.

XV. Page 201. *Sans doute Harpage en avait donné un de cette nature.* Ici notre philosophe, dans l'intérêt de sa discussion, dénature l'anecdote d'Harpage, également tirée d'Hérodote, livre I, ch. 108 à 120. Ce n'était pas pour avoir donné des conseils courageux à Astyage, qu'Harpage encourut le courroux de ce despote ; mais pour avoir sauvé, malgré la volonté de celui-ci, les jours de Cyrus, son petit-fils, qu'Astyage lui avait ordonné de faire mourir à sa naissance.

Aussi roi de Perse. Autre inexactitude : Astyage était roi des Mèdes.

La chair de son propre fils. On n'a pas besoin de remarquer que, dans les bons auteurs, dans Cicéron entre autres, *liberos* se prend au singulier. En effet, Hérodote ne parle que d'un seul fils d'Harpage. La Grange et Diderot ont commis cette inadvertance, aussi bien que Chalvet et Du Ryer. (*Voyez* la note qui suit.)

Il fit apporter les extrémités. C'est sans doute le mot *capita* qui a contribué à induire en erreur les traducteurs qui ne se sont pas reportés au texte d'Hérodote : « Aussitôt ceux qui en avaient reçu l'ordre, dit cet historien, apportèrent dans une corbeille couverte, la tête et les mains de son fils, etc. » Personne n'ignore d'ailleurs que le mot latin *capita* veut dire *extrémités* aussi bien que *têtes*.

Tout mets ne peut être qu'agréable. Cette réponse d'Harpage rappelle ce trait non moins lâche d'un seigneur anglais. Edgar, roi d'Angleterre, ayant tué Éthelwold dans la forêt de Harewood, le fils de ce seigneur arriva immédiatement après. Le roi lui montrant le corps de son père, lui demanda comment il trouvait le gibier? Le jeune homme répondit avec sang-froid que tout ce qui plaisait au roi ne pouvait lui déplaire.

Page 201. *Les orgies de Cambyse, les festins d'Harpage.* Ici, *sic editur* se rapporte au festin d'Harpage; *sic bibitur* à l'orgie de Cambyse.

Il y faut sourire à ses funérailles. Ces idées se trouvent déjà exprimées par Sénèque, livre II, ch. 33 de ce traité.

La route est ouverte à la liberté. Idée familière à Sénèque, qui, en vingt endroits de ses lettres et de ses traités, conseille de se soustraire par la mort aux maux qu'on ne peut empêcher.

Page 203. *Ou qu'un puissant roi accourre de contrées lointaines.* Allusion à la vengeance d'Harpage, qui favorisa l'entreprise de Cyrus, et qui même l'invita à venir détrôner Astyage. (HÉRODOTE, livre I, ch. 123 et suiv.)

Vois cette roche escarpée. Juvénal a dit :

Quum tibi vicinum se præbeat Æmilius pons.
(*Sat.* VI, v. 32.)

Cet arbre de malheur. Sénèque, ici, a employé une expression consacrée pour dire un gibet, *arbor infelix.* — *Voyez* CIC., plaidoyer *pour C. Rabirius, accusé de lèse-majesté* (ch. IV).

XVI. Page 205. *Témoin Darius.* Darius, fils d'Hystaspès. C'est encore d'Hérodote qu'est tirée cette anecdote (liv. IV, ch. 84).

XVII. Page 205. *Combien Xerxès.* — *Voyez* encore HÉRODOTE, liv. VII, ch. 27, 38, 39.

Page 207. *Il livra à la rage d'un lion Lysimaque.* Cette anecdote, rapportée par Justin, Valère-Maxime, Pline le Naturaliste, Pausanias, ne se trouve point dans Quinte-Curce, et est rejetée comme apocryphe par M. de Sainte-Croix dans son *Examen critique des historiens d'Alexandre* (page 365). Sénèque a déjà rapporté ce trait au 1er livre du traité *de la Clémence* (*Voyez* pages 147 et 169 de notre tome III).

XVIII. Page 207. *Ce M. Marius.* C'était le neveu du fameux C. Marius qui, dans sa préture, avait, malgré ses collègues, mais de concert avec les tribuns du peuple, fixé la valeur de la monnaie, ce qui le rendit si agréable à la multitude que des statues lui furent partout élevées : *Omnibus vicis,* dit Cicéron, *statuæ ; ad eas thus, cerei.* On peut voir dans les *Fragmens* de Salluste la description de l'horrible supplice que lui fit subir Catilina.

En l'honneur duquel il adressait des supplications aux dieux. Pour peu qu'on soit familiarisé avec la connaissance des coutumes romaines, on ne fera pas le même contre-sens que plusieurs traducteurs qui entendent que c'était M. Marius lui-même qu'on invoquait. Ce qui m'a surtout fixé pour ce sens, c'est la lecture de Cicéron, qui parle tantôt des supplications aux dieux, qui furent décernées en son honneur, lors de la conjuration de Catilina, tantôt de celles que, dans les *Philippiques,* il demanda en l'honneur de Lépide, d'Octave et d'autres généraux.

Page 209. *Q. Catulus.* Celui qui avait été collègue de Marius dans le consulat, durant la guerre des Cimbres et des Teutons, l'an de Rome 652.

Naguère Caligula. — Voyez sur ce passage notre *Avant-propos,* page iij.

XIX. Page 211. *Est journalier pour ce tigre.* — Voyez l'*Avant-propos,* page iij.

XX. Page 213. *Qui de là est appelée* Rhinocolure. — Diodore de Sicile attribue ce fait à un roi d'Éthiopie, qui, par humanité, se contenta de faire mutiler tous les habitans d'une ville dont les brigandages leur avaient mérité le dernier supplice.

Cambyse en frémissait de rage. Encore une anecdote prise à Hérodote, livre III, ch. 19 à 25.

XXI. Page 215. *Mais Cyrus s'emporta contre un fleuve.* Hérodote, livre I, ch. 189. Montaigne (livre I, chap. 4, *Comme on descharge ses passions sur des objets faux,* etc.) cite ce passage de Sénèque.

XXII. Page 217. *Parce que sa mère y avait été quelque temps détenue.* Montaigne (*ibid.*) cite encore ce passage en l'altérant, comme cela lui arrive assez souvent : « Et Caligula, dit-il, ruina une belle maison pour le plaisir que sa mère y avoit eu. »

Page 217. *Rien n'était plus facile à Antigone.* Un des successeurs d'Alexandre, roi de Syrie et père du fameux Demetrius Poliorcète.

Page 219. *C'était pourtant l'aïeul de cet Alexandre.* On s'étonne que Sénèque ait pu commettre cette faute : l'aïeul d'Alexandre était Amyntas. Je crois vraiment qu'ici le texte de notre auteur a été altéré ; en effet, peu de lignes plus bas, il ajoute, en parlant d'Alexandre : *Non habuit hoc avitum ille vitium.*

Celle qui fut jetée au lion. Sénèque fait ici allusion à Clitus et à Callimaque. *Voyez* ci-dessus le ch. XVII de ce livre.

XXIII. Page 219. *Démocharès dit* PARRHÉSIASTE. Il était le neveu de Démosthène. *Parrhésiaste*, mot dérivé du grec παρρησία, liberté de paroles qui va jusqu'à la licence.

Page 221. *Timagène.* Avait été esclave, cuisinier, porteur de chaises, historien et ami d'Auguste. Sénèque le père en parle en détail, livre V, *Controverse* 24 ; et notre Sénèque aussi dans sa lettre XCI.

XXVI. Page 227. *Une chevelure rousse et rassemblée en tresses.* Sénèque parle encore de cet usage des Germains dans sa lettre CXXIV.

XXX. Page 235. *La couleur rouge irrite le taureau.* Ovide a dit :

> Haud secus exarsit, quam circo taurus aperto,
> Quum sua terribili petit irritamina cornu
> Pœniceas vestes................
> (*Metamorph.*, lib. XII, v. 102.)

S'épouvantent pour la moindre chose. Déjà Sénèque a dit, liv. II, ch. 12 : *Vanis etiam vana terrori sunt.*

Page 237. *Et peut-être plus que tu ne devais attendre.* — *Voyez* la lettre LXXIII, page 179 du VIᵉ volume de notre *Sénèque.*

Tillius Cimber. — *Voyez* sur ce personnage, qui était un franc ivrogne, la lettre LXXII de Sénèque, page 331, et la note page 519 de notre tome VI. Les éditeurs écrivent indistinctement *Tullius* ou *Tillius*; mais nous avons suivi la manière dont ce nom est écrit dans Cicéron.

XXXI. Page 239. *Il ne m'a pas fait consul ordinaire.* César, et après lui Auguste, avaient institué deux sortes de consuls : les uns *ordinaires*, que l'on nommait aux calendes de janvier et qui donnaient leur nom à l'année; les autres *substitués*, et qui étaient nommés dans le cours de l'année. — *Voyez* l'*Apokolokyntose*, ch. IX, et pages 317 et 343 de notre tome II.

XXXII. Page 241. *A proportionner la peine au délit.* — *Voyez* ci-dessus, livre II, chap. 27.

XXXIII. Page 241. *Que des juges évoqués de si loin.* — *Voyez*, dans les notes de la *Consolation à Helvie*, l'explication de ce mot (tome II, page 83 de notre *Sénèque*).

Page 243. *Qu'on ne cesse d'arracher du sein de la terre.* Pour entendre cette expression *deprimimus*, il faut se reporter à ces expressions des *Commentaires* de César : *Fossæ depressæ occurrunt* (livre VII, chap. 40); *imperat fossam deprimi* (livre VIII, chap. 9); et Cicéron : *Totum est ex saxo in mirandam altitudinem depresso, et multorum operis penitus exciso.* (Seconde action contre *Verrès*, livre V, chap. 27, page 83 du tome IX de notre *Cicéron*.)

XXXV. Page 245. *Ces fouets que tu demandes au milieu du festin.* Comparez ce chapitre au vingt-quatrième de ce livre, et surtout à l'admirable lettre de Sénèque sur la douceur envers les esclaves. — *Voyez* lettre XLVII, tome V, pages 277 et suiv.; puis les notes pages 402 et suiv.

Page 247. *Ces tables nuancées de mille veines.* — *Voyez* la *Consolation à Helvie*, chap. XI, page 47, et la note page 88 de notre tome II; puis ci-après le chap. 1er de la *Tranquillité de l'âme*.

Les murs des maisons. Mot à mot des *îlots*, *insularum*. On sait qu'on appelait ainsi à Rome un assemblage de maisons contiguës.

XXXVI. Page 247. *Sur celui du chagrin et de l'humeur.* « Ces gens si rians, si ouverts, si sereins dans un cercle, dit J.-J. Rousseau, sont presque toujours tristes et grondeurs chez eux, et leurs domestiques portent la peine de l'amusement qu'ils donnent à leurs sociétés. » (*Émile*, livre IV.)

Page 247. *C'est l'âme qui le corrompt.* Nous avons traduit d'après le texte vulgaire, *destinat*; si l'on adoptait *desinat*, comme l'ont voulu quelques éditeurs, il faudrait traduire ainsi : *C'est à l'âme à cesser de les corrompre.*

Ainsi faisait Sextius. Sénèque a déjà cité un conseil de ce philosophe pour combattre la colère, ci-dessus livre II, chap. 36 (*voyez* aussi la note correspondante, page 294). Diderot admire beaucoup ce passage de notre philosophe sur ce qu'il appelle *le soliloque, la pratique habituelle de Sextus.*

Et que ma femme. On voit, d'après ce mot, que Sénèque était déjà marié lorsqu'il composa ce traité.

XXXVIII. Page 251. *A Diogène, philosophe stoïcien.* Il était né à Babylone ou à Séleucie, et vivait l'an de Rome 590. Stobée cite de lui plusieurs fragmens.

Si je dois me fâcher. Bayle, en citant ce passage de Sénèque, observe qu'il échappa à Diogène « une parole qui ne s'ajustoit point parfaitement avec la doctrine de sa secte. Il devoit être assuré, en qualité de stoïque, qu'il ne devoit point se mettre en colère. »

Lentulus, d'insolente et factieuse mémoire. Quel est ce Lentulus ? Les uns pensent que c'est Cn. Cornelius Lentulus Clodianus, qui fut consul l'an de Rome 682, et censeur deux ans après avec C. Gellius Poplicola ; les autres qu'il s'agit de P. Cornelius Lentulus, surnommé Sura, qui fut consul l'an 283 de Rome, puis chassé du sénat à cause de ses vices, ce qui ne l'empêcha pas de devenir préteur en 291, l'année même du consulat de Cicéron. On sait qu'ayant trempé dans la conjuration de Catilina, il fut condamné par le sénat, et incarcéré dans sa prison. Bien que le premier fût peu recommandable, ainsi qu'on peut l'inférer d'un fragment de Salluste, il est plus probable qu'il s'agit du dernier.

Que vous manquez de bouche. Le mot de Caton ne présente pas en français un double sens comme dans le latin, où le mot *os* signifie à la fois *bouche* et *effronterie*, à peu près comme en français nous disons *il a du front.*

XXXIX. Page 251. *Je passe aux moyens d'adoucir ce vice chez les autres.* — *Voyez* le chap. V de ce livre.

XLI. Page 255. *Chez Vedius Pollion.* Sénèque rappelle encore ce trait de cruauté, dans le traité de la *Clémence*, livre 1, ch. 18.

XLIII. Page 261. *C'est son exil.* Le texte porte *insulam*, mot à mot c'est *une île* : on sait que les îles de la mer Méditerranée ou de la mer Égée, à cette époque, étaient de fréquens lieux d'exil pour les Romains. (*Voyez*, ci-dessus, page 273, une note dans laquelle ces différentes îles sont indiquées.)

DE LA
TRANQUILLITÉ DE L'AME

TRADUCTION NOUVELLE

PAR M. CH. DU ROZOIR

PROFESSEUR D'HISTOIRE AU COLLÈGE ROYAL DE LOUIS-LE-GRAND, ETC.

SOMMAIRE.

Le traité de la *Tranquillité de l'âme* s'écarte un peu de la forme des autres écrits de Sénèque. Il est précédé d'une lettre d'Annéus Serenus dans laquelle cet ami peint l'inquiétude, le dégoût de la vie qui le tourmente, et lui demande des conseils. Sénèque répond à cette lettre depuis le deuxième chapitre, et après avoir montré à Serenus comment se perd la tranquillité de l'âme, il lui enseigne comment on peut se rendre maître de l'espèce de maladie dont son ami est affecté, et recouvrer ce calme intérieur qui est le partage du sage.

Cette opinion n'est pas partagée par tous les savans. Juste-Lipse*, Chalvet**, Du Ryer, La Grange, Naigeon son annotateur, Diderot, le sénateur Vernier, parlent de ce traité comme étant entièrement de la main de Sénèque.

Nos raisons pour voir dans ce livre l'ouvrage de deux mains, sont fondées sur le texte de tous les manuscrits et de toutes les anciennes éditions qui portent au début du premier chapitre : *Inquirenti mihi in me quædam vitia apparebant*, Seneca, *in aperto posita, etc.*; puis aux premiers mots du second : *Quæro mehercule jamdudum*, Serene, *ipse tacitus, etc.* Ce nom de *Seneca* qui n'a disparu que des éditions récentes, cette formule d'*inquirenti mihi* de la part de Serenus, à laquelle répond Sénèque par ces mots, *quæro ipse*, tout cela ne présente-t-il pas le caractère

---

* La raison que donne Juste-Lipse est bien faible, il la tire de ce passage du chap. I : *Circumfudit me ex longo frugalitatis situ venientem multo splendore luxuria, et undique circumsonuit.* Il veut que cette expression vague et banale, *frugalitatis situ*, indique le séjour de Sénèque en Corse, durant son exil.

** Chalvet, dans le *Sommaire général* de ce traité, dit que, dans le premier chapitre, *ce sont paroles de l'aucteur mesme*, sans alléguer aucune raison; puis, dans le sommaire particulier du chap. II, il se contredit et revient à notre opinion en disant : « Pour respondre à la demande de Serenus, il (Sénèque) monstre que le désir d'icelle est haut et grand, etc. »

d'un entretien épistolaire? Ainsi en a jugé le nouvel éditeur de Sénèque dans la collection des *Classiques latins* de M. Lemaire; tel est aussi l'avis de Schœll, dont l'*Histoire abrégée de la littérature romaine* est une compilation faite avec jugement d'après les meilleures sources de l'érudition allemande.

Annéus Serenus était capitaine des gardes de Néron. Pline nous apprend qu'il périt avec tous ses convives empoisonnés par des champignons; mort plus digne d'un épicurien que d'un élève du Portique. Sénèque, dans sa LXIIIe lettre, se reproche d'avoir pleuré cet ami avec trop peu de mesure pour un stoïcien [*]. Il ajoute que Serenus lui était bien cher, *carissimum mihi*, et qu'il était beaucoup plus jeune que lui, *minor est Serenus meus*.

Ce n'est pas le seul ouvrage que Sénèque ait adressé à Serenus; le traité de la *Constance du sage* lui est également dédié. On peut supposer que le traité ou plutôt la longue épître sur la tranquillité de l'âme est un des premiers écrits de Sénèque, et qu'il le composa peu de temps après son retour de Corse.

Ce livre ne peut être rangé parmi les meilleurs de notre philosophe, tant à cause des nombreuses lacunes qui en rompent l'unité, qu'en raison des contradictions dans lesquelles tombe l'auteur. Il intéresse cependant par une peinture vraie et animée des différens états de la société, et par une grande connaissance du cœur humain. La morale y est souvent relevée par des anecdotes intéressantes. On y trouve des portraits qui sembleraient tracés d'hier. Sénèque s'y écarte plus d'une fois des principes du stoïcisme. Après avoir parlé avec toute la hauteur de l'école du mépris de la mort et de la pauvreté, il termine en conseillant à son ami Serenus l'usage de certaines distractions dont il n'exclut pas même l'excès passager du bon vin : à cet égard, il s'appuie de l'exemple de Solon, d'Arcésilaüs, de Caton, de Platon, d'Aristote; mais cette concession inattendue

[*] Le sénateur Vernier fait à ce propos ces réflexions : « Cet aveu prouve également que les philosophes ne sont point au dessus des sentimens de la nature, et que l'esprit de secte et de parti égare presque toujours ceux qui, sans examen, attachent l'infaillibilité à la parole du maître. Sénèque, au lieu de se reprocher comme stoïcien les larmes qu'il avait données à la perte de son ami, aurait dû au contraire s'en applaudir. Dans de telles circonstances, elles honorent l'humanité. »

paraît moins digne de Sénèque que du bon Horace disant de ce même Caton : *Sæpe mero caluisse virtus.*

Dans sa lettre adressée à Sénèque, Serenus se plaint de l'état de son âme, flottante entre l'obscurité de la retraite et l'éclat des fonctions publiques, entre des habitudes de simplicité et la séduction du luxe et de la grandeur; il le prie de vouloir, par ses conseils, le guérir de la maladie qui le travaille (ch. 1ᵉʳ). Réponse de Sénèque. Comparant l'état de son ami à celui d'un malade revenu à la santé, mais qui craint encore une rechute, il l'exhorte à prendre confiance en lui-même, s'il veut arriver à la véritable tranquillité de l'âme que les Grecs appellent εὐθυμία. Définition de ce calme heureux; puis de l'état contraire. Portrait de l'homme qui, agité, ennuyé, blasé, épuise toutes les distractions et cherche à se fuir lui-même. C'est l'Achille d'Homère se retournant sans cesse dans son lit, sans pouvoir trouver le sommeil (II). Remèdes contre cette maladie de l'âme : d'abord il faut se livrer aux affaires publiques. Si, dans ce tumulte, la vertu a trop de risques à courir, il faut renoncer au barreau et à la politique. Une grande âme trouve à se déployer même au sein de sa maison. D'ailleurs ne peut-on pas se rendre également utile à la république, en cultivant la philosophie, en formant les âmes à la vertu? L'étude vous épargne tous les dégoûts de la vie : rien de plus dangereux que la solitude et le repos sans la culture des lettres; rien de plus honteux qu'un vieillard dont la vie fut inutile. Il est plus d'une manière de servir la société, même quand toute espèce de carrière publique vous est fermée. Les travaux d'un bon citoyen, son silence, sa présence même, ne sont jamais inutiles. Exemple de Socrate sous les trente tyrans. Mot de Curius Dentatus. Si vous tombez dans des temps trop peu favorables pour l'administration de l'état, l'étude et le repos sont pour vous une ressource (III). Avant de se livrer aux affaires, consulter ses forces, considérer la nature de ce qu'on entreprend, puis apprécier les hommes pour ou contre qui l'on doit agir (IV, V, VI). Éloge de l'amitié : choix des amis (VII). La richesse, source principale des misères humaines. Si l'on ne peut suivre l'exemple de Diogène, qui acheta le bonheur par la pauvreté, il faut savoir du moins ne se tenir ni trop près ni trop loin de la pauvreté (VIII). Éloge de l'économie, de la frugalité, de la simplicité. Contre le luxe des bibliothèques. De la bibliothèque d'Alexandrie (IX). Se faire à toutes les conditions de fortune. Heureuse influence de l'habitude. Ne pas laisser ses désirs s'égarer trop loin. Ne point porter envie à ceux qui sont au dessus de nous (X). Le sage est toujours prêt à rendre ses dons à la fortune et son âme à la nature. Inconstance de la fortune; exemples de Pompéius le riche, de Séjan, de Crésus, de Jugurtha, de Ptolémée, roi d'Afrique et du roi d'Arménie, Mithridate (XI). Inconvéniens d'une activité stérile, d'une vaine curiosité. Opinion de Démocrite à cet égard (XII). Plus on agit, plus on donne prise à la fortune (XIII). Exemples de tranquillité d'âme en présence du malheur ou de la mort : Zénon le Stoïcien, Théodore le Cyrénéen, Canus Julius, l'une des victimes de Caligula (XIV). Il faut fuir la misanthropie et préférer l'exemple de Démocrite à celui d'Héraclite; ne donner à la douleur que le tribut qu'elle demande sans l'exagérer, et ne pas s'effrayer des mauvais succès des gens de bien. N'est-ce pas l'infortune qui a mis au grand jour la vertu d'un Socrate, d'un Caton, d'un Rutilius, d'un Hercule, d'un Regulus, etc.? La candeur et l'absence de toute dissimulation sont pour l'âme une source de tranquillité : mais que la franchise ne dégénère pas en abandon. Éviter la trop longue tension d'esprit : exemples de Socrate, de Scipion, d'Asinius Pollion. Sénèque termine en conseillant à son ami l'usage de quelques distractions, fort épicuriennes, pour entretenir la tranquillité de l'âme.

(On a déjà, ci-dessus, cité les noms des anciens traducteurs.)

Sénèque n'est pas le seul qui ait écrit sur la tranquillité de l'âme : avant lui Démocrite d'Abdère, Hipparque, philosophe pythagoricien, contemporain d'Épaminondas, enfin Panætius; puis après Sénèque, Plutarque, ont traité ce sujet. Stobée nous a conservé un fragment du traité d'Hipparque, et celui de Plutarque nous est parvenu tout entier.

Dans quelques anciennes éditions, le traité *de la Tranquillité de l'âme* est intitulé *Liber primus*, et celui *de la Constance du Sage* y fait suite comme *Liber secundus*.

DE TRANQUILLITATE ANIMI.

I. « Inquirenti mihi in me quædam vitia apparebant, Seneca, in aperto posita, quæ manu prenderem : quædam obscuriora, et in recessu : quædam non continua, sed ex intervallis redeuntia, quæ vel molestissima dixerim, ut hostes vagos, et ex occasionibus assilientes, per quos neutrum licet, nec tamquam in bello paratum esse, nec tamquam in pace securum.

« Illum tamen habitum in me maxime deprehendo (quare enim non verum, ut medico, fatear?) nec bona fide liberatum iis, quæ timebam et oderam, nec rursus obnoxium. In statu, ut non pessimo, ita maxime querulo et moroso positus sum : nec ægroto, nec valeo.

« Non est quod dicas, omnium virtutum tenera esse principia, tempore ipsis duramentum et robur accedere. Non ignoro, etiam quæ in speciem laborant, dignitatem dico, et eloquentiæ famam, et quidquid ad

DE
LA TRANQUILLITÉ DE L'AME.

1. « En portant sur moi-même un examen attentif, cher Sénèque, j'y ai trouvé quelques défauts apparens, exposés à tous les yeux, et que je pouvais toucher du doigt; d'autres moins visibles, et cachés dans les replis de mon âme; d'autres qui, sans être habituels, se montrent par intervalles : ceux-là je les appelle les plus fâcheux de tous, ennemis toujours changeant de place, qui épient le moment de vous assaillir, et contre lesquels il n'est permis ni de se tenir en haleine comme en temps de guerre, ni en sécurité comme en temps de paix.

« Il est toutefois pour moi un état habituel (car, pourquoi déguiserais-je quelque chose à mon médecin?), c'est de n'être pas franchement délivré des vices qui étaient l'objet de mes craintes et de mon aversion, sans toutefois en être réellement atteint. Si je ne suis pas au plus mal, je suis du moins dans un état douloureux et désagréable : je ne suis ni malade, ni bien portant.

« N'allez pas me dire que, de toutes les vertus les commencemens sont faibles, et qu'avec le temps elles acquièrent de la consistance et de la force. Je n'ignore pas que les avantages qu'on ne recherche que pour la montre, tels que la considération, la gloire de l'éloquence, et tout

alienum suffragium venit, mora convalescere; et quæ veras vires parant, et quæ ad placendum fuco quodam subornantur, exspectant annos, donec paullatim colorem diuturnitas ducat : sed ego vereor, ne consuetudo, quæ rebus affert constantiam, hoc vitium in me altius figat. Tam bonorum quam malorum longa conversatio amorem induit.

« Hæc animi inter utrumque dubii, nec ad recta fortiter, nec ad prava vergentis, infirmitas qualis sit, non tam semel tibi possum quam per partes ostendere. Dicam quæ accidant mihi : tu morbo nomen invenies. Tenet me summus amor parcimoniæ, fateor. Placet non in ambitionem cubile compositum, non ex arcula prolata vestis, non mille ponderibus aut tormentis splendere cogentibus pressa, sed domestica et vilis, nec servata, nec sumenda sollicite. Placet cibus, quem nec parent familiæ, nec spectent; non ante multos imperatus dies, nec multorum manibus ministratus, sed parabilis facilisque, nihil habens arcessiti pretiosive, ubilibet non defuturus, nec patrimonio gravis, nec corpori, nec rediturus qua intraverat. Placet minister incultus et rudis vernula; argentum grave rustici patris, sine ullo opere et nomine artificis; et mensa non varietate macularum conspicua, nec per multas elegantium domi-

ce qui dépend des suffrages d'autrui, se fortifient avec le temps. Sans doute, et les vertus, qui donnent la véritable force, et les qualités, qui n'ont pour plaire qu'un éclat emprunté, ont besoin du cours des années, dont l'action imperceptible empreint les unes et les autres d'une couleur plus prononcée : mais je crains que l'habitude, qui consolide toutes choses, n'enracine plus profondément chez moi le défaut dont je me plains. Le long usage des bonnes comme des mauvaises pratiques conduit à les aimer.

« Mon âme ainsi partagée entre le mal et le bien, ne se porte avec force ni vers l'un ni vers l'autre; et il m'est moins facile de vous exposer mon infirmité en masse qu'en détail. Je vous dirai les symptômes que j'éprouve; c'est à vous de trouver un nom à ma maladie. J'ai le goût le plus prononcé pour l'économie, j'en conviens; je n'aime point l'appareil somptueux d'un lit, ni ces vêtemens tirés d'une armoire précieuse, que la presse et le foulon ont fatigués pour leur donner du lustre, mais bien une robe de tous les jours, peu coûteuse, qui se garde et se porte sans crainte de la gâter. J'aime un repas auquel une troupe d'esclaves ne mette ni la main ni l'œil; qui n'ait point été ordonné plusieurs jours d'avance, et dont le service n'occupe point une multitude de bras; mais qui soit facile à préparer comme à servir, qui n'ait rien de rare ni de cher; qui puisse se trouver partout, qui ne soit onéreux ni à la bourse, ni à l'estomac, et qu'on ne soit pas forcé de rendre par où on l'a pris. J'aime un échanson grossièrement vêtu, enfant de la maison; j'aime la lourde argenterie de mon père, honnête campagnard, laquelle ne se recommande ni par le travail ni par le nom de l'ouvrier; je veux une table qui

norum successiones civitati nota; sed in usum posita, quæ nullius convivæ oculos nec voluptate moretur, nec accendat invidia.

« Quum bene ista placuerunt, præstringit animum apparatus alicujus pædagogii, diligentius quam in tralatu vestita, et auro culta mancipia, et agmen servorum nitentium. Jam domus, etiam qua calcatur, pretiosa, et divitiis per omnes angulos dissipatis, tecta ipsa fulgentia, et assectator comesque patrimoniorum pereuntium populus. Quid perlucentes ad imum aquas, et circumfluentes ipsa convivia? Quid epulas loquar scena sua dignas? Circumfudit me ex longo frugalitatis situ venientem multo splendore luxuria, et undique circumsonuit. Paullum titubat acies : facilius adversus illam animum quam oculos attollo. Recedo itaque non pejor, sed tristior : nec inter illa frivola mea tam altus incedo, tacitusque morsus subit, et dubitatio, numquid illa meliora sint; nihil horum me mutat, nihil tamen non concutit.

« Placet vim præceptorum sequi, et in mediam ire rempublicam : placet honores fascesque non purpura aut virgis adductum capessere, sed ut amicis propin-

ne soit ni remarquable par la variété des nuances, ni célèbre dans la ville, pour avoir appartenu successivement à plus d'un amateur, mais qui soit d'un usage commode, sans occuper d'un vain plaisir les regards de mes convives, sans exciter leur convoitise.

« Tout en aimant cette simplicité, mon esprit se laisse éblouir par l'appareil d'une jeune et belle élite qu'on dresse aux plaisirs du maître, par ces esclaves plus élégamment vêtus, plus chamarrés d'or que dans une fête publique, enfin par une nombreuse troupe de serviteurs éblouissans de magnificence. N'est-il pas également ébloui par cette maison où l'on marche sur les matières les plus précieuses, où les richesses sont prodiguées dans tous les coins, où tout, jusqu'aux toits, brille aux regards, où se presse un peuple de flatteurs, compagnons assidus de ceux qui dissipent leur bien? Et ces eaux limpides et transparentes qui environnent en nappe toute la salle des festins, et ces repas somptueux, dignes du théâtre où on les sert, ne produisent-ils pas sur moi la même impression? Moi, qui ai poussé jusqu'à l'excès ma longue frugalité, le luxe vient m'environner de tout son éclat, de tout son bruyant appareil. Mon front de bataille commence à plier; et contre une telle séduction, il m'est plus facile de défendre mon âme que mes yeux. Je m'éloigne donc, non pire, mais plus triste; et dans mon chétif domicile, je ne porte plus la tête si haute; une sorte de regret se glisse secrètement dans mon âme, enfin je doute si les objets que je quitte ne sont pas préférables : de tout cela rien ne me change; mais rien qui ne contribue à m'ébranler.

« Il me plaît de suivre, dans toute leur énergie, les préceptes de nos maîtres, et de me lancer dans les affaires publiques; il me plaît de monter aux honneurs, non que

quisque, et omnibus civibus, omnibus deinde mortalibus paratior utiliorque sim. Propius compositus sequor Zenonem, Cleanthem, Chrysippum : quorum tamen nemo ad rempublicam accessit, nemo non misit.

« Ubi aliquid animum, insolitum arietari, percussit, ubi aliquid occurrit, aut indignum (ut in omni vita humana multa sunt), aut parum ex facili fluens, aut multum temporis res non magno æstimandæ poposcerunt, ad otium convertor, et quemadmodum pecoribus, fatigatis quoque, velocior domum gradus est : placet intra parietes suos vitam coercere. Nemo ullum auferat diem, nihil dignum tanto impendio redditurus : sibi ipse animus hæreat, se colat, nihil alieni agat, nihil quod ad judicem spectet : ametur expers publicæ privatæque curæ tranquillitas.

« Sed ubi lectio fortior erexit animum, et aculeos subdiderunt exempla nobilia, prosilire libet in forum, commodare alteri vocem, alteri operam, etsi nihil profuturam, tamen conaturam prodesse; alicujus coercere in foro superbiam male secundis rebus elati.

« In studiis, puto mehercule melius esse res ipsas intueri, et harum causa loqui, ceterum verba rebus permittere, ut qua duxerint, hac inelaborata sequatur oratio. Quid opus est sæculis duratura componere? Vis tu

la pourpre et les faisceaux me séduisent; mais pour avoir plus de moyens d'être utile à mes amis, à mes proches et à tous mes concitoyens. Formé à l'école de ces grands maîtres, je suis Zénon, Cléanthe, Chrysippe; si aucun d'entre eux n'a gouverné l'état, il n'est aucun d'eux aussi qui n'y ait destiné ses disciples.

« Survient-il quelque choc pour mon esprit peu accoutumé à lutter de front, survient-il quelqu'une de ces humiliations qu'on rencontre à chaque pas dans la vie, ou bien quelque affaire hérissée de difficultés, et sans proportion avec le temps qu'elle a pu demander, je retourne à mon loisir; et, comme les chevaux, malgré leur fatigue, je double le pas pour regagner ma maison : j'aime à renfermer ma vie dans son véritable sanctuaire. Que personne ne me fasse perdre un jour, puisque rien ne peut compenser une si grande perte; que mon âme se repose sur elle-même; qu'elle se cultive elle-même; qu'elle ne se mêle de rien qui lui est étranger, de rien qui la soumette au jugement d'autrui; que, sans aucun soin des affaires publiques ou privées, elle se complaise dans sa tranquillité.

« Mais lorsqu'une lecture plus forte a élevé mon âme, et qu'elle se sent aiguillonnée par de nobles exemples, alors il est temps pour elle de s'élancer dans le forum, de prêter à d'autres son éloquence et son appui, sinon toujours avec succès, du moins avec l'intention d'être utile; de rabaisser en plein forum l'arrogance de tel homme que la prospérité rend insolent.

« Dans les études, je pense qu'il vaut mieux assurément envisager les choses en elles-mêmes, ne parler que sur elles, surtout subordonner les mots aux choses, de manière que, partout où va la pensée, le discours la suive sans effort où elle le mène. Qu'est-il besoin de

nunc id agere, ne te posteri taceant? morti natus es; minus molestiarum habet funus tacitum. Itaque occupandi temporis causa, in usum tuum, non in præconium, aliquid simplici stylo scribe; minore labore opus est studentibus in diem. Rursus, ubi se animus cogitationis magnitudine levavit, ambitiosus in verba est, altiusque ut spirare, ita eloqui gestit, et ad dignitatem rerum exit oratio : oblitus tum legis pressiorisque judicii, sublimis feror, et ore jam non meo.

« Ne singula diutius persequar, in omnibus rebus hæc me sequitur bonæ mentis infirmitas : cui ne paullatim defluam vereor, aut quod est sollicitius, ne semper casuro similis pendeam, et plus fortasse sit, quam quod ipse provideo : familiariter enim domestica adspicimus, et semper judicio favor officit. Puto, multos potuisse ad sapientiam pervenire, nisi putassent se pervenisse, nisi quædam in se dissimulassent, quædam apertis oculis transiluissent. Non est enim, quod nos magis aliena judices adulatione perire, quam nostra. Quis sibi verum dicere ausus est? quis non inter laudantium blandientiumque positus greges, plurimum tamen sibi ipse assentatus est?

« Rogo itaque, si quod habes remedium, quo hanc

composer des écrits pour durer des siècles? Voulez-vous donc empêcher que la postérité ne vous oublie? Né pour mourir, ne savez-vous pas que les obsèques les moins tristes sont celles qui se font sans bruit. Ainsi, pour occuper votre temps, pour votre propre utilité, et non pour obtenir des éloges, écrivez d'un style simple; il ne faut pas un grand travail à ceux qui n'étudient que pour le moment présent. Ce n'est pas que, lorsque par la méditation s'est élevé mon esprit, il ne recherche la pompe des expressions; comme il a dressé son vol plus haut, il veut aussi rehausser son style, et mon discours se conforme à la majesté de la pensée : oubliant les règles étroites que je m'étais prescrites, je m'élance dans les nuages, et ce n'est plus moi qui parle par ma bouche.

« Sans entrer dans de plus longs détails, cette même faiblesse de bonne intention me suit dans toute ma conduite ; je crains d'y succomber à la longue; ou, ce qui est plus inquiétant, de rester toujours suspendu sur le bord de l'abîme, et de finir par une chute plus funeste, peut-être, que celle que je prévois. Je pense que beaucoup d'hommes auraient pu parvenir à la sagesse, s'ils ne s'étaient flattés d'y être arrivés, s'ils ne se fussent dissimulé quelques-uns de leurs vices, ou si, à leurs yeux, quoique ouverts, les autres n'eussent pas échappé. Vous le savez, nous ne sommes aussi pour nous-mêmes que de dangereux flatteurs. Qui a osé se dire la vérité? quel homme, placé au milieu d'un troupeau de panégyristes et de courtisans, n'a pas lui-même enchéri sur tous leurs éloges?

« Je vous prie donc, si vous connaissez quelque remède

fluctuationem meam sistas, dignum putes me, qui tibi tranquillitatem debeam. Non esse periculosos motus animi, nec quidquam tumultuosi afferentes, scio; ut vera tibi similitudine id de quo queror exprimam, non tempestate vexor, sed nausea. Detrahe ergo quidquid hoc est mali, et succurre in conspectu terrarum laboranti. »

II. Quæro mehercule jamdudum, Serene, ipse tacitus, cui talem affectum animi similem putem : nec ullius propius admoverim exemplo, quam eorum qui ex longa et gravi valetudine expliciti, motiunculis levibusque interim offensis perstringuntur, et quum reliquias effugerint, suspicionibus tamen inquietantur, medicisque jam sani manum porrigunt, et omnem calorem corporis sui calumniantur. Horum, Serene, non parum sanum est corpus, sed sanitati parum assuevit : sicut est quidam tremor etiam tranquilli maris, aut lacus, quum ex tempestate requievit. Opus est itaque non illis durioribus, quæ etiam transcurrimus, ut alicubi obstes tibi, alicubi irascaris, alicubi instes gravius; sed illud, quod ultimum venit, ut fidem tibi habeas, et recta ire via te credas, nihil avocatus transversis multorum vestigiis passim discurrentium, quorumdam circa ipsam errantium viam. Quod desideras autem, magnum et summum est, Deoque vicinum, non concuti.

qui puisse mettre un terme à mes hésitations, ne me croyez pas indigne de vous devoir ma tranquillité. Ces mouvemens de l'âme n'ont rien de dangereux, rien qui puisse amener aucune perturbation, je le sais; et pour vous exprimer, par une comparaison juste, le mal dont je me plains, ce n'est pas la tempête qui m'afflige, mais le mal de mer. Délivrez-moi donc de ce mal quel qu'il soit, et secourez le passager qui en souffre à la vue du port. »

II. Et moi aussi, je l'avoue, mon cher Serenus, depuis long-temps je cherche secrètement en moi-même à quoi peut ressembler cette pénible situation de mon âme; et je n'y saurais trouver de plus frappante analogie qu'avec l'état de ceux qui, revenus d'une longue et sérieuse maladie, sont encore affectés de quelques frissons et de légers malaises. Délivrés qu'ils sont des autres symptômes, ils se tourmentent de maux imaginaires; quoique bien portans, ils présentent le pouls au médecin, et prennent pour de la fièvre la moindre chaleur que ressent leur corps. Ces gens-là, Serenus, ne laissent pas d'être réellement guéris, mais ils ne sont pas encore accoutumés à la santé; leur état ressemble à l'oscillation d'une mer tranquille ou d'un lac qui se repose d'une tempête. Ainsi vous n'avez plus besoin de ces remèdes violens, par lesquels nous avons passé, et qui consistaient à faire effort sur vous-même, à vous gourmander, à vous stimuler fortement. Il ne vous faut plus que ces soins qui arrivent à la fin, tels que de prendre confiance en vous-même, de vous persuader que vous marchez dans la bonne voie, sans vous laisser détourner par les traces confuses de cette foule qui court çà et là sur vos pas, ou qui s'égare aux bords de la route que vous suivez. Ce que

Hanc stabilem animi sedem Græci εὐθυμίαν vocant, de qua Democriti volumen egregium est; ego *tranquillitatem* voco; nec enim imitari, et transferre verba ad illorum formam necesse est : res ipsa, de qua agitur, aliquo signanda nomine est, quod appellationis græcæ vim debet habere, non faciem. Ergo quærimus, quomodo animus semper æquali secundoque cursu eat, propitiusque sibi sit, et sua lætus adspiciat; et hoc gaudium non interrumpat, sed placido statu maneat, nec attollens se unquam, nec deprimens. Id tranquillitas erit. Quomodo ad hanc perveniri possit, in universum quæramus : sumes tu ex publico remedio, quantum voles. Totum interim vitium in medium protrahendum est, ex quo cognoscet quisque partem suam : simul tu intelliges, quanto minus negotii habeas cum fastidio tui, quam hi quos ad professionem speciosam alligatos, et sub ingenti titulo laborantes, in sua simulatione pudor magis, quam voluntas tenet.

Omnes in eadem causa sunt, et hi qui levitate vexantur, ac tædio, assiduaque mutatione propositi, quibus semper magis placet quod reliquerunt; et illi, qui marcent et oscitantur. Adjice illos, qui non aliter, quam quibus difficilis somnus est, versant se, et hoc atque

vous désirez est un avantage grand, au dessus de tout, et qui vous rapproche de Dieu, c'est d'être inébranlable.

Cette ferme assiette de l'âme, appelée chez les Grecs εὐθυμίαν, et sur laquelle Démocrite a composé un excellent livre, moi je la nomme *tranquillité;* car il n'est point nécessaire de copier le mot grec et de le reproduire d'après son étymologie : la chose dont nous parlons doit être désignée par un mot qui ait la force du grec, et non point sa forme. Nous cherchons donc à découvrir comment l'âme, marchant toujours d'un pas égal et sûr, peut être en paix avec elle-même, contempler avec joie les biens qui lui sont propres, savourer un contentement que rien n'interrompt, se maintenir toujours dans un état paisible, sans jamais s'élever ni s'abaisser. Telle est, selon moi, la tranquillité. Comment peut-on l'acquérir? c'est ce que nous allons chercher d'une manière générale; et ce sera un spécifique universel dont vous prendrez la dose que vous voudrez. En attendant nous allons mettre à découvert tous les symptômes du mal, afin que chacun puisse reconnaître la part qu'il y peut avoir. Alors, du premier coup d'œil, vous comprendrez que, pour guérir ce dégoût de vous-même qui vous obsède, vous avez bien moins à faire que ceux qui, enchaînés à l'enseigne ambitieuse d'une fausse sagesse, et travaillés d'un mal qu'ils décorent d'un titre imposant, persistent dans ce rôle affecté, plutôt par mauvaise honte, que par leur volonté.

Dans la même classe, il faut ranger en masse et ceux qui, victimes de leur légèreté d'esprit, en butte à l'ennui, à un perpétuel changement d'humeur, regrettent toujours l'objet qu'ils ont rejeté, et ceux qui languissent dans la paresse et dans l'inertie. Ajoutez-y ceux qui, tout-à-fait semblables à l'homme dont le sommeil fuit la paupière, se

illo modo componunt, donec quietem lassitudine inveniant : statum vitæ suæ formando subinde, in eo novissime manent in quo illos non mutandi odium, sed senectus ad novandum pigra deprehendit. Adjice et illos, qui non constantia in vita parum leves sunt, sed inertia. Vivunt, non quomodo volunt, sed quomodo cœperunt.

Innumerabiles deinceps proprietates sunt, sed unus effectus vitii, displicere sibi. Hoc oritur ab intemperie animi, et cupiditatibus timidis, aut parum prosperis, ubi aut non audent, quantum concupiscunt, aut non consequuntur, et in spem toti prominent, semper instabiles mobilesque : quod necesse est accidere pendentibus ad vota sua. Omni vita pendent, et inhonesta se ac difficilia docent, coguntque : et ubi sine præmio labor est, torquet illos irritum dedecus, nec dolent prava, sed frustra voluisse. Tunc illos et pœnitentia cœpti tenet, et incipiendi timor, subrepitque illa jactatio animi, non invenientis exitum, quia nec cupiditatibus suis imperare, nec obsequi possunt; et cunctatio vitæ parum se explicantis, et inter destituta vota torpentis animi situs.

Quæ omnia graviora sunt, ubi odio infelicitatis operosæ ad otium perfugerunt, et ad secreta studia, quæ

retournent, et se couchent tantôt sur un côté, tantôt sur un autre, jusqu'à ce que la lassitude leur fasse enfin trouver le repos : à force de réformer d'un jour à l'autre leur façon de vivre, ils finissent par se fixer à celle où les a surpris, non point la haine du changement, mais la vieillesse trop paresseuse pour courir après la nouveauté. Ajoutez-y enfin ceux qui ne changent pas facilement leurs habitudes, non par constance, mais par paresse. Ils vivent, non point comme ils veulent, mais comme ils ont commencé.

Le vice est infini dans ses variétés, mais uniforme en son résultat, qui consiste à se déplaire à soi-même. Cela naît de la mauvaise direction de l'âme, et des désirs qu'elle forme avec irrésolution ou sans succès : car, ou l'on n'ose pas tout ce que l'on voudrait, ou on l'ose sans réussir; et toujours l'on se trouve sous l'empire d'espérances trompeuses et mobiles; état fâcheux, mais inévitable d'une âme qui ne conçoit que des désirs vagues, indéterminés. Toute la vie de certains hommes se passe dans une éternelle indécision; ils s'instruisent et se forcent à des actions honteuses et pénibles; et quand leur peine ne trouve point sa récompense, ils regrettent, avec amertume, un déshonneur sans profit; ils sont fâchés, non du mal qu'ils ont fait, mais de son inutilité. Alors ils se trouvent partagés entre le repentir d'avoir commencé et la crainte de recommencer; incapables qu'ils sont d'obéir ou de commander franchement à leurs désirs, ils se voient en butte à l'agitation d'un esprit engagé dans un dédale sans issue, à l'embarras d'une vie arrêtée, pour ainsi dire, dans son cours, et à la honteuse langueur d'une âme découragée par la confusion de ses stériles projets.

Tous ces symptômes s'aggravent encore lorsque le dépit d'un malheur, si péniblement acheté, les jette dans le repos

pati non potest animus ad civilia erectus, agendique cupidus, et natura inquietus, parum scilicet in se solatiorum habens : ideoque detractis oblectationibus, quas ipsæ occupationes discurrentibus præbent, domum, solitudinem, parietes non fert, invitus adspicit se sibi relictus. Hinc illud est tædium, et displicentia sui, et nusquam residentis animi volutatio, et otii sui tristis atque ægra patientia : utique ubi causas fateri pudet, tormenta introrsus egit verecundia, in angusto inclusæ cupiditates, sine exitu, se ipsæ strangulant. Inde mœror marcorque, et mille fluctus mentis incertæ, quam inchoata habent suspensam, deplorata tristem : inde ille affectus otium suum detestantium, querentiumque nihil ipsos habere quod agant, et alienis incrementis inimicissima invidia. Alit enim livorem infelix inertia : et omnes destrui cupiunt, quia se non potuerunt provehere : et ex hac deinde aversatione alienorum processuum, et suorum desperatione, obirascens fortunæ animus, et de sæculo querens, et in angulos se retrahens, et pœnæ incubans suæ, dum tædet sui, pigetque.

Natura enim humanus animus agilis est, et pronus ad motus : grata omnis illi excitandi se abstrahendique materia est, gratior pessimis quibusque ingeniis, quæ

et dans les studieux loisirs de la retraite, qui sont incompatibles avec un esprit préoccupé des affaires publiques, tourmenté du besoin d'agir, inquiet par sa nature, et qui ne peut trouver en lui-même aucune consolation : de sorte que, se voyant privé des distractions que les affaires mêmes procurent aux gens occupés, on ne peut supporter sa maison, sa solitude, son intérieur ; et l'âme, abandonnée à elle-même, ne peut s'envisager. De là cet ennui, ce mécontentement de soi-même, cette agitation d'une âme qui ne se repose sur rien ; enfin la tristesse et l'impatience de l'inaction à laquelle elle s'est condamnée. Et comme on n'ose avouer la cause de son mal, la honte fait refluer ces angoisses dans l'intérieur de l'âme ; et les désirs, renfermés à l'étroit dans un lieu sans issue, se livrent d'affreux combats. De là viennent la mélancolie, les langueurs et les mille fluctuations d'une âme indécise, toujours en doute de ce qu'elle va faire, et mécontente de ce qu'elle a fait : de là cette malheureuse disposition à maudire son repos, à se plaindre de n'avoir rien à faire, à voir, avec une jalousie haineuse, les succès d'autrui. En effet, l'aliment le plus actif de l'envie, est l'oisiveté mécontente ; l'on voudrait voir chacun tomber bien bas, parce qu'on n'a pu s'élever. Bientôt, de cette aversion pour les succès d'autrui, jointe au désespoir de pousser sa fortune, naît l'irritation d'une âme qui maudit le sort, qui se plaint du siècle, qui s'enfonce de plus en plus dans la retraite, qui se cramponne à son chagrin, le tout, parce qu'elle est ennuyée, excédée d'elle-même.

De sa nature, en effet, l'esprit humain est actif et porté au mouvement : toute occasion de s'exciter et de se distraire lui fait plaisir, et plaît encore plus à tout esprit méchant, pour qui la variété des occupations est

occupatiouibus libenter deteruntur. Ut ulcera quædam nocituras manus appetunt, et tactu gaudent, et fœdam corporum scabiem delectat, quidquid exasperat; non aliter dixerim his mentibus, in quas cupiditates velut mala ulcera eruperunt, voluptati esse laborem vexationemque. Sunt enim quædam, quæ corpus quoque nostrum cum quodam dolore delectant; ut, versare se, et mutare nondum fessum latus, et alio atque alio positu ventilari. Qualis ille Homericus Achilles est, modo pronus, modo supinus, in varios habitus se ipse componens : quod proprium ægri est, nihil diu pati, et mutationibus ut remediis uti. Inde peregrinationes suscipiuntur vagæ, et littora pererrantur, et modo mari se, modo terra experitur semper præsentibus infesta levitas. Nunc Campaniam petamus. Jam delicata fastidio sunt : inculta videantur. Bruttios et Lucanos saltus persequamur. Aliquid tamen inter deserta amœni requiratur, in quo luxuriosi oculi longo locorum horrentium squalore releventur. Tarentum petatur, laudatusque portus, et hyberna cœli mitioris, et tecta vel antiquæ satis opulenta turbæ. Jam flectamus cursum ad Urbem : nimis diu a plausu et fragore aures vacaverunt : juvat jam et humano sanguine frui.

un frottement agréable. Certains ulcères, par le plaisir que l'attouchement leur cause, appellent la main qui les irrite; les galeux aiment qu'on les gratte, bien qu'il doive leur en cuire : il en est de même, j'ose le dire, des âmes dans lesquelles les désirs ont fait éruption, comme des ulcères malins; la peine et l'agitation leur cause une sensation de plaisir. Il est aussi des mouvemens qui, en causant quelque douleur au corps, font qu'il s'en trouve bien, comme de se retourner dans son lit, de s'étendre sur le côté qui n'est pas encore las, et de se rafraîchir par le changement de position. Tel l'Achille d'Homère se couchant tantôt sur le ventre, tantôt sur le dos, et qui ne peut rester un moment dans la même attitude. C'est le propre de la maladie de ne pouvoir souffrir long-temps la même position, et de chercher, dans le changement, un remède. De là ces voyages que l'on entreprend sans but; ces côtes que l'on parcourt; et c'est tantôt à la mer, tantôt à la terre, que se confie cette légèreté toujours ennemie des objets présens. Maintenant il nous faut aller en Campanie. Bientôt ce séjour délicieux nous déplaît : allons voir des pays incultes; allons parcourir les bois du Bruttium et de la Lucanie; cherchons, parmi les déserts, quelque site agréable pour que nos yeux, avides de voluptueuses impressions, soient quelque peu récréés de l'aspect de tant de lieux arides. Bientôt Tarente et son port renommé nous appellent, et son climat si doux pendant l'hiver, et ses maisons dignes, par leur magnificence, de son antique population. Mais il est temps de diriger nos pas vers Rome : trop long-temps nos oreilles ont été sans ouïr les applaudissemens et le fracas du cirque : il nous tarde de voir couler le sang humain.

Aliud ex alio iter suscipitur, et spectacula spectaculis mutantur; ut ait Lucretius :

Hoc se quisque modo semper fugit.

Sed quid prodest, si non effugit? sequitur se ipse, et urget gravissimus comes. Itaque scire debemus, non locorum vitium esse quo laboramus, sed nostrum. Infirmi sumus ad omne tolerandum, nec laboris patientes, nec voluptatis, nec nostræ, nec ullius rei diutius. Hoc quosdam egit ad mortem, quod proposita sæpe mutando, in eadem revolvebantur, et non reliquerant novitati locum. Fastidio illis esse cœpit vita, et ipse mundus : et subit illud rabidorum deliciarum : « Quousque eadem? »

III. Adversus hoc tædium quo auxilio putem utendum, quæris. « Optimum erat, ut ait Athenodorus, actione rerum et reipublicæ tractatione, et officiis civilibus se detinere. Nam ut quidam sole, et exercitatione, et cura corporis, diem educunt, athletisque utilissimum est, lacertos suos, roburque cui se uni dicaverunt, majore temporis parte nutrire : ita nobis animum ad rerum civilium certamen parantibus, in opere esse, non longe pulcherrimum est? Nam quum utilem se efficere civibus mortalibusque propositum habeat, simul et exercetur et proficit, qui in mediis se officiis posuit, communia privataque pro facultate administrans... Sed quia in

Un voyage succède à l'autre, un spectacle prend la place d'un autre spectacle; et comme dit Lucrèce:

.... Ainsi chacun se fuit soi-même.

Mais que sert de fuir, si l'on ne peut échapper? Ne se suit-on pas soi-même? n'est-on pas pour soi un compagnon toujours importun? Aussi persuadons-nous bien que l'agitation qui nous travaille ne tient point à la faute des lieux, mais à la nôtre. Nous sommes trop faibles pour rien supporter: peine, plaisir, tout, jusqu'à nous-mêmes, nous est à charge. Aussi quelques-uns ont pris le parti de mourir, en voyant qu'à force de changer, ils revenaient toujours aux mêmes objets, parce qu'ils n'avaient plus rien de nouveau à éprouver. Ainsi les a pris le dégoût de la vie et du monde, et par leur bouche la volupté blasée a fait entendre ce cri de désespoir: « Quoi! toujours la même chose! »

III. Contre cet ennui, tu me demandes quel remède il faut employer? « Le meilleur serait, comme dit Athénodore, de chercher dans les affaires, dans le gouvernement de l'état, dans les devoirs de la vie civile, un moyen de se tenir en haleine. Car, comme il est des hommes qui passent toute la journée à faire de l'exercice en plein soleil, à prendre soin de leur corps, et que pour les athlètes, il est éminemment utile de consacrer à l'entretien de leurs bras, de cette force dont ils font profession, la plus grande partie de leur temps; de même pour nous, qui nous destinons aux luttes politiques, n'est-il pas encore plus beau de tenir notre esprit toujours en action? car celui qui se propose de se rendre utile à ses concitoyens et à tous les mortels, trouve beaucoup à s'exercer et à profiter, lorsque, dans les emplois, il administre, avec

hac, » inquit, « tam insana hominum ambitione, tot calumniatoribus in deterius recta torquentibus, parum tuta simplicitas est, et plus futurum semper est quod obstet, quam quod succedat, a foro quidem et publico recedendum est.

« Sed habet, ubi se etiam in privato lare explicet magnus animus; nec, ut leonum animaliumque impetus caveis coercetur; sic hominum, quorum maxime in seducto actiones sunt. Ita tamen delituerit, ut, ubicumque otium suum absconderit, prodesse velit et singulis et universis, ingenio, voce, consilio. Nec enim is solus reipublicæ prodest, qui candidatos extrahit, et tuetur reos, et de pace belloque censet : sed qui juventutem exhortatur, qui in tanta bonorum præceptorum inopia, virtute instruit animos, qui ad pecuniam luxuriamque cursu ruentes prensat ac retrahit, et si nihil aliud, certe moratur, in privato publicum negotium agit.

« An ille plus præstat, qui inter peregrinos et cives, aut urbanus prætor adeuntibus assessoris verba pronuntiat, quam qui docet quid sit justitia, quid pietas, quid patientia, quid fortitudo, quid mortis contemptus, quid deorum intellectus, quam gratuitum bonum sit

tout le zèle dont il est capable, les intérêts publics et privés..... Mais, continue Athénodore, au milieu d'un tel conflit d'intrigues et de cabales, parmi cette foule de calomniateurs accoutumés à donner un mauvais tour aux actions les plus droites, la simplicité du cœur n'est guère en sûreté; elle doit s'attendre à rencontrer plus d'obstacles que de moyens de réussir. Il faut donc s'éloigner du forum et des fonctions publiques.

« Mais même, dans le foyer domestique, il est, pour une grande âme, des moyens de se déployer; et comme la férocité des lions et des autres animaux, ne diminue point sous les barreaux de leur loge, l'activité de l'homme ne fait que redoubler au sein de la retraite. On ne le verra point s'ensevelir dans un repos ni dans une solitude tellement absolus, qu'il ait abjuré tout désir de se rendre utile aux hommes en particulier et en masse, par ses talens, par ses paroles, par son expérience. Il n'est pas seul à servir la république celui qui produit des candidats, qui défend des accusés, qui délibère sur la guerre et sur la paix; mais instruire la jeunesse, et, dans une si extrême disette de sages précepteurs, former les âmes à la vertu, et quand, d'une course précipitée, elles se ruent sur le luxe et sur les richesses, savoir les saisir d'une main ferme et les ramener, ou du moins ralentir quelque peu leur élan, n'est-ce pas là, sans sortir de chez soi, faire les affaires du public?

« Je le demande, le préteur, juge entre les citoyens et les étrangers, ou le préteur urbain qui prononce à tous venans les arrêts dont un assesseur lui dicte la formule, fait-il plus pour la chose publique que celui qui enseigne ce que c'est que la justice, la piété, le courage, le mépris de la mort, la connaissance des dieux, et tout le

bona conscientia? Ergo si tempus in studia conferas, quod subduxeris officiis, non deserueris, nec munus detrectaveris. Neque enim ille solus militat, qui in acie stat, et cornu dextrum lævumque defendit; sed et qui portas tuetur, et statione minus periculosa, non otiosa tamen fungitur, vigiliasque servat, et armamentario præest : quæ ministeria quamvis incruenta sint, in numerum stipendiorum veniunt.

« Si te ad studia revocaveris, omne vitæ fastidium effugeris : nec noctem fieri optabis tædio lucis, nec tibi gravis eris, nec aliis supervacuus : multos in amicitiam attrahes, affluetque ad te optimus quisque. Nunquam enim, quamvis obscura, virtus latet, sed mittit sui signa : quisquis dignus fuerit, vestigiis illam colliget. Nam si omnem conversationem tollimus, et generi humano renuntiamus, vivimusque in nos tantum conversi; sequetur hanc solitudinem, omni studio carentem, inopia rerum agendarum. Incipiemus ædificia alia ponere, alia subvertere, et mare submovere, et aquas contra difficultates locorum ducere, et male dispensare tempus, quod nobis natura consumendum dedit.

« Alii parce illo utimur, alii prodige : alii sic impendimus, ut possimus rationem reddere; alii, ut nullas habeamus reliquias. Quare nihil turpius est, quam gran-

prix d'une bonne conscience? Ainsi donc, consacrer à ces études un temps dérobé aux fonctions publiques, ce n'est point déserter son poste, ni manquer à ses obligations civiques. Le service militaire que réclame la patrie ne consiste pas seulement à combattre au front de l'armée, à défendre l'aile droite ou l'aile gauche. Mais garder les portes du camp, et, préposé à un poste moins périlleux, et non point inutile, faire sentinelle ou veiller à la sûreté du magasin d'armes, c'est là s'acquitter de fonctions qui, bien qu'elles n'exposent pas la vie du soldat, n'en sont pas moins des services réels.

« En vous livrant à l'étude, vous échappez à tous les dégoûts de l'existence : jamais les ennuis de la journée ne vous feront soupirer après la nuit; vous ne serez pas à charge à vous-même, et inutile aux autres : vous vous ferez beaucoup d'amis, et tout homme de bien voudra vous connaître. La vertu a beau chercher l'obscurité, jamais elle ne demeure cachée, sa présence toujours se trahit par les signes qui lui sont propres : quiconque est digne d'elle saura la trouver à la trace. Si nous coupons court à toutes communications extérieures, si nous renonçons à tout le genre humain, et que nous vivions uniquement concentrés en nous-mêmes, le résultat de cet isolement, de cette indifférence sur toutes choses sera bientôt une absence complète d'occupation. Nous nous mettrons alors à bâtir, à abattre, à envahir sur la mer par nos constructions, à élever des eaux en dépit de la difficulté des lieux, et à mal dépenser le temps que la nature nous a donné pour en faire un bon usage.

« Ce temps, quelques-uns de nous en sont économes; d'autres en sont prodigues : les uns le dépensent de façon à s'en rendre compte; les autres sans pouvoir en jus-

dis natu senex, qui nullum aliud habet argumentum, quo se probet diu vixisse, præter ætatem. »

Mihi, carissime Serene, nimis videtur submisisse temporibus se Athenodorus, nimis cito refugisse. Nec ego negaverim, aliquando cedendum; sed sensim relato gradu, et salvis signis, salva militari dignitate. Sanctiores tutioresque sunt hostibus suis, qui in fidem cum armis veniunt.

Hoc puto virtuti faciendum, studiosoque virtutis : si prævalebit fortuna, et præcidet agendi facultatem, non statim aversus inermisque fugiat, latebras quærens, quasi ullus locus sit, in quo non possit fortuna persequi : sed parcius se inserat officiis, et cum dilectu inveniat aliquid, in quo utilis civitati sit. Militare non licet? honores spectet : privato vivendum est? sit orator : silentium indictum est? tacita advocatione cives juvet : periculosum etiam ingressu forum est? in domibus, in spectaculis, in conviviis, bonum contubernalem, amicum fidelem, temperantem convivam agat. Officia si civis amiserit, hominis exerceat.

Ideo magno animo nos non unius urbis mœnibus clausimus, sed in totius orbis commercium emisimus, patriamque nobis mundum professi sumus, ut liceret

tifier l'emploi. Aussi rien n'est plus honteux qu'un homme avancé en âge, qui, pour prouver qu'il a long-temps vécu, n'a d'autres témoins que ses années. »

Pour moi, mon cher Serenus, je suis d'avis qu'Athénodore a trop accordé à l'empire des circonstances, et s'est trop tôt condamné à la retraite; non que je nie qu'il faille quelque jour se retirer, mais insensiblement, d'un pas lent, et en conservant ses enseignes et tous les honneurs de la guerre. On est sûr de trouver plus d'égards et de ménagemens de la part des ennemis, à qui l'on se rend en conservant ses armes.

Telle est, suivant moi, la conduite que doit tenir le sage, ou celui qui aspire à la sagesse. Si la fortune l'emporte et lui ôte les moyens d'agir, on ne le verra point tourner incontinent le dos, fuir en jetant ses armes, et chercher quelque refuge, comme s'il était au monde aucun lieu à l'abri des atteintes de la fortune; mais il se livrera aux affaires avec plus de réserve, et mettra son discernement à choisir quelqu'autre moyen de servir la patrie. Ne le peut-il les armes à la main? qu'il tourne ses vues vers les honneurs civils. Est-il réduit à la vie privée? qu'il se fasse avocat. Le silence lui est-il commandé? qu'il offre à ses concitoyens sa muette assistance. Ne peut-il sans danger se présenter au barreau? que dans les relations privées, dans les spectacles, à table, il soit d'un commerce sûr, ami fidèle, convive tempérant. Si les fonctions de citoyen lui sont interdites? qu'il s'acquitte de celles d'un homme.

Dans la hauteur de notre philosophie, au lieu de nous renfermer dans les murs d'une cité, sommes-nous entrés en communication avec le monde entier, et avons-nous adopté l'univers pour patrie, c'est afin de donner à notre

latiorem virtuti campum dare. Præclusum tibi tribunal est, et Rostris prohiberis, aut comitiis? respice post te, quantum latissimarum regionum pateat, quantum populorum : nunquam tibi ita magna pars obstruetur, ut non major relinquatur. Sed vide ne totum istud vitium tuum sit; non vis enim nisi consul, aut prytanes, aut ceryx, aut sufes administrare rempublicam. Quid, si militare nolis, nisi imperator, aut tribunus? etiamsi alii primam frontem tenebunt, te sors inter triarios posuit : inde voce, adhortatione, exemplo, animo milita. Præcisis quoque manibus ille in prœlio invenit quod partibus conferat, qui stat tantum et clamore juvat. Tale quiddam facies, si a prima te reipublicæ parte fortuna submoverit: stes tamen, clamore juves : si quis fauces oppresserit, stes tamen, et silentio juves.

Nunquam inutilis est opera civis boni; auditu enim, visu, vultu, nutu, obstinatione tacita, incessuque ipso prodest. Ut salutaria quædam, citra gustum tactumque, odore proficiunt : ita virtus utilitatem etiam ex longinquo et latens fundit, sive spatiatur et se utitur suo jure; sive precarios habet accessus, cogiturque vela contrahere; sive otiosa mutaque est, et angusto circumscripta, sive adaperta : in quocumque habitu est,

vertu une plus vaste carrière. Le siège de juge vous est interdit, la tribune aux harangues vous est fermée? Regardez derrière vous combien il y a de vastes régions et de peuples qui s'empresseront de vous accueillir: jamais une assez grande partie de la terre ne vous sera interdite, sans qu'il ne vous en soit laissée une encore plus grande. Mais prenez garde que cette exclusion ne vienne entièrement de votre faute. Vous ne voulez prendre part aux affaires publiques que comme consul, prytane, céryx ou suffète. Peut-être aussi ne voulez-vous aller à l'armée que comme général en chef ou tout au moins comme tribun de légion? Encore que les autres soient au premier rang, et que le sort vous ait rejeté parmi les triaires, vous devez dans ce poste servir par vos discours, vos exhortations, votre exemple, votre courage. Même avec les mains coupées, on peut encore dans le combat servir son parti, en gardant son rang, en animant les autres par ses cris. Vous rendrez un service analogue, si, quand la fortune vous aura écarté des premières places de l'état, vous ne laissez pas de vous tenir ferme et d'élever la voix pour la chose publique. Mais on vous serre la gorge, n'en demeurez pas moins ferme et servez-la par votre silence.

Quelque chose que fasse un bon citoyen, sa peine n'est jamais perdue; l'attention qu'il prête à certains discours, ses regards, son visage, ses gestes, sa muette et passive résistance, sa présence seule, sont utiles. Il est des remèdes salutaires qu'on n'avale ni n'applique, et dont l'effet s'opère par l'odorat : ainsi la vertu fait sentir son utile influence, même de loin et du fond de sa retraite; qu'elle puisse en liberté s'étendre et user de ses droits; qu'elle n'ait qu'un accès précaire, et se trouve forcée de replier ses voiles; qu'elle soit réduite à l'inac-

prodest. Quid? tu parum utile putas exemplum bene quiescentis?

Longe itaque optimum est miscere otium rebus, quotiens actuosa vita impedimentis fortuitis, aut civitatis conditione prohibetur. Nunquam enim usque eo interclusa sunt omnia, ut nulli actioni honestæ locus sit. Numquid potes invenire urbem miseriorem, quam Atheniensium fuit, quum illam triginta tyranni divellerent? mille trecentos cives, optimum quemque, occiderant: nec finem ideo faciebat, sed irritabat se ipsa sævitia. In qua civitate erat Ariopagos, religiosissimum judicium, in qua senatus populusque senatui similis; coibat quotidie carnificum triste collegium, et infelix curia tyrannis angusta. Poteratne illa civitas conquiescere, in qua tot tyranni erant, quot satellites essent? Ne spes quidem ulla recipiendæ libertatis animis poterat offerri: nec ulli remedio locus apparebat, contra tantam vim malorum; unde enim miseræ civitati tot Harmodios?

Socrates tamen in medio erat, et lugentes patres consolabatur, et desperantes de republica exhortabatur, et divitibus, opes suas metuentibus, exprobrabat seram periculosæ avaritiæ pœnitentiam; et imitari volentibus magnum circumferebat exemplar, quum inter triginta

tion et au silence, renfermée dans d'étroites limites, ou en position de se donner carrière; bref, dans toutes les situations possibles, elle est utile. Eh quoi! regarderiez-vous comme sans utilité, l'exemple d'un homme qui sait à propos se tenir en repos?

La méthode, sans contredit la plus sage, est de mêler le repos aux affaires, toutes les fois que l'activité de votre vie se trouve arrêtée, soit par des obstacles fortuits, soit par l'état même de la république. Car toutes les approches de la carrière ne sont jamais si bien fermées, qu'il ne reste aucune voie pour quelque action estimable. Trouvez-moi une ville plus malheureuse que le fut Athènes, déchirée par trente tyrans? Treize cents citoyens, élite des gens de bien, avaient péri victimes de leur fureur; mais tant d'exécutions, loin d'assouvir leur soif de sang, n'avaient fait que l'irriter. Cette ville possédait l'Aréopage, le plus vénérable des tribunaux; elle avait un sénat auguste, enfin un peuple digne de son sénat; et cependant chaque jour elle voyait siéger la sombre assemblée de ses bourreaux; et sa malheureuse curie se trouvait trop étroite pour ses tyrans. Quel repos pouvait-il y avoir pour une cité qui comptait autant de tyrans que de satellites? Nul espoir de recouvrer la liberté ne pouvait s'offrir aux âmes généreuses. Point d'apparence de soulagement contre une pareille réunion de maux; dans cette pauvre cité, où auraient pu surgir assez d'Harmodius?

Toutefois Athènes possédait Socrate; il consolait les sénateurs éplorés; il relevait le courage de ceux qui désespéraient de la république : et aux riches, qui craignaient pour leurs trésors, il reprochait un regret trop tardif de cette avarice qui les avait plongés dans l'abîme; enfin aux citoyens disposés à l'imiter, il montrait un grand

dominos liber incederet. Hunc tamen Athenæ ipsæ in carcere occiderunt : et qui tuto insultaverat agmini tyrannorum, ejus libertatem libertas non tulit : ut scias et in afflicta republica esse occasionem sapienti viro ad se proferendum, et in florenti ac beata, pecuniam, invidiam, mille alia vitia inermia regnare.

Utcumque ergo se respublica dabit, utcumque fortuna permittet, ita aut explicabimus nos, aut contrahemus : utique movebimus, nec alligati metu torpebimus. Immo ille vir fuerit, qui periculis undique imminentibus, armis circa et catenis frementibus, non alliserit virtutem, nec absconderit. Non enim debet; servare se voluit, nec obruere. Ut opinor, Curius Dentatus aiebat, « Malle esse se mortuum, quam vivere. » Ultimum malorum est, ex vivorum numero exire, antequam moriaris. Sed faciendum erit, si in reipublicæ tempus minus tractabile incideris, ut plus otio ac litteris vindices : nec aliter quam in periculosa navigatione, subinde portum petas : nec exspectes donec res te dimittant, sed ab illis te ipse disjungas.

IV. Inspicere autem debemus primum nosmetipsos, deinde quæ aggredimur negotia, deinde eos quorum

exemple, en marchant libre au milieu de trente despotes. Cependant cette même Athènes fit mourir ce grand homme en prison; il avait pu braver impunément la troupe des tyrans; Athènes, rendue à la liberté, ne put supporter la liberté de ce grand homme. Vous voyez donc que, même dans une république opprimée, le sage ne manque point d'occasion de se montrer; et que, dans la cité la plus heureuse et la plus florissante, l'avarice, l'envie et mille autres vices dominent, sans avoir besoin de s'environner de l'appareil des armes.

Ainsi, selon que la situation de la république ou de notre fortune le permettra, nous nous lancerons à pleines voiles dans les affaires, ou nous modérerons notre course; jamais nous ne resterons immobiles, et la crainte n'enchaînera point nos bras. Et celui-là se montrera véritablement homme, qui, voyant les périls menacer de toutes parts, les armes et les chaînes s'agiter autour de lui, saura ne point briser témérairement sa vertu contre les écueils, ni la cacher lâchement. Tel n'est pas son devoir; il doit se conserver, mais non point s'enterrer vivant. C'est, je crois, Curius Dentatus qui a dit : « Qu'il aimait mieux être mort que de vivre comme s'il l'était. » Le pire de tous les maux est de cesser avant sa mort d'être compté au nombre des vivans. Or, voici ce qu'il faut faire : êtes-vous venu dans un temps où il est peu sûr de prendre part aux affaires publiques? livrez-vous de préférence au repos et aux lettres; et tout comme vous feriez étant sur mer, gagnez incontinent le port; enfin n'attendez pas que les affaires vous quittent, mais sachez les quitter de vous-même.

IV. Nous devons premièrement nous considérer nous-mêmes; puis les affaires que nous voulons entreprendre;

causa, aut cum quibus agendum est. Ante omnia necesse est se ipsum æstimare, quia fere plus nobis videmur posse, quam possumus. Alius eloquentiæ fiducia prolabitur; alius patrimonio suo plus imperavit, quam ferre possit; alius infirmum corpus laborioso oppressit officio. Quorumdam parum idonea est verecundia rebus civilibus, quæ firmam frontem desiderant; quorumdam contumacia non facit ad aulam; quidam non habent iram in potestate, et illos ad temeraria verba quælibet indignatio effert; quidam urbanitatem nesciunt continere, nec periculosis abstinent salibus. Omnibus his utilior negotio quies est; ferox impatiensque natura, irritamenta nociturae libertatis evitet.

V. Æstimanda sunt deinde ipsa, quæ aggredimur, et vires nostræ cum rebus, quas tentaturi sumus, comparandæ. Debet enim semper plus esse virium in actore, quam in onere; necesse est opprimant onera, quæ ferente majora sunt. Quædam præterea non tam magna sunt negotia, quam fœcunda, multumque negotiorum ferunt: et hæc refugienda sunt, ex quibus nova occupatio multiplexque nascetur. Nec accedendum eo, unde liber regressus non fit : his admovenda manus est, quorum finem aut facere, aut certe sperare possis. Relinquenda, quæ latius actu procedunt, nec ubi proposueris, desinunt.

enfin ceux dans l'intérêt desquels et avec lesquels il nous faudra les traiter. Avant tout, il faut bien apprécier nos forces, parce que très-souvent nous pensons pouvoir au delà de ce dont nous sommes capables. L'un se perd par trop de confiance en son éloquence; un autre impose à son patrimoine des dépenses qui en excèdent les ressources; un troisième exténue son corps débile sous le poids de fonctions trop pénibles. La timidité de ceux-ci les rend peu propres aux affaires civiles, qui demandent une assurance imperturbable; la fierté de ceux-là ne peut être de mise à la cour : il en est aussi qui ne peuvent maîtriser leur colère, et le moindre emportement leur suggère des paroles imprudentes; d'autres ne sauraient contenir leur esprit railleur, ni retenir un bon mot dont ils auront à se repentir. A tous ces gens-là le repos convient mieux que les affaires : un esprit altier et peu endurant doit fuir toutes les occasions de se donner carrière à son détriment.

V. Il faut ensuite juger les affaires que nous voulons entreprendre; il faut comparer nos forces avec nos projets : car la puissance d'action doit toujours l'emporter sur la force de résistance; tout fardeau, plus fort que celui qui le porte, finit nécessairement par l'accabler. Il est encore des affaires assez peu considérables en elles-mêmes qui deviennent le germe fécond de mille autres. Or, il faut fuir ces sortes d'occupations d'où naît et renaît sans cesse quelque soin nouveau. On ne doit point s'approcher d'un lieu d'où l'on ne puisse librement revenir. N'entreprenez donc que les affaires que vous pourrez terminer, ou du moins dont vous espérez voir la fin; abandonnez celles qui se prolongent à mesure qu'on y travaille, et qui ne finissent pas là où vous l'espériez.

VI. Hominum utique delectus habendus est: an digni sint quibus partem vitæ nostræ impendamus, an ad illos temporis nostri jactura perveniat. Quidam enim ultro officia nostra nobis imputant. Athenodorus ait: « Ne ad cœnam quidem se iturum ad eum, qui sibi nil pro hoc debiturus sit. » Puto intelligis, multo minus ad eos iturum, qui cum amicorum officiis parem mensam faciunt, qui fercula pro congiariis numerant: quasi in alienum honorem intemperantes sint. Deme illis testes spectatoresque, non delectabit popina secreta.

Considerandum est, utrum natura tua agendis rebus, an otioso studio contemplationique aptior sit: et eo inclinandum, quo te vis ingenii defert. Isocrates Ephorum injecta manu a foro subduxit, utiliorem componendis monumentis historiarum ratus. Male enim respondent coacta ingenia: reluctante natura, irritus labor est.

VII. Nihil tamen æque oblectaverit animum, quam amicitia fidelis et dulcis. Quantum bonum est, ubi sunt præparata pectora, in quæ tuto secretum omne descendat, quorum conscientiam minus quam tuam timeas, quorum sermo sollicitudinem leniat, sententia consilium expediat, hilaritas tristitiam dissipet, conspectus ipse delectet? Quos scilicet vacuos, quantum fieri poterit, a cupiditatibus, eligemus. Serpunt enim vitia, et in

VI. Il faut également bien choisir les hommes, et nous assurer s'ils sont dignes que nous leur consacrions une partie de notre vie, et s'ils pourront tirer avantage de ce sacrifice de notre temps. Il en est qui nous croient trop heureux de leur rendre service sans en être requis. « Je n'irais pas même souper chez un homme qui ne croirait pas m'en avoir obligation, » disait Athénodore. Vous concevez bien aussi, je pense, qu'il serait encore moins allé chez ceux qui, avec une invitation à dîner, prétendent reconnaître les services de leurs amis, et comptent les mets de leur table pour un congiaire à leur offrir; comme si c'était faire honneur aux autres que de se montrer intempérans. Éloignez d'eux les témoins et les spectateurs, une orgie secrète n'aura pour eux aucun attrait.

Il faut considérer si vos dispositions naturelles vous rendent plus propre à l'activité des affaires, qu'aux loisirs de l'étude et de la méditation; puis diriger vos pas là où vous porte votre génie. Isocrate prenant Éphore par la main, le fit sortir du barreau, le croyant plus propre à écrire l'histoire. Ils ne rendent jamais ce qu'on espère d'eux, les esprits qu'on veut contraindre : et vainement l'on travaille contre le vœu de la nature.**

VII. Toutefois, il n'est rien qui puisse donner plus de contentement à l'âme qu'une amitié tendre et fidèle. Quel bonheur de rencontrer des cœurs bien préparés auxquels vous puissiez, en toute assurance, confier tous vos secrets, qui soient, à notre égard, plus indulgens que nous-mêmes, qui charment nos ennuis par les agrémens de leur conversation, qui fixent nos irrésolutions par la sagesse de leurs conseils, dont la bonne humeur dissipe notre tristesse, dont la seule vue enfin nous réjouisse! Mais, autant que possible, il faut choisir des amis

proximum quemque transiliunt, et contactu nocent. Itaque, ut in pestilentia curandum est, ne corruptis jam corporibus et morbo flagrantibus assideamus, quia pericula trahemus, afflatuque ipso laborabimus; ita in amicorum legendis ingeniis dabimus operam, ut quam minime inquinatos assumamus.

Initium morbi est, ægris sana miscere. Nec hoc præceperim tibi, ut neminem nisi sapientem sequaris, aut attrahas : ubi enim istum invenies, quem tot sæculis quærimus? pro optimo est minime malus. Vix tibi esset facultas delectus felicioris, si inter Platonas et Xenophontas, et illum Socratici fœtus proventum, bonos quæreres; aut si tibi potestas Catonianæ fieret ætatis, quæ plerosque dignos tulit, qui Catonis sæculo nascerentur, sicut multos pejores, quam unquam alias, maximorumque molitores scelerum. Utraque enim turba opus erat, ut Cato posset intelligi : habere debuit et bonos, quibus se approbaret; et malos, in quibus vim suam experiretur. Nunc vero in tanta bonorum egestate minus fastidiosa fiat electio. Præcipue tamen vitentur tristes, et omnia deplorantes, quibus nulla non causa in querelas placet. Constet illi licet fides et benevolentia, tranquillitati tamen inimicus est comes perturbatus, et omnia gemens.

exempts de passions : car le vice se glisse sourdement dans nos cœurs; il se communique par le rapprochement; c'est un mal contagieux. De même qu'en temps de peste, il faut bien se garder d'approcher des individus malades, et qui déjà sont atteints du fléau; parce que nous gagnerions leur mal, et que leur haleine seule pourrait nous infecter; ainsi, quand nous voudrons faire choix d'un ami, nous mettrons tous nos soins à nous adresser à l'âme la moins corrompue.

C'est un commencement de maladie, que de mettre les personnes saines avec les malades; non que j'exige de vous de ne rechercher que le sage, de ne vous attacher qu'à lui : hélas! où le trouverez-vous, celui que nous cherchons depuis tant de siècles? Pour le meilleur, prenons le moins méchant. A peine auriez-vous pu vous flatter de faire un choix plus heureux, si, parmi les Platon, les Xénophon, et toute cette noble élite sortie du giron de Socrate, vous eussiez cherché des hommes de bien; ou si vous pouviez revenir à ce siècle de Caton, qui produisit à la fois autant de personnages dignes de naître au temps de Caton, puis autant de scélérats, autant de machinateurs de grands crimes qu'on en ait jamais vus. Il ne fallait pas, en effet, moins qu'un aussi grand nombre et des uns et des autres, afin que Caton pût être connu : il devait avoir et des gens de bien pour obtenir leur approbation, et des méchans pour mettre sa vertu à l'épreuve. Mais aujourd'hui qu'il y a si grande disette de gens de bien, faisons le choix le moins mauvais possible. Évitons surtout les gens moroses qui se chagrinent de tout, et pour qui tout est un sujet de plainte. Quelque fidèle, quelque dévoué que soit un ami, un compagnon toujours troublé, toujours gémissant, n'en est pas moins le plus grand ennemi de notre tranquillité.

VIII. Transeamus ad patrimonia, maximam humanarum ærumnarum materiam. Nam si omnia alia quibus angimur compares, mortes, ægrotationes, metus, desideria, dolorum laborumque patientiam, cum iis quæ nobis mala pecunia nostra exhibet, hæc pars multum prægravabit. Itaque cogitandum est, quanto levior dolor sit, non habere, quam perdere : et intelligemus, paupertati eo minorem tormentorum, quo minorem damnorum esse materiam. Erras enim, si putas animosius detrimenta divites ferre : maximis minimisque corporibus par est dolor vulneris. Bion eleganter ait : « Non minus molestum esse calvis, quam comatis, pilos velli.» Idem scias licet de pauperibus locupletibusque, par illis esse tormentum; utrisque enim pecunia sua obhæsit, nec sine sensu revelli potest. Tolerabilius autem est, ut dixi, faciliusque, non acquirere, quam amittere : ideoque lætiores videbis, quos nunquam fortuna respexit, quam quos deseruit. Vidit hoc Diogenes, vir ingentis animi, et effecit ne quid sibi eripi posset. Tu istud paupertatem, inopiam, egestatem voca, et quod voles ignominiosum securitati nomen impone : putabo hunc non esse felicem, si quem mihi alium inveneris, cui nihil pereat. Aut ego fallor, aut regnum est, inter avaros, circumscriptores, latrones, plagiarios, unum esse, cui noceri non possit. Si quis de felicitate Diogenis dubitat,

VIII. Passons aux richesses patrimoniales, qui sont la source des plus grandes misères de l'humanité : mettez tous les autres maux qui nous tourmentent, la pensée de la mort, les maladies, la crainte, les regrets, la douleur et les travaux, en comparaison avec les maux que l'argent nous fait éprouver; vous trouverez que de ce côté l'emporte la balance. En réfléchissant d'abord combien le chagrin de n'avoir pas, est plus léger que celui de perdre ce qu'on a; nous comprendrons que les tourmens de la pauvreté sont d'autant moindres, qu'elle a moins à perdre. C'est une erreur de penser que les riches souffrent plus patiemment que les pauvres des dommages qu'ils reçoivent : les grands corps sentent aussi bien que les petits la douleur des blessures. Bion a dit avec esprit : « Que ceux qui ont une belle chevelure, ne souffrent pas plus volontiers que les chauves qu'on leur arrache les cheveux. » Tenez donc pour certain que chez les riches comme chez les pauvres, le regret de la perte est le même; pour les uns comme pour les autres, leur argent leur tient si fort à l'âme, qu'on ne peut le leur arracher sans douleur. Il est donc plus facile et plus supportable, comme je l'ai dit, de n'avoir rien acquis que d'avoir perdu ce que l'on possède : aussi les personnes que la fortune n'a jamais regardées d'un œil favorable, vous paraîtront toujours plus gaies que celles qu'elle a abandonnées. Diogène, qui avait certainement une grande âme, l'avait bien compris : et il se mit dans une position à ce qu'on ne pût rien lui ôter. Appelez cela pauvreté, dénûment, misère, et donnez à cet état de sécurité la qualification avilissante que vous voudrez : je ne cesserai de croire à la félicité de Diogène, que quand vous pourrez m'en montrer quelque autre qui n'ait rien

potest idem dubitare et de deorum immortalium statu, an parum beate degant, quod illis non prædia, nec horti sint, nec alieno colono rura pretiosa, nec grande in foro fœnus.

Non te pudet, quisquis divitiis adstupes? respice agedum mundum : nudos videbis deos, omnia dantes, nihil habentes. Hunc tu pauperem putas, an diis immortalibus similem, qui se fortuitis omnibus exuit? Feliciorem tu Demetrium Pompeianum vocas, quem non puduit locupletiorem esse Pompeio? Numerus illi quotidie servorum, velut imperatori exercitus, referebatur, cui jamdudum divitiæ esse debuerant duo vicarii, et cella laxior. At Diogeni servus unicus fugit, nec eum reducere, quum monstraretur, tanti putavit. « Turpe est, inquit, Manen sine Diogene posse vivere, Diogenem sine Mane non posse. » Videtur mihi dixisse : « Age tuum negotium, fortuna : nihil apud Diogenem jam tuum est! Fugit mihi servus? immo liber abiit. »

Familia vestiarium petit, victumque : tot ventres avidissimorum animalium tuendi sunt : emenda vestis, et custodiendæ rapacissimæ manus, et flentium detestan-

à perdre. Je suis bien trompé, si ce n'est être roi que de vivre parmi des avares, des faussaires, des larrons, des recéleurs d'esclaves, et d'être le seul à qui ils ne puissent faire tort. Douter de la félicité de Diogène, ce serait douter aussi de la condition et de l'état des dieux immortels, et croire qu'ils ne sont pas heureux, parce qu'ils ne possèdent ni métairies, ni jardins, ni champs fertilisés par un colon étranger, ni capitaux rapportant gros intérêts sur la place.

Quelle honte de s'extasier à la vue des richesses! Jetez les yeux sur cet univers, vous verrez les dieux nus, donnant tout, et ne se réservant rien. Est-ce donc, à votre avis, devenir pauvre que de se rendre semblable aux dieux en se dépouillant des biens de la fortune? Estimez-vous plus heureux que Diogène, Demetrius, l'affranchi de Pompée, qui n'eut pas honte d'être plus opulent que son maître? Chaque jour on lui présentait la liste de ses esclaves, comme à un général, l'effectif de son armée; lui qui aurait dû se trouver riche avec deux substituts et un bouge moins étroit. Mais Diogène n'avait qu'un seul esclave, et qui s'échappa : on lui dit où était cet homme; mais il ne crut pas qu'il valût la peine de le reprendre. « Il serait, dit-il, honteux pour moi que Manès pût se passer de Diogène, et que Diogène ne pût se passer de Manès. » C'est comme s'il eût dit : « O fortune! va faire ailleurs de tes tours; tu ne trouveras rien chez Diogène, qui puisse être à toi. Mon esclave s'est enfui; que dis-je? il s'est en allé libre. »

Une nombreuse suite d'esclaves demande le vêtement, la nourriture; il faut remplir le ventre de tant d'animaux affamés; il faut leur acheter des habits; il faut avoir l'œil sur tant de mains rapaces; il faut tirer service de

tiumque ministeriis utendum. Quanto ille felicior, qui nihil ulli debet, nisi, cui facillime negat, sibi? Sed quoniam non est tantum roboris nobis, angustanda certe sunt patrimonia, ut minus ad injurias fortunæ simus expositi. Habiliora sunt corpora pusilla, quæ in arma sua contrahi possunt, quam quæ superfunduntur, et undique magnitudo sua vulneribus objecit. Optimus pecuniæ modus est, qui nec in paupertatem cadit, nec procul a paupertate discedit.

IX. Placebit autem hæc nobis mensura, si prius parcimonia placuerit, sine qua nec ullæ opes sufficiunt, nec ullæ non satis patent : præsertim quum in vicino remedium sit, et possit ipsa paupertas in divitias se, advocata frugalitate, convertere. Assuescamus a nobis removere pompam, et usus rerum, non ornamenta metiri. Cibus famem domet, potio sitim; libido, qua necesse est, fluat. Discamus membris nostris inniti : cultum victumque non ad nova exempla componere, sed ut majorum suadent mores. Discamus continentiam augere, luxuriam coercere, gulam temperare, iracundiam lenire, paupertatem æquis oculis adspicere, frugalitatem colere (etiamsi nos pudebit desideriis naturalibus parvo parata remedia adhibere), spes effrenatas, et animum in futura eminentem velut sub vinculis habere, id agere, ut divitias a nobis potius quam a fortuna petamus. Non potest,

tant d'êtres qui détestent et déplorent leur condition. O combien est plus heureux l'homme qui ne doit rien qu'à celui qu'il peut toujours refuser, c'est-à-dire à lui-même ! Nous sommes sans doute éloignés de tant de perfection : tâchons du moins de borner notre avoir, afin d'être moins exposés aux injures de la fortune. Les hommes de petite taille ont plus de facilité à se couvrir de leurs armes, que ces grands corps qui débordent le rang, et présentent de toutes parts leur surface aux blessures. La vraie mesure des richesses, sans nous éloigner beaucoup de la pauvreté, consiste à nous affranchir du besoin.

IX. Cette mesure nous plaira, si nous avons du goût pour l'économie, sans laquelle les plus grandes richesses ne suffisent pas, et avec laquelle on a toujours assez, d'autant plus que l'économie est une ressource à notre portée ; elle peut même, avec le secours de la frugalité, convertir la pauvreté en richesse. Accoutumons-nous à éloigner de nous le faste, et recherchons en toutes choses l'usage, et non point l'éclat extérieur. Ne mangeons que pour apaiser la faim ; ne buvons que pour la soif ; que nos appétits charnels n'aillent pas au delà du vœu de la nature ; apprenons à nous servir de nos jambes pour marcher, et dans tout ce qui a rapport à notre vêtement et à notre subsistance, ne consultons pas les nouvelles modes, mais conformons-nous aux mœurs de nos ancêtres. Apprenons à devenir chaque jour plus continens ; à bannir le luxe, à dompter la gourmandise, à surmonter la colère, à envisager la pauvreté d'un œil calme, à pratiquer la frugalité, quand même nous aurions de la honte à satisfaire aux besoins naturels par des moyens peu coûteux ; enfin à ces folles espérances, à ces vœux désordonnés qui s'élancent dans

inquam, tanta varietas et iniquitas casuum ita depelli, ut non multum procellarum irruat magna armamenta pandentibus : cogendæ in arctum res sunt, ut tela in vanum cadant.

Ideoque exsilia interim calamitatesque in remedium cessere, et levioribus incommodis graviora sanata sunt, ubi parum audit præcepta animus, nec curari mollius potest. Quid ni consulitur, si et paupertas et ignominia, et rerum eversio adhibetur? malo malum opponitur. Assuescamus ergo coenare posse sine populo, et servis paucioribus serviri, et vestes parare in quod inventæ sunt, habitare contractius. Non in cursu tantum Circique certamine, sed in his spatiis vitæ interius flectendum est.

Studiorum quoque, quæ liberalissima impensa est, tamdiu rationem habebo, quamdiu modum. Quo mihi innumerabiles libros et bibliothecas, quarum dominus vix tota vita sua indices perlegit? Onerat discentem turba, non instruit : multoque satius est paucis te auctoribus tradere, quam errare per multos. Quadringenta millia librorum Alexandriæ arserunt, pulcherri-

l'avenir, sachons imposer d'insurmontables limites, et accoutumons-nous à attendre nos richesses de nous, plutôt que de la fortune. On ne pourra jamais, je dois le reconnaître, si bien prévenir les variables et injustes caprices du sort, qu'on n'ait encore à essuyer bien des tourmentes quand on a beaucoup de vaisseaux en mer. Il faut concentrer son avoir sur un petit espace, pour que les traits de la fortune tombent à côté.

Il est parfois arrivé que les exils et d'autres catastrophes ont eu l'effet de remèdes salutaires ; et de légères disgrâces ont guéri de grands maux, alors qu'un esprit rebelle aux préceptes, n'était pas susceptible d'un traitement plus doux. Mais pourquoi ces adversités ne lui seraient-elles pas utiles ? car si la pauvreté, l'ignominie, la perte de son existence sociale doivent lui advenir, c'est un mal qui combat un autre mal. Accoutumons-nous donc à pouvoir souper sans un peuple d'assistans et de convives, à nous faire servir par moins d'esclaves, à ne porter des habits que pour l'usage qui les a fait inventer, à être logés plus à l'étroit. Ce n'est pas seulement dans les courses et dans les luttes du Cirque ; mais dans la carrière de la vie qu'il faut savoir se replier sur soi-même.

Les dépenses occasionnées par les études, et qui sont les plus honorables de toutes, ne me paraissent raisonnables qu'autant qu'elles sont modérées. Que me font ces milliers de livres, ces bibliothèques innombrables, dont, pour lire les titres, toute la vie de leurs propriétaires suffirait à peine ? Cette multiplicité des livres est plutôt une surcharge qu'un aliment pour l'esprit; et il vaut mieux s'attacher à peu d'auteurs, que d'égarer, sur cent ouvrages, son attention capricieuse. Quatre cent mille

mum regiæ opulentiæ monumentum; alius laudaverit, sicut Livius, qui elegantiæ regum curæque egregium id opus ait fuisse. Non fuit elegantia illud, aut cura, sed studiosa luxuria : immo ne studiosa quidem, quoniam non in studium, sed in spectaculum comparaverunt : sicut plerisque, ignaris etiam servilium litterarum, libri non studiorum instrumenta, sed cœnationum ornamenta sunt. Paretur itaque librorum quantum satis sit, nihil in apparatum.

Honestius, inquis, in hos impensas, quam in Corinthia pictasque tabulas effuderim. Vitiosum est ubique, quod nimium est. Quid habes, cur ignoscas homini armarium cedro atque ebore captanti, corpora conquirenti aut ignotorum auctorum, aut improbatorum, et inter tot millia librorum oscitanti, cui voluminum suorum frontes maxime placent, titulique? Apud desidiosissimos ergo videbis, quidquid orationum historiarumque est, et tecto tenus exstructa loculamenta; jam enim inter balnearia et thermas bibliotheca quoque, ut necessarium domus ornamentum, expolitur. Ignoscerem plane, si e studiorum nimia cupidine oriretur : nunc ista exquisita, et cum imaginibus suis descripta sacrorum opera ingeniorum, in speciem et cultum parietum comparantur.

volumes ont été la proie des flammes à Alexandrie, superbe monument d'opulence royale. Que d'autres s'appliquent à vanter cette bibliothèque appelée par Tite-Live le chef-d'œuvre du goût et de la sollicitude des rois. Je ne vois là ni goût, ni sollicitude : je vois un luxe littéraire ; que dis-je, littéraire ? ce n'étaient pas les lettres, mais l'ostentation qu'avaient eu en vue les auteurs de cette collection. Ainsi, tel homme, qui n'a pas même cette teinture des lettres qu'on exige dans les esclaves, a des livres qui, sans jamais servir à ses études, sont là pour l'ornement de sa salle à manger. Qu'on se borne donc à acheter des livres pour son usage, et non pour la montre.

Il est plus honnête, direz-vous, d'employer ainsi son argent, qu'en vases de Corinthe et en tableaux. En toutes choses l'excès est un vice. Pourquoi cette indulgence exclusive pour un homme qui, tout glorieux de ses armoires de cèdre et d'ivoire, recherchant les ouvrages d'auteurs inconnus ou méprisés, bâille au milieu de ces milliers de livres, et met tout son plaisir dans leurs titres et dans leurs couvertures ? Chez les hommes les plus paresseux, vous trouverez la collection complète des orateurs et des historiens, et des rayons de tablettes élevés jusqu'aux combles. Aujourd'hui les bains même et les thermes sont garnis d'une bibliothèque, devenue l'ornement obligé de toute maison. Je pardonnerais cette manie, si elle venait d'un excès d'amour pour l'étude ; mais aujourd'hui, on ne se met en peine de rechercher les chefs-d'œuvre et les portraits de ces merveilleux et divins esprits, que pour en parer les murailles.

X. At in aliquod genus vitæ difficile incidisti, et tibi ignoranti vel publica fortuna, vel privata, laqueum impegit, quem nec solvere possis, nec abrumpere. Cogita compeditos primo ægre ferre onera, et impedimenta crurum : deinde, ubi non indignari illa, sed pati proposuerunt, necessitas fortiter ferre docet; consuetudo facile. Invenies in quolibet genere vitæ oblectamenta, et remissiones, et voluptates, si nolueris malam putare vitam potius, quam invidiosam facere.

Nullo melius nomine de nobis natura meruit, quam quod, quum sciret quibus ærumnis nasceremur, calamitatum mollimentum, consuetudinem, invenit, cito in familiaritatem gravissima adducens. Nemo duraret, si rerum adversarum eamdem vim assiduitas haberet, quam primus ictus. Omnes cum fortuna copulati sumus; aliorum aurea catena est et laxa : aliorum arcta et sordida. Sed quid refert? eadem custodia universos circumdedit; alligatique sunt etiam qui alligaverunt, nisi tu forte leviorem in sinistra catenam putas. Alium honores, alium opes vinciunt : quosdam nobilitas, quosdam humilitas premit : quibusdam aliena supra caput imperia sunt, quibusdam sua : quosdam exsilia uno loco tenent, quosdam sacerdotia. Omnis vita servitium est.

X. Mais vous vous êtes trouvé jeté dans un genre de vie pénible, et sans qu'il y ait de votre faute : des malheurs publics, ou personnels, vous ont imposé un joug que vous ne pouvez délier ni briser. Songez alors que ceux qui sont enchaînés ont d'abord de la peine à supporter la pesanteur et la gêne de leurs fers ; dès qu'une fois, renonçant à une fureur impuissante, ils ont pris le parti de souffrir patiemment ces entraves, la nécessité leur apprend à les porter avec courage, et l'habitude leur rend cette tâche facile. On peut trouver, dans toutes les situations de la vie, des agrémens, des compensations et des plaisirs, à moins que vous ne préfériez vous complaire dans une vie misérable, au lieu de la rendre digne d'envie.

Le plus grand des services que nous ait rendus la nature, c'est que, sachant à combien de misères nous étions prédestinés, elle a placé pour nous l'adoucissement de tous les maux, dans l'habitude, qui bientôt nous familiarise avec les choses les plus pénibles. Nul ne pourrait y résister, si la vivacité du sentiment, qu'excitent en nous les premiers coups de l'adversité, ne s'émoussait à la longue. Nous sommes tous liés à la fortune ; les uns par une chaîne d'or et assez lâche ; les autres par une chaîne serrée et de métal grossier. Mais qu'importe ? la même prison renferme tous les hommes ; et ceux qui nous ont enchaînés portent aussi leurs fers, à moins que l'on ne trouve plus légère la chaîne qui charge la main gauche de son gardien. Les uns sont enchaînés par l'ambition, les autres par l'avarice : celui-ci trouve dans sa noblesse, et celui-là dans son obscurité, une chaîne également pesante : il en est qui sont asservis à des maîtres étrangers, d'autres sont leurs tyrans à eux-mêmes. Ainsi que l'exil,

Assuescendum itaque conditioni suæ, et quam minimum de illa querendum : et quidquid habet circa se commodi, apprehendendum est. Nihil tam acerbum est, in quo non æquus animus solatium inveniat. Exiguæ sæpe areæ in multos usus, describentis arte, patuere, et quamvis angustum pedem dispositio fecit habitabilem. Adhibe rationem difficultatibus : possunt et dura molliri et angusta laxari, et gravia scite ferentes minus premere. Non sunt præterea cupiditates in longinquum mittendæ; sed in vicinum illis egredi permittamus, quoniam includi ex toto non patiuntur. Relictis his, quæ aut non possunt fieri, aut difficulter possunt, prope posita speique nostræ alludentia sequamur; sed sciamus, omnia æque levia esse, extrinsecus diversas facies habentia, introrsus pariter vana.

Nec invideamus altius stantibus : quæ excelsa videbantur, prærupta sunt. Illi rursus, quos sors iniqua in ancipiti posuit, tutiores erunt superbiam detrahendo rebus per se superbis, et fortunam suam quam maxime poterunt, in planum deferendo.

Multi quidem sunt, quibus necessario hærendum sit in fastigio suo, ex quo non possunt, nisi cadendo, descendere : sed hoc ipsum testentur, maximum onus

les sacerdoces enchaînent au même lieu ; toute existence est une esclavage.

Il faut donc nous faire à notre condition, nous en plaindre le moins possible, et profiter de tous les avantages qu'elle peut offrir. Il n'en est point de si dure en laquelle un esprit judicieux ne puisse trouver quelque soulagement. Souvent l'espace le plus étroit, grâce au talent de l'architecte, a pu s'étendre à plusieurs usages, et une habile ordonnance peut rendre le plus petit coin habitable. Opposez la raison à tous les obstacles : corps durs, espaces étroits, fardeaux pesans, l'industrie sait tout amollir, étendre, allégir. Il ne faut pas d'ailleurs porter nos désirs sur des objets éloignés ; ne les laissons aller que sur ce qui est près de nous, puisque nous ne pouvons entièrement les renfermer en nous-mêmes. Renonçons donc à l'impossible, à ce qui ne peut, qu'à grande peine, s'obtenir ; ne cherchons que ce qui, se trouvant à notre portée, doit encourager nos espérances ; mais n'oublions pas que toutes choses sont également frivoles, et que, malgré la diversité de leur apparence extérieure, elles ne sont toutes au fond que vanité.

Ne portons pas envie à ceux qui sont plus élevés que nous : ce qui nous paraît élévation, n'est souvent que le bord d'un abîme. Quant à ceux que la fortune perfide a placés dans ce lieu glissant, qu'ils mettent leur sûreté à dépouiller leur grandeur de ce faste qui lui est naturel, et à ramener, autant qu'ils le pourront, leur fortune au niveau de la plaine.

Il en est beaucoup qui, par nécessité, sont enchaînés à leur grandeur, d'où ils ne pourraient descendre sans tomber ; mais ils sont là pour témoigner que le plus lourd fardeau qui pèse sur eux est de se voir contraints à être

suum esse, quod aliis graves esse cogantur, nec sublevatos se, sed suffixos : justitia, mansuetudine, humana lege, et benigna manu præparent multa ad secundos casus præsidia, quorum spe securius pendeant. Nihil tamen æque hos ab his animi fluctibus vindicaverit, quam semper aliquem incrementis terminum figere : nec fortunæ arbitrium desinendi dare, sed se ipsos, multo quidem citra extrema, hortentur consistere. Sic et aliquæ cupiditates animum acuent, sed finitæ; non in immensum incertumque producent.

XI. Ad imperfectos et mediocres et male sanos hic meus sermo pertinet, non ad sapientem. Huic non timide, nec pedetentim ambulandum est; tanta enim fiducia sui est, ut obviam fortunæ ire non dubitet, nec unquam loco illi cessurus sit : nec habet ubi illam timeat, quia non mancipia tantum, possessionesque, et dignitatem, sed corpus quoque suum, et oculos, et manum, et quidquid est cariorem vitam facturum, seque ipsum, inter precaria numerat, vivitque ut commodatus sibi, et reposcentibus sine tristitia redditurus. Nec ideo est vilis sibi, quia scit se suum non esse; sed omnia tam diligenter faciet, tam circumspecte, quam religiosus homo sanctusque solet tueri fidei commissa. Quandocumque autem reddere jubebitur, non queretur cum fortuna, sed dicet : «Gratias ago pro eo quod possedi, habuique.

à charge aux autres, au dessus desquels ils ne sont pas élevés, mais attachés. Que par leur justice, leur mansuétude, par une autorité douce, par leurs manières gracieuses, ils se préparent des ressources pour le sort qui les attend; et que cet espoir calme leurs craintes au bord du précipice. Rien ne pourra mieux les assurer, contre ces grandes tempêtes qui s'élèvent dans l'intérieur de l'âme, que d'imposer toujours quelque limite à l'accroissement de leur grandeur; de ne pas laisser à la fortune la faculté de les quitter à sa fantaisie, mais de s'arrêter d'eux-mêmes en deçà du terme. Cette conduite n'empêchera pas peut-être l'aiguillon de quelques désirs de se faire sentir à leur âme, mais ils seront bornés, et ne pourront l'entraîner à l'aventure dans des espaces infinis.

XI. C'est aux gens d'une sagesse et d'une instruction imparfaites et médiocres que mon discours s'adresse, et non pas au sage. Pour lui, ce n'est point d'un pas timide et lent qu'il doit marcher; telle doit être sa confiance en lui-même, qu'il ne craindra pas d'aller au devant de la fortune, et que jamais il ne reculera devant elle. Et en quoi pourrait-il craindre, puisque, non-seulement ses esclaves, ses propriétés, ses dignités, mais son corps, ses yeux, ses mains, et tout ce qui pourrait l'attacher à la vie, sa personne en un mot, ne sont à ses yeux que des biens précaires? Il vit comme par bénéfice d'emprunt, prêt à restituer, sans regret, aussitôt qu'il en sera requis; non qu'il s'en estime moins pour cela, mais il sait qu'il ne s'appartient pas; et il fera toutes choses avec autant de soin, de circonspection et de scrupule, qu'un homme consciencieux et probe chargé d'un dépôt. Quand le moment de la restitution sera venu, il ne se répandra pas en plaintes contre la fortune; mais il dira : «Je te

Magna quidem res tuas mercede colui; sed quia imperas, cedo gratus libensque : si quid habere me tui volueris, etiam nunc servabo; si aliud placet, ego vero factum signatumque argentum, domum, familiamque meam reddo, restituo.»

Appellaverit natura, quæ prior nobis credidit; et huic dicemus : «Recipe animum meliorem quam dedisti : non tergiversor, nec refugio; paratum habes a volente, quod non sentienti dedisti : aufer.» Reverti unde veneris, quid grave est? male vivet, quisquis nesciet bene mori. Huic itaque primum rei pretium detrahendum est, et spiritus inter servitia numerandus. Gladiatores, ait Cicero, invisos habemus, si omni modo vitam impetrare cupiunt; favemus, si contemptum ejus præ se ferunt : idem evenire nobis scias; sæpe enim causa moriendi est, timide mori. Fortuna illa quæ ludos sibi facit : «Quo, inquit, te reservem, malum et trepidum animal? Eo magis convulneraberis, et confodieris, quia nescis præbere jugulum. At tu et vives diutius, et morieris expeditius, qui ferrum non subducta cervice, nec manibus oppositis, sed animose recipis.»

Qui mortem timebit, nihil unquam pro homine vivo faciet : at qui scit hoc sibi, quum conciperetur, statim

rends grâce de ce que tu as mis en ma disposition ; il est vrai que ce n'est pas sans de fortes avances que j'ai administré tes biens ; mais, puisque tu l'ordonnes, je te les remets volontiers et avec reconnaissance. Veux-tu me laisser conserver quelqu'autre bien qui t'appartienne, je saurai encore le garder : si tu en décides autrement, voici mon or, mon argenterie, ma maison, mes esclaves, je te les restitue. »

Sommes-nous appelés par la nature, qui fut notre premier créancier, nous lui dirons aussi : « Reprends une âme meilleure que tu ne me l'avais confiée : je ne tergiverse ni ne recule ; je te remets volontairement un bien que tu m'avais confié, alors que je ne pouvais en avoir l'intelligence : emporte-le. » Retourner au lieu d'où l'on est parti, qu'y a-t-il là de si terrible ? On vit mal quand on ne sait pas bien mourir. La vie est la première chose dont il faut rabaisser le prix, et l'existence doit être aussi regardée comme une servitude. « Parmi les gladiateurs, dit Cicéron, nous prenons en haine ceux qui tâchent d'obtenir la vie par toutes sortes de moyens ; nous nous intéressons à ceux qui témoignent du mépris pour elle. » Ainsi de nous ; souvent la crainte qu'on a de mourir devient une cause de mort. La fortune, qui se donne à elle-même des jeux, dit aussi : « Pourquoi t'épargnerais-je, être méchant et timide ? tes blessures en seront plus nombreuses et plus profondes, par cela même que tu ne sais pas tendre la gorge. Mais toi, tu vivras plus long-temps, et tu subiras une mort plus prompte, toi qui, devant le glaive, ne retires point ton cou en arrière et ne tend point les mains, mais qui l'attends avec courage. »

Craindre toujours la mort, c'est ne jamais faire acte d'homme vivant : mais celui qui sait, qu'au moment même où il fut conçu, son arrêt fut porté, saura vivre

condictum, vivet ad formulam, et simul illud quoque eodem animi robore præstabit, ne quid ex his quæ eveniunt, subitum sit. Quidquid enim fieri potest, quasi futurum prospiciendo, malorum omnium impetus molliet; qui ad præparatos exspectantesque nihil afferunt novi, securis et beata tantum spectantibus graves eveniunt. Morbus enim, captivitas, ruina, ignis, nihil horum repentinum est. Sciebam in quam tumultuosum me contubernium natura clusisset; totiens in vicinia mea conclamatum est, totiens præter limen immaturas exsequias fax cereusque præcessit : sæpe altius ruentis ædificii fragor sonuit : multos ex his quos forum, curia, sermo mecum contraxerat, nox abstulit, et vinctas ad sodalitium manus copulatas intercidit. Mirer aliquando ad me pericula accessisse, quæ circa me semper erraverunt? Magna pars hominum est, quæ navigatura de tempestate non cogitat. Nunquam me in bona re mali pudebit auctoris. Publius, tragicis comicisque vehementior ingeniis, quotiens mimicas ineptias, et verba ad summam caveam spectantia reliquit, inter multa alia cothurno, non tantum sipario, fortiora et hoc ait:

Cuivis potest accidere, quod cuiquam potest.

selon la loi de la nature, et trouvera ainsi la même force d'âme à opposer aux évènemens dont aucun pour lui ne sera jamais imprévu. Car, en pressentant de bien loin tout ce qui peut arriver, il amortira les premiers coups du malheur. Pour l'homme qui y est préparé et qui l'attend, le malheur n'a rien de nouveau ; ses atteintes ne sont pénibles qu'à ceux qui, vivant en sécurité, n'envisagent que le bonheur dans l'avenir. La maladie, la captivité, la chute ou l'incendie de ma maison, rien de tous ces maux n'est inattendu pour moi : je savais bien dans quel logis, bruyant et tumultueux, la nature m'avait confiné. Tant de fois, dans mon voisinage, j'ai entendu le dernier adieu adressé aux morts : tant de fois, devant ma porte, j'ai vu les torches et les flambeaux précéder des funérailles prématurées. Souvent a retenti à mes oreilles le fracas d'un édifice qui s'écroulait. Et combien de personnes, sortant avec moi du barreau, du sénat, d'un entretien, ont été emportées dans la nuit! Combien la mort a, dans leur étreinte, séparé de mains unies par la confraternité! M'étonnerais-je de me voir quelquefois atteint par des dangers qui n'ont jamais cessé de planer autour de moi? La plupart des hommes toutefois, quand ils se mettent en mer, ne songent point à la tempête. Jamais, quand j'y trouve une chose bonne, je ne me ferai faute d'alléguer un assez mauvais auteur. Publius, dont l'énergie surpassait celle de tous les poètes tragiques et comiques, toutes les fois qu'il voulut renoncer à ses plates bouffonneries et à ses quolibets faits pour les dernières classes du peuple, a dit, entr'autres mots, non-seulement plus relevés que la comédie ne le comporte, mais au dessus même de la gravité du cothurne :

« Ce qui advient à quelqu'un, peut advenir à tous. »

Hoc si quis in medullas demiserit, et omnia aliena mala, quorum ingens quotidie copia est, sic adspexerit, tanquam illis liberum et ad se iter sit, multo ante se armabit, quam petatur. Sero animus ad periculorum patientiam post pericula instruitur. « Non putavi hoc futurum! nunquam hoc eventurum credidissem! » Quare autem non? Quæ sunt divitiæ, quas non egestas, et fames, et mendicitas a tergo sequatur? Quæ dignitas, cujus non prætextam, et augurale, et lora patricia, et sordes comitentur, et exportatio, et notæ, et mille maculæ, et extrema contemptio? Quod regnum est, cui non parata sit ruina, et proculcatio, et dominus, et carnifex? nec magnis ista intervallis divisa, sed horæ momentum interest inter solium et aliena genua.

Scito ergo, omnem conditionem versabilem esse; et quidquid in illum incurrit, posse in te quoque incurrere. Locuples es? numquid ditior Pompeio? cui quum Caius vetus cognatus, hospes novus, aperuisset Cæsaris domum, ut suam cluderet, defuit panis et aqua: quum tot flumina possideret in suo orientia, et suo cadentia, mendicavit stillicidia: fame ac siti periit, in palatio cognati, dum illi hæres publicum funus esurienti locat.

Honoribus summis functus es? numquid aut tam

Si l'on pouvait jusqu'au fond de l'âme se pénétrer de cette vérité, et se représenter que tous les maux qui arrivent aux autres, chaque jour et en si grand nombre, ont le chemin libre pour parvenir jusqu'à nous, on serait armé avant que d'être attaqué. Il est trop tard, pour fortifier son âme contre le péril, quand le péril est en présence. « Je ne pensais pas que cela pût arriver! je n'aurais jamais cru cet évènement possible! » Et pourquoi non? Quelles sont les richesses à la suite desquelles ne marchent point la pauvreté, la faim et la mendicité? Quelle dignité, dont la robe prétexte, le bâton augural et la chaussure patricienne, ne soient accompagnés de souillures, de bannissement, de notes infamantes, de mille flétrissures, et du dernier mépris? Quelle couronne n'est point menacée de sa chute, de sa dégradation, d'un nouveau maître, d'un bourreau? Et, pour un tel changement, il ne faut pas un bien long intervalle : un seul moment suffit pour tomber du trône aux genoux du vainqueur.

Sachez donc que toute condition est sujette au changement et que ce qui arrive à tout autre peut vous arriver aussi. Vous êtes opulent; mais êtes-vous plus riche que Pompée? Cependant lorsque Caïus, pour lui, grâce à leur ancienne parenté, hôte de nouvelle espèce, lui eut ouvert le palais de César en lui fermant sa propre maison, Pompée manqua de pain et d'eau. Bien qu'il fût propriétaire de fleuves qui avaient leur source et leur embouchure dans ses terres, il fut réduit à mendier l'eau des gouttières, et périt de faim et de soif dans le palais de son parent, tandis que son héritier faisait prix pour les funérailles publiques de ce pauvre affamé.

Vous êtes parvenu au faîte des dignités? En avez-vous

magnis, aut tam insperatis, aut tam universis, quam Sejanus? Quo die illum senatus deduxerat, populus in frusta divisit : in quem quidquid congeri poterat, dii hominesque contulerant, ex eo nihil superfuit, quod carnifex traheret.

Rex es? non ad Crœsum te mittam, qui rogum suum et escendit jussus, et exstingui vidit, factus non regno tantum, sed etiam morti suæ superstes : non ad Jugurtham, quem populus romanus intra annum quam timuerat, spectavit. Ptolemæum Africæ regem, Armeniæ Mithridatem, inter Caianas custodias vidimus; alter in exsilium missus est; alter, ut meliori fide mitteretur, optabat. In tanta rerum sursum ac deorsum euntium versatione, si non quidquid fieri potest, pro futuro habes, das in te vires rebus adversis, quas infregit, quisquis prior vidit. Proximum ab his erit, ne aut in supervacuis, aut ex supervacuo laboremus; id est, ne aut quæ non possumus consequi, concupiscamus; aut adepti, cupiditatum vanitatem nostrarum sero, post multum pudorem, intelligamus; id est, ne aut labor irritus sine effectu sit, aut effectus labore indignus. Fere enim ex his tristitia sequitur, si aut non successit, aut successus pudet.

XII. Circumcidenda est concursatio, qualis est magnæ parti hominum, domos, et theatra, et fora perer-

d'aussi hautes, d'aussi inespérées, d'aussi nombreuses que Séjan? Eh bien! le jour même que le sénat lui avait fait cortège jusqu'à sa maison, le peuple le déchira en pièces; et de ce ministre, sur lequel les dieux et les hommes avaient accumulé toutes les faveurs qui peuvent se prodiguer, il ne resta rien que le bourreau pût traîner aux Gémonies.

Vous êtes roi : je ne vous renverrai pas à Crésus qui, sur l'ordre d'un vainqueur, monta sur son bûcher, et en vit éteindre les flammes, survivant ainsi à son royaume, et même à sa mort : je ne vous citerai pas Jugurtha qui, dans la même année, fit trembler le peuple romain, et lui fut donné en spectacle. Mais Ptolémée, roi d'Afrique, et Mithridate, roi d'Arménie, nous les avons vus dans les fers de Caïus; l'un fut exilé, l'autre eût désiré qu'on le renvoyât libre sur sa parole. Dans ces vicissitudes continuelles d'élévation et d'abaissement, si vous ne regardez pas tout ce qui est possible comme devant vous arriver un jour, vous donnez contre vous des forces à l'adversité, dont on ne manque jamais de triompher quand on sait la prévoir. L'essentiel ensuite est de ne point se tourmenter pour des objets ou par des soins superflus; c'est-à-dire, de ne point convoiter ce que nous ne pouvons avoir; et quand nous avons obtenu ce que nous désirions, de ne pas trop tard en reconnaître, à notre grande confusion, toute la vanité : en un mot, que nos efforts ne soient ni sans objet, ni sans résultat, et que ce résultat ne soit point au dessous de nos efforts. En effet, on regrette presque autant de n'avoir point réussi, que d'avoir à rougir du succès.

XII. Retranchons les allées et venues si ordinaires à ces hommes qu'on voit se montrer alternativement dans

rantium. Alienis se negotiis offerunt, semper aliquid agentibus similes. Horum si aliquem exeuntem de domo interrogaveris : « Quo tu ? quid cogitas ? » respondebit tibi : « Non mehercule scio; sed aliquos videbo, aliquid agam. » Sine proposito vagantur, quærentes negotia : nec quæ destinaverunt, agunt, sed in quæ incurrerunt. Inconsultus illis vanusque cursus est, qualis formicis, per arbusta repentibus; quæ in summum cacumen, deinde in imum inanes aguntur. His plerique similem vitam agunt, quorum non immerito quis inquietam inertiam dixerit. Quorumdam, quasi ad incendium currentium, misereris : usque eo impellunt obvios, et se aliosque præcipitant! quum interim cucurrerint, aut salutaturi aliquem non resalutaturum, aut funus ignoti hominis prosecuturi, aut judicium sæpe litigantis, aut sponsalia sæpe nubentis, et lecticam assectati, quibusdam locis et ipsi tulerint; deinde domum cum supervacua redeuntes lassitudine, jurant nescisse se ipsos, quare exierint, ubi fuerint, postero die erraturi per eadem illa vestigia.

Omnis itaque labor aliquo referatur, aliquo respiciat. Non industria inquietos et insanos falsæ rerum imagines agitant : nam ne illi quidem sine aliqua spe moventur;

les cercles, au théâtre, dans les tribunaux : grâce à leur manie de se mêler des affaires d'autrui, ils ont toujours l'air occupé. Demandez-vous à l'un d'eux sortant de chez lui : « Où allez-vous ? quel est votre projet aujourd'hui ? » Il vous répondra : « Je n'en sais vraiment rien ; mais je verrai du monde, je trouverai bien quelque chose à faire. » Ils courent çà et là sans savoir pourquoi, quêtant des affaires, ne faisant jamais celles qu'ils avaient projetées, mais que l'occasion vient leur offrir. Leurs courses sont sans but, sans résultat, comme celles des fourmis qui grimpent sur un arbre ; montées jusqu'au sommet sans rien porter, elles en descendent à vide. Presque tous ces désœuvrés mènent une vie toute semblable à celle de ces insectes, et l'on pourrait à bon droit appeler leur existence une oisiveté active. Quelle pitié d'en voir quelques-uns courir comme pour éteindre un incendie ! C'est au point qu'ils coudoient ceux qui se trouvent sur leur passage ; qu'ils tombent, et font tomber les autres avec eux. Cependant, après avoir bien couru, soit pour saluer quelqu'un qui ne leur rendra pas leur salut, soit pour suivre le cortège d'un défunt qu'ils ne connaissaient pas, soit pour assister au jugement obtenu par un plaideur de profession, soit pour être témoin des fiançailles d'un homme qui change souvent de femmes, soit enfin pour grossir le cortège d'une litière qu'au besoin eux-mêmes porteraient, ils rentrent enfin au logis accablés d'une inutile fatigue ; ils protestent qu'ils ne savent pas eux-mêmes pourquoi ils sont sortis, où ils sont allés ; et demain on les verra recommencer les mêmes courses.

Que toute peine donc ait un but, un résultat : ces occupations futiles produisent, sur ces prétendus affairés, le même effet que les chimères sur l'esprit des aliénés :

proritat illos alicujus rei species, cujus vanitatem capta mens non coarguit. Eodem modo unumquemque ex his, qui ad augendam turbam exeunt, inanes et leves causæ per urbem circumducunt, nihilque habentem in quo laboret, lux orta expellit : et quum, multorum frustra liminibus illisus, nomenclatores persalutavit, a multis exclusus, neminem ex omnibus difficilius domi, quam se, convenit.

Ex hoc malo dependet illud teterrimum vitium, auscultatio, et publicorum secretorumque inquisitio, et multarum rerum scientia, quæ nec tuto narrantur, nec tuto audiuntur. Hoc secutum puto Democritum, ita cœpisse : « Qui tranquille volet vivere, nec privatim agat multa, nec publice; » ad supervacua scilicet referentem. Nam si necessaria sunt, et privatim et publice, non tantum multa, sed innumerabilia agenda sunt : ubi vero nullum officium solemne nos citat, inhibendæ actiones sunt.

XIII. Nam qui multa agit, sæpe fortunæ potestatem sui facit : quam tutissimum est raro experiri, ceterum semper de illa cogitare, et sibi nihil de fide ejus promittere. Navigabo, nisi si quid inciderit : et prætor fiam, nisi si quid obstiterit : et negotiatio mihi respondebit, nisi si quid intervenerit. Hoc est, quare sapienti nihil

car ceux-ci même ne se remuent point sans être poussés par quelque espoir; ils sont excités par des apparences dont leur esprit en délire ne leur permet pas de connaître le peu de réalité. Il en est de même de tous ceux qui ne sortent que pour grossir la foule : les motifs les plus vains et les plus légers les promènent d'un bout de la ville à l'autre; et sans qu'ils aient rien à faire au monde, l'aurore les chasse de chez eux. Enfin, après s'être heurtés en vain à plusieurs portes, et confondus en salutations auprès de maints nomenclateurs, dont plus d'un a refusé de les faire entrer, la personne qu'ils trouvent le plus difficilement au logis, c'est eux-mêmes.

De ce travers, naît un vice des plus odieux; la manie d'écouter tout ce qui se dit, la curiosité pour les secrets publics et privés, la connaissance d'une foule d'anecdotes qu'on ne peut sans péril ni rapporter ni entendre. C'est sans doute à ce propos que Démocrite a dit : « Que pour vivre tranquille, il fallait embrasser peu d'affaires publiques ou privées. » Il entendait vraisemblablement par là les affaires inutiles : car celles qui sont nécessaires, tant dans l'ordre politique que dans l'ordre civil, on doit s'y livrer sans réserve et sans en limiter le nombre : mais dès qu'un devoir spécial ne nous y oblige point, il faut nous abstenir de toute démarche.

XIII. Souvent, en effet, plus on agit, plus on étend sur soi-même le pouvoir de la fortune; le plus sûr est de la mettre rarement à l'épreuve, ensuite de penser toujours à son inconstance, et de ne rien se promettre de sa loyauté. Je m'embarquerai, si rien ne m'en empêche; je serai préteur, si rien n'y met obstacle, et telle affaire réussira, si rien ne vient à la traverse. Voilà ce qui nous fait dire que rien n'arrive au sage contre son attente; nous

contra opinionem dicamus accidere; non illum casibus hominum excepimus, sed erroribus : nec illi omnia, ut voluit, cedunt, sed ut cogitavit; inprimis autem cogitavit, aliquid posse propositis suis resistere. Necesse est autem levius ad animum pervenire destitutæ cupiditatis dolorem, cui successum non utique promiseris.

XIV. Faciles etiam nos facere debemus, ne nimis destinatis rebus indulgeamus : transeamus in ea, in quæ nos casus deduxerit; nec mutationes aut consilii aut status pertimescamus, dummodo nos levitas, inimicissimum quieti vitium, non excipiat. Nam et pertinacia necesse est anxia et misera sit, cui fortuna sæpe aliquid extorquet : et levitas multo gravior, nusquam se continens. Utrumque infestum est tranquillitati, et nihil mutare posse, et nihil pati. Utique animus ab omnibus externis in se revocandus est : sibi confidat, se gaudeat, sua suspiciat, recedat, quantum potest, ab alienis, et se sibi applicet, damna non sentiat, etiam adversa benigne interpretetur. Nuntiato naufragio, Zeno noster, quum omnia sua audiret submersa : « Jubet, inquit, me fortuna expeditius philosophari. » Minabatur Theodoro philosopho tyrannus mortem, et quidem insepultam. « Habes, inquit, cur tibi placeas : hemina sanguinis in tua potestate est; nam quod ad sepulturam pertinet, o te ineptum, si putas interesse, supra terram, an infra putrescam! »

ne l'avons pas soustrait aux malheurs, mais aux faux calculs que font les autres hommes : si ce n'est pas selon ses vœux que toutes choses lui arrivent, c'est du moins selon ses prévisions ; enfin, avant tout, il a prévu que ses projets rencontreraient quelque obstacle. Nul doute que le mauvais succès d'une entreprise ne cause à l'âme moins de déplaisir et de douleur, quand on ne s'est pas flatté de réussir.

XIV. Nous devons aussi nous rendre faciles, et ne point nous attacher trop vivement à nos projets : sachons passer dans la route où le sort nous mène ; et ne craignons pas les changemens dans nos plans et dans notre condition, pourvu que ce ne soit pas la légèreté, ce vice essentiellement ennemi de notre repos, qui nous y pousse. En effet, si ce ne peut être sans un déplorable tourment d'esprit que l'opiniâtreté se voit presque toujours en butte aux mécomptes de la fortune, bien pire encore est la légèreté qui ne peut jamais compter sur elle-même. Ce sont deux excès également contraires à la tranquillité, de ne pouvoir ni changer de condition, ni rien souffrir. Il faut donc que l'âme, entièrement à soi-même, se détache de tous les objets extérieurs ; qu'elle prenne confiance en soi ; qu'autant que possible elle cherche en soi-même sa joie ; qu'elle n'estime que ses propres biens ; qu'elle se retire de tous ceux qui lui sont étrangers ; qu'elle se replie sur elle-même ; qu'elle devienne insensible aux pertes, et prenne en bonne part jusqu'à l'adversité. On vint annoncer à notre Zénon que tous ses biens avaient péri dans un naufrage : « La fortune, dit-il, veut que je me livre à la philosophie avec plus de liberté d'esprit. » Un tyran menaçait Théodore le philosophe de le faire mourir, et de le priver de sépulture. « Tu peux te donner

Canus Julius, vir inprimis magnus, cujus admirationi ne hoc quidem obstat, quod nostro sæculo natus est, cum Caio diu altercatus, postquam abeunti Phalaris ille dixit : « Ne forte inepta spe tibi blandiaris, duci te jussi : — Gratias, inquit, ago, optime princeps. » Quid senserit dubito : multa enim occurrunt mihi. Contumeliosus esse voluit, et ostendere quanta crudelitas esset, in qua mors beneficium erat? An exprobravit illi quotidianam dementiam? agebant enim gratias, et quorum liberi occisi, et quorum bona ablata erant. An tanquam libertatem libenter accepit? Quidquid est, magno animo respondit. Dicet aliquis : « Potuit post hæc jubere illum Caius vivere. » Non timuit hoc Canus : nota erat Caii in talibus imperiis fides. Credisne, illum decem medios usque ad supplicium dies sine ulla sollicitudine exegisse? verisimile non est, quæ vir ille dixerit, quæ fecerit, quam in tranquillo fuerit. Ludebat latrunculis, quum centurio, agmen periturorum trahens, illum quoque excitari jubet. Vocatus numeravit calculos, et sodali suo; « Vide, inquit, ne post mortem meam mentiaris te vicisse. » Tum annuens centurioni, « Testis, inquit, eris, uno me antecedere. » Lusisse tu

ce plaisir, reprit Théodore; j'ai une pinte de sang à ton service. Quant à ma sépulture, quelle folie à toi de penser qu'il m'importe en rien de pourrir dans le sein de la terre ou à sa surface! »

Canus Julius, un des plus grands hommes qui aient existé, et dont la gloire n'a point souffert d'être né même dans ce siècle, venait d'avoir une longue altercation avec Caligula : comme il s'en allait, le nouveau Phalaris lui dit : « Ne vous flattez pas au moins d'une folle espérance, j'ai donné l'ordre de votre supplice. — Grâces vous soient rendues, très-excellent prince! » Qu'entendait-il par ce mot? Je ne sais trop; car il me présente plusieurs sens. Voulait-il adresser à Caïus une sanglante invective, et peindre toute la cruauté d'une tyrannie sous laquelle la mort était un bienfait? Voulait-il lui reprocher cette furieuse démence, qui obligeait à lui rendre grâce, et ceux dont il tuait les enfans, et ceux dont il ravissait les biens? Ou bien acceptait-il volontiers la mort comme un affranchissement? Quel que soit le sens qu'on donne à sa réponse, elle partait du moins d'une grande âme. On va me dire : « Mais Caligula aurait pu le laisser vivre. » Canus n'avait pas cette crainte; il savait trop bien que pour donner de pareils ordres on pouvait compter sur la parole du tyran. Croiriez-vous que les dix jours d'intervalle qui s'écoulèrent jusqu'à son supplice, Canus les passa sans aucune inquiétude? Les discours, les actions, la profonde tranquillité de ce grand homme vont au delà de toute vraisemblance. Il faisait une partie d'échecs, lorsque le centurion, qui conduisait au supplice une foule d'autres victimes, vint l'avertir. Canus compta ses points, et dit à son partenaire : « Au moins, après ma mort, n'allez pas vous vanter de m'avoir gagné. » Puis, s'adressant au cen-

Canum illa tabula putas? illusit. Tristes erant amici talem amissuri virum. «Quid mœsti, inquit, estis? Vos quæritis, an immortales animæ sint : ego jam sciam.» Nec desiit in ipso veritatem fine scrutari, et ex morte sua quæstionem habere. Prosequebatur illum philosophus suus : nec jam procul erat tumulus, in quo Cæsari deo nostro fiebat quotidianum sacrum. «Quid, inquit, Cane, nunc cogitas? aut quæ tibi mens est? — Observare, inquit Canus, proposui illo velocissimo momento, an sensurus sit animus exire se.» Promisitque, si quid explorasset, circumiturum amicos, et indicaturum quis esset animarum status. Ecce in media tempestate tranquillitas! ecce animus æternitate dignus, qui fatum suum in argumentum veri vocat, qui in ultimo illo gradu positus exeuntem animam percontatur, nec usque ad mortem tantum, sed aliquid etiam ex ipsa morte discit! Nemo diutius philosophatus! sed non raptim relinquetur magnus vir, et cum cura dicendus : dabimus te in omnem memoriam, clarissimum caput, Caianæ cladis magna portio!

XV. Sed nihil prodest privatæ tristitiæ causas abjecisse. Occupat enim nonnunquam odium generis humani, et occurrit tot scelerum felicium turba, quum cogitaveris

turion : « Soyez témoin que j'ai l'avantage d'un point. » Croyez-vous que Canus fût si fort occupé de son jeu ? Non, mais il se jouait de son bourreau. Ses amis étaient consternés de perdre un tel homme : « Pourquoi cette tristesse ?, leur dit-il. Vous êtes en peine de savoir si les âmes sont immortelles ; je vais savoir à quoi m'en tenir. » Et jusqu'au dernier moment, il ne cessa de chercher la vérité, et de demander à sa propre mort la solution de ce problème. Il était suivi d'un philosophe attaché à sa personne ; et déjà il approchait de l'éminence où chaque jour on offrait des sacrifices à César notre dieu : « A quoi pensez-vous maintenant, lui demanda le philosophe, et quelle idée vous occupe ? — Je me propose, répondit-il, d'observer, dans ce moment si court, si je sentirai mon âme s'en aller. » Puis il promit, s'il découvrait quelque chose, de venir trouver ses amis pour les informer de ce que devenait l'âme. Voilà ce qui s'appelle de la tranquillité au milieu de la tempête ! Est-elle assez digne de l'immortalité cette âme qui, dans ce fatal passage, cherche un moyen de connaître la vérité ; qui, placée sur l'extrême limite de la vie, interroge son dernier souffle qui s'exhale, et ne veut pas seulement étudier jusqu'à la mort, mais dans la mort même ! Personne n'a jamais philosophé plus longtemps. Mais il ne faut pas quitter brusquement un si grand homme, à qui l'on ne saurait accorder trop d'estime et trop de louanges. Oui, nous te recommanderons à la postérité la plus reculée, illustre victime, dont la mort tient une si grande place parmi les forfaits de Caligula !

XV. Mais rien ne servirait de s'être mis à l'abri de tous les motifs personnels de tristesse, si parfois la misanthropie s'emparait de votre âme, en voyant le crime partout heureux, la candeur si rare, l'innocence si peu

quam sit rara simplicitas, quam ignota innocentia, et vix unquam, nisi quum expedit, fides, et libidinis lucra damnaque pariter invisa, et ambitio usque eo jam se suis non continens terminis, ut per turpitudinem splendeat. Agitur animus in noctem, et velut eversis virtutibus, quas nec sperare licet, nec habere prodest, tenebræ oboriuntur.

In hoc itaque flectendi sumus, ut omnia vulgi vitia non invisa nobis, sed ridicula videantur : et Democritum potius imitemur, quam Heraclitum. Hic enim quoties in publicum processerat, flebat; ille ridebat. Huic omnia quæ agimus, miseriæ; illi ineptiæ videbantur. Elevanda ergo omnia, et facili animo ferenda : humanius est deridere vitam, quam deplorare. Adjice, quod de humano quoque genere melius meretur qui ridet illud, quam qui luget. Ille et spei bonæ aliquid relinquit : hic tamen stulte deflet, quæ corrigi posse desperat; et universa contemplatus, majoris animi est, qui risum non tenet, quam qui lacrymas, quando levissimum affectum animi movet, et nihil magnum, nihil severum, nec serium quidem, ex tanto apparatu putat. Singula, propter quæ læti ac tristes sumus, sibi quisque proponat, et sciat verum esse, quod Bion dixit : « Omnia hominum negotia similia mimicis esse, nec vitam illorum magis sanctam aut severam esse, quam conceptus inchoatos. »

connue, la bonne foi si négligée quand elle est sans profit, les gains et les prodigalités de la débauche également odieuses; enfin, l'ambition si effrénée que, se méconnaissant elle-même, elle cherche son éclat dans la bassesse. Alors une sombre nuit environne notre âme, et dans cet anéantissement des vertus impossibles à trouver chez les autres, et nuisibles à celui qui les a, elle se remplit de doute et d'obscurité.

Pour nous détourner de ces idées, faisons en sorte que les vices des hommes ne nous paraissent pas odieux, mais ridicules; et sachons imiter Démocrite plutôt qu'Héraclite. Le premier ne se montrait jamais en public sans pleurer; le second, sans rire. L'un, dans tout ce que font les hommes, ne voyait que misère; le second, qu'ineptie. Il faut donc attacher peu d'importance à toutes choses, et ne nous passionner pour aucune. Il est plus conforme à l'humanité de se moquer des choses de la vie que d'en gémir. Ajoutez à cela que pour le genre humain il est plus profitable de se moquer, que de se lamenter à son sujet. L'homme qui rit de ses semblables laisse du moins place à l'espérance; et c'est sottement qu'on déplore ce qu'on désespère de jamais amender; enfin, à tout bien considérer, il est d'une âme plus haute de ne pouvoir s'empêcher de rire, que de s'abandonner aux larmes. Dans le premier cas, l'âme n'est affectée que bien légèrement, et ne voit rien de grand, de raisonnable, ni de sérieux dans tout l'appareil de la vie humaine. Qu'on prenne l'une après l'autre toutes les occasions qui peuvent nous attrister ou nous réjouir, et l'on reconnaîtra combien est vrai ce mot de Bion: «Toutes les affaires qui occupent les hommes sont de vraies comédies, et leur vie

Sed satius est, publicos mores et humana vitia placide accipere, nec in risum, nec in lacrymas excidere. Nam alienis malis torqueri, æterna miseria est : alienis delectari malis, voluptas inhumana; sicut illa inutilis humanitas, flere, quia aliquis filium efferat, et frontem suam fingere.

In tuis quoque malis id agere te oportet, ut dolori tantum des quantum poscit ratio, non quantum consuetudo. Plerique enim lacrymas fundunt, ut ostendant; et toties siccos oculos habent, quoties spectator defuit : turpe judicantes non flere, quum omnes faciant. Adeo penitus hoc se malum fixit, ex aliena opinione pendere, ut in simulationem etiam simplicissima res, dolor, veniat!

Sequitur pars, quæ solet non immerito contristare, et in sollicitudinem adducere, ubi bonorum exitus mali sunt. Ut Socrates cogitur in carcere mori, Rutilius in exsilio vivere, Pompeius et Cicero clientibus suis præbere cervicem, Cato ille, virtutum viva imago, incumbens gladio, simul de se ac de republica palam facere. Necesse est torqueri, tam iniqua præmia fortunam persolvere; et quid sibi quisque nunc speret, quum videat pessima optimos pati? Quid ergo est? vide quomodo quisque illorum tulerit : et si fortes fuerunt, ipsorum

n'est pas plus honnête ni plus sérieuse que les vains projets qu'ils conçoivent dans leur pensée. » Mais il est plus sage de supporter doucement les dérèglemens publics et les vices de l'humanité, sans se laisser aller ni aux rires ni aux larmes ; car se tourmenter des maux d'autrui, c'est se rendre éternellement malheureux, et s'en réjouir est un plaisir cruel ; comme aussi, c'est montrer une compassion inutile, que de pleurer et de composer son visage, parce qu'un homme va mettre son fils en terre.

De même, dans vos chagrins personnels, ne donnez à la douleur que le tribut que réclame la raison, et non le préjugé ou la coutume. La plupart des hommes versent des larmes pour qu'on les voie couler : leurs yeux deviennent secs dès qu'il n'y a plus de témoin ; ils auraient honte de ne point pleurer lorsque tout le monde pleure. La mauvaise habitude de se régler sur l'opinion d'autrui est si profondément enracinée, que le plus naturel de tous les sentimens, la douleur a aussi son affectation.

Vient ensuite un autre motif de chagrin, sans doute assez fondé, et bien capable de nous jeter dans l'anxiété; ce sont les disgrâces qui frappent les gens de bien. Ainsi Socrate est forcé de mourir en prison ; Rutilius, de vivre dans l'exil ; Pompée et Cicéron, de tendre la gorge au poignard d'un client ; Caton enfin, ce modèle achevé de la vertu, d'immoler la république du même coup dont il se perce le sein. Ne devons-nous pas nous plaindre de ce que la fortune donne de si cruelles récompenses? et que pourra-t-on espérer pour soi, lorsqu'on voit les plus affreux malheurs tomber en partage aux plus pures vertus? Que faut-il donc faire? Voir d'abord comment ces grands hommes ont souffert ces infortunes : si c'est en

illos animos desidera; si muliebriter et ignave periere, nihil periit. Aut digni sunt, quorum virtus tibi placeat: aut indigni, quorum desideretur ignavia. Quid enim est turpius, quam si maximi viri timidos fortiter moriendo faciunt? Laudemus toties dignum laudibus, et dicamus: Tanto fortior, tanto felicior, humanos effugisti casus, livorem, morbum! existi ex custodia! non tu dignus mala fortuna diis visus es, sed indignus in quem jam aliquid fortuna posset! Subducentibus vero se, et in ipsa morte ad vitam respectantibus manus injiciendæ sunt.

Neminem flebo lætum, neminem flentem; ille lacrymas meas ipse abstersit : hic suis lacrymis effecit, ne ullis dignus sit. Ego Herculem fleam, quod vivus uritur, aut Regulum, quod tot clavis configitur, aut Catonem, quod vulnera sua fortiter tulit? Omnes isti levi temporis impensa invenerunt quomodo æterni fierent: ad immortalitatem moriendo venerunt.

Est et illa sollicitudinum non mediocris materia, si te anxie componas, nec ulli simpliciter ostendas: qualis multorum vita est, ficta, et ostentationi parata. Torquet enim assidua observatio sui, et deprehendi aliter, ac solet, metuit : nec unquam cura solvimur, ubi toties nos æstimari putamus, quoties adspici. Nam et multa

héros, enviez leur courage; si c'est avec faiblesse et lâcheté qu'ils ont péri, leur perte est indifférente. Ou par leur vertueuse fermeté ils sont dignes de votre admiration, ou leur lâcheté ne mérite pas qu'on les plaigne. Ne serait-il pas honteux que la mort courageuse d'un grand homme nous rendît timides et pusillanimes. Louons plutôt en lui un héros digne à jamais de nos éloges, et disons : « D'autant plus heureux que vous avez montré plus de courage, vous voilà délivré des malheurs de l'humanité, de l'envie, de la maladie. Vous voilà sorti de la prison. Les dieux, loin de vous exposer aux indignités de la mauvaise fortune, vous ont jugé digne d'être désormais à l'abri de ses traits. » Mais, pour ceux qui veulent se soustraire à ses coups, et qui, entre les bras de la mort, ramènent leurs regards vers la vie, il faut user de violence pour les contraindre à franchir le pas.

Jamais je ne pleurerai à la vue d'un homme joyeux, pas plus qu'en voyant tout autre pleurer. Le premier sèche mes larmes; le second, par ses pleurs, se rend indigne des miens. Quoi! je pleurerais Hercule, qui se brûle tout vif; Regulus, percé de mille pointes aiguës; Caton, rouvrant lui-même ses plaies? Ils ont échangé un court espace de temps contre une vie qui ne finira jamais, et la mort a été pour eux un passage à l'immortalité.

Il est une autre source assez féconde d'inquiétudes et de soins, c'est de se contrefaire, de ne jamais montrer un visage naturel, comme nous voyons maintes gens dont toute la vie n'est que feinte et dissimulation. Quel tourment que cette perpétuelle attention sur soi-même, et cette crainte d'être aperçu sous un aspect différent de celui sous lequel on se montre d'habitude! Point de relâche pour celui qui s'imagine qu'on ne le regarde jamais qu'avec l'in-

incidunt, quæ invitos denudent : et ut bene cedat tanta sui diligentia, non tamen jucunda vita, aut secura est, semper sub persona viventium.

At illa quantum habet voluptatis sincera et per se ornata simplicitas, nihil obtendens moribus suis? Subit tamen et hæc vita contemptus periculum, si omnia omnibus patent; sunt enim qui fastidiant, quidquid propius adierunt. Sed nec virtuti periculum est, ne admota oculis revilescat : et satius est simplicitate contemni, quam perpetua simulatione torqueri.

Modum tamen rei adhibeamus; multum interest, simpliciter vivas, an negligenter. Multum et in se recedendum est; conversatio enim dissimilium bene composita disturbat, et renovat affectus, et quidquid imbecillum in animo, nec percuratum est, exulcerat. Miscenda tamen ista, et alternanda sunt, solitudo et frequentia. Illa nobis faciet hominum desiderium, hæc nostri : et erit altera alterius remedium; odium turbæ sanabit solitudo, tædium solitudinis turba.

Nec in eadem intentione æqualiter retinenda mens est, sed ad jocos revocanda. Cum pueris Socrates ludere non erubescebat : et Cato vino laxabat animum, curis

tention de le juger. En effet, maintes circonstances viennent, malgré nous, nous démasquer. Dût cette surveillance sur soi-même avoir tout le succès qu'on en attend, quel agrément, quelle sécurité peut-il y avoir dans une vie qui se passe tout entière sous le masque?

Au contraire, combien est semée de jouissances une simplicité vraie, qui n'a pas d'autre ornement qu'elle-même, et qui ne jette aucun voile sur ses mœurs! Toutefois cette manière de vivre encourt le mépris, si elle se montre sur tous les points trop à découvert : car les hommes admirent peu ce qu'ils voient de trop près. Mais ce n'est point la vertu qui court le danger de perdre de son prix en se montrant aux regards; et il vaut mieux être méprisé pour sa candeur, que d'être continuellement tourmenté du soin de dissimuler.

Il faut, à cet égard, un juste milieu ; car il est bien différent de vivre simplement ou avec trop d'abandon. Il est bon de se retirer souvent en soi-même; la fréquentation des gens qui ne nous ressemblent pas, trouble le calme de l'esprit, réveille les passions, et rouvre les plaies de notre âme, s'il y est encore quelques parties faibles et à peine cicatrisées. Il faut donc entremêler les deux choses, et chercher tour-à-tour la solitude et le monde. La solitude nous fera désirer la société, et le monde nous fera désirer de revenir à nous-mêmes : l'une et l'autre se serviront de remède. La retraite adoucira notre misanthropie, et la société dissipera l'ennui de la solitude.

Il ne faut pas non plus tenir toujours l'esprit tendu; il est bon de l'égayer quelquefois par des amusemens. Socrate ne rougissait pas de jouer avec des enfans, et Caton cherchait dans le vin une distraction à son es-

publicis fatigatum : et Scipio triumphale illud et militare corpus movit ad numeros, non molliter se infringens, ut nunc mos est etiam incessu ipso ultra muliebrem mollitiem fluentibus; sed ut illi antiqui viri solebant, inter lusum ac festa tempora, virilem in modum tripudiare, non facturi detrimentum, etiam si ab hostibus suis spectarentur. Danda est remissio animis : meliores acrioresque requieti surgent. Ut fertilibus agris non est imperandum; cito enim exhauriet illos nunquam intermissa foecunditas : ita animorum impetus assiduus labor frangit. Vires recipient paullum resoluti et remissi. Nascitur ex assiduitate laborum animorum hebetatio quædam, et languor.

Nec ad hoc tanta hominum cupiditas tenderet, nisi naturalem quamdam voluptatem haberet lusus jocusque, quorum frequens usus omne animis pondus omnemque vim eripiet. Nam et somnus refectioni necessarius est : hunc tamen si per diem noctemque continues, mors erit. Multum interest, remittas aliquid, an solvas. Legum conditores festos instituerunt dies, ut ad hilaritatem homines publice cogerentur; tanquam necessarium laboribus interponentes temperamentum. Et magni, ut didici, viri quidam sibi menstruas certis diebus ferias dabant : quidam nullum non diem inter et otium et curas dividebant; qualem Pollionem Asinium, oratorem

prit fatigué des affaires publiques. Scipion, ce héros triomphateur, s'exerçait à la danse, non point en prenant des attitudes pleines de mollesse qui, par le temps qui court, rendent la démarche des hommes cent fois plus affectée que celle des femmes; mais avec la contenance de nos anciens héros, lorsqu'aux jours de fête ils menaient une danse héroïque, en telle façon qu'ils eussent pu, sans inconvénient, avoir pour spectateurs les ennemis même de la patrie. Il faut donner du relâche à l'esprit : ses forces et son ardeur se remontent par le repos. De même qu'aux champs fertiles on n'impose pas le tribut d'une récolte, parce que leur fécondité, toujours mise à contribution, finirait par s'épuiser; ainsi, un travail trop assidu éteint l'ardeur des esprits. Le repos et la distraction leur redonnent des forces. De la trop grande continuité de travaux, naissent l'épuisement et la langueur.

L'on ne verrait pas les hommes se livrer avec tant d'ardeur aux divertissemens et aux jeux, si la nature n'y avait attaché un plaisir dont il ne faut pas abuser, sous peine de faire perdre à l'esprit toute sa gravité et tout son ressort. Le sommeil est nécessaire pour réparer nos forces, mais vouloir le prolonger et la nuit et le jour, ce serait une vraie mort. Il est bien différent de relâcher, ou de détendre. Les législateurs ont institué des jours de fête, afin que les hommes, rassemblés pour ces réjouissances, trouvassent à leurs travaux un délassement, une interruption nécessaires. Et de grands personnages, m'a-t-on dit, se donnaient chaque mois quelques jours de vacance; d'autres même partageaient chaque journée entre le repos et les affaires. Je me souviens entre autres, qu'Asinius Pollion, ce fameux orateur, ne s'occupait plus

magnum, meminimus, quem nulla res ultra decimam retinuit; ne epistolas quidem post eam horam legebat, ne quid novæ curæ nasceretur : sed totius diei lassitudinem duabus illis horis ponebat. Quidam medio die interjunxerunt, et in postmeridianas horas aliquid levioris operæ distulerunt. Majores quoque nostri novam relationem, post horam decimam, in senatu fieri vetabant. Miles vigilias dividit, et nox immunis est ab expeditione redeuntium.

Indulgendum est animo, dandumque subinde otium, quod alimenti ac virium loco sit : et in ambulationibus apertis vagandum, ut cœlo libero et multo spiritu augeat attollatque se animus. Aliquando vectatio iterque et mutata regio vigorem dabunt, convictusque et liberalior potio : nonnunquam et usque ad ebrietatem veniendum, non ut mergat nos, sed ut deprimat. Eluit enim curas, et ab imo animum movet : et ut morbis quibusdam, ita tristitiæ medetur : Liberque non ob licentiam linguæ dictus est inventor vini, sed quia liberat servitio curarum animum, et asserit, vegetatque et audaciorem in omnes conatus facit. Sed ut libertatis, ita vini salubris moderatio est. Et Solonem, Arcesilaumque indulsisse vino credunt. Catoni ebrietas objecta est : facilius efficiet, quisquis objecerit, hoc crimen honestum, quam turpem Catonem. Sed nec sæpe faciendum

d'aucune affaire passé la dixième heure; dès-lors il ne lisait pas même ses lettres, de peur qu'elles ne fissent naître pour lui quelque nouveau soin; mais durant ces deux heures, il se délassait de la fatigue de toute la journée. D'autres, partageant le jour par la moitié, ont réservé l'après-midi pour les affaires de moindre importance. Nos ancêtres ne voulaient point que, passé la dixième heure, on ouvrît dans le sénat aucune délibération nouvelle. Les gens de guerre répartissent entre eux le service de nuit, et ceux qui reviennent d'une expédition ont leur nuit franche.

L'esprit demande des ménagemens; il faut lui accorder un repos qui soit comme l'aliment réparateur de ses forces épuisées. La promenade dans des lieux découverts, sous un ciel libre et au grand air, récrée et retrempe l'esprit. Quelquefois un voyage en litière et le changement de lieu, comme aussi quelque excès dans le manger et dans le boire, lui redonnent une nouvelle vigueur : parfois même on peut aller jusqu'à l'ivresse, non pour s'y plonger, mais pour y trouver un excitant; elle dissipe les chagrins et réveille la faculté de l'âme, et entre autres maladies guérit la tristesse. On a donné le nom de *Liber* à l'inventeur du vin, non parce qu'il provoque la licence des paroles, mais parce qu'il délivre l'âme du joug des chagrins, qu'il lui donne de l'assurance, une vie nouvelle, et l'enhardit à toutes sortes d'entreprises. Mais il en est du vin comme de la liberté; il faut en user avec modération. On a dit de Solon et d'Arcésilaüs qu'ils aimaient le vin : on a aussi reproché l'ivrognerie à Caton; mais on me persuadera plus facilement que l'ivrognerie est une vertu, que de me faire croire que Caton ait pu se dégrader à ce point. Quoi qu'il en soit, c'est un re-

est, ne animus malam consuetudinem ducat : et aliquando tamen in exsultationem libertatemque extrahendus, tristisque sobrietas removenda paullisper.

Nam, sive græco poetæ credimus, « Aliquando et insanire jucundum est : » sive Platoni, « Frustra poeticas fores compos sui pepulit : » sive Aristoteli, « Nullum magnum ingenium sine mixtura dementiæ fuit. » Non potest grande aliquid et supra ceteros loqui nisi mota mens. Quum vulgaria et solita contempsit, instinctuque sacro surrexit excelsior, tunc demum aliquid cecinit grandius ore mortali. Non potest sublime quidquam et in arduo positum contingere, quamdiu apud se est. Desciscat oportet a solito, et efferatur, et mordeat frenos, et rectorem rapiat suum : eoque ferat quo per se timuisset escendere.

Habes, Serene carissime, quæ possint tranquillitatem tueri, quæ restituere, quæ surrepentibus vitiis resistant. Illud tamen scito, nihil horum satis esse validum, rem imbecillam servantibus, nisi intenta et assidua cura circumeat animum labentem.

mède dont il ne faut pas user trop souvent pour ne point en contracter une mauvaise habitude ; néanmoins il faut quelquefois exciter l'âme à la joie et à la liberté, et faire pour l'amour d'elle quelque trêve à une sobriété trop sévère.

S'il faut en croire un poëte grec : « Il est quelquefois agréable de perdre la raison. » Platon n'a-t-il pas dit : « Jamais homme de sens rassis ne s'est fait ouvrir le temple des Muses ; » et Aristote : « Point de grand génie sans un grain de folie. » L'âme ne peut rien dire de grand et qui soit au dessus de la portée commune, si elle n'est fortement émue. Mais quand elle a dédaigné les pensées vulgaires et les routes battues, elle ose, en son délire sacré, s'élever dans l'espace ; alors ce sont accens divins qu'elle fait entendre par une bouche mortelle. L'âme ne peut atteindre à rien de sublime, à rien qui soit d'un difficile accès, si elle n'est comme transportée hors de soi ; il faut qu'elle s'écarte de la route battue ; qu'elle s'élance, et que, mordant son frein, elle entraîne son guide, et le transporte en des lieux que, livré à lui-même, il eût craint d'escalader.

Tels sont, mon cher Serenus, les moyens que l'on peut employer pour rétablir et pour conserver la tranquillité de l'esprit, comme pour combattre à leur naissance les vices qui pourraient la troubler. Mais songez bien qu'aucun de ces moyens n'est assez puissant ni assez fort pour maintenir un bien si fragile, si nous n'exerçons une surveillance continuelle sur notre âme toujours prête à se laisser entraîner.

NOTES

DE LA TRANQUILLITÉ DE L'AME.

I. Page 311. *Cher Sénèque.* — *Seneca*, telle est la leçon de la plupart des manuscrits. On ne sait si c'est d'après un manuscrit ou d'après ses conjectures que Muret a proposé de lire *retecta*.

Page 313. *Et qu'on ne soit pas forcé de rendre par où on l'a pris.* Allusion à un usage infâme des gourmands de Rome. *Vomunt ut edant, edunt ut vomant*, a dit Sénèque dans la *Consolation à Helvie*, chap. IX.

Une table qui ne soit ni remarquable par la variété des nuances. — *Voyez* le traité *de la Colère*, liv. III, chap. 35 (pages 245 et 303 de ce volume).

Page 315. *D'une jeune et belle élite qu'on dresse pour les plaisirs du maître.* J'ai été forcé d'employer une périphrase, ou plutôt une paraphrase, pour rendre le sens de *pædagogii*. C'était une véritable école dans laquelle les riches Romains faisaient élever, en grand nombre, ceux de leurs esclaves qui, par leur beauté et leurs heureuses dispositions, devaient être quelque jour attachés plus particulièrement à la personne du maître et servir à ses plaisirs.

Éblouissans de magnificence. Le texte porte *nitentium*, qui peut aussi bien dire *occupés du service*.

Où l'on marche sur les matières les plus précieuses. Sénèque a fait allusion à ce luxe des Romains dans le traité *de la Colère*, liv. Ier, chap. XVI : *Ebore sustineri vult*; ou dans sa XVIe lettre : *Eo deliciarum opumque perducat, ut terram marmoribus abscondas*, etc. Horace a dit *pavimentum superbum* (liv. II, ode 14), et Tibulle :

> Aurataque trabes, marmoreumque solum.
> (Lib. III, eleg. 3.)

Page 315. *Ces eaux limpides et transparentes qui environnent en nappe toute la salle des festins.* Il est parlé de cette recherche de mollesse et de luxe dans le traité *de la Providence*, chap. III : *Mero se licet sopiat et aquarum fragoribus avocet.*

Moi, qui ai poussé jusqu'à l'excès ma longue frugalité. J'ai déjà, dans le sommaire, cité et discuté ce passage, où Juste-Lipse a voulu voir la preuve que Sénèque, et non Serenus, était l'auteur de ce premier chapitre.

Les préceptes de nos maîtres. Des stoïciens. Zénon disait : « Au rapport de Sénèque lui-même, le sage approchera des affaires publiques, à moins d'en avoir été empêché. » *Voyez* le traité du *Repos du Sage*, chap. XXX, p. 398 à 401, et la note 7 correspondante, p. 419.

Page 317. *Aucun d'eux aussi qui n'y ait destiné ses disciples.* Comparez encore ce passage au chapitre du traité du *Repos du Sage*, où il dit : *Non quo miserint me illi, etc.;* puis au chap. XXX du même traité.

Puisque rien ne peut compenser une si grande perte. — *Voyez*, dans la lettre 1re de Sénèque, et dans le traité *de la Brièveté de la vie*, chap. III, des traits ingénieux sur la perte du temps.

De rien qui la soumette au jugement d'autrui. Tel est le sens adopté par Du Ryer, Chalvet, Ruhkopf, M. Bouillet, etc. La Grange a traduit : « Qu'elle ne s'occupe des autres que pour les juger. » Probablement que, par inadvertance, il aura lu *nisi* au lieu de *nihil.*

Dans les études. Juste-Lipse a voulu voir ici une lacune. Sans doute il n'y a pas une liaison bien intime avec ce qui précède; mais on ne doit pas perdre de vue que c'est Serenus, qui écrit à Sénèque, et que dans une lettre il est permis de ne pas s'astreindre à une suite de déductions aussi sévère que dans un traité *ex professo.*

Page 319. *Que partout où va la pensée le discours la suive sans effort où elle le mène.* Horace (*Art poét.*, v. 311) a dit :

    Verbaque provisam rem non invita sequentur;

et Boileau :

    Ce que l'on conçoit bien s'exprime clairement,
    Et les mots pour le dire arrivent aisément.

Et ce n'est plus moi qui parle par ma bouche. Virgile a dit, en parlant de la Sibylle, *nil mortale sonans;* Horace, livre III, ode 25 :

    Nil parvum, aut humili modo,
  Nil mortale loquar................

et Ovide, *Fastes*, liv. VI, vers 5 :

    Est Deus in nobis : agitante calescimus illo.

Vers assez plat. Enfin J.-B. Rousseau :

    Ce n'est plus un mortel, c'est Apollon lui-même
      Qui parle par ma voix.

Sénèque, à la fin du présent traité, exprime une pensée analogue : *Non potest grande aliquid,* etc. (page 396 ci-dessus).

Page 321. *Mais le mal de mer.* Ce passage rappelle la LIIIe lettre où Sénèque se représente lui-même, de la manière la plus pittoresque, atteint du mal de mer, non point au figuré, mais très-réellement, dans un court trajet qu'il fit de Parthénope à Pouzzoles.

II. Page 321. *Et moi aussi, je l'avoue, mon cher Serenus.* J'ai pris ici le ton convenable pour indiquer une réponse de la part de Sénèque. Qu'on lise, du reste, sans prévention, le commencement de ce chapitre, et l'on trouvera que, s'il ne fait pas suite avec ce qui précède, il convient parfaitement au début d'une réponse à la lettre de Serenus, commençant par ces mots : *Inquirenti mihi.* — *Voyez* ci-dessus la première note de ce traité.

Page 323. *Et qui vous rapproche de Dieu.* C'est toujours le mot du Portique : « Le sage est Dieu. » —Voyez *de la Constance du Sage,* chap. III, tome III de notre *Sénèque.*

Et sur laquelle Démocrite a composé un excellent livre. C'est sans doute de ce livre que Sénèque a tiré le précepte qu'il cite au chapitre 6 du livre III *de la Colère.*

Marchant toujours d'un pas égal et sûr. — *Voyez,* dans *la Constance du Sage,* chap. VIII, ces mots : *Æquali et concordi cursu fluentia,* etc.

Page 327. *Tourmenté du besoin d'agir.* « Ægri animi ista jactatio est, dit Sénèque en sa IIe lettre; primum argumentum compositæ mentis existimo, posse consistere et secum morari. »

Page 329. *Tel l'Achille d'Homère.* — *Voyez* l'*Iliade*, liv. XXIV, vers 10; et l'*Odyssée*, livre xx. Ce passage est fameux pour la discussion qu'il excita entre Despréaux et Perrault, l'adversaire des anciens.

Page 329. *Et de chercher, dans le changement, un remède.* Nous avons déjà cité ce passage dans la 11e lettre de Sénèque, page 345 de notre tome v.

Ces voyages que l'on entreprend sans but. Sénèque s'élève souvent contre les voyages dans lesquels vous jette l'ennui (*voyez* les lettres 11, xxviii, lxix et civ); mais cela ne l'empêchera pas de les recommander dans le chapitre xv et dernier de ce traité.

Bientôt Tarente et son port renommé nous appellent. Horace dit, liv. 1er, *épître* 7 :

> ....Mihi jam non regia Roma
> Sed vacuum Tibur placet, aut imbelle Tarentum.

Comparez ce passage de Sénèque avec la lettre lxviii, où il dit : *Ille Tarentum se abdidit.* « J'irais passer l'été à Naples et l'hiver à Pétersbourg, dit J.-J. Rousseau dans son *Émile*, liv. iv; tantôt respirant un doux zéphyr, à demi couché dans les fraîches grottes de Tarente, etc. »

Et ses maisons dignes, par leur magnificence, de son antique population. Ce passage, que quelques-uns croient altéré, a fort exercé les commentateurs. J'ai suivi le sens indiqué par Juste-Lipse, et adopté par La Grange.

Mais il est temps de diriger nos pas vers Rome. Horace a dit, liv. 11, *sat.* 7 :

> Romæ rus optas, absentem rusticus Urbem
> Tollis ad astra levis..............

Trop long-temps nos oreilles ont été sans ouïr les applaudissemens et le fracas du Cirque. On sait que la maison que notre philosophe occupait à Rome était voisine du Cirque. *Voyez* les lettres lxxx et lxxxiii, où il dit que, quand il est retiré chez lui, les clameurs du Cirque parviennent à ses oreilles, sans rompre le cours de ses pensées.

Il nous tarde de voir couler le sang humain. Sénèque ne néglige aucune occasion de s'élever contre la cruauté des jeux du Cirque. (*Voyez* surtout sa lettre vii, et les notes correspondantes, dans notre tome v.)

Page 331. *Chacun se fuit soi-même.* Ces mots sont tirés de Lucrèce (*de Rerum natura*, lib. iii, v. 1081); mais Sénèque y a ajouté le mot *semper*, qui détruit la mesure du vers.

Si l'on ne peut échapper. Horace a dit, livre ii, ode 16 :

> . . . . . . Quid terras alio calentes
> Sole mutamus? patria quis exsul
> Se quoque fugit?

Quoi ! toujours la même chose ! Déjà j'ai cité ce passage dans les notes de la xxive lettre de Sénèque, page 382 de notre tome v. — Sénèque, vers la fin de sa lxxxixe lettre, emploie, dans un autre sens, ce mot *quousque eadem ?* Un poète moderne a fait dire à Charles-Quint, accablé d'ennui dans sa retraite de Saint-Just :

> Toujours des bois, des champs, des vallons, des ombrages;
> Quel monotone aspect, tristesse, m'offres-tu?

Rousseau, dans son *Émile*, n'a pas manqué de se rencontrer plusieurs fois avec Sénèque en parlant de l'ennui, *le grand fléau des riches*. « Au sein de tant d'amusemens rassemblés à grands frais, dit-il ; au milieu de tant de gens concourant à leur plaire, l'ennui les consume et les tue; ils passent leur vie à le fuir et à en être atteints. » (Liv. iv.)

III. Page 331. *Comme dit Athénodore.* Il y a eu plusieurs Athénodore. On présume qu'il s'agit ici d'Athénodore de Tarse, qui jouissait de la faveur d'Auguste, et de qui Sénèque cite une sage maxime à la fin de sa lettre x.

Page 333. *Mais, continue Athénodore.* Remarquez que Sénèque fait ici une longue citation tirée des écrits de ce philosophe, que nous n'avons plus.

Qui produit des candidats. Les commentateurs ont cru devoir rappeler ici que les formes suivies du temps de Sénèque pour les élections n'étaient pas les mêmes que sous la république. Tout se passait entre le peuple et le sénat. Sénèque explique encore mieux cet usage dans sa viiie lettre : *Aut in senatu candidato vocem et manum commodarem.* Mais ils n'ont pas fait attention que ce n'est pas Sénèque, mais Athénodore qui parle ici. Or, Athénodore écrivait avant qu'Auguste eût détruit toutes les formes populaires des élections. Et, comme l'observe judicieusement M. Bouillet, Sénèque, en traduisant librement Athénodore, ne se sera pas fait scrupule de changer quelque chose à sa phrase pour accommoder ce qu'il dit des candidats au temps despotique des Tibère, des Caligula, des Néron.

Page 333. *Mais instruire la jeunesse.* — *Voyez* la lettre VIII de Sénèque.

Page 335. *A envahir sur la mer par nos constructions.* M. Bouillet voit dans ce trait la preuve de l'extrême liberté avec laquelle Sénèque a interprété les paroles d'Athénodore.

Page 337. *L'univers pour patrie.* Comparez ce passage avec le chapitre XXXI du traité du *Repos du Sage.*

Page 339. *Comme consul, prytane, céryx et suffète.* Il n'est pas besoin d'expliquer ce qu'étaient les *prytanes* à Athènes et les *suffètes* à Carthage. Pour le titre de *céryx*, il était donné à des hérauts sacrés attachés aux mystères d'Éleusis : ils tiraient leur origine de *Céryx*, fils de Mercure. Il n'y avait que les *Céryces* et les Eumolpides qui eussent le droit de fournir des hiérophantes dans les fêtes de Cérès.

Même avec les mains coupées. Allusion au trait de Cinégyre.

Mais on vous serre la gorge. Il ne faut pas croire que cette supposition soit une figure de mots. Dans l'année qui précéda la guerre Sociale, le consul Marcius Philippus fut pris à la gorge par un tribun avec lequel il était en discussion. Le sang lui vint à la bouche : « Ce n'est pas du sang, mais du jus de grives, » s'écria le tribun, faisant allusion à la gourmandise de Philippus. (An de R. 663.)

Servez-la par votre silence. Il est des temps où un bon citoyen est utile à la patrie par son silence, témoin Thraséas dans le sénat de Néron. « Ce silence, dit La Harpe, représentait l'opinion publique, qui ne pouvait plus avoir d'autre organe. »

Sa muette et passive résistance, sa présence seule, sont utiles. « Thraséas, dit encore La Harpe, pouvait sans danger rester chez lui comme bien d'autres; il y en avait à *rester* au sénat, pour se taire seul, au milieu des acclamations de la servitude. »

Page 341. *L'exemple d'un homme qui sait à propos se tenir en repos.* « Tant que nous ignorons ce que nous devons faire, dit J.-J. Rousseau, la sagesse consiste à rester dans l'inaction. C'est de toutes les maximes celle dont l'homme a le plus grand besoin, et celle qu'il sait le moins suivre.... Il n'appartient pas à tout le monde de savoir ne point agir. » (*Émile*, liv. v.)

La méthode sans contredit la plus sage. Sénèque revient à la discussion d'Athénodore.

Cette avarice qui les avait plongés dans l'abîme. De tout temps la couardise et l'égoïsme des riches, qui exclusivement s'intitulaient à Rome *optimates*, à Athènes.... et chez nous *honnêtes gens*, ont été les plus utiles aux auxiliaires de la tyrannie.

Page 343. *Curius Dentatus.* Sénèque cite souvent ce sage et illustre Romain. Voyez la *Consolation à Helvie*, chap. ix; *de la Brièveté de la vie*, chap. xiii, et *de la Vie heureuse*, ch. xxvii, enfin la lettre cxx.

De cesser, avant sa mort, d'être compté au nombre des vivans. Sénèque présente des idées analogues dans le traité *de la Brièveté de la vie* (chapitre xiii); en parlant d'un homme plongé dans la mollesse, il s'écrie : *Æger est, immo mortuus*; puis, dans la lettre lxxxii : *Otium sine litteris mors est*, etc.

IV. Page 343. *Nous devons premièrement nous considérer nous-mêmes.* Comparez ce chapitre et les deux suivans à ce que Sénèque dit dans le traité *de la Colère*, liv. iii, chap. 6 et 7.

VI. Page 347. *Disait Athénodore.* Le même dont il est question au chap. ii ci-dessus.

Et comptent les mets de leur table pour un congiaire à leur offrir. La distribution de comestibles que les empereurs faisaient faire au peuple s'appelait *congiaire*, du nom d'une mesure d'huile. — On voit, par ce passage, qu'à Rome les hommes qui donnaient à dîner croyaient faire beaucoup pour leurs convives. La puissance des dîners n'est donc pas née d'aujourd'hui. — Un commentateur de Sénèque fait à ce sujet cette réflexion pleine de sens : *Nihil hac agendi ratione odiosius, sed nihil frequentius.* Juvénal a dit, dans sa satire iv *sur les Parasites :*

.................Imputat hoc rex
Et quamvis rarum tamen imputat......

et Martial, liv. XII, épigr. 48 :

> Si fortunatum fieri me credis, et hæres
> Vis scribi propter quinque Lucrina, vale....
> Non Albana mihi sit comissatio tanti,
> Non Capitolinæ pontificumque dapes.
> Imputat ipse Deus nectar mihi, fiet acetum.
> Et Vaticani perfida vappa cadi.
> Convivas alios cœnarum quære magister,
> Quos capiant mensæ regna superba tuæ.
> Me meus ad subitas invitet amicus ofellas.

Page 347. *Isocrate prenant Éphore par la main.* Éphore, disciple d'Isocrate, orateur et historien, était de Cumes en Éolie. Il écrivit une histoire de la Grèce, que nous ne connaissons que par les éloges qu'en font Polybe, Strabon et Diodore de Sicile. Ici M. Bouillet renvoie le lecteur au savant article de Bayle sur *Éphore.*

Vainement l'on travaille contre le vœu de la nature**. Il y a évidemment ici une lacune.

VII. Page 347. *Quel bonheur de rencontrer des cœurs bien préparés!* Comparez ce chapitre aux lettres III, IX, XXXV, XLVIII, etc., de Sénèque ; mais ici Sénèque trouve de nouveaux traits pour peindre le sentiment de l'amitié.

Page 349. *Le vice se glisse sourdement dans nos cœurs.* Voyez *de la Colère,* liv. III, chap. 8.

Celui que nous cherchons depuis tant de siècles. Sénèque a dit, dans sa XLIIe lettre, en parlant de l'homme de bien : *Tanquam phœnix semel anno quingentesimo nascitur.* Il exprime encore la même pensée dans la *Constance du Sage,* ch. VII : *Raro forsitan, magnisque ætatum intervallis invenitur, etc.;* enfin dans le traité *de la Colère,* liv. II, ch. 10 : *Scit paucissimos omni ævo sapientes evadere.* La Harpe, au lieu d'applaudir à la justesse (on pourrait dire triviale) de cette maxime, qui se trouve, au reste, exprimée en d'autres termes jusque dans l'Évangile, y voit une bien *mauvaise philosophie.* « Si cela n'était pas heureusement un paradoxe aussi outré que cent autres de la même plume, dit-il, il n'y aurait là qu'une dispense d'être *homme de bien,* une excuse pour qui ne l'est pas, un découragement pour qui voudrait l'être, une injure pour celui qui l'est. » Ce dernier trait, qui s'applique à l'expression de *phénix*, suffit pour donner la mesure du peu de confiance qu'on doit avoir dans la critique passionnée de La Harpe, qui cependant fait encore autorité dans nos écoles.

Page 349. *Pour le meilleur, prenons le moins méchant.* Horace (liv. 1er, sat. 3) a dit :

> ....Optimus ille est
> Qui minimis urgetur vitiis.......

Le plus grand ennemi de notre tranquillité. Martial (liv. x, ép. 28) parle aussi de ces gens toujours mécontens de tout, qui

> .....Et cum theatris sæcloque rixantur.

VIII. Page 351. *Bion a dit avec esprit.* Ce n'est point le poète bucolique, mais un philosophe cynique très-spirituel et très-mordant, qui vivait vers l'an 300 avant J.-C., et qui jouit de la faveur du roi de Macédoine, Antigone. Cicéron, dans ses *Tusculanes*, rapporte le même mot de ce philosophe. « Hinc ille Agamemno Homericus, et idem Attianus, scindens dolore identidem intonsam comam. In quo facetum istud Bionis, perinde stultissimum regem in luctu capillum sibi evellere, quasi calvitio mœror levaretur. »

Diogène. Le Cynique.

Page 353. *Si ce n'est être roi.* Sénèque a dit, dans la tragédie de *Thyeste*, acte II :

> Rex est qui metuit nihil;
> Rex est quique cupit nihil.
> Hoc regnum sibi quisque dat.

Vous verrez les dieux nus. Déjà Sénèque s'est servi de cette belle expression dans sa lettre XXXI : *Deus nihil habet; prætexta non faciet : Deus nudus est, etc.* Croirait-on que La Harpe a trouvé le secret de ne voir que des phrases ridicules dans ces expressions si belles, d'une idée sublime ? *Il est nu,* s'écrie-t-il au sujet du passage précité de la lettre XXXI; *car il a un corps, et Sénèque l'a vu !* On a appelé La Harpe le *Quintilien français*; il faut convenir que le Quintilien de Rome n'a rien de cette force.

Demetrius. Plutarque, dans les *Vies de Pompée* et de *Caton d'Utique*, nous fait connaître le faste et l'extrême insolence de cet affranchi.

Page 353. *Deux substituts.* Il est assez difficile de rendre la signification précise du mot *vicarii;* c'étaient les esclaves des esclaves.

O fortune! va faire ailleurs de tes tours. La Fontaine, dans la fable du *Berger et la Mer,* offre une invocation semblable :

> Vous voulez de l'argent, ô mesdames les eaux,
> Dit-il ; adressez-vous, je vous prie, à tout autre.

IX. Page 357. *S'attacher à peu d'auteurs.* Sénèque a déjà exprimé cette pensée dans sa 11ᵉ lettre.

Page 359. *Appelée par Tite-Live.* Sans doute dans sa cxii*ᵉ* décade, qui est perdue.

Qu'en vases de Corinthe et en tableaux. Voyez *de la Brièveté de la vie,* chap. xii, où Sénèque se moque de ces manies d'amateurs.

Et les portraits de ces merveilleux et divins esprits. Comparez ce passage de Sénèque avec le chap. 2 du xxxvᵉ livre de Pline le Naturaliste.

X. Page 361. *Nous sommes tous liés à la fortune.* Voyez *de la Colère,* livre iii, chap. 8, et la lettre vi : « Quemadmodum eadem catena et custodiam et militem copulat, etc. »

La chaîne qui charge la main gauche de son gardien. La garde militaire consistait chez les Romains à enchaîner le prisonnier de la main droite; et la même chaîne, qui était fort longue, servait à enchaîner de la main gauche le soldat à la garde duquel il était confié.

Page 363. *Les sacerdoces enchaînent au même lieu.* Tel que le sacerdoce de Jupiter. *Flamini Diali noctem unam manere extra urbem nefas est,* dit Tite-Live. C'est à peu près, comme chez les modernes : un évêché oblige à résidence.

Sont enchaînés à leur grandeur. Voyez *de la Clémence,* liv. i, chap. 8.

XI. Page 365. *Prêt à restituer.* Voyez *de la Providence,* chap. v, et *Consolation à Marcia,* chap. x.

Page 367. *Parmi les gladiateurs, dit Cicéron.* Déjà, dans les notes du traité *de la Colère* (livre 1, chap. 2, et note p. 265), nous avons eu occasion de citer ce passage de Cicéron.

Page 367. *La fortune qui se donne à elle-même des jeux.* Horace (liv. III, ode 29) a dit de la fortune :

> Fortuna sævo læta negotio, et
> Ludum insolentem ludere pertinax,
> Transmutat incertos honores.

Page 369. *Nous voyons tant de funérailles prématurées.* Voyez *Consolation à Polybe*, ch. XXIX, et *Consolation à Marcia*, ch. IX.

Combien de personnes, sortant avec moi du barreau du sénat, d'un entretien, etc. Martial (liv. VI, épigr. 53) a dit :

> Lotus nobiscum est, hilaris cœnavit; et idem
> Inventus mane est mortuus Andragoras.

Son arrêt fut porté. Voyez la *Consolation à Polybe*, chap. XX : *Quidquid cœpit et desinit;* et surtout chap. XXX du même traité : *Quisquis ad vitam editur, ad mortem destinatur.*

Publius. Publius Syrus, que Sénèque cite souvent; entre autres dans la *Consolation à Marcia*, ch. IX, où il cite le même vers. Voyez aussi *de la Colère*, liv. 1, chap. 2.

Faits pour les dernières classes du peuple. — Ad summam caveam spectantia, dit le texte. Allusion aux places situées au fond de l'amphithéâtre, et où se pressaient les dernières classes du peuple. C'est ce qui a fait dire au poète Calpurnius, se plaignant d'avoir été trop mal placé au théâtre pour bien voir les empereurs Carin et Numérien :

> ......Sed mihi sordes
> Pullaque paupertas, et adunco fistula morsu.
> Obfuerant.......

Voyez, sur Publius Syrus, la *Consolation à Marcia*, ch. IX, et la note correspondante, page 278 de notre tome II.

Je ne pensais pas que cela pût arriver! Voyez *de la Colère*, liv. II, chap. 31, et la *Consolation à Marcia*, chap. IX.

Dont la robe prétexte, le bâton augural et la chaussure patricienne. Sénèque paraît avoir voulu réunir dans ce passage les magistrats, les prêtres et les patriciens.

Page 271. *Mais êtes-vous plus riche que Pompée?* On croit qu'il était fils de Sextus Pompeius Nepos, qui fut consul l'an 767 avec Sextus Apuleius, la dernière année du règne d'Auguste, et qui mourut sous le règne de Tibère.

Qui avaient leur source et leur embouchure dans ses terres. Sénèque exprime les mêmes idées dans sa lettre XXXIX : « Quousque arationes vestras porrigetis, ne provinciarum quidem satione contenti circumscribere prædiorum modum? » Puis, dans le traité *de la Colère*, liv. 1, chap. 16 : « *Et provinciarum nominibus agros colit*, etc. — *Voyez* ci-dessus page 56.

Page 373. *Le peuple le déchira en pièces.* Juvénal, dans sa satire X, décrit en termes analogues la mort de Séjan.

Ptolémée, roi d'Afrique. Ptolémée était fils de Juba, roi de Mauritanie, et petit-fils de Marc-Antoine par Séléna, que ce triumvir avait eue de Cléopâtre. Caligula, qui était son cousin, le relégua d'abord et le fit mourir ensuite, parce que, dans un spectacle, Ptolémée avait attiré sur lui tous les regards par la beauté de sa robe de pourpre.

Et Mithridate, roi d'Arménie. Mithridate était frère de Pharasmane, roi d'Ibérie. Secondé par les Romains, il se rendit maître de l'Arménie. Caligula le fit venir à Rome pour le mettre dans les fers; mais Claude lui rendit la liberté, et le renvoya dans ses états.

XII. Page 375. *Je n'en sais vraiment rien; mais je verrai du monde*, etc. « Il semble, observe Diderot, qu'il (Sénèque) ait vécu parmi nous, qu'il ait interrogé et qu'il ait entendu répondre un de nos oisifs excédé de fatigue et d'ennui. » — Ce passage de Sénèque ne rappelle-t-il pas encore ces vers de Voltaire :

Après dîner, l'indolente Glycère,
Sort pour sortir, sans avoir rien à faire.

« Mais, dit encore Caraccioli, pour bien connaître l'ennui, il faut le voir dans les cours et dans les antichambres; c'est là qu'on le respire comme l'air, et qu'il répand un engourdissement sur toutes les personnes.... Je crois qu'il n'y a pas une plus grande tentation que l'ennui : quiconque en est atteint, ne remplit ses devoirs qu'avec dégoût, et ne trouve en lui-même que syndérèses et déchiremens. » (*De la Grandeur d'âme.*)

« Quel spectacle aux yeux d'un philosophe, que cette dissipation universelle qui, absorbant presque toutes les âmes et toutes leurs réflexions, ne laisse aux hommes que des mouvemens d'automates! On voit ceux qui s'appellent grands, et qui, pour l'ordinaire, sont les plus petits, sortir pompeusement de leurs palais, et rouler tout le jour avec fracas dans de magnifiques équipages, sans savoir ce qu'ils font, ni comment ils existent ni mangent. Ils jouent, ils entrent, ils sortent, et voilà le résultat d'une vie qu'on croit merveilleuse. » (CARACCIOLI, *Conversation avec soi-même.*)

Page 375. *Comme celles des fourmis.* Il est à remarquer que Sénèque parle presque toujours en mauvaise part de cet insecte, que les moralistes représentent ordinairement comme un modèle d'activité, d'ordre et d'économie. *Voyez* ci-dessus le traité *de la Colère*, liv. II, chap. 34.

Page 377. *Démocrite.* Voyez *de la Colère*, liv. III, chap. 6, et le présent traité, chap. II.

XIV. Page 381. *Théodore le Philosophe.* Théodore le Philosophe était de la secte cyrénaïque; il fut surnommé l'*Athée*. Cicéron, dans ses *Tusculanes*, et Valère-Maxime, rapportent différemment la réponse qu'il fit à Lysimaque.

Page 381. *Canus Julius.* Montaigne rapporte ce trait d'après Sénèque, au livre II de ses *Essais*, chap. VI *de l'Exercitation.* « Certes, observe Diderot, je n'ai garde de blâmer la manière facile dont le voluptueux Pétrone mourut; mais je trouve autant de fermeté, autant d'indifférence et plus de dignité dans la mort de Canus Julius. Était-il possible de porter le mépris ou pour la vie, ou pour l'empereur, ou pour l'un et l'autre, au delà de ce qu'il en a mis dans la réponse à Caligula? A-t-on jamais exprimé ce mépris d'une manière plus simple et plus fine? »

Le nouveau Phalaris. Voyez *de la Colère*, liv. II, chap. 5.

Les dix jours d'intervalle qui s'écoulèrent jusqu'à son supplice. Ce délai avait été introduit dans le code criminel des Romains, par un sénatus-consulte rendu sous Tibère.

XV. Page 385. *L'ambition si effrénée que, se méconnaissant elle-même, elle cherche son éclat dans la bassesse.* Sénèque exprime ailleurs cette pensée : *Quosdam quum in consummationem dignitatis per mille indignitates irrupissent*, dit-il dans la *Brièveté de la vie*, chap. xix. « Paradoxe étonnant, mais vrai, dit Toussaint dans le livre *des Mœurs*; on n'a guère une ambition démesurée sans y joindre une extrême bassesse. Curieux de la grandeur sans savoir ce qui est véritablement grand, l'ambitieux rampe pour s'élever, etc. »

Imiter Démocrite plutôt qu'Héraclite. Comparez ce passage à ce que dit Sénèque au traité *de la Colère*, livre ii, chap. 10.

Ce mot de Bion. Déjà Sénèque en a cité un de ce même philosophe (*voyez* chap. viii de ce traité, et la note page 406). L'édition *Variorum* porte *initiis*. J'ai préféré, avec Pincianus, avec La Grange et le dernier éditeur de Sénèque, *mimicis*.

Toutes les affaires qui occupent les hommes sont de vraies comédies. Comparaison dont Sénèque use fréquemment, comme il le dit lui-même dans sa lettre lxxx, où il se sert de cette expression si connue : *Vitæ humanæ mimus*, « le drame de la vie. » *Voyez* aussi la lettre xxxii. Boileau a dit, dans un sens différent :

> Le monde, à mon avis, est comme un grand théâtre
> Où chacun en public, l'un par l'autre abaissé,
> Souvent, à ce qu'il est, joue un rôle opposé.

Page 387. *Que les vains projets qu'ils conçoivent dans leur pensée.* Ici le texte paraît altéré. Ces mots du texte, *quam conceptus inchoatos*, me paraissent présenter un sens peu satisfaisant.

Parce qu'un homme va mettre son fils en terre. Ici Sénèque revient à l'insensibilité stoïque. Combien notre philosophe est plus dans la nature lorsque, dans la *Consolation à Marcia*, chap. xvii, il dit : *Nullum non acerbum funus est quod parens sequitur.*

La douleur a aussi son affectation. Sénèque a déjà exprimé les mêmes idées dans la *Consolation à Marcia*, chap. 1er, et dans sa lxiiie lettre. Le trait qui précède, *et toties siccos oculos habent, quoties spectator defuit*, se trouve aussi dans Martial, liv. 1er, épigr. 34 :

> Amissum non flet, quum sola est, Gellia patrem;
> Si quis adest, jussæ prosiliunt lacrymæ.

Page 387. *Socrate est forcé de mourir en prison; Rutilius, de vivre en exil, etc.* Voyez la *Consolation à Marcia*, chap. XXII. Au surplus, dans vingt endroits de ses ouvrages, Sénèque revient sur ces exemples.

Du même coup dont il se perce le sein. — *Voyez* lettre CIV.

Page 389. *D'autant plus heureux que vous avez montré plus de courage.* Formule qui revient souvent dans Sénèque, entre autres dans ses lettres XXXI (*Tanto melior surge et inspira*) et LXXI (*Tanto melior, quanto felicior*).

Hercule, qui se brûle tout vif. Sénèque fait encore l'éloge d'Hercule dans la *Constance du Sage*, chap. II.

De ne jamais montrer un visage naturel. Boileau a dit :

> Sans cesse on prend le masque, et, quittant la nature,
> On craint de se montrer sous sa propre figure.

Page 391. *Viennent, malgré nous, nous démasquer.* Citons encore Boileau :

> On a beau se farder aux yeux de l'univers,
> A la fin sur quelqu'un de nos vices couverts
> Le public malin jette un œil inévitable.
> ......Jamais, quoiqu'il fasse, un mortel ici-bas
> Ne peut aux yeux du monde être ce qu'il n'est pas.

Les hommes admirent peu ce qu'ils voient de trop près. Un ancien a dit : *Major ex longinquo reverentia;* et un moderne :

> Il n'est point de héros pour son valet de chambre.

La fréquentation de gens qui ne nous ressemblent pas. Voyez *de la Colère*, liv. III, chap. 8.

Socrate ne rougissait pas de jouer avec des enfans. — *Voyez* la fable de Phèdre intitulée *Æsopus cum pueris ludens*.

Caton cherchait dans le vin une distraction. Le nouvel éditeur de *Sénèque*, M. Bouillet (*Classiques* Lemaire), veut qu'il s'agisse ici de Caton d'Utique. En effet, Plutarque dit que ce Romain aimait le vin aussi bien que son aïeul Caton le Censeur, que désigne Socrate dans ce vers si connu que j'ai cité dans le sommaire. S'il en est ainsi, j'aurais donc eu tort, dans mon sommaire, de rappeler Caton l'Ancien? (*Voyez* ci-dessus page 308.)

Page 393. *Scipion.* Il s'agit de Scipion le premier Africain. Voyez Cicéron, *de l'Orat.*, liv. II, et Horace, liv. II, *sat.* I.

Cent fois plus affectée que celle des femmes. Voyez *Questions naturelles*, liv. VII, chap. 31; et Horace, liv. III, *ode* 6.

Ce serait une vraie mort. — Voyez ce que dit Sénèque sur le sommeil, lettre LXXXIII, page 327 de notre tome VI.

Asinius Pollion, ce fameux orateur. Il faut bien le distinguer de Vedius Pollion dont il a été question au traité *de la Colère*, liv. III, chap. 40.

Page 395. *Passé la dixième heure.* C'est-à-dire passé quatre heures après midi, selon notre manière de compter.

On ouvrit dans le sénat aucune délibération nouvelle. Varron dit qu'on ne ratifiait point un sénatus-consulte avant ni après le coucher du soleil.

On peut aller jusqu'à l'ivresse. Ici Sénèque, encore peu arrêté dans sa philosophie, semble autoriser l'ivresse. Opposons-le à lui-même, et renvoyons-le au traité *de la Colère*, passim, et à sa lettre LXXXIII.

On a donné le nom de Liber *à l'inventeur du vin.* C'est un des surnoms de Bacchus.

Arcesilaüs. Philosophe de la secte académique. Sénèque en parle au traité *des Bienfaits*, liv. II, chap. 10 et 21.

On a aussi reproché l'ivrognerie à Caton. Ici se retrouve la difficulté que je viens de signaler dans une des notes précédentes. Mais, quoique j'aie avancé le contraire dans le sommaire, l'enthousiasme avec lequel Sénèque nomme ici Caton me fait penser qu'il s'agit plutôt du héros d'Utique.

On me persuadera plus facilement que l'ivrognerie est une vertu, que de me faire croire que Caton ait pu se dégrader à ce point. « Pensée digne de l'orgueil qu'inspire une philosophie purement humaine, » observe La Beaumelle.

Page 397. *S'il faut en croire un poète grec.* Anacréon.

Il est quelquefois agréable de perdre la raison. Horace a dit, livre III, *ode* 19 :

Insanire juvat. . . . . . .

et liv. IV, *odè* 12 :

> Misce stultitiam consiliis brevem.
> Dulce est desipere in loco.

Page 397. *Platon n'a-t-il pas dit,* etc. Dans le *Phédon*.

Aristote. Cette pensée d'Aristote, dit l'annotateur de La Grange, ne se trouve dans aucun de ses ouvrages; mais il est proposé dans un de ses problèmes une question qui la remplace implicitement.... « Pourquoi, dit-il, ceux qui se sont distingués, soit en philosophie, soit en politique, soit en poésie, soit dans les arts, ont-ils tous été mélancoliques? » Tout ce passage est cité par Montaigne, chap. II, *de l'Yvrongnerie* : « C'est ce qu'on appelle aussy en eux ardeur et manie. Et comme Platon dict : Que pour néant heurte à la porte de la poësie un homme rassis : aussy dict Aristote, qu'aulcune ame excellente n'est exempte de meslange de folie. »

En des lieux que, livré à lui-même, il eût craint d'escalader. Comparez ce passage à celui du chap. Ier, dans lequel Serenus exprime ce qu'il éprouve dans certains momens d'enthousiasme (page 317).

ÉPIGRAMMES
ET FRAGMENS

TRADUCTION NOUVELLE

PAR M. CH. DU ROZOIR

PROFESSEUR D'HISTOIRE
AU COLLÈGE ROYAL DE LOUIS-LE-GRAND.

SOMMAIRE

(des Épigrammes).

Les neuf épigrammes que l'on va lire sont-elles de Sénèque? Il n'est pas bien certain qu'il en soit l'auteur; ces petites pièces peuvent être l'ouvrage de quelque poète scolastique des règnes suivans, qui aura pris pour sujet principal la position où cet écrivain s'est trouvé durant son exil.

Si ces épigrammes sont de Sénèque, la plupart ont dû être composées vers le temps où il écrivit la *Consolation à Polybe*.

Ces épigrammes sont-elles dignes de Sénèque? C'est ce que nous laissons juger à Diderot, dont l'opinion a été adoptée par Ruhkopf et par M. Bouillet (*Classiques* de M. Lemaire):

« Sénèque avait de l'esprit, du génie, de l'imagination, de la vertu; cependant ces petits ouvrages, écrits sans grâce et sans facilité, ne donneraient pas une haute idée de son talent : étant relatifs aux désagrément de son exil, et pleins d'humeur, on n'y trouve ni un poète qui vous séduise, ni un malheureux qui vous touche, ni un philosophe qui vous instruise. Je crois qu'on peut s'en épargner la lecture, et dans la traduction et dans l'original. Ce n'est pas au premier instant de la douleur qu'on parle bien; l'on sent trop fortement, et l'on ne pense pas assez : les vers de Sénèque auraient été meilleurs quelques mois, quelques années peut-être, après son retour de la Corse. Les plaintes ingénieuses d'Ovide à Tomes ne me feront pas changer d'avis. Il en est de l'esprit comme de la gaîté naturelle; on en a toujours, et on l'a quelquefois déplacée. »

A cette défense, un peu sophistique, de Sénèque, comme épigrammatique, on peut répondre à Diderot avec le *Misanthrope*:

...... Le temps ne fait rien à l'affaire.

SOMMAIRE.

Malgré la sévérité inaccoutumée de Diderot pour tout ce qui est sorti de la plume de Sénèque, le lecteur jugera si les épigrammes IV, VII et VIII n'offrent point quelques vers heureux. Dans tous les cas, la gloire littéraire de Sénèque ne serait pas plus obscurcie pour avoir fait neuf épigrammes sans sel et sans poésie, que la renommée de notre satirique Despréaux n'a souffert, pour avoir si mal réussi dans le même genre.

Les deux premières sont une boutade contre l'île de Corse. Les trois suivantes s'adressent à je ne sais quel ennemi de Sénèque qui l'accablait dans sa disgrâce. La sixième, à Crispe, ami de Sénèque, le même, à ce que l'on croit, que Crispus Passienus, célèbre orateur, mari d'Agrippine et beau-père de Néron (*Voyez* les notes ci-après, page 431). La septième offre sur la puissance du temps quelques vers bien frappés. La huitième est un souhait pour la prospérité de ses frères et de son neveu, le petit Marcus. La neuvième et dernière est adressée à la ville de Cordoue, patrie de l'auteur.

Ni Du Ryer, ni Chalvet, n'ont traduit les épigrammes dont La Grange a donné l'interprétation.

L. ANNAEI SENECAE
EPIGRAMMATA.

I.

AD CORSICAM.

Corsica, phocaico tellus habitata colono,
   Corsica, quæ patrio nomine Cyrnus eras,
Corsica Sardinia brevior, porrectior Ilva,
   Corsica piscosis pervia fluminibus,
Corsica terribilis, quum primum incanduit æstas,
   Sævior, ostendit quum ferus ora Canis,
Parce relegatis, hoc est, jam parce sepultis:
   Vivorum cineri sit tua terra levis!

II.

DE EADEM.

Barbara præruptis inclusa est Corsica saxis,
   Horrida, desertis undique vasta locis.
Non poma autumnus, segetes non educat æstas:

EPIGRAMMES

DE SÉNÈQUE.

I.

A L'ÎLE DE CORSE.

Corse, peuplée jadis par une colonie de Phocée; Corse, dont le nom primitif était Cyrnos; Corse, moins étendue que la Sardaigne, et plus grande qu'Ilva; Corse, traversée de rivières poissonneuses; Corse, horrible séjour quand l'été commence à faire sentir sa chaleur, plus horrible lorsque la Canicule y déploie ses feux dévorans, épargne des exilés, ou plutôt, épargne des hommes déjà dans le tombeau; et fais qu'à la cendre des vivans ta terre soit légère.

II.

SUR LA MÊME ÎLE.

Sauvage, la Corse est encaissée dans des rochers à pic; horrible, elle n'offre partout que de vastes déserts. L'automne n'y produit point de fruits, ni l'été de moissons; blanc de frimas, son hiver est privé de la liqueur

Canaque Palladio munere bruma caret:
Umbrarum nullo ver est lætabile fetu,
Nullaque in infausto nascitur herba solo:
Non panis, non haustus aquæ, non ultimus ignis:
Hic sola hæc duo sunt, exsul, et exsilium.

III.

QUERELA.

Occisi jugulum quisquis scrutaris, amice,
   Tu miserum necdum me satis esse putas?
Desere confossum! victori vulnus iniquo
   Mortiferum impressit mortua sæpe manus.

IV.

ITEM.

Quisquis es (et nomen dicam? dolor omnia cogit),
   Qui nostrum cinerem nunc, inimice, premis:
Et non contentus tantis, subitisque ruinis,
   Stringis in exstinctum tela cruenta caput;
Crede mihi, vires aliquas natura sepulcris
   Attribuit: tumulos vindicat umbra suos.
Ipsos crede deos hoc nunc tibi dicere, Livor,

de Pallas; le printemps n'y fait point naître d'agréables ombrages; aucune herbe ne naît sur son sol malheureux. Pas de pain, pas une goutte d'eau; point de feu même pour le bûcher funèbre: on n'y trouve que deux choses, un proscrit, un exil.

III.

PLAINTE.

Qui que tu sois, ami, qui d'un homme égorgé viens sonder la blessure, ne suis-je donc pas assez malheureux, à ton avis? Laisse au moins un homme percé de coups! A un vainqueur sans pitié, une main glacée par la mort a souvent porté une mortelle blessure!

IV.

AUTRE PLAINTE.

Qui que tu sois (dirai-je ton nom? la douleur fait tout dire); toi qui viens, implacable ennemi, fouler ma cendre; qui, non content d'une ruine si complète et si subite, décoche tes traits cruels contre une tête privée de vie; crois-moi, la nature accorde encore quelque force aux sépulcres: une ombre peut défendre son tombeau. Les dieux mêmes, crois-moi, te parlent aujourd'hui par ma bouche. O Envie! crois que mes Mânes t'adressent au-

Hoc tibi nunc Manes dicere crede meos :
Res est sacra miser. Noli mea tangere fata.
Sacrilegæ bustis abstinuere manus.

V.

ITEM.

Carmina mortifero tua sunt suffusa veneno,
    Et sunt carminibus pectora nigra magis.
Nemo tuos fugit, non vir, non femina, dentes;
    Haud puer, haud ætas undique tuta senis.
Utque furens totas immittit saxa per urbes :
    In populum sic tu verba maligna jacis.
Sed solet insanos populus compescere sanus :
    Et repetunt motum saxa remissa caput.
In te nunc stringit nullus non carmina vates,
    Inque tuam rabiem publica Musa furit.

* Dum sua compositus nondum bene concutit arma
    Miles, it e nostra lancea torta manu.
Bellus homo valide capitalia carmina ludis :
    Deque tuis manant atra venena jocis.
Sed tu perque jocum dicis vinumque. Quid ad rem,
    Si plorem, risus si tuus ista facit?
Quare tolle jocos : non est jocus, esse malignum.
    Nunquam sunt grati, qui nocuere sales.

jourd'hui ces paroles : Le malheur est chose sacrée. Garde-toi d'insulter à mon destin. Toujours la main des sacrilèges respecta les bûchers.

V.

AUTRE.

Tes vers sont gonflés d'un venin mortel, et ton cœur est plus noir encore que tes vers. Personne ne peut échapper à ta dent meurtrière, homme, femme, enfant, la vieillesse même, que partout respecte l'outrage. Comme un furieux lance des pierres par toutes les rues, ainsi tu décoches sur le public tes traits malins; mais, dans sa sagesse, le public sait réprimer les mal avisés, et les pierres renvoyées atteignent leur tête exaltée. Sur toi, point de poète qui n'épuise ses traits; et à ta rage, les Muses, organes du public, opposent leur fureur.

* Profitant de ce que le soldat, sans être encore en garde, brandit ses armes, un trait part lancé de ma main. Fin railleur, tu te fais un jeu de menacer ma tête en tes mordans hémistiches, et tes sarcasmes distillent de noirs poisons. Mais toi, que dis-tu dans ta joie, dans l'orgie? Que t'importent mes pleurs, pourvu que tu donnes cours à tes railleries? Mets donc fin à de tels jeux d'esprit: la plaisanterie ne consiste pas dans la méchanceté, et les railleries qui blessent n'ont jamais droit de plaire.

VI.

AD AMICUM.

Crispe, meæ vires, lassarumque ancora rerum,
  Crispe vel antiquo conspiciende foro;
Crispe potens nunquam, nisi quum prodesse volebas,
  Naufragio littus tutaque terra meo;
Solus honor nobis, arx et tutissima nobis,
  Et nunc afflicto sola quies animo;
Crispe, fides dulcis, placidique acerrima virtus,
  Cujus Cecropio pectora melle madent;
Maxima facundo vel avo, vel gloria patri;
  Quo solo careat si quis, in exsilio est:
An tua, qui jaceo saxis telluris adhærens,
  Mens mecum est, nulla quæ cohibetur humo?

VII.

DE QUALITATE TEMPORIS.

Omnia tempus edax depascitur, omnia carpit,
  Omnia sede movet, nil sinit esse diu.
Flumina deficiunt, profugum mare littora siccat,
  Subsidunt montes, et juga celsa ruunt.
Quid tam parva loquor? moles pulcherrima cœli
  Ardebit flammis tota repente suis.

VI.

A UN AMI.

Crispe, ô vous mon appui, l'ancre de ma détresse; Crispe, qu'on eût admiré dans l'antique barreau; Crispe, vous qui n'usâtes jamais de la puissance que pour rendre service; vous qui êtes pour moi, dans mon naufrage, un rivage, un port assuré; vous mon unique gloire, vous mon rempart inexpugnable, et maintenant la consolation de mon cœur affligé; Crispe, dont le dévoûment et l'austère vertu rendent le calme à mon âme apaisée; vous dont la bouche distille le doux miel de l'Attique; vous la plus belle gloire d'un père et d'un aïeul éloquens; vous qui manqueriez seul à celui qui gémit dans l'exil : est-il donc vrai que vers moi, qui me meurs attaché aux rochers de cette terre aride, se porte votre âme que n'enchaîne la limite d'aucune contrée?

VII.

SUR LA PUISSANCE DU TEMPS.

Avide de destruction, le temps dévore tout; il anéantit toutes choses; il change tout de place, et ne permet à rien d'exister long-temps. Les fleuves tarissent; la mer qui se retire laisse à sec ses rivages; les montagnes s'affaissent, et les hauteurs sourcilleuses s'écroulent. Mais que parlé-je de ces futiles objets? La voûte si belle des cieux s'embrasera quelque jour tout d'un coup de ses

Omnia mors poscit. Lex est, non pœna, perire.
　　Hic aliquo mundus tempore nullus erit.

VIII.

VOTUM.

Sic mihi sit frater majorque minorque superstes,
　　Et de me doleant nil, nisi morte mea.
Sic illos vincam, sic vincar rursus amando :
　　Mutuus inter nos sic bene certet amor.
Sic dulci Marcus qui nunc sermone fritinnit,
　　Facundo patruos provocet ore duos.

IX.

AD CORDUBAM.

Corduba, solve comas, et tristes indue vultus :
　　Illacrymans cineri munera mitte meo.
Nunc longinqua tuum deplora, Corduba, vatem :
　　Corduba non alio tempore mœsta magis :
Tempore non illo, quo versis viribus orbis,
　　Incubuit belli tota ruina tibi ;
Quum geminis oppressa malis utrimque peribas,
　　Et tibi Pompeius, Cæsar et hostis erat ;

feux. La mort réclame tout. Périr est une loi, et non un châtiment; un temps viendra que ce monde ne sera plus!

VIII.

SOUHAIT.

Puissent mes frères, et le jeune et l'aîné, me survivre, et n'avoir, à mon sujet, à s'affliger de rien que de ma mort! Puissè-je les surpasser, et me voir à mon tour surpassé par eux en tendresse! Puisse s'engager entre nous un doux combat d'amitié! Puisse Marcus qui, dans son doux langage, ne fait encore que bégayer, défier un jour de sa voix éloquente ses deux oncles.

IX.

A LA VILLE DE CORDOUE.

Cordoue! laisse aller éparse ta chevelure, et te revêts de sombres vêtemens; envoie à ma cendre le tribut de tes larmes. Aujourd'hui, malgré l'éloignement, déplore, ô Cordoue! la destinée de ton poète. Cordoue! tu ne fus jamais plus affligée; non pas même au temps où tu vis fondre sur toi les forces du monde entier, et la guerre te menacer d'une ruine complète, alors qu'en butte à deux orages prêts à fondre sur toi, tu étais, des deux côtés, en danger de périr; alors que pour toi, et César et Pompée, étaient l'un et l'autre ennemis. Non, tu ne fus pas

Tempore non illo, quo ter tibi funera centum
  Heu nox una dedit, quæ tibi summa fuit;
Non, Lusitanus quateret quum mœnia latro,
  Figeret et portas lancea torta tuas.
Ille tuus quondam magnus, tua gloria, civis,
  Infigar scopulo. Corduba, solve comas :
Et gratare tibi, quod te natura supremo
  Alluit Oceano : tardius ista doles.

plus affligée même au temps où les funérailles de trois cents de tes citoyens marquèrent une seule nuit, pour toi si fatale; puis, lorsque le brigand Lusitanien ébranlait tes murs, et lançait contre tes portes son javelot perçant. Moi, ton citoyen naguère illustre, moi ta gloire, je vais être attaché à un rocher. Cordoue! laisse tomber éparse ta chevelure, et félicite-toi de ce que la nature t'a reléguée à l'extrémité de l'Océan : car tu n'en apprendras que plus tard la cause de ton deuil.

NOTES

DES ÉPIGRAMMES.

Épigr. I. Page 419. Se trouve dans l'*Anthologie* de Burmann, liv. III, épigr. 12.

Moins étendue que la Sardaigne, et plus grande qu'Ilva. Quelles puérilités! Divers commentateurs l'ont déjà remarqué.

Traversée de rivières poissonneuses. La Corse est arrosée d'une trentaine de rivières, dont la plupart sont à sec durant l'été, c'est ce qu'indique Sénèque dans la *Consolation à Helvie* (ch. IX) : *Non magnis et navigabilibus fluminum alveis irrigatur.*

Horrible séjour. — *Aridum et spinosum saxum*, dit notre philosophe; même *Consolation*, ch. VIII.

Des hommes déjà dans le tombeau.

.............Jam parce sepulto.

a dit Virgile (*Énéide*, liv. III, v. 41). Cette épithète de *sepultus* s'applique très-bien aux exilés qui étaient frappés de mort civile. Des commentateurs proposent ici *solutis*, version qui n'est pas heureuse.

Ta terre soit légère. Cet hémistiche rappelle ce vers de Tibulle, liv. II, élég. 4, v. 52 :

Terraque securæ sit super ossa levis.

et ce trait de Martial, liv. IX, épigr. 30 : *Sit tibi terra levis*. Ce vœu est devenu un proverbe aussi bien en français qu'en latin.

II. Page 419. *Anthologie* de Burmann, liv. III, épigr. 13.

Dans des rochers à pic. Cette description exagérée se retrouve dans la *Consolation à Helvie*, chap. VI.

L'automne n'y produit point de fruits. Ovide a dit de même en parlant du lieu de son exil :

Non ager hic pomum, non dulces educat uvas :
Non salices ripa, robora monte virent.

III. Page 421. *Anthologie* de Burmann, liv. III, épigr. 141.

Laisse au moins un homme percé de coups! — *Confossum*, expression familière à Sénèque : *Mala quæ vos ab omni parte confodiunt.* (*De la Vie heureuse*, chap. XXVII.)

A souvent porté une mortelle blessure! Sénèque, dans le *Traité de la Colère*, liv. III, ch. 28, développe cette idée : « Vinctum licet accipias, et ad arbitrium tuum omni patientiæ expositum : sæpe nimia vis cædentis aut articulum loco movit, aut nervum in his, quos fregerat, dentibus fixit..... Adjice nunc, quod nihil tam imbecille natum est, ut sine elidentis periculo pereat, etc. »

IV. Page 421. *Anthologie* de Burmann, liv. III, épigr. 153.

Quelque force aux sépulcres. Un commentateur propose *sepultis*, au lieu de *sepulchris*.

Que mes Mânes t'adressent aujourd'hui ces paroles. Martial, liv. IX, épigr. XCII, a dit :

Ipsam crede tibi naturam dicere rerum.

V. Page 423. *Anthologie* de Burmann, liv. III, épigr. 154.

Comme un furieux lance des pierres par toutes les rues. Ce trait rappelle la fable de La Fontaine, *le Fou et le Sage* :

Certain fou poursuivait à coups de pierre un sage.

* *Profitant de ce que le soldat, sans être encore en garde.* Plusieurs commentateurs veulent qu'ici commence une seconde épigramme, opinion assez probable.

Fin railleur. — *Bellus homo*, était chez les latins une épithète qui s'appliquait à bien des cas : ici, cela veut dire *fin railleur, bon plaisant*; s'il s'agissait de guerre et de courage, cela voudrait dire *vaillant guerrier*. Martial (liv. III, épigr. 63) en donne une distinction qui s'appliquait à un *fashionable* de Rome :

Bellus homo est, flexos qui digerit ordine crines.

De menacer ma tête en tes mordans hémistiches. Ne pourrait-on pas traduire encore : « Tu te fais un jeu de me décocher tes vers dignes du bourreau ? »

VI. Page 425. *Crispe.* Nous avons indiqué dans le Sommaire qui était ce Crispe (*Voyez* ci-dessus page 417). Sénèque en parle dans le *Traité des Bienfaits*, liv. 1ᵉʳ, chap. 44 et dernier; dans les *Questions naturelles*, liv. IV, *Préface*.

Page 425. *O vous mon appui!* Vers imité de Virgile, liv. 1ᵉʳ, v. 668 :

> Nate meæ vires, mea magna potentia.

Qui n'usates jamais de la puissance que pour rendre service. Sénèque a dit, dans la *Consolation à Polybe*, ch. XXII : *Nemo potentiam ejus injuria sensit*, etc. Velleius Paterculus, vers la fin de son ouvrage, fait à peu près le même éloge de Livie : « Cujus potentiam nemo sensit, nisi aut levatione periculi, aut accessione dignitatis. » C'est de cette même princesse que l'auteur de l'élégie *sur la Mort de Livie*, pièce attribuée à Pædo Albinovanus, a dit :

> Nec nocuisse ulli et fortunam habuisse nocendi
> Nec quemquam nervos extimuisse tuos.

Un poète élégiaque a également dit de Mécène :

> Omnia quum posses, tanto tum carus amico,
> Te sensit nemo velle nocere tamen.

Vous, mon unique gloire, vous mon rempart inexpugnable. Réminiscence d'Horace (liv. I, *ode* 1ʳᵉ) à Mécène :

> O et præsidium et dulce decus meum.

Vous dont la bouche distille le doux miel de l'Attique. Cette expression *madere* est souvent employée dans ce sens par les Latins. C'est par une métaphore analogue que, dans sa XXXVIᵉ lettre, Sénèque dit : *Perseveret..... PERBIBERE liberalia studia*. On lit dans Martial, liv. 1ᵉʳ, épigr. 40 :

> .... Cecropiæ madidus, Latiæque Minervæ
> Artibus............

Puis, dans une autre épigramme sur Théophila, liv. VII, ép. 69 :

> Hæc est illa tibi promissa Theophila, Cani,
> Cujus Cecropio pectora rore madent.

Enfin Horace, liv. III, *ode* 21 (15ᵉ des éditions *expurgatæ*) :

> Non ille quanquam Socraticis madet
> Sermonibus.........

Page 425. *Vous la plus belle gloire d'un père et d'un aïeul éloquens.* Le père de Priscus Passienus fut aussi un orateur distingué, que Sénèque le Rhéteur cite trois ou quatre fois dans ses *Controverses*. Quant à l'aïeul de Passienus, il est inconnu. N. Heinsius et Burmann ont avancé que c'était le même que l'historien Salluste.

VII. Page 425. Burmann, *Anthologie*, liv. III, épigr. 95. *Le temps dévore tout.* Némésianus a dit :

>Omnia tempus alit, tempus rapit, usus in arcto est.

Et J.-B. Rousseau :

>Le temps, cette image mobile
>De l'immobile éternité,
>A peine du sein des ténèbres
>Fait éclore les faits célèbres,
>Qu'il les replonge dans la nuit.
>Auteur de tout ce qui doit être,
>Il détruit tout ce qu'il fait naître,
>A mesure qu'il le produit.

Les montagnes s'affaissent. — *Juga montium diffluunt*, dit Sénèque dans sa XCI[e] lettre *sur l'Incendie de Lyon*.

La voûte si belle des cieux s'embrasera quelque jour. Ovide a dit dans les *Métamorphoses*, liv. 1er, v. 258 :

>Esse quoque in fatis reminiscitur affore tempus
>Quo mare, quo tellus, correptaque regia cœli
>Ardeat, et mundi moles operosa laboret.

Et Lucain dans la *Pharsale*, liv. 1er, v. 72 :

>.........Sic quum compage soluta
>Secula tot mundi suprema coegerit hora.

Enfin Sénèque dans *Thyeste*, acte IV, scène dernière :

>Trepidant, trepidant pectora magno
> Perculsa metu, ne fatali
>Cuncta ruina quassata labent.

Comparez aussi ce passage avec la XCI[e] lettre de notre philosophe : *Ipsius naturæ opera vexantur*, et la suite (page 13 de notre tome VII).

Page 427. *Périr est une loi, et non un châtiment.* Sénèque a dit, dans la *Consolation à Helvie*, chap. XIII : « Si ultimum diem non quasi pœnam sed quasi naturæ legem aspicis. » *Voyez* encore la lettre XCI de notre philosophe.

VIII. Page 427. *Anthologie* de Burmann, liv. Ier, épigr. 155. *Puissent mes frères, et le jeune et l'aîné, me survivre!* Ovide a dit :

> Idque facis, faciasque precor, sic mater et uxor,
> Sic tibi sint fratres, totaque salva domus.

Et le jeune. C'est Annéus Méla. — *Et l'aîné.* M. Annéus Novatus, depuis appelé Junius Gallion, à qui Sénèque a adressé les traités *de la Colère* et *de la Brièveté de la vie.*

Puisse s'engager entre nous un doux combat d'amitié! Tibulle, liv. Ier, élég. 7, a dit :

> Mutuus absenti te mihi servet amor.

Puisse Marcus qui, dans son doux langage. Le fils de Méla est le même que le poète Lucain, selon l'opinion commune (*Voyez* la *Consolation à Helvie*, ch. XVI, et la note correspondante page 91 du tome II de notre *Sénèque*).

IX. Page 427. *Anthologie* de Burmann, livre III, épigr. 11. Dans cette épigramme, qui est peut-être la plus mauvaise des neuf, Sénèque se vante avec une exagération, qui a fait croire, non sans fondement, à plusieurs commentateurs qu'elle est l'ouvrage de quelque déclamateur qui aura pris le nom de notre auteur.

FRAGMENS DE SÉNÈQUE

TRADUITS POUR LA PREMIÈRE FOIS.

FRAGMENT TIRÉ DE QUINTILIEN.

I. Salvum me esse adhuc nec credo, nec gaudeo.

I. Suis-je hors de péril? je n'ose encore le croire, encore moins m'en réjouir [1].

FRAGMENS TIRÉS D'AULU-GELLE.

II. Admiror eloquentissimos viros, et deditos Ennio, pro optimis ridicula laudasse. Cicero certe inter bonos ejus versus et hos refert.

II. Je m'étonne que les hommes les plus éloquens aient pu, dans leur enthousiasme pour Ennius, louer des vers si ridicules. Cicéron ne manque pas de les rapporter comme des meilleurs qu'ait faits Ennius [2].

III. Non miror fuisse qui hos versus scriberet, quum fuerit qui laudaret: nisi forte Cicero summus orator agebat causam suam, et volebat hos versus videri bonos.

III. Je ne m'étonne plus qu'un homme ait pu faire de tels vers, puisqu'un autre a pu les louer, à moins par hasard que Cicéron, cet habile orateur, n'ait voulu en cela plaider sa propre cause; il avait ses raisons pour faire trouver bons ces vers [3].

IV. Apud ipsum quoque, Ciceronem invenies etiam in prosa oratione quædam, ex quibus intelligas illum non perdidisse operam, quod Ennium legit.

IV. Et chez ce même Cicéron, vous trouverez dans sa prose quelques traits qui prouvent que la lecture d'Ennius ne lui a pas été inutile [4].

V. Non fuit Ciceronis hoc vitium, sed temporis; necesse erat hæc dici, quum illa legerentur.

V. Ce défaut n'était pas de Cicéron, mais de son époque: il fallait bien, en écrivant, se conformer au goût de ceux qui lisaient Ennius.

VI. Virgilius quoque noster non ex alia causa duros quosdam versus, et enormes, et aliquid supra mensuram trahentes interposuit, quam ut Ennianus populus agnosceret in novo carmine antiquitatis aliquid.

VI. Et si notre Virgile s'est permis quelques vers durs, s'écartant des règles, parfois même ayant plus que la mesure, c'est pour qu'un public engoué d'Ennius, trouvât dans son poëme quelque vernis d'antiquité [5].

VII. Quidam sunt tam magni sensus Q. Ennii, ut, licet scripti sint inter hircosos, possint tamen inter unguentatos placere.

VII. Quelques-uns des vers de Q. Ennius sont d'un si grand sens que, bien qu'écrits pour des lecteurs grossiers, ils sont encore en possession de plaire à nos contemporains musqués.

VIII. Qui hujusmodi versus amant, liceat sibi eosdem admirari et Soterici lectos.

VIII. A ceux qui aiment de pareils vers, il est bien permis d'admirer les lits de Sotericus [6].

IX. Quid enim refert quantum habeas? multo illud plus est quod non habes.

IX. Qu'importe ce que vous possédez? ce que vous n'avez pas, fait encore bien davantage [7].

FRAGMENT TIRÉ DE TERTULLIEN.

X. Post mortem, omnia finiuntur, etiam ipsa.

X. Après la mort toutes choses finissent, la mort elle-même [8].

FRAGMENS TIRÉS DE LACTANCE.

XI. Non intelligis auctoritatem, ac majestatem judicis tui? Rector is orbis terrarum, cœlique et deorum omnium Deus, a quo ista numina, quæ singula adoramus et colimus, suspensa sunt!

XI. Ne comprenez-vous pas l'autorité et la majesté de votre juge? Roi de la terre, Dieu du ciel et de tous les autres dieux, de lui relèvent toutes ces divinités que nous adorons individuellement [9].

XII. Hic, quum prima fundamenta molis pulcherrimæ jaceret, et hoc ordiretur, quo neque majus quidquam novit natura, nec melius, ut omnia sub ducibus suis irent, quamvis ipse per totum se corpus intenderat, tamen ministros regni sui deus genuit.

XII. Lorsqu'il eut jeté les premiers fondemens de cet admirable ensemble, et commencé à créer la plus grande et la meilleure chose que la nature ait jamais connue, il la subordonna à des modérateurs spéciaux, en se réservant la haute direction du tout, et créa ainsi des dieux ministres de son règne [10].

XIII. Nos aliunde pendemus. Itaque ad aliquem respiciamus, cui quod est optimum in nobis, debeamus. Alius nos edidit, alius instruxit : Deus ipse se fecit.

XIV. Quid ergo est quare apud poetas salacissimus Jupiter desierit liberos tollere? Utrum sexagenarius factus est, et illi lex Papia fibulam imposuit? an impetravit jus trium liberorum? an tandem illi venit in mentem, Ab alio exspectes, alteri quod feceris? et timet, ne quis sibi faciat, quod ipse Saturno?

XV. Simulacra deorum venerantur, illis supplicant genu posito, illa adorant : illis per totum adsident diem, aut adstant : illis stipem jaciunt, victimas cædunt : et quum hæc tantopere suspiciant, fabros, qui illa fecere, contemnunt.

XVI. Non bis pueri sumus, ut vulgo dicitur, sed semper. Verum hoc interest, quod majora nos ludimus.

XVII. Ergo Deum non laudabimus, cui naturalis est virtus? Nec enim illam didicit ex ullo. Immo laudabimus; quamvis enim naturalis illi sit, sibi illam dedit, quoniam Deus ipse natura est.

XIII. Quant à nous, nous dépendons de quelque chose qui est hors de nous. Aussi dirigeons-nous notre pensée vers un être à qui nous sommes redevables de ce qu'il y a de meilleur en nous. Un être, autre que nous, nous a créés, nous a formés : Dieu s'est fait lui-même [11].

XIV. Pour quel motif donc Jupiter, si porté à l'amour, au dire des poètes, a-t-il cessé de procréer des enfans? Est-il devenu sexagénaire? et la loi Papia lui a-t-elle noué l'aiguillette? lui a-t-elle donné le privilège de n'avoir que trois enfans? ou enfin se serait-il dit tout à coup : « Attends-toi à ce qu'un autre te rende ce que tu as fait à autrui? » Craint-il par hazard qu'un autre ne lui fasse ce que lui-même a fait à Saturne [12]?

XV. Ils vénèrent les simulacres des dieux ; ils adressent à ces images des supplications le genou en terre ; ils les adorent; devant elles l'on se tient pendant tout un jour assis ou debout; on brûle du bois en leur honneur, on immole des victimes; et, alors même qu'on leur prodigue de si profonds hommages, les ouvriers qui ont fait ces simulacres, sont méprisés [13]!

XVI. Nous ne sommes pas deux fois enfans, comme on dit communément ; nous le sommes toujours. La seule différence, c'est que nos jeux sont un peu plus sérieux [14].

XVII. Ne louerons-nous donc point Dieu, parce que sa vertu est dans sa nature? En effet, il ne l'a apprise de personne. Oui vraiment, nous le louerons; car encore que sa vertu soit dans sa nature, lui-même se l'est donnée, en tant qu'il est lui-même la nature [15].

XVIII. Philosophia nihil aliud est, quam recta vivendi ratio; vel, honeste vivendi scientia; vel, ars recte vitæ agendæ. Non errabimus, si dixerimus philosophiam esse legem bene honesteque vivendi. Et qui dixerit illam regulam vitæ, suum illi nomen reddiderit.

XIX. Plerique philosophorum tales sunt, ut sint diserti in convicium suum; quos si audias in avaritiam, in libidinem, in ambitionem perorantes, professionis indicium putes : adeo redundant ad ipsos maledicta in publicum missa; quos non aliter intueri decet, quam medicos, quorum tituli remedia habent, pyxidos venena. Quosdam vero nec pudor vitiorum tenet, sed patrocinia turpitudini suæ fingunt ut etiam honeste peccare videantur.

XX. Faciet sapiens etiam quæ non probabit, ut etiam ad majora transitum inveniat : nec relinquet bonos mores, sed tempori aptabit; et quibus alii utuntur in gloriam, aut voluptatem, utetur agendæ rei causa.

XXI. Omnia quæ luxuriosi faciunt, quæque imperiti, faciet et sapiens, sed non eodem modo, eodemque proposito.

XXII. Nondum sunt mille anni ex quo initia sapientiæ nota sunt.

XVIII. La philosophie n'est autre chose que la règle pour bien vivre, ou bien la science de vivre honnêtement, ou l'art d'ordonner convenablement sa vie. Nous ne nous tromperons point en disant que la philosophie est la loi de bien et honnêtement vivre. Et celui qui a dit qu'elle était la règle de la vie, lui a restitué son véritable nom [16].

XIX. La plupart des philosophes se montrent surtout diserts à leur blâme et déshonneur. Entendez-les pérorer sur l'avarice, sur la volupté, sur l'ambition, vous croiriez qu'ils n'ont pour but que de se dénoncer eux-mêmes, tant rejaillissent sur eux les anathèmes que publiquement ils profèrent; et à tout prendre, vous ne devez pas les considérer autrement que ces médecins dont l'enseigne annonce des médicamens, et dont les tiroirs sont pleins de poisons. Il est même des philosophes qui, loin d'avoir honte de leurs vices, font l'apologie de leur turpitude, et savent jeter sur leurs fautes un vernis d'honnêteté. [17]

XX. L'homme sage fera quelquefois ce qu'il n'approuvera point pour se ménager l'accès vers un but plus élevé; il ne renoncera pas aux bonnes mœurs, mais il saura les accommoder au temps; et les choses dont les autres usent par orgueil ou par sensualité, il n'en usera que pour l'utilité [18].

XXI. Tout ce que font les voluptueux, tout ce que font les inhabiles, le sage le fera aussi, mais non de la même manière et pour une même fin [19].

XXII. Il n'y a pas encore mille ans que les commencemens de la sagesse sont connus [20].

XXIII. Summa virtus illis videtur magnus animus; et iidem eum, qui contemnit mortem, pro furioso habent; quod et utique summæ perversitatis.

XXIV. Hic est ille homo honestus, non apice purpurave, non lictorum insignis ministerio, sed nulla re minor; qui quum mortem in vicinia videt, non sic perturbatur, tanquam rem novam viderit : qui, sive toto corpore tormenta patienda sunt, sive flamma ore recipienda est, sive extendendæ per patibulum manus, non quærit quid patiatur, sed quam bene.

XXV. Magnum nescio quid, majusque quam cogitari potest, numen est, cui vivendo operam damus : huic nos approbemus. Nam nihil prodest inclusam esse conscientiam : patemus Deo.

XXVI. Quid agis? quid machinaris? quid abscondis? Custos te tuus sequitur. Alium tibi peregrinatio subduxit, alium mors, alium valetudo : hæret hic, quo carere nunquam potes. Quid locum abditum legis, et arbitros removes? Putas tibi contigisse, ut oculos omnium effugias? Demens! quid tibi prodest non habere conscium, habenti conscientiam?

XXVII. Vultisne vos, Deum cogitare magnum et placidum, et majestate leni verendum? amicum, et semper in proximo? non immolationibus, et sanguine multo colendum :

XXIII. La plus haute vertu est, à leur avis, d'avoir une âme courageuse; puis eux-mêmes regardent comme un furieux l'homme qui méprise la mort; ce qui, de leur part, est la preuve d'une extrême perversité [21].

XXIV. Ce n'est ni le bonnet sacerdotal, ni la pourpre, ni un cortège de licteurs à ses ordres, qui font l'honnête homme; l'honnête homme est celui que rien ne peut surmonter; qui, témoin de la mort de ses voisins, ne s'en trouble point comme d'une chose nouvelle; qui, s'il a à souffrir des tourmens par tout son corps, à se sentir étouffer par la flamme, ou à se laisser étendre les bras sur un gibet, ne s'inquiète pas de la souffrance, mais de la manière dont il saura la supporter [22].

XXV. C'est une grande chose, et plus grande qu'on ne peut penser, que la divinité au service de laquelle notre vie doit être consacrée. Faisons ce qu'elle approuve; car rien ne sert que notre conscience soit close et cachée: nous sommes ouverts à Dieu [23].

XXVI. Que fais-tu? que machines-tu? que caches-tu? ton surveillant te suit. Un voyage t'en a ôté un; la mort t'a délivré d'un autre; la maladie de celui-là : mais celui dont je te parle est toujours près de toi; tu ne peux jamais être sans lui. A quoi bon choisir un lieu secret, éloigner les témoins? penses-tu donc pouvoir réussir à éviter les yeux de tous? Insensé! que te sert de n'avoir pas de complice? n'as-tu pas ta conscience [24]?

XXVII. Ne voulez-vous pas voir en Dieu un être grand, plein de mansuétude, et vénérable par une douce majesté? un ami véritable et toujours prêt, qu'il ne faut adorer ni par des offran-

quæ enim ex trucidatione immerentium voluptas est? sed mente pura, bono honestoque proposito? Non templa illi, congestis in altitudinem saxis exstruenda sunt: in suo cuique consecrandus est pectore.

XXVIII. Primam *enim dixit* infantiam sub rege Romulo fuisse, a quo et genita, et quasi educata sit Roma: deinde pueritiam sub cæteris regibus, a quibus et aucta sit, et disciplinis pluribus, institutisque formata: at vero Tarquinio regnante quum jam quasi adulta esse cœpisset, servitium non tulisse, et, rejecto superbæ dominationis jugo, maluisse legibus obtemperare, quam regibus: quumque esset adolescentia ejus fine punici belli terminata, tum denique confirmatis viribus cœpisse juvenescere. Sublata enim Carthagine, quæ tam diu æmula imperii fuit, manus suas in totum orbem terra marique porrexit: donec regibus cunctis et nationibus imperio subjugatis, quum jam bellorum materia deficeret, viribus suis male uteretur, quibus se ipsa confecit. Hæc fuit prima ejus senectus, quum bellis lacerata civilibus, atque intestino malo pressa, rursus ad regimen singularis imperii recidit, quasi ad alteram infantiam revoluta. Amissa enim libertate, quam Bruto duce et auctore defenderat, ita consenuit, tanquam sustentare se ipsa non valeret, nisi adminiculo regentium niteretur.

des, ni par le sang des victimes (car quel plaisir peut-il avoir dans le meurtre d'êtres innocens?), mais avec un cœur pur, avec des intentions bonnes et honnêtes. Ce n'est pas de pierres entassées à une grande hauteur qu'il faut lui ériger des temples: c'est dans son cœur que chacun doit lui consacrer un sanctuaire [25].

XXVIII. Sa première enfance se passa, *dit-il*, sous le roi Romulus, par lequel Rome fut, en quelque sorte, mise au monde et élevée. Elle passa sa seconde enfance sous les autres rois, par les soins desquels elle grandit et se forma aux arts et aux institutions. Sous le règne de Tarquin, entrée dans son adolescence, elle ne put supporter la servitude, et aima mieux obéir aux lois qu'aux rois. Son adolescence se termina à la fin de la seconde guerre punique; alors ses forces prirent tout leur développement, et elle entra dans la jeunesse. Après la destruction de Carthage, qui fut si long-temps l'émule de l'empire romain, elle étendit ses bras victorieux par tout l'univers, et sur terre et sur mer, jusqu'à ce qu'ayant subjugué tous les rois et toutes les nations, et ne trouvant plus aucun sujet de guerre, elle fit de ses forces un funeste usage en les tournant contre elle-même. Tel fut le commencement de sa vieillesse: alors déchirée par les guerres civiles, affligée d'un mal intérieur, elle rentra sous le régime de l'autorité d'un seul, et retomba ainsi en enfance. Après la perte de sa liberté, qu'elle avait défendue sous le commandement et sous l'inspiration de Brutus, elle parvint à ce point de décrépitude qu'elle ne pût se soutenir elle-même qu'avec l'appui de ceux qui la gouvernaient [26].

FRAGMENS TIRÉS DE SAINT JÉRÔME.

XXIX. Melius tamen cum illa esset actum, si hoc quod evenit, ornamentum potius exploratæ fuisset pudicitiæ, quam dubiæ patrocinium.

XXIX. Il eût été mieux pour elle que le résultat de cette épreuve fût plutôt venu couronner sa chasteté reconnue que garantir sa chasteté douteuse [27].

XXX. Amor formæ, rationis oblivio est, et insaniæ proximus, fœdum minimeque conveniens animo sospiti vitium; turbat consilia, altos et generosos spiritus frangit; a magnis cogitationibus ad humillimas detrahit: querulos, iracundos, temerarios, dure imperiosos, serviliter blandos, omnibus inutiles, ipsi novissime amori, facit. Nam quum fruendi cupiditate insatiabili flagrat, plura tempora suspicionibus, lacrymis, conquestionibus perdit; odium sui facit; et ipsi novissime sibi odio est.

XXX. L'amour qu'inspire la beauté est l'oubli de la raison, le frère de la folie, un vice honteux, et qui ne peut en aucune manière s'allier à un esprit sain; il est l'ennemi des sages conseils, l'écueil des résolutions généreuses. Des grandes pensées, il nous ravale aux sentimens les plus bas : il nous rend grondeurs, irascibles, téméraires, impérieux jusqu'à la dureté, ou servilement flatteurs, inutiles à tous, et, en définitive, impropres à l'amour même. Et en effet, comme il brûle d'une insatiable passion de jouir, il perd la plus grande partie du temps en soupçons, en larmes, en plaintes; il se rend haïssable, et finit par devenir odieux à lui-même [28].

XXXI. *Refert præterea Seneca...* cognovisse se quemdam ornatum hominem, qui exiturus in publicum, fascia uxoris pectus colligabat, et ne puncto quidem horæ præsentia ejus carere poterat; potionemque nullam nisi alterius tactam labris vir et uxor hauriebant : alia deinceps non minus inepta facientes, in quæ improvida vis ardentis affectus erumpebat.

XXXI. *Sénèque rapporte encore...* qu'il a connu un homme très-distingué qui, lorsqu'il avait à sortir, entourait d'un voile la gorge de son épouse, et ne pouvait demeurer un seul instant privé de la voir; enfin le mari et la femme ne prenaient aucun breuvage que l'autre n'y eût porté ses lèvres : sans parler de mille enfantillages pareils, qui faisaient éclater toute la violence et toute l'ardeur d'un sentiment sans frein [29].

XXXII. Nam quid de viris pauperibus dicam? quorum in nomen mariti, ad eludendas leges quæ contra cælibes sunt, pars magna conducitur.

XXXII. Que dirai-je des citoyens pauvres? la plupart ne prennent le nom de mari que pour éluder les lois contre le célibat. Comment pourrait-il

Quomodo potest regere mores, et præcipere castitatem, et mariti auctoritatem tueri, qui nupsit?

diriger les mœurs de sa compagne, et lui prescrire la chasteté, enfin conserver l'autorité maritale, celui qui s'est mis sous le joug de la femme [30]?

FRAGMENS TIRÉS DE SAINT AUGUSTIN
(Sur la Superstition).

XXXIII. Sacros immortales inviolabilesque deos in materia vilissima atque immobili dedicant. Habitus illis hominum ferarumque, et piscium, quidam vero mixtos ex diversis corporibus induunt. Numina vocant, quæ si spiritu accepto subito occurrerent, monstra haberentur.

XXXIII. Ils consacrent comme vénérables, comme immortels, comme inviolables, des dieux faits d'une matière vile et inanimée. Ils leur donnent la forme d'hommes, de bêtes, de poissons : quelquefois ils les représentent avec les attributs des deux sexes. Ils appellent dieux des idoles qui, si par hasard un souffle les animait, leur paraîtraient des monstres [31].

XXXIV. Hoc loco dicet aliquis : Credam ego cœlum et terram deos esse, et supra lunam alios, alios infra? Ego feram aut Platonem, aut Peripateticum Stratonem, quorum alter fecit deum sine corpore, alter sine animo?

XXXIV. Ici quelqu'un va me dire : Croirai-je que le ciel et la terre sont des dieux, et qu'il y a des dieux au dessus de la lune et d'autres au dessous? Quoi je souffrirai que Platon, ou Straton le Péripatéticien, viennent, l'un faire un dieu sans corps, et l'autre un dieu sans âme?

XXXV. Quid tandem? veriora tibi videntur T. Tatii, aut Romuli, aut Tulli Hostilii somnia? Cluacinam T. Tatius dedicavit deam, Picum Tiberinumque Romulus, Hostilius Pavorem atque Pallorem, teterrimos hominum affectus : quorum alter mentis territæ motus est, alter corporis, ne morbus quidem, sed color. Hæc numina potius credes, et cœlo recipies?

XXXV. Quoi donc? ajouterez-vous plus de croyance aux rêveries de T. Tatius ou de Romulus, ou de Tullius Hostilius? T. Tatius a fait une déesse de Cluacine, Romulus a fait dieux et Picus et le Tibre, Hostilius a déifié la Peur et la Pâleur, deux affections hideuses auxquelles est sujette l'humanité. L'une est l'impression de l'âme terrifiée; et l'autre, seulement sensible au corps, est moins une maladie qu'une couleur? Croirez-vous plutôt à ces divinités, et leur donnerez-vous place dans le ciel [32]?

XXXVI. Ille viriles sibi partes amputat, ille lacertos secat. Ubi iratos

XXXVI. L'un se prive des marques de la virilité, un autre se fait des in-

deos timent, qui sic propitios habere merentur? dii autem nullo ipsi debent coli genere, si et hoc volunt. Tantus est perturbatæ mentis et sedibus suis pulsæ furor, ut sic dii placentur, quemadmodum ne homines quidem sæviunt. Teterrimi, et in fabulas traditæ crudelitatis tyranni, laceraverunt aliquorum membra, neminem sua lacerare jusserunt. In regiæ libidinis voluptatem castrati sunt quidam, sed nemo sibi ne vir esset, jubente domino, manus intulit. Se ipsi in templis contrucidant; vulneribus suis ac sanguine supplicant. Si cui intueri vacet quæ faciunt, quæque patiuntur; inveniet tam indecora honestis, tam indigna liberis, tam dissimilia sanis, ut nemo fuerit dubitaturus furere eos, si cum paucioribus furerent : nunc sanitatis patrocinium est, insanientium turba.

cisions aux bras. Qu'a-t-on à faire de craindre la colère des dieux, quand on se les rend favorables par de telles pratiques? On ne doit véritablement aucun culte à des dieux capables d'en vouloir un pareil. Tel est chez ces hommes le trouble de l'esprit et l'excès de la fureur, qu'ils pensent fléchir les dieux par des actes que n'exige pas même la cruauté des hommes. Ces tyrans atroces, dont la cruauté est devenue un sujet de tragédies, ont fait déchirer les membres de leurs victimes, mais aucun n'a exigé qu'elles-mêmes les déchirassent. Quelques hommes ont été mutilés pour servir à la luxure des rois; mais jamais aucun esclave n'a été forcé, pour obéir à son maître, de se retrancher les marques de la virilité [33]. Les malheureux, dans leurs temples, ils se meurtrissent à l'envi; c'est par du sang et des blessures qu'ils implorent les dieux. Si l'on voulait prendre la peine d'examiner ce qu'ils font, et ce qu'ils souffrent, on y verrait des choses si honteuses à des hommes d'honneur, si indignes d'hommes libres, si contraires à la raison, que personne n'hésiterait à les déclarer fous furieux, s'ils avaient moins de compagnons; mais ici l'excuse de la folie est dans la foule de ceux qui la partagent.

XXXVII. Huic tamen furori certum tempus est. Tolerabile est, semel in anno insanire. In Capitolium perveni : pudebit publicatæ dementiæ, quod sibi vanus furor attribuit, officii. Alius numina Deo subjicit, alius horas Jovi nuntiat, alius lictor est, alius unctor, qui vano motu brachiorum imitatur ungentem. Sunt quæ Junoni ac Minervæ capillos disponant,

XXXVII. Toutefois, cette fureur a son temps marqué. On peut se permettre d'être fou une fois par an. Entrez au Capitole, vous aurez honte de cette démence qui, sous le manteau de l'autorité publique, s'acquitte comme d'un devoir des plus vaines extravagances. L'un transmet au dieu le nom des divinités qui viennent le saluer [34], l'autre annonce à Jupiter l'heure qu'il est [35],

longe a templo non tantum a simulacro stantes, digitos movent ornantium modo. Sunt quæ speculum teneant, sunt quæ ad vadimonia sua deos advocent : sunt qui libellos offerant, et illos causam suam doceant. Doctus (Docimus) archimimus, senex jam decrepitus, quotidie in Capitolio mimum agebat, quasi dii libenter spectarent, quem homines desierant. Omne illic artificum genus, operantium diis immortalibus, desidet.

XXXVIII. Hi tamen etiam, si supervacuum usum, non turpem nec infamem Deo promittunt. Sedent quædam in Capitolio, quæ se a Jove amari putant : nec Junonis quidem, si credere poetis velis, iracundissimæ respectu terrentur.

XXXIX. Quæ omnia sapiens servabit tanquam legibus jussa, non tanquam diis grata.

XL. Quid quod et matrimonia deorum jungimus, et ne pie quidem, fratrum scilicet et sororum ? Bellonam Marti collocamus : Vulcano Venerem : Neptuno Salaciam : quosdam tamen cælibes relinquimus, quasi conditio defecerit : præsertim quum quædam

celui-ci lui sert de licteur, cet autre de parfumeur [36], et imite, par le vain mouvement de ses bras, l'action d'un homme qui frotte un autre de parfums. On voit des femmes arranger la coiffure de Junon et de Minerve, et, bien qu'éloignées de la statue et même du sanctuaire, elles remuent les doigts comme ferait une coiffeuse. D'autres tiennent le miroir [37]. Il en est qui prient les dieux de leur servir d'assistans dans un procès, qui leur présentent des requêtes, et qui les mettent au fait de leur affaire. Docimus l'archimime [38], dans sa vieillesse décrépite, venait chaque jour jouer la pantomime dans le Capitole, comme si les dieux eussent pu trouver du plaisir à voir un acteur dont le public ne voulait plus. On trouve là des ouvriers de tous les métiers, qui travaillent pour les dieux immortels.

XXXVIII. Toutefois, malgré leur parfaite inutilité, les services qu'offrent aux dieux ces gens-là ne sont ni odieux ni dégradans. Mais on voit des femmes venir s'asseoir dans le Capitole, dans l'espérance de se faire aimer de Jupiter, et sans respect pour Junon, si terriblement jalouse, s'il faut en croire les poètes [39].

XXXIX. Le sage observera toutes ces pratiques, parce qu'elles sont prescrites par les lois, et sans croire qu'elles soient agréables aux dieux.

XL. Que dire de ce que nous faisons contracter aux dieux des mariages, contraires même aux liens qui unissent les frères et les sœurs? A Bellone nous unissons Mars; à Vénus Vulcain ; Salacie à Neptune [40]. Nous en laissons aussi quelques-uns dans le

viduæ sint, ut Populonia, vel Fulgora, et diva Rumina, quibus non miror petitorem defuisse. Omnem istam ignobilem deorum turbam, quam longo ævo longa superstitio congessit, sic adorabimus, ut meminerimus, cultum ejus magis ad morem, quam ad rem pertinere.

célibat, comme s'ils n'avaient pu trouver un parti, surtout quand il y a des veuves parmi les déités, telles que Populonie, Fulgore et la divine Rumina [41]; mais l'abandon dans lequel elles restent est loin de m'étonner. Et toute cette ignoble tourbe de divinités que, pendant une longue suite d'années, accumula la superstition, si nous leur rendons un culte, c'est moins pour l'amour d'elles que pour nous conformer à l'usage.

XLI. Quum interim usque eo sceleratissimæ gentis consuetudo convaluit, ut per omnes jam terras recepta sit : victi victoribus leges dederunt.

XLI. Et cependant cette coutume de la nation la plus perverse a si puissamment prévalu que déjà elle est reçue par toute la terre : les vaincus aux vainqueurs ont fait la loi [42].

XLII. Illi tamen causas ritus sui noverunt, et major pars populi facit, quod cur faciat, ignorat.

XLII. Ceux-là connaissent au moins les raisons de leurs rites religieux ; mais la plus grande partie du peuple les pratique sans pouvoir rendre raison de ce qu'il fait [43].

FRAGMENS TIRÉS DU COMMENTAIRE DE SERVIUS SUR L'ÉNÉIDE.

XLIII. Circa Sienem extremam Ægypti partem esse locum, quem Philas, hoc est, Amicas vocant, ideo quod illic est placata ab Ægyptiis Isis, quibus irascebatur, quod membra mariti Osiridis non inveniebat, quem frater Typhon occiderat. Quæ inventa postea quum sepelire vellet, eligit vicinæ paludis tutissimum locum, quem ad transitum constat esse difficilem ; limosa enim est et papyris referta. Ultra tunc est brevis insula inaccesso hominibus.

XLIII. Aux environs de Siene, à l'extrémité de l'Égypte, est un lieu qu'on appelle *Philas*, c'est-à-dire *les Amies*, parce que ce fut là qu'Isis se laissa apaiser par les Égyptiens, contre lesquels elle était irritée, par ce qu'elle ne trouvait pas les membres de son mari Osiris, qu'avait tué son frère Typhon. Les ayant trouvés et voulant les ensevelir, elle choisit un lieu très-sûr dans un marais voisin, qu'on dit être fort difficile à traverser ; car il est très-vaseux et rempli de papyrus [44].

XLIV. Novem alveis fluit.

XLIV. Il prend son cours par neuf lits [45].

FRAGMENT TIRÉ DES CANONS DU SECOND CONCILE DE TOURS.

XLV. Pessimum in eo vitium esse, qui in id quo insanit, ceteros putat furere.

XLV. Ce qu'il y a de pire dans ce vice, c'est que celui qui s'y livre follement soupçonne les autres de s'y livrer avec fureur [46].

XLVI.

FRAGMENS TIRÉS DES PALIMPSESTES DE M. ANGELO MAI.

De Amicitia.

I. (*Il*) le tristior quam solebat | o.. ru. ille.. m.. si | .... me... in ad.. | .. a quærentem. erm.. | .... t. ni. se.. | gres. r. ac fecit.... | ter alteri .... | dit a............. | ses............. | plus.... hi. conquesturus venit : at contra se adfuit et satisfacienti satisfecit : non minus hic sollicitus fuit ne fecisse videretur injuriam quam ille ne accepisse : aut certe nihil || resedit quod serperet, sed in medium dedit uterque offensiones suas, et alter ab altero quidquid latebat expressit. Familiare jurgium non judicem sed arbitrum quærit, nihil autem componitur inter absentes, nec tuto epistolis omnis querela committitur, et inexplorata fronte, per quam produntur animi, incertum est quam simpliciter detegatur ira, quam fide || liter desinat. Sic amico judica*turus amicus* a præsente *secundum* absentem det.

Quisquis re consultari.... contrahat plurimum operis facit: in rem præsentem perducat amicum. Quemadmodum multa quorum in tenebris auda-

De l'Amitié [47].

I. . . . .
. . . .
. . . .

Mais, de son côté, il s'est empressé de venir donner satisfaction à qui lui en devait une : l'un ne s'est pas montré moins mortifié d'avoir l'apparence d'un tort, que l'autre de paraître en avoir souffert un : surtout rien n'est laissé dans les replis de l'âme; l'un et l'autre a exposé au jour tout ce qui pouvait s'y cacher. Ce débat d'intimité ne demande pas un juge, mais un arbitre. Ce genre de racommodement n'est jamais possible entre absens; et ce n'est pas toujours sans danger que le papier souffre toute plainte; alors qu'on ne peut consulter le visage, ce miroir des impressions de l'âme, il n'est plus aussi facile de reconnaître et les symptômes de la colère, et les signes certains qu'elle a cessé. . . . .

Quiconque, après mûre réflexion, en vient à une explication, n'a pas entrepris une tâche légère : il faut qu'il mette son ami en présence des

cia est, luce prohibentur; ita, quæ absentes irritant et concitant, ad præsentiam non ferunt. Optimum est itaque, etiam si quid neg || legentius prætermissum est.... bu. an. u. | factum ere.... con | putatum... verbi. | ..... in id tempus... | niq. o possit .... nob. | le.. le re........ ne | pens ad.. nari.. si. prae | terea *sinceram amici*tiam decet ut sine cicatrice sanetur.

Quæramus a venientibus quid absentes agant, debitoribus illorum instemus, creditoribus respondeamus, inimicis resistamus : si aut ——

II. Quæritis : itaque momento amicitiæ vestræ exolescunt quarum mens aut animus pignus est.

Una peregrinatio eradit animo jus omne : si vero longior hæc est et longinquior, excidit notitia quoque, non tantum amicitia. Quod ne possit accidere, omni opera sistamus, et fugientem memoriam reducamus : utamur, ut in prima parte dicebam, || animi velocitate, neminem a nobis amicum abesse patiamur, in animum subinde nostrum revertantur futura nobis promtu, jam ut præterita repetamus :

......Sic ille manus, sic ora ferebat.

...mago effingatur animo notabilis et e vivo petita, non evanida et muta.

......Sic ille manus, sic ora ferebat.

objets 48. De même que beaucoup de choses qui font un terrible effet dans les ténèbres, n'en produisent aucun à la clarté du jour; de même, ce qui nous irrite et nous fâche en notre absence, ne nous affecte point, nous présent. Le meilleur donc, si l'on a quelque négligence mutuelle à se reprocher, est........ ....
....
Il convient en outre à l'amitié véritable de guérir ses plaies sans qu'il y reste de cicatrices.

Demandons à ceux qui arrivent ce que font nos amis absens, pressons leurs débiteurs, répondons pour eux à leurs créanciers, prenons leur défense contre leurs ennemis......

II. Vous le demandez : il est donc vrai que vient un moment où vos amitiés s'altèrent, bien qu'elles aient pour garans l'âme et la volonté.

Un voyage efface de l'âme tous les droits de l'amitié; est-il trop prolongé ou trop lointain ? non-seulement l'amitié, mais la connaissance même se perd. Pour prévenir un tel résultat, mettons tous nos soins à conserver, à rappeler le souvenir de l'ami absent : usons, comme je l'ai dit, dans ma première partie 49, de la faculté que l'âme a de se transporter partout; ne souffrons pas que jamais un ami soit absent pour nous; et, par l'effort de notre pensée, mettons l'avenir à notre disposition, comme nous savons rappeler le passé......

...Tel était son port, tel était son visage 50.

Que notre esprit nous crée de notre ami un portrait reconnaissable, une vivante image, qui ne puisse ni s'effacer, ni s'évanouir.

...Tel était son port, tel était son visage.

adjiciamus illa quæ magis ad rem pertinent : sic loquebatur, sic hortabatur, sic deterrebat, sic erat in dando consilio expeditus, in accipiendo paratus : in mutando non pertinax : sic solebat beneficia liberaliter dare, patienter perdere, sic properabat benignitas ejus, sic irascebatur, eo vultu ab amico vincebatur, quo solent vincere : ceteras virtutes pererremus, in harum usu tractatuque versemur : et, si plures eodem tempo || re absunt, velut sparsa pluribus locis membra familiaritatis nostræ colligamus : nunc hic, nunc ille in ore animoque sit, ubi .. e. ius .. si .. hui . nempe nes : nulla tantum possit vetustas ut memoriam ami | citiæ ... dæ ... | sic nun .... | lum est ..... liæ es . | se interdu .. cu fati | solet in iram est quam | valde illum amem | consciencia ea con | .....

ajoutons-y encore ces traits qui rendront la ressemblance plus frappante : Voilà comme il s'exprimait, voilà comme il s'y prenait, et pour exhorter, et pour dissuader : voilà comme il était prompt à donner un conseil, prêt à le recevoir, et sans obstination quand il fallait revenir sur ses opinions; voilà comment il savait répandre libéralement ses bienfaits, et supporter la perte avec patience; ainsi sa bonté se faisait toujours voir ; voilà quelles étaient ses colères, et l'air de visage avec lequel son ami était toujours sûr de le ramener. Passons en revue ses autres qualités ; mettons-les en quelque sorte en usage et en pratique, et si nous avons à la fois plusieurs amis absens, rassemblons, en quelque sorte, les membres épars de ce corps d'union et de familiarité; que tantôt l'un, tantôt l'autre, devienne présent à notre pensée et à nos yeux.

III. — (*notitia animi esse cer*) tior debet, quia vultus incertus est. Magnos humanum pectus recessus habet : quod *vultu* quo placet virtus eo fraus adumbratur, et cogitationibus pessimis facies benignissima obducitur : nec facile nisi peritus intellegas quid intersit inter animum amici et colorem.

III..... La connaissance de l'âme est d'autant plus sûre, que celle du visage est plus incertaine. Le cœur humain a de profonds replis; le crime sait couvrir son visage du masque séduisant de la vertu ; et les pensées les plus méchantes se cachent sous l'air le plus bienveillant. Bien difficilement, à moins d'être habile, vous pourrez saisir la différence qui existe entre le cœur d'un ami ou les dehors de l'amitié.

Hoc sibi quisque proponat quo minus facile fucatis capiatur officiis : || rara res est amicitia : vulgaris aut exposita ut implere totas domus possit vulgo sibi homines persuasere. An aurum ingenti opera tegi creditis, cujus ubique quæsiti vix sub aliquo monte vena depre-

D'abord il faut s'appliquer à ne pas se laisser facilement gagner par des services apparens : l'amitié est rare, loin d'être si vulgaire et si bannale, qu'il n'est pas de maison qui d'amis ne puisse être pleine [51], ainsi que s'en est flatté le commun des

henditur; amicum autem ubique inveniri, sine ullo labore, sine ulla investigatione? Quid enim tam simplex apertumque est? Atqui non tam in alto latet aurum argentumque ——

hommes. Pensez-vous pouvoir couvrir un vaste monument avec de l'or, quand en cherchant partout ce métal l'on peut à peine d'une montagne entière en tirer une seule veine? Où donc prétendez-vous trouver un ami, sans aucune peine, sans aucune recherche? Est-ce donc une tâche si simple et si facile? Toutefois l'or et l'argent ne sont pas si profondément cachés........

XLVII.

COMMENCEMENT DE LA VIE DE SÉNÈQUE LE PÈRE PAR SON FILS.

Incipit ejusdem ¦ Annæi Senecæ ¦ de vita patris ¦ feliciter : scribente ¦ me..... die et lo(co) s(upra) s(cripto).

Ici commence le livre du même Annéas Sénèque sur la vie de son père, que Dieu lui soit en aide, écrit par moi....5=, au lieu et au jour ci-dessus indiqués.

Si quæcumque composuit pater meus et edi voluit jam in manus populi emisissem, ad claritatem nominis sui satis sibi ipse prospexerat : nam nisi ∥ me decipit pietas, cujus honestus etiam error est, inter eos haberetur qui ingenio meruerunt ut puris *scriptorum* titulis nobiles essent. Quisquis legisset ejus historias ab initio bellorum civilium, unde primum veritas retro abiit, pæne usque ad mortis suæ diem, magni æstimaret scire quibus natus esset parentibus ille qui res Roma ∥ *nas*.

Si mon père avait voulu que tout ce qu'il a composé fût livré au public, il y a long-temps que j'aurais accompli sa volonté; et, en donnant cet ordre, lui-même aurait assez fait pour la gloire de son nom; car si je ne suis point abusé par la piété filiale, erreur qui n'a rien que d'honorable, il prendrait sa place parmi les écrivains à qui leur génie a mérité la gloire la plus pure. Quiconque aurait lu ses histoires [53] depuis le commencement des guerres civiles, jusqu'au moment où la vérité a cessé de pouvoir être dite, c'est-à-dire, presque jusqu'à sa mort, ne pourrait se féliciter de savoir........

FRAGMENS

VULGAIREMENT ATTRIBUÉS A SÉNÈQUE

ET NON EMPLOYÉS PAR NOUS.

1°. Quintilien, liv. VIII, chap. 3, § 31, rappelle une discussion entre Pomponius et Sénèque, sur la question de savoir, si l'expression *gradus eliminat*, qui se trouvait dans le poète Attius, pouvait s'employer. J'ai cru qu'il s'agissait plutôt ici de Sénèque le Rhéteur.

2°. Le même Quintilien cite, liv. IX, chap. 2, trois fragmens tirés d'une *controverse* de Sénèque : bien qu'il ne soit pas douteux que Sénèque le fils s'est aussi exercé dans ce genre, j'ai cru pouvoir les laisser au père.

3°. Pline, *Histoire naturelle*, liv. VI, chap. 17, cite la description de l'Inde par Sénèque (*voyez* ci-dessus *fragment* XLIII), *tentata Indiæ commentatione*; il ajoute que notre philosophe comptait dans cette contrée *cinquante* fleuves et *cent dix-huit* nations différentes.

4°. Je restitue au père de Sénèque cette citation faite par Suétone, *Vie de Tibère*, chap. LXXIII : *Senecæ eum (Tiberium) scribit, intellecta defectione*, etc. Ce qui m'y porte, c'est la découverte d'un nouveau fragment (*voyez* le *fragment* XLVII), qui prouve que Sénèque le père avait écrit l'histoire romaine depuis le commencement des guerres civiles jusqu'à la mort de Tibère.

5°. Lactance, *Institutions divines*, liv. III, chap. 23, rapporte que Sénèque avait écrit qu'il était le seul stoïcien qui se fût demandé si le soleil n'était pas habité, *qui deliberaret, utrumne soli quoque suos populos daret*.

6°. Le même, *ibid.*, chap. XXV, après avoir rapporté qu'un certain Anniceris avait racheté Platon moyennant huit grands sesterces (1,600 fr.), ajoute que Sénèque fait à ce rédempteur les plus sanglans reproches pour avoir trop peu estimé Platon.

7°. L'auteur inconnu de la *Vie de Virgile*, rapportant un mot du poète Julius Montanus sur Virgile, cite Sénèque pour auteur : fragment à restituer à Sénèque le père.

8°. Priscien dit, qu'à l'exemple d'Ovide, dans ce vers :

> Gausapa si sumpsit, gausapa sumpta proba,

Sénèque a employé le mot *gausapa*, qui veut dire *manteau*. Dans sa lettre LIII, Sénèque a dit : « Mitto me in mare *gausapatus*. »

NOTES

DES FRAGMENS.

1. *Encore moins m'en réjouir.* Quintilien nous aurait, selon Juste-Lipse, conservé cinq fragmens de Sénèque le Philosophe; mais le fragment qui fait l'objet de la présente note paraît seul lui appartenir, et il est d'un grand intérêt comme étant tiré de la lettre apologétique que Sénèque fit pour Néron, après le meurtre d'Agrippine. À la suite de cette citation, Quintilien ajoute que, « dans cette lettre au sénat, le lâche empereur voulait faire croire que sa vie avait été en péril, » *quum se periclitatum videri vellet* (QUINTIL., *Institut. orat.*, lib. VII, cap. 5). *Voyez* ma Notice sur Sénèque, pages 10 et 11 de ce volume.

Les quatre autres fragmens, cités par Quintilien, me semblent appartenir à Sénèque le Rhéteur. (*Voyez* ci-dessus page 450.)

2. *Les meilleurs qu'ait faits Ennius.* Cité par Aulu-Gelle (*Nuits attiques*, liv. XII, chap. 2) avec cinq autres fragmens. « Sénèque, dit-il, dans le XXIIe livre de ses *Lettres morales*, adressées à Lucilius, rapporte ces vers ridicules faits par Ennius sur Cethegus, personnage très-ancien :

> . . . . . .Dictus ollis popularibus olim
> Qui tum vivebant homines atque ævum agitabant,
> Flos delibatus populi et suadamedulla.

« Jadis ses concitoyens, ceux qui vivaient alors, et qui étaient ses contemporains, l'appelaient la fleur chérie du peuple et la moelle de persuasion. »

3. *Pour faire trouver bons ces vers.* Ce n'est pas la seule fois que Sénèque tourne en ridicule Cicéron comme poète. (*Voyez* le

Traité de la Colère, liv. 1, chap. 37.) Ces mots du fragment, *qui hos versus scriberet, quum fuerit qui laudaret*, rappellent ce vers :

Un sot trouve toujours un plus sot qui l'admire.

Comparez tous ces fragmens à la lettre CVIII de Sénèque, dans laquelle il fait également des observations critiques sur Cicéron et sur Ennius.

4. *Ne lui a pas été inutile.* « Ici (c'est encore Aulu-Gelle qui parle) Sénèque cite, pour les critiquer, comme des emprunts faits à Ennius, ces traits que Cicéron a insérés dans son traité *de la République* : *Menelao Laconi fuit suaviloquens jucunditas* (le Lacédémonien Ménélas eut une éloquence pleine de douceur); et ailleurs : *Breviloquentiam in dicendo colat* (qu'en parlant il s'attache à la concision).

« Puis, ce trop plaisant Aristarque de Cicéron, ajoute........ » (*Voyez* le *fragment* v).

« Il poursuit en remarquant que Cicéron n'a donné place dans ses écrits à de semblables expressions que pour éviter la défaveur qui s'attachait à un style trop gracieux et trop poli. Dans la même lettre il fait, au sujet de Virgile, l'observation suivante (*voyez* le *fragment* vi). »

5. *Quelque vernis d'antiquité.* Après ce fragment, Aulu-Gelle ajoute : « Mais je me lasse de rapporter ces expressions de Sénèque. Je vais pourtant me condamner à citer encore quelques mots de cet écrivain sans raison ni mesure. (Puis le *fragment* vii.)

6. *Les lits de Sotericus.* C'était sans doute un fabricant de meubles, dans les derniers temps de la république, dont les ouvrages avaient passé de mode. Les vers dont il s'agit dans le fragment sont ceux d'Ennius déjà cités, et dont Aulu-Gelle rappelle que Sénèque faisait la censure. Après ce fragment, le même Aulu-Gelle ajoute : « Sénèque est bien digne, en vérité, d'être proposé aux jeunes gens comme lecture et comme modèle, lui qui assimile la gloire et le goût de notre ancienne littérature aux lits de Sotéricus, c'est-à-dire, à des meubles sans élégance, qu'on méprise et qu'on met au rebut. Voyons cependant quelques-uns de ses traits dignes d'être cités. En parlant d'un homme possédé par la manie des richesses et tourmenté par la soif de l'or, il dit (*voyez* le *fragment* ix). »

7. *Fait encore bien davantage.* Cette pensée se trouve souvent reproduite dans Sénèque, entre autres dans plusieurs de ses lettres. Après cette citation, Aulu-Gelle termine ainsi : « A merveille, cela à merveille; mais les mauvaises impressions que les beautés des écrivains laissent dans l'esprit de la jeunesse sont plus efficaces que celles qu'y gravent leurs fautes, surtout si les fautes et les fautes graves l'emportent, par le nombre, sur les beautés; et d'ailleurs ces auteurs infectent aisément l'imagination bouillante des jeunes gens par quantité d'idées fausses et outrées, dont on ne se défait dans la suite qu'avec peine. »

8. *La mort elle-même.* Tiré de Tertullien (*de Anima*, cap. XLII). Cet auteur cite encore le même fragment au commencement de son traité *de Resurrectione carnis*.

9. *Que nous adorons individuellement.* Tiré des *Divines Institutions* de Lactance, liv. Ier, chap. 5.

10. *Ministres de son règne.* — *Ibid.* Lactance nous apprend que ce fragment et le suivant sont tirés des *Exhortations* de Sénèque, ouvrage malheureusement perdu.

11. *Dieu s'est fait lui-même.* — *Ibid.*, chap. VII. Un éditeur de Lactance (Christ. Aug. Heumann) ajoute *animam*, comme complément de ces mots *quod est optimum in nobis*.

12. *Ce que lui-même a fait à Saturne.* — *Ibid.*, chap. XVI. Tiré de la *Philosophie morale* de Sénèque, autre ouvrage que nous avons perdu.... *Et la loi Papia,* loi rendue sous l'empereur Auguste l'an 761 de Rome, par les consuls Papius et Poppæus, assignait des récompenses à ceux qui avaient des enfans, et décernait des peines contre les célibataires.

13. *Les ouvriers qui ont fait ces simulacres, sont méprisés.* — *Instit.*, liv. II, ch. 2. Lactance nous apprend encore que ce fragment est tiré de la *Philosophie morale*, ainsi que le suivant.

14. *Un peu plus sérieux.* — *Ibid.*, chap. IV.

15. *Est lui-même la nature.* — *Ibid.*, chap. VIII.

16. *Lui a restitué son véritable nom.* — *Instit.*, liv. III. ch. 15. Lactance attaque cette définition de Sénèque.

17. *Un vernis d'honnêteté.* — *Ibid.* Tiré des *Exhortations*.

18. *Il n'en usera que pour l'utilité.* — *Ibid.*

19. *Pour une même fin.* — *Ibid.* Cette maxime et la précédente sont une leçon d'hypocrisie.

20. *Que les commencemens de la sagesse sont connus.* — *Ibid.*, chap. xvi. Perse a dit plaisamment :

> Postquam sapere Urbi
> Cum pipere et palmis venit.

21. *La preuve d'une extrême perversité.* — *Instit.*, livre v, ch. xiii. Lactance nous apprend que ce fragment est tiré du livre *des Choses fortuites*, qui ne nous est pas parvenu.

22. *La manière dont il saura la supporter.* — *Instit.*, liv. vi, chap. 17. Tiré, dit Lactance, des livres de *Philosophie morale;* des *Exhortations,* selon Heumann.

23. *Nous sommes ouverts à Dieu.* — *Ibid.*, chap. xxiv. Tiré des *Exhortations*, et Lactance nous apprend que c'était par cette admirable sentence que Sénèque terminait cet ouvrage dont, si l'on en juge par ces courts fragmens, on ne saurait trop regretter la perte.

24. *N'as-tu pas ta conscience?* — *Ibid.* Tiré du 1er livre des *Exhortations*, dit Lactance.

25. *Doit lui consacrer un sanctuaire.* — *Ibid.*, chap. xxvi. Ce fragment rappelle ce verset des *Actes des Apôtres* : « Deus qui fecit mundum et omnia quæ in eo sunt, hic cœli et terræ quum sit Dominus, non in manu factis templis habitat. (Ch. xvii, vers. 24.) »

26. *Qu'avec l'appui de ceux qui la gouvernaient.* — *Instit.*, liv. vii, chap. 25. J'ai cité ici ce fragment, bien qu'il me paraisse devoir appartenir plutôt à Sénèque le Rhéteur qu'à son fils Sénèque le Philosophe. Ces mots de Lactance qui précèdent le fragment, *non inscite Seneca,* sans autre désignation, ont préparé d'interminables discussions entre les commentateurs. Quelques-uns en ont pris texte pour confondre Florus avec Sénèque, et la parfaite conformité qui existe entre le style de Florus et celui de notre philosophe ne laisserait pas de militer en faveur de cette opinion, si dans le passage même de Florus, qui a une ressemblance réelle avec celui-ci, il n'était parlé de Trajan. Ceux qui font honneur à Sénèque le père de la première idée de ce lieu commun, qui consiste à assimiler l'existence de Rome à celle d'un homme qui a passé par les quatre âges de la vie, n'hésitent pas à avancer que Florus lui a emprunté cette idée pour la gâter; car ses divisions sont

moins justes, moins véritablement historiques. (*Voyez* ma Notice sur Sénèque, page 21 de ce volume, et la note 53 ci-après.)

27. *Sa chasteté douteuse.* Cité par saint Jérôme, *contre Jovinien*, liv. 1er. On peut supposer que ce fragment était tiré du traité *du Mariage* par Sénèque. Saint Jérôme le désigne ici comme l'oncle de Lucain, *inquit Lucani poetæ patruus.* Il s'agit ici du trait de la vestale Claudia, qui, accusée d'avoir enfreint son vœu de chasteté, prouva, dit-on, son innocence en faisant avec sa ceinture démarrer un vaisseau que les bras de plusieurs milliers d'hommes n'avaient pu mouvoir. Ce vaisseau portait la statue de la *mère Idée*, qu'une députation du sénat avait été chercher en Phrygie pendant la seconde guerre punique, comme un gage sacré du salut de Rome.

28. *Odieux à lui-même.* SAINT JÉRÔME, *ibid.* Dans l'édition des *Classiques-Lemaire*, que j'ai suivie le plus habituellement, l'omission du mot *rationes* rend le commencement de ce fragment inintelligible.

29. *D'un sentiment sans frein.* — *Ibid.*

30. *Sous le joug de la femme.* —*Ibid.* C'est a dessein que l'auteur emploie pour un mari qui ne l'est que de nom (*umbratilus maritus*) le mot *nubere*, qui ordinairement ne s'entend que de la femme.

31. *Leur paraîtraient des monstres.* Ce fragment et les neuf suivans sont tirés de saint Augustin, *de la Cité de Dieu*; celui-ci l'est spécialement du livre VI, chap. X. Ici ce père de l'Église loue beaucoup Sénèque, que « nous croyons, dit-il, sur quelques indices, avoir fleuri du temps des apôtres. » — « Sur quels indices, ô saint Augustin? demande Juste-Lipse. Sont-ce les lettres à saint Paul? Nous soupçonnons que c'est de cela que vous tirez cette présomption; mais combien elle est vaine! car ces lettres sont l'œuvre d'un imposteur inconnu : et il faut d'excellentes épaules (*bonis sane humeris*) pour les avoir admises et y avoir foi comme saint Jérôme. Au reste, qu'est-il besoin ici de parler d'*indices?* N'est-il pas clair comme le jour que Sénèque fut contemporain des apôtres, puisqu'il a vécu sous Claude et sous Néron? » (*Voyez* ma Notice sur Sénèque, page 20 de ce volume.)

32. *Leur donnerez-vous place dans le ciel?* Ici Sénèque oppose au dieu de Platon et de Straton, dont il est parlé au fragment qui précède, les divinités inventées par Romulus, Tatius, etc.

33. *De se retrancher les marques de la virilité.* Assertion inexacte. Suétone rapporte que Néron força Sporus à se mutiler, et qu'il l'épousa ensuite. Cette réflexion a engagé Juste-Lipse à proposer ici *lubente animo* au lieu de *jubente domino.*

34. *L'un transmet au dieu le nom des divinités qui viennent le visiter.* Faisant ainsi l'office de nomenclateur chez les grands?

35. *L'autre annonce à Jupiter l'heure qu'il est.* Martial (*de Iside*) signale également cette coutume bizarre :

Nunciat octavam Pariæ sua turba Juvencæ.

et Apulée (liv. xi de ses *Milésiennes*), décrivant une cérémonie religieuse en l'honneur de cette même Isis, relève cette même circonstance : *Religiosi primam nunciantes perstrepunt.*

36. *Cet autre de parfumeur.* Le texte porte *unctor*, d'autres supposent *fictor*, mot dont Isidore de Séville donne l'explication suivante : « Fictor a componendo et fingendo, velut qui capillos mulierum linit et pertractat, ungit et nitidat. »

37. *D'autres tiennent le miroir.* Sénèque dit, dans sa lettre xcv : « Vetemus autem lintea et strigiles Jovi, et speculum tenere Junoni. » Apulée, au livre déjà cité : « Asiæ quæ nitentibus speculis pone tergum reversis, venienti deæ obvium commonstrarent obsequium. »

38. *Docimus l'archimime.* J'ai adopté ici la correction proposée par Juste-Lipse, qui, au lieu de l'épithète insignifiante de *Doctus,* propose le nom de *Docimus* ou *Docis.*

39. *Si terriblement jalouse; s'il faut en croire les poëtes.* Saint Augustin fait ici cette réflexion : « Varron n'a pas parlé avec cette liberté : il n'a osé attaquer que la théologie poétique, sans toucher à la théologie civile, que Sénèque attaque de front. »

40. *Salacie à Neptune.* Je n'ai rien trouvé sur cette divinité, qui ne peut être Amphitrite, puisque celle-ci était fille de Thétis, et non pas la sœur de Neptune.

41. *Populonie.* Déesse italique, invoquée surtout contre les fléaux causés par les élémens. — *Fulgore,* déesse des éclairs. — *Et la divine Rumina,* protectrice des enfans à la mamelle.

42. *Les vaincus aux vainqueurs ont fait la loi.* Il s'agit ici de l'observance du sabbat des juifs. A ce sujet saint Augustin (*de la*

Cité de Dieu, liv. VI, chap. 11, d'où est tiré ce fragment) fait cette réflexion : « Entre autres superstitions de la théologie civile que ce philosophe condamne, il blâme les cérémonies des Juifs, et surtout leur sabbat, dont l'observation leur était inutile, attendu, selon lui, que demeurer le septième jour sans rien faire, c'était perdre la septième partie de la vie, outre le tort qu'ils en éprouvaient dans les nécessités urgentes. » Sénèque, en voyant l'observation d'un jour de repos s'introduire chez les Romains, qui méprisaient tant les Juifs, aurait pu, ce me semble, tirer de ce fait une conclusion contraire; il aurait dû voir l'utilité d'un jour de repos, pour l'homme condamné à de rudes travaux, lui surtout qui, dans son traité *de la Tranquillité de l'âme*, chap. xv, autorise, au nom de la sagesse humaine, certaines heures, certains jours fixes de repos. (*Voyez* ci-dessus pages 391-395.) « Cela le surprenait, dit encore saint Augustin après la citation du fragment, parce qu'il ignorait les secrets de la Providence. »

43. *De ce qu'il fait.* SAINT AUGUSTIN, *de la Cité de Dieu*, ibid.

44. *Rempli de papyrus.* Servius, à propos de ce vers de Virgile, liv. VI :

Sic demum lucos stygios, regna invia vivis.

Servius fait précéder ce fragment de ces mots : *Seneca scripsit de situ et sacris Ægyptiorum, hic dicit : Circa*, etc.

45. *Il prend son cours par neuf lits.* Servius, à propos de ce vers de Virgile, liv. IX :

Cur septem surgens sedatis amnibus altus
Per tacitum Ganges. . . . .

Servius nous apprend que ce fragment est tiré de l'ouvrage de Sénèque, *de situ Indiæ*; et que le fleuve dont il est question est le Gange, qui n'a que sept lits, selon Melon (*secundum Melonem*), d'autres proposent *Mela* (*Pomponius Mela*).

46. *De s'y livrer avec fureur.* Tiré du quinzième canon, du second concile de Tours, tenu en 667, la sixième année du règne du Mérovingien Chérebert. Voici comme est conçue la phrase dans laquelle est intercalé le fragment de Sénèque : « Aliqui laici, dum diverso perpetrant adulteria, hoc quod de se sciant in aliis suspicantur sicut ait Seneca, *pessimum*, etc. » C'est ici le cas de rappeler que Grégoire de Tours cite plusieurs fois Sénèque.

47. *De l'amitié.* Ces fragmens, déchiffrés par M. A. Mai sur les *Palimpsestes*, ont été publiés avec des fragmens de Cicéron et de Tite-Live, à Rome, en 1820 (et à Paris, chez Lenormand), par l'illustre Niebuhr. M. Bouillet, en les insérant dans son *Sénèque* (Classiques-Lemaire), les a intitulés *de Amicitia*, titre que j'ai cru pouvoir lui emprunter; mais je prendrai la liberté de n'être pas de son avis, lorsqu'il prétend que ces fragmens peuvent avoir appartenu au livre de Sénèque *sur la Philosophie morale*; je pense, au contraire, qu'ils faisaient partie d'un traité *ex professo* de *l'Amitié*, et ce qui m'en a convaincu, c'est que dans le paragraphe 11 ci-dessous Sénèque rappelle, au sujet de l'amitié, ce qu'il en a dit dans sa première partie : *Utamur, ut in prima parte dicebam, etc.*

48. *En présence des objets.* Cette expression, *in rem præsentem*, se trouve déjà employée dans la lettre VI de Sénèque à Lucilius. (*Voyez* page 24 de notre tome v.)

49. *Comme je l'ai dit dans ma première partie.* — *Voyez* ci-dessus la note 47.

50. *Tel était son port, tel était son visage.* Virgile, *Énéide*, livre III, vers 490.

51. *Qui d'amis ne puisse être pleine.* Ce passage paraît altéré. Sénèque fait allusion au mot de Socrate, et dans ma version j'ai imité le vers de La Fontaine :

> Plût aux dieux que de vrais amis
> Si petite qu'elle est elle pût être pleine.

52. *Écrit par moi.* Au lieu de *me scribente*, M. Mai a cru lire *Niciano*. Ce serait donc le nom du copiste.

53. *Quiconque aurait lu ses histoires.* Ce fragment est infiniment précieux, en ce qu'il donne la certitude que Sénèque le père a écrit l'histoire. C'est ce qui nous a fait ne pas hésiter à lui restituer plusieurs fragmens attribués jusqu'ici à notre philosophe. (*Voyez* notre Notice sur Sénèque, p. 21 ci-dessus, et la note 26 des *Fragmens.*)

FIN DU TOME PREMIER.

TABLE

DES MATIÈRES DU TOME PREMIER.

	Pages.
NOTICE SUR SÉNÈQUE ET SES ÉCRITS, par M. Ch. Du Rozoir.	1
DE LA COLÈRE, traduction nouvelle, par M. J. Baillard.	
Avant-propos et argument du livre Ier, par M. Ch. Du Rozoir.	1
Livre Ier.	11
Argument du livre II, par M. Ch. Du Rozoir.	69
Livre II.	73
Argument du livre III, par M. Ch. Du Rozoir.	157
Livre III.	161
Notes, par M. Ch. Du Rozoir.	262
DE LA TRANQUILLITÉ DE L'AME, traduction nouvelle, par M. Ch. Du Rozoir.	305
Sommaire.	306
Traduction.	311
Notes.	398
ÉPIGRAMMES et FRAGMENS, traduction nouvelle, par M. Ch. Du Rozoir.	415
Sommaire.	416
Traduction.	419
Notes.	430
FRAGMENS DE SÉNÈQUE (traduits pour la première fois, par Ch. Du Rozoir).	435
Fragmens vulgairement attribués à Sénèque et non admis par nous.	450
Notes.	451

www.ingramcontent.com/pod-product-compliance
Lightning Source LLC
Chambersburg PA
CBHW060231230426
43664CB00011B/1614